生きる場の人類学

土地と自然の認識・実践・表象過程

河合香吏 編

京都大学学術出版会

序　生きる場の人類学に向けて
　　土地と自然の認識・実践・表象過程

1. 言語文化と生態の統合的議論の場を求めて

　この本が語ろうとしていることは，土地や自然と人間とのかかわりあいについてである．

　土地も自然もそこに住む人びとにとってさまざまな価値に満たされた豊かな意味世界を構成している．人類学者がフィールドで出会う人びととは，こうした意味世界のなかで暮らす具体的な生身の人間である．その具体性のありかを，この本では，物理的な土地および自然と，身体をもった人間とのさまざまなかかわりあい方を描くことに求めようとするものである．土地とは，草が萌え，水が流れ，空を見上げれば鳥が舞い，耳を澄ませば虫の鳴き声が聞こえる，そうした日常的なところである．土地のうえで，ひとは動物を飼い，植物を植え，食べ，遊び，動き回る．むろんこれらの行動は土地の形状に規定されるが，逆に土地をつくりあげてゆくのも人間の行動である．土地や自然と人間とのかかわりあいとは，こうした当たり前のところから出発し，やがては土地の「所有」といった制度的な歴史的所産に至るいくつもの段階から構成されている．この本の副題にある「認識」，「実践」，「表象」といった用語は，これらの諸段階のそれぞれに固有で，また個々具体的な空間に即したかかわりあいを探るための道具である．

　文化人類学をふくむ人文諸科学が，土地や自然をとりあげてこなかったわけではない．ただその多くは，抽象化された表象，あるいは制度化された形式等に目が注がれてきたように思われる．そこに抜け落ちていたのは，「生（なま）」の自然が人間の生活に関与するという具体相へのまなざしである．土地と自然に密着して暮らす人びと，たとえば狩猟採集や牧畜，焼畑農耕などを主な生業とする人びとが，その土地，すなわち自然界の事物や環境に対して，鋭敏な感覚と詳細な知識をもっていることはよく知られている．この本では，こうした感覚や知識をたんにそこにあるもの，すでに生成されたもの，すなわち「表象」としてみるだけではなく，表象の対象（表象されるターゲット）となるものが選ばれて表象としてかたちをなしゆく過程を追うことにより，もう一歩，源流へ向かって遡行し，土地や自然とひととの関係のありようをその生成の面から探りたい．

　ひとと土地や自然は実質的に「どのように関係するのか」．この命題をこの本のいちばんの課題とする．それは人びとの具体的な行為，行動への着眼を要請するも

のであり，こうした視点からみれば，これまでの文化・社会人類学において中心的な分析対象となってきた人びとの言説は，この到達点よりもずっと手前に現れることになる．

世界を抽象化し表象化する能力がひとにおいて特異的に，またおそらくは過剰といえるほどに発達していることはたしかである．だがその特異性と過剰性をあまりにも当然とする状況にあって，文化・社会人類学における「土地」をテーマに据えた著書や論集では，儀礼における人びとの形式化した行為の場や，建物の配置などを対象として含む表象分析（象徴人類学など）や，土地所有の制度や規範に着目し，その形態論や制度論を展開したり，あるいは，歴史的および政治経済的な視点から植民地政策や独立国家，さらにはグローバリゼーションとの関係などがおもに議論されてきた．これに対して，生態人類学においては，自然認識，自然観といったテーマが伝統的に受け継がれてきた．ここでは生業活動をはじめとする日常生活の分析において，ひとと自然の細やかな関係に視線が注がれてきた．だが，それは「ひとと自然の共生」を標榜する一方で，逆に表象の意義を過小評価してきた嫌いがある．両者はいずれも多かれ少なかれ，実直な記載と予定調和的な議論に終始しており，それ以上の土地や自然の「手ざわり（テクスチュアー）」を求めることなく，土地や自然のもつ抽象的・具体的な豊かさ，そこに営まれる人間の「生」のありようをさらに深く探究することを棚上げしてきたように思われるのである．

人間の生活は，環境と不断に交渉し続けることによってなりたっている．環境とは以上に述べてきたような土地や自然としてわれわれ人間をとりまく外界の全体であり，われわれが生きてゆくなかで相互に影響を及ぼしあうものである[1]．そこはまた，ひとと土地や自然との「生（なま）」の交感の場である．ここでは土地や自然は人間にとって，みずからの身体の外部に存在する客観的な認知対象ではありえない．土地はなによりも生存と生活の物的基盤として，生業活動をはじめとする生活の諸活動や資源利用といった行為の場として現前するものである．それは一方では人間が一生物種として生存してゆくことによって，他方では社会的な関係にもとづく諸活動を遂行してゆくことによって成り立っている．

この本が具体的にとりあげるのは，日本をふくむアジア，アフリカ，オセアニアの諸社会におけるひとと土地や自然をめぐる関係のありようであり，これについて，その生活世界[2]を統合的に把握することによって解き明そうとするものである．ここでいう生活世界の統合的把握とは，日常的に繰り広げられ，繰り返される生活のなかに生起する人びとの具体的な行動や行為，つまりは，その「生」のありように迫ることを意味する．それは土地を基盤において「生態」と「言語文化」，「自然」と「表象」，「具体」と「抽象」といったしばしば対立するものとして語られてきた二項をおなじ議論のアリーナに出会わせる試みである．

この本においては，土地や自然をめぐる認識・実践・表象過程という問題系をひ

との生存および生活のための「知」ないし「技法」と位置づけたい．ここでは，土地や自然は，外在的な認識の対象にとどまらず，人びとにとってみずからの行為によって「生きられる世界の全体」としてあつかいうる．この問題系はそれゆえに，実用主義と主知主義，実体論と象徴論といった二項対立的な図式をこえて，身体，記憶，歴史，他者などの表象要素を重層的にたたみこんでゆくのである．ひとの生存と生活が展開される土地は，人びとが身をおき，身体をもって働きかける，あるいは見，聞き，触れることによって身体において「知る」対象であるといった意味において，身体性とも深くかかわる．人間と土地との具体的なかかわりが凝縮して現れるのはこうした身体性をとおしてであり，身体性という媒介によってこそ文化・社会的な諸要素が土地に深く浸透してゆくのである．土地や自然が外在的な認識の対象にとどまらず，人びとにとって「生きられる世界の全体」になるという論拠は，ここにある．

2. 表象作用と外界認識

(1) 実質的な「ここ」を生みだす表象作用

ひとが生きるということは，具体であるとともに，抽象である．いいかえれば，われわれは自然環境という現実的な土地に生きるとともに，みずからがつくりあげた表象世界に生きる．冒頭で指摘したように，人間はきわめて豊かな意味に満たされた世界を生きている．人間はほかの動物たちとは違って，みずからが生きる外界に対して表象とそれにもとづく行為をおのおのに発展させてきた．それは人類社会の多様性を生みだしてきたものの1つといってよかろう．

人びとが出会う表象はけっして1つひとつが単体として個別にあるわけではない．ある1つのものがなんらかの表象化の過程を経て表象されたとたんに，別の意味を付与されて今1つ新たな表象が紡ぎだされ，それがさらなる表象を生み，さらにそれらがまた新たな表象を生む……，といったように，過剰ともいえる意味世界が生みだされてゆく．それはたとえばある種の宗教のように人びとに対し，時には仰々しいほどに形式化された儀礼的行為を要請し，その一方で詳細で複雑な現世，来世を説き，言語と行為によって世界の成り立ちを体系化する．ここでは1つのものや事象は言葉によって名づけられ，表象化され，人びとに共有される．これは究極的には1つのものや事象とそれを示す用語とその意味内容が1つに重なるように1対1対応をするものとなる．

キリスト教徒にとって，「主」といえば，神かイエス＝キリストかのどちらかを指すことは自明であろう．そして聖書を読み，毎週日曜日に教会に行くという行為が繰りかえされる．同様に，儀礼における形式化された行為は，それ自体がすでにたんなる行為ではなく，抽象化，表象化された身体動作である．だが逆に，隠喩をふ

くめて1つのものや事象に，機能や見かけや必要性によってたくさんの意味が付与されていることも少なくない．「石」といえば，あるひとにとっては投げつけるという行為と結びついた「武器」であり，あるひとにとってはなんらかの呪力をもつ「呪物」であり，あるひとにとっては「砂利の原料」であり，あるひとには「妊婦が妊娠中に好んでかじるもの」であり，あるひとにはたんに「石」と名づけられた物体である，といったことがふつうにある．ここでは，表象される対象としての「もの」，それを表象化する表象過程，そして表象化によって意味を付与されて生みだされたもの，すなわち表象された結果としての表象，のすべてをふくんだものを「表象作用」とよんでおこう．表象作用の根源にあるのは物理的空間と物理的身体の相互作用である．少なくとも人間においては，自身を包みこみ，また逆に自身の身体によって働きかける外界としての生態はその時にはすでになんらかのかたちで表象化されている．われわれが出会っているのはそうした表象化された「生態」である．そこは，ひとが身をおき，移動し，活動するといった身体的な行為から，名づけ，意味づけ，価値を共有するといった言説化の過程を経て，人びとの生活が実質的に展開される舞台でもある．それは一方では自然認識とも結びついた民族地理学的な知識を育くみ，他方では地名，神話，伝説等として名づけられ，語られ，儀礼的行為の現場として位置づけられる．このような具体的な言語と行為による表象化の過程をつうじて，ある特定の場所，いいかえれば「ここ」という実質的な場所は，出来事の記憶や感情を埋めこむ歴史の保持媒体ともなりうるのである．

(2) 外界認識のシンプリシティと「暮らし」への潜行

　この本でとりあげる諸社会では，ひとが土地や自然環境，すなわち外界とかかわる際の，その対象となるものの表象化がきわめて原初的であるようにみえる，あるいは，そのように意味づけられている．いいかえれば，これらの社会における外界認識は素朴であるようにみえるし，表象に表象を重ねた結果の末端に位置するようなものではない．それは，表面的には客観的で実体論的な認識に価値をおくという点において近代科学の自然観に通じるようにもみえる．だが，合理性を求める近代科学は行為や行動の基礎に理論的整合性と総合性を不可欠なものとみなす．これに対して，この本でとりあげる諸社会では，必ずしも整合性のあるシステムが求められるのではない．むしろ，その場その場で柔軟に変化する個々別々の「その場限り性」，この本のいい方では「現場」性といった特徴をもつ行為や行動が展開されるのである．それは近代科学の認識論とは根本において鋭く対立するものである．こうした特徴は，通時的には先史時代に遡りうる幅をもち，また共時的にも，アフリカの狩猟採集民や牧畜民や農耕民，ニューギニアやボルネオの農耕民，および現代日本をふくむ，自然により強くかかわって生活する人びとの社会において，地域や生業形態を越えて共通に見出されるのである．この認識論的特性，すなわち表象作用

にかかわる行為や行動にみられる最小限のシンプリシティは，生業活動をはじめとする日々の生活や社会的な関係にかかわる諸活動における参照枠として成立するものでもある．そしてまた，ひとと自然が土地を舞台に展開する相互交渉は相互依存を前提として成り立つものである．それは，どちらか片方がもう片方を一方的に規定するものではないし，一方的に与えるものでも搾取するものでもない．

　自然と密接にかかわって生きる人びとにとって，土地や環境という物的世界は，言語によって体系化され構築される表象化の対象であるとともに，生業活動の現場であり，人びとが身をおき，移動し，行為する場であり，あるいはまた，他者との関係といった社会的なやりとりがなされる場でもある．人びとの生きる物的世界は，自己の身体を用いて，そこで起きる出来事のプロセスに直接介入してゆく対象である．ここに見てとれるのは，先に指摘したように，人びとの生活における一過性的で素朴な「その場限り性」の表出である．それは近代科学の合理性，統合性，体系性に彩られた実証主義とは対極的であり，見かけの相似に反して内実を異にするものであることが理解されよう．

　この本では生態人類学や人類生態学，文化・社会人類学，言語学，考古学，地理情報学の各研究分野から，「土地」を共通のキーワードとして，おのおのの土地に展開する人びとの姿を描き，これを「個別社会のやり方」にとどめることなく，その先にまで，すなわち，土地や自然に対する「人間のやり方」との関係へと考察を深めることをめざしている．さまざまな研究分野に身をおく執筆陣における一貫した視座は，まずなによりも人びとの暮らしの細部に立ち返ることにある．暮らしとはこれまで述べてきた「生活世界」という用語とほぼ同義である．暮らしの細部に立ち返るとは，言説データを踏まえつつも，具体的な個別行為過程を中核的データとして提示，分析することであり，これによって社会的に共有される認識世界を明らかにしようとするものである．それはまた，人間の生存様式と社会のありようを特定の土地性，すなわち，人びとの「生」のありかから立ちあげ，探究することを基本的な手続きとするものである．土地を足場として，土地をふくむ自然と人との関係を今いちどあらたな視点から探究することは，人間の生活世界から画然と切り離されたところに「自然の領域」を確保しようとする近代科学の超越的な「自然」概念の相対化を促すとともに，物的世界にかかわって生きる人間の「生」の豊かさを再確認する根拠となろう．

3．この本の構成

　この本では，「場」，「場所」，「現場」および「生活」，「生活世界」，「生活実践」といった用語はそれぞれの章において特定の意味を付与されて使い分けられており，あえて用語の統一を避けた．だが，これらの言葉の微妙な違いの底に共通して流れるも

のは，いずれも「土地」という物理的実体であり，これがともに基底に据えられている[3]．ここで「場」や「場所」や「現場」なる言葉によって掬いとろうとするものは，人間が特定の土地において，みずからの身体を支える身のまわりの世界と折りあいをつけて生きている「生」の舞台であり，一方「生活」，「生活世界」，「生活実践」もまたそうした土地という舞台において，日々を生きる人間の「生」の全体を指す．

第 1 部　環境との交渉のありか

　ひとは「自然」という外界，すなわち環境といかにかかわりあうのか．人間の生活とは，その暮らしを包みこむ外界において，身のまわりの環境と不断に交渉し続けることにほかならない．第 1 部では土地や自然とひととの交渉の諸相が人類学の立場から活写される．

　第 1 章（寺嶋秀明）は，エスノサイエンスの手法を睨みつつ動物や鳥との直接的／間接的な出会いの場面に着目する．その内容は民族動物学や民族鳥類学の領域を越えて，環境世界に共に生きる人間とその外界に存在するあらゆるものたちとの相互交渉の回路に迫る．人びとは鳥や動物たちと森の中で身体的，直接的に出会う一方で，さまざま象徴を用いて文化にとりこまれた姿形で再び出会うのである．

　第 2 章（北村光二）は通常のわれわれの感性からは理解が困難な東アフリカ牧畜民のものの見方や生き方の独自性について，「（彼らには）心（という概念）がない」といういい方でスーダンの牧畜民ディンカの特性を指摘したリーンハートの「実感的理解」を肯定的にとらえ，これを軸に「牧畜民的なやりかた」の実態を理論化する．これにより近代的なものの見方を相対化するのみならず，「文化の多様性」の実質としての「東アフリカ牧畜民」的な独自性について考察を深めてゆく．

第 2 部　活動空間を知る技法

　ひとはいかにしてみずからの生活する土地を「知る」のか．第 2 部では，生活空間の成り立ち，すなわち空間の認知のありようから，そこで人びとがどのように行為しているのか，またそれがいかに表象され，人びとに共有される知識・認識となりうるかの過程に着目する．とりわけ，活動範囲をくまなく「歩く」という日常的な営みによって「土地」を知り，「自然」を知り，それらと交渉するありようを，考古学・地理情報学や人類学的視点から考察する．

　第 3 章（津村宏臣）は世界遺産でもある考古学資料を材料とし，最新の GIS 技術を駆使して人類最古の絵地図（壁画）を読み解く．壁画に描かれたものが絵画ではなく，土地を表した「地図」であることをさまざまな解析方法によって示唆し，推察する．そこには人間の原初的な景観認識のありかたや，さまざまな情報を伝えようとする強い意図を読みとることができるだろう．

　第 4 章（河合香吏）は，ウガンダの牧畜民ドドスが行為や出来事の現場に強くこ

だわることの内容を記述することによって，ドドスの外界認識，とりわけ土地に関する認識のありようと，それが知覚・認知から表象化の過程をつうじていかにして成立し，人びとに共有された認識ないし知識を醸成するのかに着目する．さらに，そうして共有された認識なり知識なりにもとづいて人びとがいかに行為するのかを考察する．

　第5章（内堀基光）はボルネオの丘陵部に住む焼畑農耕民イバンをとりあげる．ロングハウスという線的居住形態をもち，稜線と沢筋を移動の動線とし，「道（jalai）」という空間表象を卓越させてきたイバンにおける「リニアな空間」の形成が議論される．その一方で，近年の森林伐採用の林道建設によってそれがいかなる変成を受けるのかに触れる．その上で，空間認識とその表象にいたる道を理論化する作業が加えられる．

　第6章（高田明）は狩猟採集を主たる生業としてきたボツワナのセントラル・カラハリ・サン（グイ／ガナ）をとりあげる．生活域の地形をさまざまなスケールで表象する民俗知識は彼らの空間認識を構造化するとともに，優れたナヴィゲーション技術の背景知識を構成する．カラハリ砂漠の自然環境，民俗知識，ナヴィゲーション実践における相互行為は，「自然との交感」を基盤として分かちがたく結びついているのである．

＊（コラム）トーロ語の地名（梶茂樹）

　ここでは記述言語学の立場から，ウガンダの牧畜民トーロの地名を紹介する．語彙素や統辞法など言語学的な分析にかかる以前に，地名に顕れる人びとが暮らす土地の地形的特徴や生活や生業活動との関係，記憶の保持媒体としての機能などについて，一次資料，すなわちフィールドから持ち帰ったばかりの生のデータを紹介し，「土地を名づける」ことの意味を問う．

第3部　土地に刻印される生活世界

　土地は「生」の現場であり，人生と生活の舞台である．生業活動の場でもあるみずからの暮らす土地を人びとはいかに認識し，働きかけ，どのような生活世界をつくりあげるのか．第3部では暮らしの現場としての土地，すなわち居住地・域を中心とした土地そのものに焦点をあてる．生業活動や居住地・域の選択をはじめ，人びとの行為はつねに具体的な土地に向きあい，相互依存を前提とした相互交渉として在る．人びとはおのおのに個別的な活動・行為のアリーナとしての土地を生きる．そうした生活世界はおのおのの土地にことばと行為を刻み，時を経て歴史を語る媒体ともなってゆくのである．

　第7章（辛嶋博善）は，モンゴル遊牧民の家畜宿営地の移動をとりあげる．とりわけ，天候や地形の影響を受けやすく，それゆえに移動のタイミングがその後の家

畜群の増減に直結する冬営地への移動において，移動の時期（日にち）を決定する際に人びとがおこなう天候の「予測」を詳細に追う．そこでは当該の冬営地に家畜が「はいる」かどうか，すなわち，冬の間に家畜に十分な牧草が得られるかどうかが焦点とされる．

第8章（杉山祐子）はザンビアの焼畑農耕民ベンバをとりあげ，チテメネとよばれる特異な焼畑の開墾対象であり，ベンバの暮らす環境であるミオンボ林の「無限」観の形成過程を追う．チテメネ農法に関する知識は「ミオンボ林ならどこでも通用する」という信念に支えられ，ベンバの歴史（口承伝承）や祖霊信仰とともに，ベンバの居住地・域や国境をこえた「無限」のミオンボ林イメージを生みだす根拠となっているのである．

第9章（梅崎昌裕）では，パプアニューギニア高地の農耕民フリにおける集約的なサツマイモ栽培をとりあげる．歴史の浅いサツマイモ栽培は品種の更新や人為的な植生のコントロール（選択的植樹，選択的除草）により，結果的に持続的な農耕を可能としてきた「技術」と位置づけられる．さらに植生のコントロールにおける高い個人差によってこうした「技術」が逆接的に，集団全体の生存にとって適応的意味をもつことを人類生態学の立場から解明する．

第10章（西井涼子）は南タイのマングローブ林地域で一時期爆発的に流行し，その後10年足らずの間に急速に衰退していったエビ養殖をとりあげる．エビはグローバル経済の中で商品化される一方，養殖池の建設は土地を疲弊させ，環境を大きく改変させる．5年ともたないエビ養殖業に借金を重ね翻弄されたかにみえる人びとは，なお人生をあきらめず，同じ土地に再び働きかけ，あらたな生業を生みだし，開拓してゆくのである．

第11章（椎野若菜）はケニアのルオの生活居住空間ダラ（dala）に着目し，日常的な生活の現場であるダラの重層性を，男性のライフサイクルとダラの分裂および新築・移築を軸に豊富な事例を用いて描く．特定の土地を区画し，建築物として在るダラは，人生や社会的ステイタスを象徴する意味世界を構成する一方，規範や儀礼的実践，違反行為や不幸の解釈等をとおして，その構成員による社会関係の実践と表象の場を生みだしているのである．

第4部　時空を越えゆくモノたち

第4部ではモノを介した自然との交渉，とりわけ生産物（特産物）の生成現場に着目する．ひとは身のまわりに在るモノを見，これに触れ，働きかけることによって，さまざまな「なにモノか」を生みだしてゆく．さらに「モノ」が動産である以上，それは，移動し，流通する「商品」となりうる可能性をそもそもふくみもっている．その時土地との交渉のアリーナは，時間的・空間的ひろがりをもって生活世界を越えてゆくのである．

第12章（小松かおり）は沖縄の伝統豚「アグー」をとりあげる．生産性の低さと先の大戦により駆逐されたかに見えたアグーが，美食ブームにのって注目を集めている．さまざまな団体が売りだしに参入するなかで「アグー」とはなにか，それは誰のものか，といった議論が起きている．多国籍アグリビジネスによる作物の遺伝資源の囲いこみに関する議論を踏まえ，土地に根づいた「在来」資源の「あるべき」持ち主とその確定の難しさを論じる．

　第13章（小川了）は世界中どこにもみられる箒（ホウキ）に着目する．箒は電気掃除機の普及により廃れ，消え去ったわけではない．日本の都市部においてさえ，箒職人が減少する一方で手づくりの高価なものが売れ，また若い世代に箒職人をめざす人びとが現れている．各々の土地に産するホウキモロコシやシュロといった植物を用いた箒づくりの作業の1つひとつが自然素材とのきめ細やかな交渉をとおして成立しているのである．

注

1) 本章で「環境」という時には特別な断りがないかぎり基本的には自然環境，すなわち，具体的で実質的な事物で満たされた自然界のことをさす．
2) 本書において生活世界とよぶものは，日常言語のそれであり，社会学においてシュッツの提唱する「生活世界」とは必ずしも一致しないことを付言しておく．
3) 各論文でそれぞれに意味付与された土地にかかわる語彙として，「場」，「場所」，「現場」，「空間」，「位置」などがある．これらは，おのおの英語では，「（「事柄が進行している場所」の意で）scene」，「place」，「site/spot」，「space」，「location」の意味で用いられることを基準とする．なお，「土地」は「land」である．

河合香吏

目　次

序　生きる場の人類学に向けて
　　　―土地と自然の認識・実践・表象過程　　　　　　　　　i
　1．言語文化と生態の統合的議論の場を求めて　　　　　　　i
　2．表象作用と外界認識　　　　　　　　　　　　　　　　iii
　3．この本の構成　　　　　　　　　　　　　　　　　　　v

第1部　環境との交渉のありか

1章　鳥のお告げと獣の問いかけ―人と自然の相互交渉　［寺嶋秀明］　3
　1 ●近代的自然観と民族誌的自然観　　　　　　　　　　　3
　2 ●人は自然になにをみるのか―人と自然との共鳴　　　5
　3 ●鳥のお告げ　　　　　　　　　　　　　　　　　　　8
　　3-1　鳥の特性　8
　　3-2　鳥に関する比較民族誌　9
　4 ●獣の問いかけ　　　　　　　　　　　　　　　　　　12
　　4-1　食物規制とその現場　12
　　4-2　存在の多重性―われわれと「同じ」動物と「異なる」動物　16
　　4-3　動物との同一化　18
　5 ●自然への回路を開く―ともに生きられるものとしての自然　19

2章　「世界と直接出会う」という生き方
　　　―「東アフリカ牧畜民」的独自性についての考察　［北村光二］　25
　1 ●はじめに　　　　　　　　　　　　　　　　　　　　25
　2 ●「心」という概念がないこと　　　　　　　　　　　28
　　2-1　東アフリカ牧畜民についての「実感的理解」　28
　　2-2　「受苦的な」経験とはなにか　29
　　2-3　チャムスにおける「受苦的な経験」　31
　　2-4　外部世界との関係づけ　34
　3 ●行為による「環境との関係づけ」と「環境との関係づけ」の経験　37
　　3-1　行為や経験についての生態学的アプローチ　37
　　3-2　「アフォーダンス理論」の考え方　38
　　3-3　探索的活動と「体験」　39
　　3-4　遂行的活動と「実践」　42

- 4●問題への対処における「過剰さ」　45
  - 4-1　望ましくない事態への「積極的な」対処　45
  - 4-2　関係づけの実践における過剰さ　47
  - 4-3　「探索的な選択」における過剰さ　50
- 5●おわりに　54

第2部　活動空間を知る技法

3章　世界最古の地図を「読む」
――ベドリナの"地図"の時空間情報解析　[津村宏臣]　61
- 1●はじめに　61
- 2●それは地図なのか，それとも絵画なのか　63
  - 2-1　原初的図像情報表現の具体性と抽象性　63
  - 2-2　岩画は芸術か空間情報表現か　65
- 3●ヴァルカモニカの時空間構造と非時空間属性　67
  - 3-1　時空間構造の把握　67
  - 3-2　非空間的属性情報の検討　70
  - 3-3　ドコにナニがあるのかをGISで基盤情報に　72
- 4●ベドリナの"地図"の実空間は存在するのか　76
- 5●おわりに　80

4章　ドドスにおける外界認識と行為の現場　[河合香吏]　85
- 1●はじめに　85
- 2●空間認知と二次元表象　87
  - 2-1　ドドスランドと認知地図　87
  - 2-2　集落の見取り図が意味すること　91
  - 2-3　身体が媒介する場所の知り方　95
- 3●近い未来を「みる」技法　98
  - 3-1　腸占い　98
  - 3-2　預言者の夢見　103
- 4●現場の卓越と地理的表象　107
- 5●おわりに　113

5章　「リニアな空間」
　　　――イバンの行動環境における線形表象に向けての序説　［内堀基光］　119
- 1 ●はじめに　119
- 2 ●移動と線形性　120
  - 2-1　いくつかの前提　120
  - 2-2　イバンの空間における「道」　122
  - 2-3　川と尾根　123
- 3 ●ロングハウスの指向性　127
- 4 ●線形空間における方位　130
- 5 ●リニアな空間はいかに形成されるか　132
- 6 ●表象までの道　135
- 7 ●小　　結　137

6章　言葉の向こう側
　　　――セントラル・カラハリ・サンにおけるナヴィゲーション実践　［高田　明］　141
- 1 ●はじめに　141
- 2 ●セントラル・カラハリ・サンの移動生活　142
  - 2-1　自然環境の特徴　143
  - 2-2　民族誌的背景　145
- 3 ●ナヴィゲーション実践を可能にする民俗知識とその使用　146
  - 3-1　地表の状態についての知識と推論　147
  - 3-2　樹木の多様な利用と記憶　153
  - 3-3　土地についての記憶と物語　157
  - 3-4　生態系の概念化と行為　163
- 4 ●自然環境，民俗知識，相互行為　168
  - 4-1　グイ／ガナの生活域と民俗知識　169
  - 4-2　文化的な意味の選択と利用　170
  - 4-3　リアリティの流れ　173

コラム　トーロ語の地名　［梶　茂樹］　185
- 1　はじめに――ウガンダの行政単位　185
- 2　トーロ族社会　186
- 3　トーロ王国の分割　188
- 4　地名の意味　190
- 5　地名の文法　193
- 6　おわりに　193

第3部　土地に刻印される生活世界

7章　予測する遊牧民
　　　　　—モンゴルにおける冬営地をめぐる環境の認識と利用　［辛嶋博善］　197
1 ● はじめに　197
2 ● 調査地概要　200
3 ● ヘンティーにおける季節的移動　207
4 ● 冬営地をめぐる自然環境の認識，利用と予測　213
　4-1　冬営地への移動のタイミング　213
　4-2　ヒツジ・ヤギ群の分割　217
　4-3　冬営地からの移動　224
　4-4　寒害（ゾド）と予測の失敗　228
5 ● モンゴル遊牧民にとっての予測，その可能性と危機　230

8章　「ミオンボ林ならどこへでも」という信念について
　　　　　—焼畑農耕民ベンバの移動性に関する考察　［杉山祐子］　239
1 ● はじめに—移動性と環境利用の様式　239
2 ● ベンバ概要　241
3 ● 村びとはチテメネ・システムとミオンボ林をどう位置づけているか　246
4 ● 限定的な移動範囲　249
　4-1　伐採地の選定　249
　4-2　開墾ゾーンと村域　250
　4-3　世代交代期とチテメネ伐採適地の減少の同期　253
5 ● 移動可能な「範囲」のひろがり　255
　5-1　移動の契機と単位，資源へのアクセスの確保　255
　5-2　系譜にもとづいた移住先への接続　257
　5-3　ベンバランドの「外側」へ　259
6 ● おわりに—直接性を基盤とした生活世界としてのミオンボ林と可能世界としてのミオンボ林　262

9章　パプアニューギニア高地農耕の持続性をささえるもの
　　　　　—タリ盆地における選択的植樹と除草　［梅崎昌裕］　271
1 ● 植生の人為的コントロールと農耕の持続性　271
2 ● パプアニューギニア高地・タリ盆地　274
3 ● 2つの農耕システム　277
4 ● 人為的な農耕空間の成立　280

  5 ● 定量的データの収集　283
  6 ● 人為的な植生への介入の実際　284
   6-1　どのような樹種が畑に植えつけられているのか　285
   6-2　樹木・草の選択にかかわる人びとの判断と植樹行動，自然植生の関係　288
  7 ● 植樹・除草行動の人類生態学的な位置づけ　290

10章　「出来事」のエスノグラフィー
—南タイにおけるエビ養殖という投機的行為の流れ　［西井凉子］　297

  1 ● はじめに　297
  2 ● エビ養殖概況　301
   2-1　モノとしてのエビ　301
   2-2　エビ養殖をめぐる議論の特徴　304
  3 ● 南タイの村におけるエビ養殖　305
   3-1　M村の概況—マングローブ林の中の村　305
   3-2　エビ養殖導入の経緯　307
   3-3　エビ養殖にかかわった人びと　310
   3-4　損失をだした人，利益を得た人　314
  4 ● 出来事としてのエビ養殖　315
   4-1　エビ養殖をめぐるライフヒストリー　315
   4-2　投機的行為の流れへののめりこみと脱出　321
  5 ● おわりに　323

11章　ケニア・ルオの生活居住空間（ダラ）
—その形成と象徴的意味の変化　［椎野若菜］　331

  1 ● はじめに　331
  2 ● ルオの社会組織　334
  3 ● ルオ人のライフサイクルと「ダラ」の空間構成　335
  4 ● 伝統的なダラ建設（*goyo dala*）の方法　339
   4-1　建設に際し準備するもの　339
   4-2　ダラ建設の手順　341
  5 ● ダラ建設の実践　342
   5-1　はじめての独立ダラ建設　342
   5-2　ダラ建設にともなう儀礼的機会　347
  6 ● ダラ建設をめぐる環境条件と契機　348
   6-1　門の位置　348
   6-2　ダラ建設の動機　349

7 ●ダラ内の秩序　　　　　　　　　　　　　　　　　　　　350
　　8 ●代替の論理　　　　　　　　　　　　　　　　　　　　　354
　　9 ●おわりに―ダラの象徴的意味づけの変容　　　　　　　　356

第4部　時空を越えゆくモノたち

12章　在来家畜の商品化
　　　　―沖縄在来豚「アグー」の復活　［小松かおり］　　365
　　1 ●在来豚アグーのブーム　　　　　　　　　　　　　　　365
　　2 ●ブタの品種　　　　　　　　　　　　　　　　　　　　366
　　3 ●沖縄のブタ飼育史と豚肉食文化　　　　　　　　　　　367
　　4 ●幻の島豚，アグーの復元　　　　　　　　　　　　　　369
　　5 ●アグーの商品化と状況の変化　　　　　　　　　　　　371
　　6 ●捨てられた島豚とアグーブーム　　　　　　　　　　　377
　　7 ●在来家畜の商業化　　　　　　　　　　　　　　　　　378
　　　7-1　在来性の基準と権利　378
　　　7-2　アグーをめぐる言説の変化　379
　　　7-3　在来性の地理的範囲　380
　　　7-4　在来性の商品価値　381
　　　7-5　「在来性」は復活するか　382

13章　座敷箒は消え行くものなのか
　　　　―手技という資源の見直し　［小川　了］　　　　　387
　　1 ●はじめに―箒のつまらなさ　　　　　　　　　　　　　387
　　2 ●表象の世界での箒　　　　　　　　　　　　　　　　　388
　　3 ●昭和30年代日本の「生活革命」　　　　　　　　　　　390
　　4 ●日本産の箒　　　　　　　　　　　　　　　　　　　　392
　　5 ●外国産の箒―タイ，インドネシア　　　　　　　　　　396
　　6 ●おわりに　　　　　　　　　　　　　　　　　　　　　405

あとがき　409

執筆者紹介　413

索　　引　417

第 1 部

環境との交渉のありか

1章

鳥のお告げと獣の問いかけ
— 人と自然の相互交渉 —

寺嶋秀明

● Key Word ●
自然観，聞きなし，食物規制
相互交渉，自然への回路

1 ● 近代的自然観と民族誌的自然観

　人間と自然との関係はいかなるものであろうか．これは人類の誕生以来，陰に陽に人の心につきまとってきた問題であろう．しかし，いまだに明確な答えはないようである．現在，産業文明の急速な成長と環境破壊の進行によって，人と自然との関係は物理的に悪化する一方である．その問題の解決には，科学技術の発達や生態学的知識の蓄積が必要なことはもちろんであるが，それだけではなく，人間と自然との根源的なかかわりについての理解が不可欠と思われる．

　アリストテレスは自然界の構造を「はしご」に見立てた．はしごの底辺には地，水，火，風からなる無生物が位置する．その一段上には栄養的生気（プシュケー）をもつ植物が位置し，さらにその一段上に栄養的生気と感覚的生気をもち，運動をおこなう動物が位置する．そして，一番上に，栄養的生気と感覚的生気に加え，理性的生気をもった人間が位置するのである（アリストテレス『動物誌』）．キリスト教では，ヤハウェの神が自分たちの似姿としての人間をつくり，その人間たちが自由に利用できるように植物や動物をつくったとされる（『旧約聖書創世記』）．神とその真下に位置する人間，そしてその下に位置する動物，動物の食物としての植物という階層ピラミッドがキリスト教の自然観である．これらはどちらも人間中心的自然観とよんでよいであろう（山下 1977）．その後西欧において発達した近代的自然観は，こうした人間中心的思考を抜けでてはいない．

近代科学とともに発展してきた近代的自然観では，主体として行動する人間と客体として存在する自然界との間には截然たる境界がある．自然とはなによりもまず「おのずからそこにある」ものであり，人間はそれに対してさまざまな働きかけをして自分たちの都合のよいように利用することができるものと考えられている．能動的な人間と受動的な自然という構図であり，自然を人間のための「資源」とみなす自然観でもある．人間は生きるために当然のこととして自然を利用し，開発をおこなう．これは人間から自然への一方通行の関係であり，そこには人と自然との相互交渉の余地などはない．ただ一点，過度の開発や搾取への反動として，時おり人間を襲う自然災害が「自然の怒り」として認識されるだけである．

　一方，そういった近代的自然観に対して，多くの民族誌の世界，つまり近代科学によってすべて律せられているのではない世界では，人と自然との境界はあいまいなことがごくふつうである．たとえば，民話や昔話あるいは神話では，動物と人がまったく同じ世界で暮らしているかのように描かれる．また，森や山には植物や動物のほかに，さまざまな精霊や悪霊など，目には見えない特別の能力をもったものたちが住み着いている．そして人はそれら自然の諸要素との間で，さかんな相互交渉をおこなう．それが人びとの生の営みをなす．こういった世界観を民族誌的自然観とよんでおきたい．これは近代的自然観の立場からは，まったくの空想にすぎないといわれるだろう．しかし，それは果たして正しい見方なのであろうか．人間が生きる世界のすべてを，精神世界もふくめて「現実」というならば，卓越した想像力によって駆動され，人びとの行動に大きな影響を及ぼすこの世界を無意味として切り捨てることはかえって非科学的である．自然はたんなる資源とするにはあまりにも豊かな意味に彩られている．自然は汲み尽くすことのできない生命力と知的エネルギーの宝庫であり，われわれの想像力の源泉である．そして想像力なくしては，近代科学も成立しないのである．

　本章では，自然と密着して生きる人びとが，自然界の動物たちについてどのように考え，どのように行動しているのかを示し，人が自然と交渉することの可能性とその意味を問うものである．動物のなかでもとくに鳥と獣に注目して論をすすめていきたい．どちらも人間にとって大切で身近な生き物である．大空を飛びまわり，よく鳴き交わす鳥たちは，多くの民族において特別の役割を与えられている．それは「告げるもの」「語るもの」としての役割である．一方，獣たちはとくに狩猟の場面においてあるいは神話や民話の語りにおいて「問いかける」ものとして人間と出会い，人間に重要な問題をつきつけるのである．しばしば人は獣と共感的に一体化するが，それは人間が自然界と一体化する瞬間にほかならない．こういった経験は明らかに近代的自然観と異なった基盤に立脚したものであり，近代以前のはるか昔から現代まで連綿として継承されてきた自然観である．その意味で，人と自然界とのより根源的なかかわり方といえるだろう．

本章では個々の動物の習性やその文化的表象についてはあまりとりあげるつもりはない．いろいろな民族において，各種の鳥や獣が文化的表象としてどのような意味を付与され，どのような役割を果たしているのかは，それはそれで興味深いテーマではあるが，本章で追求するのは，自然の豊かな意味を開示するものとしての動物のふるまいであり，積極的に人間に働きかけてくる動物たちである．そういった動物たちとともに生きることが人びとの日々の営為をなすのである．従来の人と動物のつきあいをめぐる研究は，おうおうにして個々の鳥や獣の特性とその文化的表象に執着し，全体を理解するという努力が少なかったような気がする．人と自然との関係を個別要素間の機能論的議論に還元しては問題の核心を見失ってしまうだろう．また，本章では狩猟採集民の生活における実践や論理を参照することが多い．さまざまな生活様式のうちで，彼らがもっとも自然に密着して暮らしている人びとであるというのがその理由の1つである．

2●人は自然になにをみるのか ── 人と自然との共鳴

　まずはホトトギスとカッコウの事例からはじめたい．個々の動物の習性については深入りしないと宣言したばかりではあるが，人と自然との全体的関係というイメージをつかむために少し寄り道をゆるしていただきたい．格好の素材が日本にある．それがホトトギスとカッコウ，そして，それらと山里に住む人びとの暮らしとの結びつきである．
　ホトトギスもカッコウも日本人にとってはたいへんなじみの深い鳥である．どちらも夏鳥として日本には5月上旬に渡来し，5月末から6月末にかけての繁殖期にはその独特の声でことさら頻繁に鳴く．前者では「トッキョキョカキョク」のほか，「テッペンカケタカ」，「ホッチョカケタカ」，「ホンゾンカケタカ」などと，有名な聞きなしがいくつもあり，後者では「カッコウ，カッコウ」というそのものずばりの鳴き声をもつ．鳴き声がそのまま鳥の名前になっているわけである．これらの鳥は昼間ばかりではなく，夜間または未明にも鳴く．
　彼らの繁殖の方法はひどく変わっている．自分たちではいっさい雛の世話をしない．ウグイスやオオヨシキリなどほかの小鳥の巣にひそかに卵を1個づつ産みつけ，そこで育ててもらう．いわゆる託卵というやり方である．ウグイスやオオヨシキリの親たちはなにも知らずに，あっという間に自分たちよりもはるかに大きくなるホトトギスやカッコウの雛を懸命に世話する．かくして子どもが成長して巣立ち，繁殖シーズンが終わると，ホトトギスやカッコウは8月下旬から9月上旬にかけて南方へと去っていく（山階 1980）．
　ホトトギスは古来詩歌や絵画にさかんに用いられてきた．万葉集では，鳥を詠ん

だ歌480首のうち156首にも登場し，ほかを圧して多く詠まれている．ちなみに第二位がカリガネをふくむガンの類で51首，第三位がウグイスで47首である．その後も古今和歌集，後撰和歌集，拾遺和歌集などでもホトトギスはさかんにとりあげられている（菅原・柿澤1993）．

　それにしても，どちらかといえば地味な姿形のホトトギスのどこがこれほどまでに人びとの興味を引きつけたのであろう．それは明らかに鳴き声である．美声の鳥は多くいるが，ことさら鳴き声に興味をもたれたのがウグイスとホトトギスである．春はウグイス，夏はホトトギスの鳴き声とともにはじまる．この二種にかぎって年の最初の鳴き声にたいして「初音」という言葉が用いられる．小倉百人一首，後徳大寺左大臣の歌「時鳥鳴きつる方を眺むればただ有明の月ぞ残れる」には，その初音を心待ちにしていた人びとの心情がよく現れている．ホトトギスの鳴き声への人びとの思い入れがいかに深いか，そして，季節の変わり目が彼らの鳴き声によってあざやかに表象されているようすがよくわかる．「たかが鳥の鳴き声」ではあるが，人を歓喜させたり落胆させたりする．とくにホトトギスの歌を63首も詠んだという大伴家持においては，ホトトギスが鳴くのが遅いといっては嘆き悲しみ，来たら来たでいつまでも鳴き続けてほしいと切なく思い悩むほどの執着ぶりであった（矢部1993）．

　しかし，ホトトギスの鳴き声はウグイスのような美声ではない．それは「初夏の空を切り裂くような鋭い声」であり「人の魂をゆさぶる」声である（加藤1984）．また，暗い夜空に遠くこだまする声は，ひどく切なくもの悲しい気分にさせる．なにかを必死に訴えかけているかのように聞こえる．そのことは以下に示すような民話の世界におけるホトトギスの性格を形づくるものとなっている．

　柳田国男（1970）の『野鳥雑記』には，興味深い語りがたくさん紹介されているが，その1つが奥州の昔話，兄のホトトギスと妹のカッコウとの物語である．ホトトギスとカッコウは姿形はきわめてよく似ており，よほど慣れた人でないと見わけがつかない．ところが，上記のようにその鳴き声だけは「一聴」瞭然，まったく異なっている．これが物語の重要な背景である．物語の大筋は以下のようになっている（柳田1970:101）．

　あるところに兄と妹が住んでいた．心のひがんだ兄は盲目であった．妹は毎日山に行き，山芋を掘ってきて，それを煮て兄に食わせた．その芋があまりにうまい．そこで兄はかえって邪推をして，妹はもっとうまいのを食っているだろうと思い，包丁で妹を殺害する．すると，殺された妹は鳥になって「ガンコ・ガンコ」と啼いて飛び去った．ガンコというのは芋の筋だらけの悪い部分であり，すなわち「私が食べていたのは，ガンコだ，ガンコだ」と啼いたのである．それを聞いて「そうだったのか」と盲目の兄は悔い嘆き，自分も鳥となって「ホチョカケタ」（包丁欠けた）と啼いて飛び回ったのである．今でも山芋が新芽をだす頃になると，両者はこうして鳴き交わしながら，互いに昔のことを語るのである．

この物語は，いろいろなヴァリエーションをともなって各地で語られている．内容はほとんど同じであるが，兄と弟の話として語られる時には，ホトトギスは「オトットツキッチョ」とか「ヲトノドツキッチョ」「オトハラツキッチョ」などと鳴く．つまり鳥たちの鳴き声は魂の苦悶であり，矛盾や苦悩に満ちたあの世の音信なのである．そこで柳田は「小鳥は前世を啼いて語る」と喝破する (1970:118)．それが日本人の古い信仰であるという．たしかにホトトギスとカッコウの兄妹の物語は，因果応報とか輪廻という仏教的世界観，さらには兄弟姉妹といった親族間においてよくある軋轢をモチーフにしている．しかし，この物語をたんなる仏教説話，教訓譚，あるいは名前や鳴き声の由来譚としてすますには少々もったいない．ここでは，もう少し踏みこんで，この物語を人と自然とのかかわりという大きなパースペクティブから見てみることにしよう．

　この時注目すべきは山芋である．山芋は話のたんなるきっかけにすぎないようであるが，人間とのかかわりを考える上では重要なキャラクターである．兄が妹を殺害する原因となった山芋は，人びとにとっても大切な山の恵みにほかならない．その本格的な収穫は秋から初冬であるが，ちょうどカッコウやホトトギスが日本に渡ってくる5月から6月にかけて芽吹き，若葉のついた蔓を伸ばす．人びとはこの時期，野山に山菜を採りに入るが，同時にまたそうした山芋に出くわす．その耳にカッコウやホトトギスの声が飛びこんでくる．この時人びとは巡り来る季節を実感するとともに，祖父母たちから語り伝えられた話を思いだす．カッコウやホトトギスは，今ここで鳴いたかと思えば今度はあちらというように，山あいのあちこちを一声ずつ立てては移動する．そのようすは鳥になった悲運の兄妹（あるいは兄弟）が野山を飛びさまよっているという話に似つかわしく，人びとの心にその声が滲み入る．

　すなわちこの物語には，山芋という自然の恵みを背景として，そこに生きる人間と鳥，巡る季節と山の仕事，この世とあの世，そして親から子への継承といったさまざまな要素が共鳴しあい，シンフォニーのように大きなうねりとなっている．ここに，自然の悠久の営みと人間の無常ともいえる生とが渾然一体となって大波のようにうねっている様をみることができるのではないだろうか．

　山の生活はしあわせと不幸との背中あわせである．しあわせとは自然の恵みを受けて生きること，そして家族や近隣たちと仲良く暮らすことの喜びである．一方，不幸とはいろいろと苦労の多い山の暮らしや，いつの世にも絶えない人びとの心の葛藤である．鳥たちのふるまいと悲しく響く鳴き声が，人びとの過去と現実を映す鏡でもあると気がついたとたん，人と自然は「利用する－利用される」という関係をこえて，同じ1つの世界に共感的に生きている者どうしなのだということを実感するのである．

　ところで，こういった人と自然の2つの生を重ねあわせる物語について柳田

(1970) は，これらの昔話を語る者たちはけっして働き盛りの人びとではなく，老人とその孫たちであったと指摘する．それも，働く人びとがまだ帰宅しない日暮れ時，なにごとか鳴き交わしながら黄昏の空を行く鳥たちを眺める世界のできごとなのである．老人と孫たちのように世俗の稼業から解放されている人びとにとっては，物語の世界も現実の世界以外のなにものでもない．柳田はとくに子どもの想像力については強いこだわりをもっていた．鳥の鳴き声や虫の鳴き声にその意味を求めるのは，まさに子どもの特権なのだという（柳田 1970:121）．小さな草などに名前を与えるのも大人ではなく子どもの興味である（柳田 1970:63）．子どもにとっては現実と想像といった区別こそ余分なものにほかならない．想像はすなわち創造として，身のまわりの生きられる現実をつくりだすものにほかならない．

もちろん大人といえどもそういった世界を完全に喪失したわけではないが，なにぶん日々の稼業に心を奪われ，その現実と想念の渾然一体になった世界に深く埋没するわけにはいかない．しかしながら，日も暮れなんとする夕方，昼と夜の境目である黄昏時には，われわれも一日の仕事から解放されたというつかの間の安堵感とともに，そのなつかしくも切ない世界を感じとることができるのである．

3 ●鳥のお告げ

3-1　鳥の特性

鳥という生き物は，その特異な形態と生態，そして行動特性ゆえにことさら人の想像力をかきたてるところがある．ほかの動物と比べた場合の鳥のきわだった特性として，①空を自由に飛ぶこと，②よく鳴くこと，③人の近くに来ること，の3点をあげることができる（寺嶋 2002）．まずはこれら3つの要素が指向する意味の世界を少し検討しておこう．

空を自由に飛ぶことは，まさに鳥たちだけの特権である．地上をはいまわる動物は彼らを羨むしかない．そして空といえば，神や精霊あるいは祖霊といった直接目にすることはできない存在の領域でもある．この隣接性によって，さまざまな民族において鳥と神あるいは霊とは深い関係にあるとされる．

たとえば，カラスは今では一般には不吉な鳥という印象があるが，日本では神の使い（ミサキ）として各地でさまざまな信仰がある．なかでも「鳥勧請」あるいは「鳥喰神事」といった興味深い民俗が日本各地にひろく分布している（柳田 1970:147-158）．これは正月や収穫祭などのおりに，空中に餅や団子などの食物を放り投げてカラスに食わせたり，あるいは一定の場所に食物をおいておき，カラスにそれを食わせるという神事である．カラスがそれらの食物を食べると瑞兆であり，食べない

と不吉であるとされている．カラスのふるまいによって将来のできごとの吉凶が判断されるのであるが，これはたんに動物を使った占いではなく，神の使いであるカラスと人間との交渉あるいはコミュニケーションと考えられる．

もう1つ，アフリカから興味深い例をあげよう．エヴァンズ＝プリチャード（1982）が紹介しているスーダンの牛牧民ヌアー族における双子の話である．ヌアー族では双子は鳥であるとされる．その意味するところは，どちらもふつうの人間や動物ではなく，神に近い存在であるという点である．双子として生まれた者たちはその特異な受胎のゆえに特別な創造物であり，「霊」との強い結びつきをもつ．一方鳥たちは，地上ではなく天界に属し，光の子どもであり神性のシンボルである．そこで，鳥も双子も「ガート・クウォス＝神の子どもたち」とよばれるのである．神の神聖さのもとで鳥と双子とが同じレベルで存在する．このことゆえに，双子は日常的に鳥を崇拝しなければならない．それと同時に，双子は鳥との接触をいっさい避けねばならない．神聖なものどうしの接触はきわめて危険だからである．

つぎに第二番目，鳥の鳴き声について見てみよう．ホトトギスやカッコウのように鳥は種ごとの特異な鳴き声ですぐそれと知られることが多い．「鵺(ヌエ)」や「仏法僧(ブッポウソウ)」といった鳥のように，正体はほとんど不明のままに，鳴き声だけはよく知られているという鳥もいる．前者はツグミの一種の「トラツグミ」，後者はフクロウの一種の「コノハズク」であるとされる[1]．とくに繁殖期には，多くの雄たちは雌を求めて競って美声を張りあげる．スズメの「チュン，チュン」とか，ウグイスの「チャッ，チャッ」といった地鳴きは年中聞かれる．それらの鳴き声が，鳥どうしのコミュニケーションとされることはもちろんのこと，場合によっては，そのまま人間とのコミュニケーションにもなってくる．

「人の近くに来る」という第三の性質も鳥と人間との関係において重要な意味をもつ．さまざまな種類の鳥たちが人間をおそれず，人家の近くや時には人のすぐそばまで来る．これは哺乳動物などと大きく異なる点である．鳥以外の動物は，昆虫類などをのぞけば，よほどのことがなければ人間の近くには姿を見せない．彼らにとって人間はあまりに危険だからである．小鳥たちが，人のすぐ近く，手を伸ばせば届きそうなところまで接近できるのは，やはりその飛翔能力のためであろう．人間のごく近くまで来ても彼らはさして危険を感じないのである．

3-2 鳥に関する比較民族誌

このように人の近くまで飛来し，個性豊かな声で鳴くという行動特性は，きわめて自然に鳥に「告げるもの」としての性格を付与する．鳥は「われわれの前にきてもっとも自由に物をいう動物」（柳田 1970:97）なのである．そして鳥たちが告げる「なにか」とは，多くの場合，人智のおよばないところ，すなわち未来の出来事や

運命，巡る因果などである．問題は，人間の方にその意味を解読する用意があるかどうか，またどのような解読の回路があるのかという点である．世界の民族誌から例をいくつか拾ってみよう．

　東アフリカの遊牧民であるトゥルカナ族では 20 種以上の鳥が「予言者」あるいは「邪術者」として認知されている．「鳥たちのあるものは，突然アウイ［屋敷］に飛来して，良きにつけ悪しきにつけなにごとかをトゥルカナに囁いて去ってゆく」（伊谷 1993）．予言者は社会の調和や安寧に気を配りさまざまな予言を残す．たとえば来客や恵みの雨の到来などである．一方，邪術者は悪意にみちた言葉を残す．人や家畜の死，事故などの凶事の発生などである．

　アフリカ南部の乾燥サバンナ帯の狩猟採集民であるブッシュマンの世界でも鳥たちは「告知者」として重要な役割を担っている．その時もっとも有力な手がかりとなるのはやはり鳴き声である（菅原 2000）．菅原は人間の認知を「直示的認知」と「遠隔的認知」とにわける．直示的認知とは直接見たり聞いたりすることによる認識の成立である．カンムリショウノガンがハゲワシが空にいることを示したり，アカオヤブコマドリの鳴き声がヘビが近くにいることを示したり，キクスズメの声が人間にライオンの接近を示したりすることがそれに該当する．「遠隔的認知」とは，親族の死を遠くの地で聞いた場合のように，直接見たり聞いたりすることの結果ではなく，言語などの情報に媒介されて得る認識である．鳥たちの鳴き声は直示的な告知にとどまらず，人びとの予見や期待と合体して，猟の成功や不成功，親族の死など，目に見えないさまざまなことと結びつく遠隔的認知となっている．

　中央アフリカ共和国のグバヤ族の一支族であるボドエ族では，人びとはことのほか鳥の鳴き声に注目し，驚くほど多彩に「鳥の言葉」を聞きなしている（Roulon et Doko 1987）．グバヤ・ボドエ族では鳥は「あいまいな」言葉をしゃべるものとして，言葉を自由に操ることのできる生きている人間と，死とともに言葉を失った先祖たちとの中間に位置する動物とされ，死と生，どちらの世界にも通じている動物として認知されている．そのようなものとして，鳥たちは，とくに死や事故による負傷といった悪いニュースを村から村へ伝える役目を果たしているのである．その一例を紹介しておこう．キジバトがゼトゥという男の両親にその死を告げる時の，その鳴き声の「聞きなし」である：

dáà kɔ́ zètú bé yéè ná-ndé ?	ゼトゥの父は村にいるのか？
nàà kɔ́ zètú bé yéè ná ndé ?	ゼトゥの母は村にいるのか？
zètú nèè ɗɔ́rá gòrò ngám-déré	ゼトゥはンガウンデレにコーラの実を売りにいった
fìò gbèé zètú zè zètú	ゼトゥ・ゼ・ゼトゥに死が訪れた

（Roulon et Doko 1987:204）

丘陵部で焼畑農耕を営むイバン族においても，鳥は「予兆」をもたらすとされている（内堀1996）．イバン語で「ブロン」というのは通常は「鳥」一般をさす言葉であるが，これが予兆という言葉にもなっている（内堀1996:19）．農作業や狩猟，あるいは採集のために森へ入ろうとする人びと，あるいは町に用事で出かけてゆく人びとの近くを，ある種の鳥が飛んだり鳴いたりすることは重要な吉凶のメッセージである．彼らの飛び方や鳴き方のいかんによって，人びとがこれからおこなおうとしている活動が吉であるか凶であるかがわかる．吉兆の時は問題がないが，凶兆の場合には仕事をやめてロングハウスに戻ることもある．

　内堀によれば森の住人であるイバンでは，音の情報がことのほか重視されているようである．たぶん，森では視覚よりも聴覚の方が情報量が多いからであろう．アフリカのイトゥリの森に住む狩猟採集民であるピグミーたちも森の音，そして鳥の声にはきわめて敏感であり，それらにいろいろな意味を認めている．妊娠，割礼の成功，魚の到来，来客，太陽の出現などの朗報や，親族の死，雨の到来などの悪い知らせである（Ichikawa 1998，寺嶋2002）．さらにイトゥリでは「ダイカーの鳥」「サルの鳥」「オカピの鳥」「センザンコウの鳥」など，いろいろな鳥たちがそれぞれ特定の動物たちとパートナーシップをもっていることになっている．そういった鳥たちはその動物といっしょに行動したり，森で人間に会うと鳴き声やしぐさで自分のパートナーである動物に人間の接近を教えたり，また逆に動物の存在を人に教えたりする．

　このように，鳥たちが発する鳴き声に対して，人びとはみずからの文化装置をとおして解釈し，さまざまなかたちでそれに反応する．自然界から発信される情報は人間にとって重要である．とくに自然と密着した生活においては自然からの有益な情報，たとえば危険なものの接近などを的確にキャッチすることは生存さえ左右しかねない．人間には「見えない世界」を教えてくれる鳥たちは，人間にとってことのほか有用な生きものであるといえる．

　一方，鳥たちが与えてくる情報はつねに正確とはかぎらない．とくにいろいろな予兆の類は，われわれの基準から考えるならば，当たらないことの方が多いと予想されるだろう．しかし，予兆が当たるか外れるかは人びとにとってはそれほど問題となることではないのである．悪い予兆が実現しなければ，それはもちろんけっこうなことであるし，そのような予兆はすぐに忘れ去られる．一方，よい予兆がすぐに実現しなくても，それがいつか現実となる可能性はなくならない．したがって当たろうが外れようが，予兆は予兆としての価値を失わないともいえる．むしろここで重要なことは，そのような予兆，つまり人間には知りえない情報が，鳥という自然界の使者を介してもたらされるという事実である．

　とつぜん人間の近くにやってくる鳥たちは，否が応でも人間になにかを告げる．人間としては，鳥が今日はなんと鳴くのか，とても捨ててはおけない．鳥たちがな

にごとか鳴くと，人びとは耳をすましてそれを聞く．鳥たちは人間の力や知恵をこえたところから，予期せぬメッセージを携えて人間界へ飛来し，そのメッセージに対処することを要求する．そのことによって鳥たちは，「より大きな世界」への通路を開くのである．そういった大きな世界とは，とりもなおさず「自然界」である．しかもこれは，「人間（主体）対自然（客体）」という近代的自然観の創出する自然ではなく，人間をもその1つの要素として包含するところの，大きな自然である．そこには，精霊や神といったスピリチュアルな存在もおうおうにしてふくまれる．人が鳥のお告げを聞くということは，人間もそういった大きな自然界の一員であることを認識し，そのお告げの意味するところを「受苦的な経験」（第1部2章参照）として受け止め，自然との交渉に乗りだすことにほかならない．このように鳥たちはたんに有用であるばかりではなく，人間と自然との相互交渉の重要な契機をもってくるのである．

4 ●獣の問いかけ

4-1　食物規制とその現場

　以上のように鳥は，さまざまなことを人間に告げるという役割をもっているが，一方，人間にいろいろと問いかける動物たちがいる．アフリカの熱帯雨林であるイトゥリの森には古来ピグミー系狩猟採集民たちが住んでいる．ピグミーたちの狩猟活動の対象は，通常の猟では，森林性のカモシカである各種ダイカー類やミズマメジカ，あるいは，もっと小さなヤマアラシなどの動物である．それらの哺乳類は鳥とは対照的な属性をもつ．多くの鳥が日中，人間の活動領域のすぐそばまでやってくるのに対して，哺乳動物はめったに人間の世界には近づかない．唯一の例外はサルたちである．樹上生活を送るサルたちは，地上の動物から襲撃されるという恐れがまったくないのか，安心して人里の近くの木立までやってきて大騒ぎをする．サル以外の動物は日中は森の木立の陰でひっそりと隠れて過ごしている．したがって，それらを捕えるためには，人間が大声で騒ぎ立てたり，犬を使って狩りだしたりしなければならない．獣とは森の中では寡黙な存在である．その寡黙な獣たちが，とあることを武器に人間に鋭く問いかけてくる．それが食物規制をめぐる問題である．
　ピグミーたちの食物規制についてはすでにいくつも論文が発表されている（市川 1977, Aunger 1992, 竹内 1994, 寺嶋 1996, Ichikawa 2005）．ここでは概略のみを紹介しておきたい．ピグミーは低緯度地域に住む狩猟採集民の常として，本来，食物のレパートリーはたいへんひろい．イトゥリの森には50種あまりの哺乳類がいるが，そのほとんどが食料として認められている．そのうちの数種類，ブルーダイカーや

ベイダイカーあるいはヤマアラシなどが通常の食生活においてきわめて重要な役割を果たしている．その一方でさまざまな動物種が，生まれながらにして，あるいは個人のライフサイクルに応じて規制の対象となっている．生まれながらの規制とは，所属の親族集団や性のいかんによるものなどである．個人のライフサイクルに応じたものとは，人が年齢を重ねていき，一定の生理的あるいは社会的状態に入ると特定の動物の摂食が規制されるというものである．いわば条件つきの規制であるが，このタイプの規制がたいへん多いのがアフリカのピグミー系狩猟採集民一般にみられる特徴である．

食物規制は生まれた時からはじまるが，年齢に応じて危険とされる動物の種類の増減がある．乳幼児期にはもっとも多くの動物が規制される．基本的にはピグミーたちは「すべて」の動物がなんらかの危険な要素をもつと考えている（Ichikawa 2005）．とくに乳幼児は肉体的に弱いので注意しなければならない．子どもばかりではなく母親そして父親さえも多くの規制を守らなければならない．妻が妊娠した時から彼女ならびにその夫は生まれてくる子どものためにさまざまな動物を避ける．胎児の順調な成長を阻害する恐れのある動物，すみやかな出産を妨げるような動物，乳幼児に病気をもたらす恐れのある動物である．とくに乳幼児にとってこわい病気は，エケ[2]とよばれているものである．これにかかると子どもは高熱をだし，けいれんしたり，気を失ったりする．最悪の場合には死ぬこすらあるという．ただちに特効薬を調達して特別の処置をとらねばならない．ガボンダイカーとかミズマメジカ，アビシニアクロシロコロブスなどはとくに強いエケをもたらす．両親がそれらの「悪い動物」を食べるとたちどころに子どもが病気に襲われるのである．

割礼を伴った男子のイニシエーション（クンビ）や女子の成女式（イーマ）の期間も多くの動物が規制される．それらの期間に規制された動物を食べると，「体が破壊され」一人前の大人にはなれないという．結婚後は，前述のように，食物規制は自分の問題というよりも子どもの問題となる．子育てから完全に解放されると食物規制はぐっと減る．そして老齢期に入ると，それまではすべての人にとって規制の対象であった動物，たとえば多くの猛禽類なども「老人の肉」として食べてもかまわないようになる．年齢があがるほど食物規制が少なくなるのは，ピグミーばかりではなくブッシュマンにもみられる傾向である（Sugawara 2001）．

食物規制の習慣をもつ民族は多いが，なにゆえにそのようなやっかいなものがあるのか，正直なところよくわかっていない．昔からいろいろと議論されてきた問題であり，さまざまな社会学的な理由や生態学的理由，文化的理由が提唱されている（ダグラス 1985，ハリス 1994 など）．しかし，どの説にも一長一短がありこれこそが食物規制の根本的理由だといえるようなものはない．上記の食物規制はアフリカ中央部のピグミー系狩猟採集民（ムブティ，エフェ，アカ，バカなど）にひろく分布しており，さらにその周辺に住む農耕諸族にもおよんでいる．その存在理由は不明と

しても，その影響力はたいへん大きい．ここではこれらの食物規制の由来ではなく，それらにたいする人びとの認識と対処法，そしてそれらをとおして明らかになる人と動物との関係について考えていきたい．

　ピグミーにおける食物規制のポイントは，親と子どもの関係である．親が「悪い食物」を食べると子どもが病気になることは当たり前のことと考えられている．すなわち，親と子どもとは一体であるというのがピグミーたちの理解するところである．したがって子どものすこやかな成長を願うならば，親は「よい食物」，つまり規制のないものだけを慎重に選んで食べなければならない．そうすることによってこそ，子どもは無事に育つと信じられている．ここでは，食物規制は親と子どもの絆を可視化しているものだといえる（寺嶋1994）．

　一方，食物規制はいつでも完璧に守られるというものではない．それが遵守されるかどうかは動物の種類によって異なる．きわめて危険であるとして厳格な遵守を要求するものから，違反してもさほどの被害がないとされるものまでいろいろである．たとえば，ガボンダイカーやアビシニアクロシロコロブスはエケをもたらす動物としてきわめて危険とされる．これらは頻繁に狩猟される種ではないが，子どもをもつ両親は，その肉はまず第一に避けねばならないものである．ハネジネズミ目のハネジネズミは，長い鼻をもったリスくらいの小さな哺乳類であるが，これもひどく危険である．幼い子どもをもつ親は，その肉を食べることはおろか，姿をみることさえ忌み嫌う．それを食べたりすると，子どもは「確実に殺される」といわれる．一方，犬を使った猟でよくとれるヤマアラシは，子どもの足に湿疹をもらたらし，槍猟の獲物であるカワイノシシは子どもの頭に潰瘍をもたらすという．これらについても慎重な親はやはり避けるが，湿疹や潰瘍くらいならば大丈夫と考える親もいる．さまざまな「予防法」あるいは「予防薬」も考案されている．しかし，絶対安全という保証はない．

　さらに，規制の違反による影響は子どもの成長段階で異なってくる．子どもは大きくなるにつれてしだいに抵抗力を増すのであり，動物の危険性はしだいに減る．しかし，どのくらい大きくなればこの動物についてはだいじょうぶという基準はない．つまり，ピグミーの食物規制は，規制される動物のいかんについては規範的に決まっているのだが，それをどう扱うのかについては個々人の裁量に任されている．個人の責任でいろいろな対応が可能なのである．

　こういった食物規制の性格上，子どもをもつ親たちは動物ならびに動物の肉やその料理を目の前にするたびに考えなければならない．今，われわれは，この動物を食べていいものかどうか，食べると子どもにどのような影響がありうるのか，もし子どもが病気になったら薬はあるのかなど，自分に問うのである．動物の方からみれば，自分たちを狩猟したり食べたりすることの可否を人間に問いかけていることになる．ハネジネズミのようにきわめて危険な動物は，そのことをちゃんと承知し

ているので，小さな子どもをもつハンターが目前にきてもまったく動じないそうである．「やれるものならやってみろよ」といわんばかりだという．

このように，「食べられる」「食べられない」ということをとおして，人間と動物とはさかんな駆け引きを展開するが，それはまた，人間どうしの駆け引きをもたらすこともある．菅原（2000）は，ブッシュマンにおける食物規制をめぐって，青年たちがある種のゲームに興ずるという興味深い話を紹介している．ブッシュマンではナーホとよばれる規制された動物がいる．これにたいする青年たちの行動は，従順に規範に従うといった態度からはほど遠く，ある種の「挑戦」の姿勢をとる．青年たちは年頃になるとそれまでナーホとしてきた動物をそろそろ食ってやろうとチャンスをうかがう．しかし，病気になるのはこわい．そこで，彼らは狡猾な作戦を立てて実行する．自分と年齢の接近した親族の青年といっしょにナーホの肉が入った鍋を囲み，自分だけさっさと肉を食べてからその鍋の口を相手の方に向くように倒すのである．すると自分は無事であるが，相手の体はナーホを食べたことを感づき，ひどい下痢に襲われることになるという．すなわち青年たちは自分たちにまとわりついている食物規制を逆手にとって，それを，スリリングな「抜け駆けゲーム」に転換して楽しんでいるのである．

食物規制の土台をなしているのは，人間と動物との濃密な関係であることをここで確認しておかなければならない．食べる人間と食べられる動物との間には切っても切れない関係がある．まず狩猟そのものが，あとでもっと詳しく述べるように，人と動物との濃密な関係の上に成り立っている．人は自然の摂理として生きるために狩猟をし，動物を食べる．しかし，動物はたんに受動的な食物資源として存在するのではなく，自律的に行動するものである．ハンターに対抗してその目をあざむき，隙を見て逃亡し，時には逆襲におよぶ．ハンターはあらんかぎりの知識とテクニックを用いて動物と駆け引きをしながら狩猟という行為を遂行する．狩猟は動物との対話であり，時としてハンターは動物と同一化する．狩猟は一般に，成功よりも失敗する場合の方が多く，労多き仕事である．しかし，その分だけ達成感と喜び，充実感のある活動でもある．

さらに，人は動物に強い興味をもっている．それは時には過剰とさえいえるものである．ブラトン＝ジョーンズとコナーは，野生動物の行動に関するクン・ブッシュマンたちの知識を詳細に調べた．そして，ブッシュマンたちの動物にたいする興味と熱意について次のように語っている．「いうまでもないが，クンたちは動物と動物の行動について津々たる興味をいだいている．その熱の入れ方たるや，とてもいい表すことができないほどである」（Blurton-Jones and Konner 1976:347）．動物に関するクンたちの知識には，西欧の動物学者でも気がつかないような詳細な観察によるものも多くふくまれ，質と量のどちらをとっても実際の狩猟に必要なレベルをはるかにこえている．ただし，彼らはその豊富な知識から動物の行動について一般

的な理論をつくろうとしたりはしない．彼らの知識は，まさに知識のための知識であり，「クンたちは，個々の動物について，ただただ多くを知るためにベストを尽くしているかのようである」．

また人びとは，動物について熱っぽく語る．猟の経験を語る時などには，話者は，あたかもすべてが目の前で生じているかのように，身振り手振りを交え，迫真の演技を繰り広げながら語る．そしてそれを聴く者たちは，語り手のドラマチックな言葉，手足の動き，視線，それらの1つ1つにほとばしる熱意を自分の身体によって受け止め，その興奮と感動を共有するのである．

このように人と動物との関係は，たんに「食べる－食べられる」ばかりではなく，人びとの生におけるさまざまな経験のフォーカスとなっている．食物規制はこういった人間と動物との濃密な関係を写す鏡でもある．そもそも人間との関係が希薄なものには食物規制はない．

食物規制は明らかに栄養学的あるいは生態学的な適応ではないし，たぶんたんなる「文化的きまぐれ」ですまされるものでもないだろう．はじめに述べたように，その存在理由を特定することはきわめて困難であるが，その現場で展開される事態からは重要な意味を引きだすことができる．キリスト教では家畜は人間のために神様がつくってくださったものであり，生きるための資源として人間の自由になるものかもしれないが，野生の動物は自立した主体であり，人間との関係はそう単純ではない．食物規制の現場とは，「私を食べることができるのか」と問いかける動物と，その問いに答えをだそうとする人間との間で丁々発止のやりとりがくりひろげられる闘争の場なのである．人と動物とのふだんのせめぎあい，それが食物規制の実践である．そして，「私を食べることができるのか」という動物たちの問いは，「人間にとって，われわれは何なのか」という問いと同じである．ここにおいて食物規制の問題は「食べる－食べない」という枠をこえて，人類がその誕生以来，答えを求め続けてきた人間と動物との関係の本質にかかわる問いへと発展する．

4-2　存在の多重性 ── われわれと「同じ」動物と「異なる」動物

ブッシュマンには，彼らの祖先と思われる人びとが描いた有名な岩絵（ロックアート）がある．動物や人間たちをじつに生き生きと活写したその高い芸術性は，たんに動物が食料として重要だったということだけで説明できるようなものではない．グンター（Guenther 1988）は，ブッシュマンにかぎらず狩猟民一般において，動物への関心が食料の問題をこえて芸術的ならびに神話的領域にまでおよんでいることを指摘し，狩猟採集民と動物との関係について哲学的な考察をおこなっている．そして動物が人間にとって存在論的ならびに認識論的に両義的な存在であることを指摘する．

存在論的両義性とは，それらの動物が「われわれとは異なるもの」として存在する一方，「われわれと同じもの」としても存在するということである．「異なるもの」として存在する動物は，ブッシュマンにとっては狩猟の対象となる動物である．ハンターはそれらを探し，襲い，追跡し，とどめを刺し，解体し，分配し，食物として消費する．一方「同じもの」として存在する動物は，ロックアートに描かれた躍動する生命であり，神話において人間と同等かそれ以上として語られるものであり，われわれと同じ時間と空間を生きる共感的な創造物である．エランドやゲムズボック，ゾウやキリンなどの大型の哺乳動物は，ブッシュマンにとってきわめて重要な食物であると同時に，同じ自然に生きるたくましくも美しい，あこがれの兄弟なのである．

　動物におけるこのような二重の存在モードは，動物との関係について人間がもつ二重の認識的モードに対応する．それは「知識 knowledge」のモードと「理解 understanding」のモードである．「知識」のモードにおいては動物は，研究し，調査し，管理し，そして利用すべき対象物として現れる．これはいわゆる「科学」の立場といってもよい．その時，人と動物との関係は，人間から動物への一方通行でしかない．知識のモードを駆動するものは「コントロール」であり，その最終目的は人間が自分たちの生命を維持していくことである．ハンターの狩猟活動は，とりあえずこの認識モードに立脚しなければならない．

　一方，「理解」のモードにおいては動物は，直観や感情移入によって支えられ，間主観性や共感をとおして認識されるべき主体として立ち現れる．この時，人と動物との関係は，双方向的で相互的である．このモードを駆動するものは「出会い」であり，最終目的はわれわれ自身の自己認識に達することである．ロックアートの芸術家や神話の語り部たちは明らかに「理解」のモードによってそれぞれの仕事をこなしていく．彼らは自然の，あるいは神話的な風景において動物たちと「出会い」，それらを図像や神話によって再創造するのである．狩猟はまず第一に胃袋を満たすものであるが，表現行動は心を満たすものにほかならない（Guenther 1988）．

　ただし，これらの2つの存在様式ならびに認識様式は，二者択一というようなものではない．いかなる時点いかなる場面においても動物は「同じもの」であると同時に「異なるもの」である．知識のモードが卓越する生業活動のさなかにおいてもしばしば動物は「同じもの」としての存在を主張し，ハンターに彼我の関係を問いかける．動物が「異なるもの」であるかぎりにおいてハンターはそれを獲物として追撃し，動物が「同じもの」として立ち現れればその時点から別の次元の交渉に入ってしまうことになる．あるブッシュマンは，ゲムズボックの追跡の最中，オスとメスの求愛行動の観察に夢中になってしまい，気がついた時にはそれらの獲物は逃げ去ってしまっていたという（Blurton-Jones and Konner 1976:338）．

　カラハリの動物たちは，かくして古来このかた，「人間にとって動物とはなんな

のか．＜われわれ＞とはなんなのか，＜彼ら＞とはなんなのか」という存在論的な問いをブッシュマンに投げかけ続けてきたのである．もちろんそれは永遠の問いであり，明確な答えはない (Guenther 1988:195)．あえていうならば，上記のように，相反する2つの存在様式の永遠の重なりあい，とでも答えるしかないのである．ただし，答えがあいまいだからといって，問いそのものの値打ちが下がるというわけではない．問いを突きつけられた人間は，その場その場でなんらかの具体的な対応をしなければならないし，そのつど否応なく自然との相互交渉の現場に立つことになるのである．

4-3　動物との同一化

　人と動物との交渉の極限点の1つが，人と動物との同一化である．これは狩猟の遂行過程においては，不可欠の要素として立ち現れる．グンターは前出の論文の冒頭において，19世紀に採集されたフォークロアの中から，あるハンターの語った「ブッシュマンの手紙」という奇妙な話を引用している (Guenther 1988:192)．それは，ハンターが狙う動物の感覚や行動の逐一が「手紙」としてブッシュマンたちの体の中に届き，ブッシュマンはそれらを「読む」というものである．そしてブッシュマンは動物が感ずるように感じ，動物が行動するように行動する．動物はブッシュマンの中に生き，ブッシュマンの身体は動物に変わる．つまり，ハンターとその動物とが共感的に同一化するのである．獲物を追跡中のハンターは，水以外のものはなにも口にしないというのはよく知られている習慣である (田中 1971:71, Lee 1979:220)．これは，動物が体力を回復して逃げおおせないようにするための呪術的行動と考えられるかもしれない．しかし，その時のハンターは獲物になりきっているのであって，彼としてはとりたてて呪術をしているわけではない．刻一刻体力を消耗してゆく獲物の行動が，すなわちハンターの行動として現れているだけなのである．

　こういったハンターと獲物との共感的な同一化はさまざまな狩猟民の間で知られている．生涯に60頭のヒグマを仕留め，「アイヌ民族最後のクマ撃ち猟師」といわれる姉崎等は，クマを師匠として山の知識を得たという．クマの行動をただひたすら読み，クマのように考え，クマのように行動する．それこそがハンターにとって最良の狩猟の学び方なのである．そして，とうとう「野生の動物となんにも変わりがなくなった」自分を発見したのである (姉崎・片山 2002)．

　一方，スペインの哲学者オルテガは狩猟についてはまったくの素人であると自認するが，その快著『狩猟の哲学』(1978) において，アイヌのハンターと同じく，「狩猟は動物の模倣である」と喝破し，狩猟とは「大地の下で動物と一体だと感じとる」ことであると述べる．

獲物との神秘的なこの合一の中にすぐさま生じてくるものは1つの感染であって，狩猟者は獲物と同じようにふるまいはじめる．姿をみられないように本能的に身を縮めるだろう．どんな物音も避けるようにしてすすんでゆくであろう．周囲のなにからなにまでをけだものの視点からけだもの特有の細心さで感取することであろう．このことを野の奥にいると称するわけである．このことは狩りをするにあたってくりひろげられるドラマから眺めてのみその具体的な資産を吸収しうる．動物界のちょっとした悲劇であるこういう筋〔狩猟〕に組みこまれてこそ風，光，気温，土地の起伏，鉱物，植物はその役割をもってくるのだ．それらは旅行者にとって，或は植物学者にとってそうであるように，たんにここにあるのではない．役割をはたし，活動しているのである．しかも農業におけるがごとく，それが収穫に役立つという一方的，独占的，且つ抽象的な意味で活動するのではない．狩猟のドラマにはなにもかもが自分自身から，その具体的な全存在をもって参加してくるのである（オルテガ 1978:280）．

　動物との一体化とは自然との一体化である．狩猟という労多き活動をとおして，人は自然にしっかりと包みこまれている自分を発見する．それは自然の要素の1つ1つがその存在の豊かさを開示してくる瞬間である．その時狩猟者は，自然とのコミュニケーションのただ中に身をおくという至福に満たされるのである．

5 ●自然への回路を開く ── ともに生きられるものとしての自然

　以上，自然と密着して暮らす人びとの間においては，鳥や獣を介して人と自然界との間にさまざまな相互交渉の世界があることを見てきた．人と自然とのかかわりの1つ1つについては，いろいろな角度からみることができるだろう．機能論的な解釈はその1つである．食物規制はたとえばそれによって自分や子どもをおそった病気の原因を説明するものとしても解釈できるし，また，鳥や獣の挙動は，いろいろな出来事の由来を説明するものともなる．それらが客観的に正しいかどうかはともかく，呪術の効用のように「なぜそうなったのか」という原因を提供し，そこで人はひとまず安心を得ることができるのである（Evans-Pritchard 1976）．たしかにそういった機能論的あるいは心理学的なとらえ方も1つの理解であるが，本章で追求したのは，人間と自然とのもっと根源的な関係のあり方，つまり，人間と自然との相互交渉の可能性という事態である．
　はじめに述べたように，近代的自然観では人間と自然とは截然と分断されており，両者の間には相互交渉の余裕などない．しかし，日々自然とともに暮らす人びとのところではけっしてそうではなかった．自然と実践的にかかわるその現場においては，動物や植物などの自然はただそこにあるだけといった受動的なものではな

い．それらは人間に語りかけ，働きかけ，人として生きることの意味を問いかけてくる存在であった．本章では植物についてはまったくとりあげなかったが，植物も時にはきわめて雄弁に人間に語りかけ，人間の生活に関与してくるものである（Terashima 2001, Terashima and Ichikawa 2003）．「鳥のお告げ」や「獣の問いかけ」とは，近代的自然観と民族誌的自然観との分水嶺をなすものである．前者では，それらはナンセンスとして無視されるだけであるが，後者では，本書の第2章で北村が述べるようにそれを「受苦的に」引き受け，そこが世界の経験のはじまりであるとするのである．

　自然との相互交渉はまず人から自然への回路を開くことからはじめなければならない．そのためのキーとなるのは，じつはごくありふれたものである．それは自然に注意を払うというシンプルな行為にすぎない．もっと直観的に表現するならば「耳をすます」ということであり，あるいはオルテガにいわせるならば，「目を注ぐ」ことである．ただし，たんに眺めるだけではいけない．

　　　狩猟者は，なにがおころうとしているのか，それが自分にはわからないということがわかっている．そしてこれこそは，彼らの仕事における，もっとも大きな蠱惑の1つなのである．ここからして1つのもっと別の，もっとすぐれた気のつけ方をとり敢えずととのえることが必要になってくる．この気のつけ方は，すでにこうと憶断したことに釘づけになることにあるのではなく，正しくなに1つ憶断しないことに，そうして迂闊さを避けるところにある．これは「無辺際」の気のつけ方で，如何なる一点にも固定せず，あらゆるものに気を配ろうとすることである……（オルテガ 1978:285）．

　オルテガの指摘するように，狩猟者とは油断なき人でなければならない．そして狩猟者とはすべての人間の共通項にほかならない．すなわち，いかなる人間においても，耳をすまし，目を注ぎ，油断なく自然のただ中に身をおくことによって人は自然と出会う．鳥のお告げを聞き，獣の問いかけを聞く．草木のそよぎに動物の気配を感じとる．自然を「知識」のレベルでコントロールしようとするのではなく，あるがままを受け入れるという「理解」のモードで自然と「出会う」のである．そのことによって，自然の豊かな意味が一気に開示されるような相互交渉がはじまる．

　どんな人間においても，自然はいつでもそこにあるが，自然の見方を知らないものにとっては，自然はなんの意味も示さない．たんにそこにある物質的世界にすぎない．しかし，「耳をすます」とか「目を注ぐ」というごく基本的な行為が，その陰にあるもう1つの自然，豊かな意味に満ち，活発に人間とコミュニケーションするという自然の姿を発見させるのである．それはたとえていえば，ある種のゲームのようなものである．たとえば囲碁では，天地も左右もなくいっさいの規制を逃れた盤上に，黒石と白石を自由に交互におきあう．ここで，ルールを知らない者にとっては，盤上におかれた石と石の間にはなんの意味も存在しない．しかし，ルールを

知る者にとっては，どの石もほかの石と無関係に存在するものではない．門外漢には雑然と散らばっているとしか見えない石が，囲碁を知るものにとってはすべて固有の意味をもつものとなり，それぞれ有機的な連合の一角に位置づけられる．そして，現状の石の布置が次に打たれる一石の位置を規定するものとなる．

　本章のテーマは，本書第2章で北村光二が緻密に展開している「受苦的な経験」や「環境との関係づけ」，そして「世界と直接出会う」という生き方などの問題と強く関連している．鳥のお告げや獣の問いかけはまさに不可避的に人間にもたらされ，人間になんらかの対処を要求するものである．その意味では「受苦的な」経験であり，「対象からの作用とそれへの応答という『相互行為』についての予期にもとづいて自己にもたらされる」経験的認識なのである（本書42頁）．一方，人間は主体として一方的に自然に立ち向かうのではなく，むしろ自然からさまざまな働きかけを受け，その拘束を引き受けながらさまざまな工夫によって自然との折りあいをつけてゆく．つまり，自然との相互交渉を介しておのれが生きる道を探すこと，そして，この生きられる世界に身を投じてゆくことしかないのである．これはまさに，世界と直接出会う生き方である．

　最後に，こういった相互交渉の存在によってわれわれにもたらされるものについて考えておこう．それは，自然はたんに「利用すべきもの」でも「考えるもの」でもなく，「ともに生きられるもの」という認識である．これは，人間中心的なピラミッド型の世界観をもつ人びとではとうてい不可能な世界とのかかわり方である．ここにおいて必要とされるのは，さまざまな要素が平等に参加している「存在のネットワーク」タイプの自然観である．人は高所から自然をコントロールするのではなく，自然の一員として等身大で自然と交渉し，ともに生きるという自然観である．このような自然観をもつことはけっして難しいものではないはずである．狩猟採集民にかぎらず，日本各地でホトトギスとカッコウの物語を伝承してきた人びともふくめて，共感をもって自然と接している人間すべてに備わった基本的な生き方と考えることができるだろう．

　人間は，自然を利用することによってしか生きられないが，それはある意味で第二義的なことにすぎない．自然とは人が利用したり搾取する対象である以前に，人の相互交渉のパートナーであり，生きられる世界を相互的に創出するものであり，その意味で人間にとってなくてはならないものである．レヴィ＝ストロース（1976）は，自然界は「考えるに適した」ものであると宣し，知識を有用性の上においた．しかし，現実には，自然界のさまざまな動植物は人間の生活の実用に供されているし，実用性の高いものほど人びとの関心も高いのがふつうである．つまり，自然界は「食べるに適した」あるいは「利用に適した」ものでもある．ただし，このことは「考えるに適した」世界を排除するものではない．この2つの関係をともにふくむ世界というのが，ほんとうの人間と自然との関係であろう（寺嶋・篠原2002）．ここ

にも世界の両義的な重なりあいの姿がみられる．「……世界は，欲求充足の手段であるとともに，少なくともそれと同じ程度に，思考の対象なのである」（レヴィ＝ストロース 1976:3）という言葉はそのように受け止めたい．

しかし，さらに一歩前へ進むならば，「考えるに適した」という関係も，「利用に適した」という関係も，ともに人間中心的な見方であり，どちらも一面的な性格であることが見えてくる．今われわれが追求しなければならないのは人間中心主義を廃した自然観である．人間を中心から外しさえすれば見えてくる世界である．考えたり，利用したり，といったこと以前の人と自然とのあり方である．そこにおいてこそ，自然は「ともに生きられる」世界として立ち現れる．そこを原点として人と自然との関係を見ていく視点がどうしても必要なのである．

最後にサラワクの森の民イバンたちの世界に関する内堀基光の洞察を引用して本章の締めくくりとしたい．イバンたちの世界ではきわめて自然に「〔人間以外の〕生き物が人間の生活に干渉してくる」（内堀 1996:186）．そこでは，アントゥとよばれる精霊と動物は，人間と同じように意味ある行為の主体者である．そして，アントゥは人間の形姿をとって現れ，また人間はアントゥにもなる．このことを媒介として，人間は動物にも変化しうる．「これらすべての変化・変形をつうじて，獣と人間はたがいに思わぬ近さにいることになる」．これを，ともに生きられる世界における存在のネットワークとよんだとしても，あながち的外れではないだろう．

注

1）正確には「声のブッポウソウ」のこと．標準和名で「ブッポウソウ」とよばれる鳥，すなわち見た目に派手な「姿のブッポウソウ」は，「声のブッポウソウ」とはまったく別である．
2）イトゥリのピグミーたちは森の東部から北部に住むエフェと称するグループと，中央部から南西部に住むムブティと称するグループに大きくわけられる．エフェはスーダン系の言語集団である農耕民レッセ族と親交をもち，レッセ語を母語としている．一方ムブティはバンツー系の農耕民であるビラ族と親交をもち，ビラ語を話す．両者は使用言語はまったく異なるが，狩猟と採集を中心としたバンド生活や食物規制などの文化的習慣には似た部分がきわめて多い．食物規制における「エケ」というのはエフェの言葉であり，ムブティでは「クエリ」とよばれる．

文献

姉崎等・片山龍峰（2002）『クマにあったらどうするか：アイヌ民族最後の狩人』，木楽舎．
Aunger, R.（1992）The nutritional consequences of rejecting food in the Ituri Forest of Zaire, *Human Ecology*, 20（3）: 263-291.
Blurton-Jones, N. and Konner, M. J.（1976）!Kung knowledge of animal behavior（or: The proper study of mankind is animals）, In: Lee, R. B. and De Vore, I.（eds.）, *Kalahari hunter-gatherers: studies*

of the !Kung San and their neighbors, pp.325-348, Harvard University Press.
ダグラス, M. (1985)『汚穢と禁忌』(塚本利明訳), 思潮社.
エヴァンズ=プリッチャード, E. E. (1982)『ヌアー族の宗教』(向井元子訳), 岩波書店.
Evans-Pritchard, E. E. (1976) *Witchcraft, oracles, and magic among the Azande*, Oxford University Press.
Guenther, M. (1988) Animals in Bushman thought, myth and art, In: Ingold, T., Riches, D. and Woodburn, J. (eds.), *Hunters and Gatherers 2*, pp.192-202, Berg, Oxford.
ハリス, M. (1994)『食と文化の謎』(板橋作美訳), 岩波書店.
市川光雄 (1977)「"kweri" と "ekoni"：バンブティ・ピグミーの食物規制」, 伊谷純一郎・原子令三編『人類の自然誌』, 雄山閣, 135-166.
Ichikawa, M. (1998) The birds as indicators of the invisible world: ethnoornithology of the Mbuti hunter-gatherers, *African Study Monographs, supplement*, 25: 105-121.
Ichikawa, M. (印刷中) Animal food avoidance among central African hunter-gatherers, In: Dounias, E. et al. (eds.), *Animal Symbolism - the "keystone" animal in oral traditon and interactions between humans and nature*, Lacito, C.N.R.S., Paris.
伊谷純一郎 (1993)「遊牧民トゥルカナの鳥類文化複合」,『学術月報』, 46 (5): 408-413.
加藤楸邨 (1984)「杜鵑紀行」,『野鳥の歳時記2 初夏の鳥』, 小学館, 69-76.
Lee, R. B. (1979) *The !Kung San: men, women, and work in a foraging society*, Cambridge University Press.
レヴィ=ストロース, C. (1970)『今日のトーテミスム』, みすず書房.
レヴィ=ストロース, C. (1976)『野生の思考』, みすず書房.
オルテガ, J. Y. G. (1978)「狩猟の哲学」,『反文明的考察』(西澤龍生訳), 東海大学出版会, 169-302.
リード, E. (2000)『アフォーダンスの心理学：生態心理学への道』, 新曜社.
Roulon, P. et Doko, R. (1987) Entre la vie et la mort: la parole des oiseaux, *Journal des Africanistes*, 57: 175-206.
菅原浩・柿澤亮三編著 (1993)『図説日本鳥名由来辞典』, 柏書房, 398.
菅原和孝 (2000)「ブッシュマンの民族動物誌」, 松井健編『自然観の人類学』, 榕樹書林, 159-210.
竹内潔 (1994)「コンゴ北東部の狩猟採集民アカにおける摂食回避」,『アフリカ研究』, 44: 1-28.
田中二郎 (1971)『ブッシュマン：生態人類学的研究』, 思索社.
寺嶋秀明 (1994)「不連続を超えて：病気と文化」,『人間文化』, 4: 4-13.
寺嶋秀明 (1996)「にぎやかな食卓：アフリカ森の民にみる動物と食物規制」, 田中二郎ほか編『続自然社会の人類学：変貌するアフリカ』, アカデミア出版会, 373-408.
寺嶋秀明 (2000)「イトゥリの鳥とピグミーたち」,『人間文化』, 17: 17-31.
Terashima, H. (2001) The relationships among plants, animals, and man in the African tropical rain forest, *African Study Monographs, Supplementary Issue*, vol.27: 43-60.
Terashima, H. and Ichikawa, M. (2003) A comparative ethnobotany of the Mbuti and Efe hunter-gatherers in the Ituri forest, Democratic Republic of Congo, *African Study Monographs*, 24 (1-2): 1-168.
寺嶋秀明・篠原徹編著 (2000)『講座生態人類学7 エスノ・サイエンス』, 京都大学学術出版会.
内堀基光 (1996)『森の食べ方』, 東京大学出版会.

矢部治（1993）『万葉の鳥，万葉の歌人』，東京経済.
山階芳麿（1980）『日本の鳥類と其生態　第二巻』，出版科学総合研究所.
山下正男（1977）『植物と哲学』（中公新書 490），中央公論社.
柳田国男（1970）『定本柳田國男集　第 22 巻』，筑摩書房.

2章

「世界と直接出会う」という生き方
―「東アフリカ牧畜民」的独自性についての考察―

北村光二

● Key Word ●
東アフリカ牧畜民，受苦的な経験
対症療法的行為，遂行的活動，探索的活動

1 ● はじめに

　人類学者は，調査地での日々の生活を共にすることを通して，その地の人びとの「ものの見方」や「生き方」について，ある確固とした印象を形成することになると思えるが，民族誌において，そのようなことはエピソードとして語られるという程度の扱いになっているのがふつうである．当該の人びとについての民族誌を書くことをめざす立場からすれば，そのような彼らについての「全般的な印象」の類は，民族誌のなかでとりあげられる多数の項目についての記述の集積から間接的に読みとられるべきものだということになるのかもしれない．一般論としていえば，そのような考え方の方が健全であり，調査対象となった人びとの特徴を少数の命題に還元しようなどと考えること自体，思いあがりも甚だしい野蛮な仕業ということになるのであろう．

　にもかかわらず，私は，北ケニアを中心に牧畜民研究を継続してきた日本人研究者の仲間たちとともに，この地の人びとの「ものの見方」や「生き方」の独自性を明らかにしたいという思いに囚われ続けてきた．そして，問題となる対象を「東アフリカ牧畜民」という範囲に拡大してみると，このような研究者の「思い」は，人類学の研究史のなかに以前からずっと一貫してあったことがわかる．しかも，そのような「思い」にもとづいてそれぞれの研究者が指摘する当該の人びとについての印象というのが，細部の違いをこえて奇妙に共通するものになっているのである（太

田 2004a）．なぜそうなるのかについて，本章では，当該の人びとのものの見方や生き方がある独特なものであることについての直感的理解を，私たちが手にしてしまっているからだと考えることにする．そして，その「独自性」についての直感的理解をより明確なものにすることは，私たちにとって重要な課題だと考えることになる．

このような方針は，人類学的思考のもっとも基本的な前提としてある「文化の多様性」という考え方に，たんなる「それぞれの文化はそれぞれに独自なものである」ということ以上の意味をつけ加えるべきだとする主張につながっていくはずである．すなわち，「文化の多様性」にはレベルの違いがあることを認めるべきなのであり，より抽象度の高いレベルとして，たとえば，農耕民と牧畜民，狩猟採集民のそれぞれの間の違いを考えるべきだということになる．もちろん，地域的な分離にかかわる差異をどのように勘定に入れるべきかなど，この問題にかかわる理論的な検討を進めるためには，議論すべきことが数多く残っているはずであるが，ここでは，とりあえず，近代的なものと明確に異なっているというだけではなく，人類学的研究の主流である「農耕民モデル」が指し示すものとも明確に区別される「独自性」をそなえたものとして，「牧畜民的なもの」をとりあげることになる．ただし，ここで具体的に検討する事例が「東アフリカ牧畜民」に限定されることになるという事情に照らして，「東アフリカ牧畜民」のものの見方や生き方の独自性を明らかにするということが，本章の課題となる．

次に問題になるのは，このような「より抽象度の高いレベル」において違いをもたらす「ものの見方」や「生き方」としてどのようなことが考えられるべきなのか，という点である．その際，これらの違いがもたらされる手前にすでにあって，人間社会の多様なあり方にとって共通の基盤になっている状態としてどんなことを想定するかによって，考えるべきことはまったく異なってくるはずである．ここでは出発点として，ヒトという動物種の1個体が，その種の生態的ニッチにおける環境との関係づけの大枠のなかにおかれながら，直面する環境の側の変異や変化に対応してみずからの行為を調整しているという状態を考えよう．このような出発点にもっとも近いものとして「狩猟採集民的な」ものの見方，生き方が考えられるはずであるが，それに対して，それからもっとも遠いものが，「近代的なもの」ということになろう．この「近代的な」ものの見方，生き方の特徴を，ここで出発点に設定したものと対比して述べるとすれば，以下のようになる．すなわち，環境を認識し，経験する能動的主体としての個人がまずあって，行為による環境との関係づけは，そうした個人の側の一方的な判断と予期にもとづいて，環境を能動的に操作しようとすることによって遂行されている，ということである．

このことは，近代に生きる私たちがいつでもそうしているということを意味するのではない．「ものの見方」や「生き方」として，そうであることが当然だと考えら

れているというだけであり，私たちも，ある結果を実現したいと思いながら，条件が整わずにそうはできないという場合がふつうにある．そのような場合に，私たちは，ただやみくもに環境を操作しようとするというのではなく，手持ちの汎用性の高い「対処法」を用いながら，手近にある資源を利用することによって，より望ましい状態に近づけようとしたり，少なくとも望ましくない状態を改善しようとするのである．このようなやり方は，人間をふくむ動物がその環境との間に生き続けることを可能にする関係づけをつくりだそうとしてそうしているはずの，ここで出発点として想定した状態に直接対応したものである．そして，「非」近代の社会では，実質的にこのようなやり方の比重がより大きく，また，想定としても，このようなやり方をより当たり前のものと考えているはずである．

　一方で，それとは別の意味で，このような「非」近代的なやり方は，近代に生きる私たちにとっても身近なものなのである．じつはこれは，私たちが「他者」との間に行為による直接的な関係づけをつくりだそうとする時に用いるふつうのやり方なのである．そのような「相互行為」では，「私の行為はあなたの行為なしには決定できず，そしてあなたの行為も私の行為なしには決定できない」(木村2003:244)という状態に至るのであり，そこで私たちは，相手の行為についての予期にもとづいてみずからの行為を調整して，その相手との相互行為のシステムを再現可能な秩序立ったものにしようとする．したがって私たちは，行為による関係づけの対象が「もの」ではなく「他者」になった時に，もはや，対象を一方的に操作するというやり方は通用しなくなると考えていることになる．

　以下においては，「東アフリカ牧畜民」が環境との間につくりだそうとする関係づけが，行為主体としてそれを操作しようとするやり方ではなく，むしろ，私たちにとっての「他者」との相互行為にもとづく関係づけになぞらえて理解できるものになるという見通しのもとで，そのやり方の独自性について検討を進めよう．その時彼らは，環境にある「もの」と直接向きあい，その「もの」が自己にもたらす「効果」を受け止めながら，それへの応答としてその「もの」に働きかけて望ましい事態を実現しようとするのであり，そのことによって，その「もの」との間にみずからが生き続けることを可能にするような関係づけをつくりだそうとするのだと考えられる．そこでは，「外部世界」からもたらされる作用を直接受け止めつつ「外部世界」に直接働きかけることによってみずからの生きていく「かたち」がつくりだされることになると考えられる．ここではそれを，「世界と直接出会う」という生き方，とよぼう．

2 ●「心」という概念がないこと

2-1 東アフリカ牧畜民についての「実感的理解」

　東アフリカ牧畜民の「ものの見方」あるいは「生き方」の独自性を明らかにしようとするここでの試みをはじめるに当たって，その調査の現場にいた研究者の「実感」とでもいうべきものをとりあげ，彼らとの生活の中で自分が当然だと思っていることが通用しないという体験をしつつ掴みとったものについて考えるところからはじめてみよう．出発点として，1940年代後半にスーダン南部の牧畜民ディンカについての調査をおこなったリーンハートの研究をとりあげ，それと重ねあわせて，北ケニアで牧畜民研究を継続している日本人の研究を紹介しよう．

　リーンハートはその著書『神性と経験：ディンカの宗教』で，2部構成の前半部の議論を締めくくる位置におかれた章において，「神性をそなえたもの」や「超人間的な諸力」とディンカの人びとが考えているものを私たちにも理解可能なものにしようと試みながら，まったく唐突に，ディンカとヨーロッパでは「自己」についての観念が異なっていると述べる．そして，ディンカには「心（mind）」に相当する概念がないのだと述べたうえで，それを，経験する「自己」とそれに外部から影響を及ぼすものとの間に介在していると考えられる「内部的な実体」がないのだといい直している（Lienhardt 1961:149）．このような実感的理解をもちだしてそれを下敷きにした説明を試みることによって，リーンハートは，ディンカの人びとの宗教的経験についてみずからが掴みとったものを可能なかぎり読者に伝えようとしているのだと思える．ただし，その後の後半部においてはこの問題に関連するそれ以上の議論はなされていない．

　この言明は，あまりにも唐突にもちだされており，それをどのように理解すべきなのかについての説明も十分なものだとは思えない．そうであるにもかかわらず，ここでこの言明をとりあげることには，いくつかの理由がある．まず第一には，そこに示されているリーンハートの「実感的理解」が，私たち日本人の研究グループが継続してきた牧畜民研究のなかで徐々に像を結びつつある「実感的理解」にうまく重なりあうものだと思えるからである．調査地域の違いをこえ，調査年代の違いをこえ，調査テーマの違いをこえて，そこに共通の理解が見出せるとしたら，そこからさまざまな理論的展開を導きだすことができるのではないかと考えられる．そのなかですぐにでも試みられるべきことは，リーンハートが唐突に提示した，近代に生きる私たちとは異なる「自己」のあり方という問題について，私たちが試みたそれとは別のアプローチからの成果を重ねあわせることによって，より大きなコンテキストに位置づけた「理解」を提示するということである．

この問題をとりあげる第二の理由は，リーンハートの「自己概念」をめぐる議論やそこに示されている理解には，浜本 (1986) がていねいに論じているように，「人類学者が『異文化理解』とよぶものの確かな手ごたえがある」と思えるからである．すなわち，「他」なるものが「みずから」との関係においてその「異」性を際立たせ，「みずから」が「他」なるものとの関係において「相対化」可能なものになることによってはじめて十全なものになるはずの，「異」なるものを理解するという作業が，ここでリーンハートによってみごとに遂行されていると考えられるのである．そして，隣接諸科学のなかで人類学がはたすべき独自な貢献を「人間を多様性のもとで理解すること」と考えたうえで，具体的に対峙すべき課題を「近代的なものの見方の相対化」に据える時，このリーンハートの研究は，無視できない重要な古典という位置づけになる．私見によれば，この研究によって明らかにされた「異」的な文化は，近代的なものの見方を明確に相対化しながら，たんなる「非」近代という位置づけを要求するものなのではなく，「文化の多様性」の実質としての「(東アフリカ) 牧畜民」的独自性を主張するものだと考えられるからである．

2-2 「受苦的な」経験とはなにか

　リーンハートの「実感的理解」についての概要を示しておこう．リーンハートは，ディンカには自己とその外部から影響を及ぼすものとの間に介在するはずの「心」という概念がないという．そしてまず，過去の苦い経験の「記憶」を思いだすことや，負債を負っている者が「良心の呵責」を心に抱いてしまうという例をもちだす．これらは，近代に生きる私たちには，「心」の働きによってもたらされる出来事と思えるわけであるが，それを彼らは，外部から当人に働きかけるなんらかの具体的作用によってもたらされる出来事と考えるのだというのである．たとえば「記憶」の例でいえば，以前ハルツーム (スーダンの首都) で投獄されたことのある男が，自分の子どもに「ハルツーム」という名前をつけるということが起こるが，それは一種の厄払いであり，後に自分に災いが及ぶことを避けようとしてそうしているといわれる．ここでその男が避けようとしている事態とは，近代に生きる私たちであれば，思いだす主体である「心」の働きによって，思いだしたくもないことを思いだしてしまうと考えるはずのことに対応しており，それに対して彼らは，「ハルツーム」が行為主体としてその男に働きかけることによってそのような事態がもたらされたと考えるのである．その時，男は行為を向けられる客体とみなされることになる (Lienhardt 1961:149)．
　リーンハートは，経験する人間の側が客体とみなされるという場合のさらなる例をあげて，病気や個人のトーテム，守護霊など，その個人に影響を及ぼす「もの」たちとの関係において，それらの「もの」たちもみずからの決定に従って行為する

主体だと彼らは考えていると述べながら，「能動的であること（actions）」の反対概念である「受苦的であること（*passiones*）」という表現を導入する．この「受苦的であること」とは，問題となる経験において，人に影響を及ぼす「もの」たちの側に能動的な原因の役割が割り当てられるのに対して，その片割れとして「自己」の側に残るもののことだとされる．そしてこのような分割は，なんらかの対処が不可避だと考えられる経験に対して占いを実施することによってもたらされるのであり，その問題への対処として当事者がなんらかの行動を起こす時の不可欠の準備段階を用意することになるのだと考えられている（Lienhardt 1961:151）．すなわち，彼らは，人間に影響を及ぼす「超人間的な諸力」を想定することによってはじめて，みずからの経験における主体と客体の区別を手にすることができるようになるのであり，そのような「知識」を手がかりにすることによって，望ましい経験を生みだしたり，受動的に耐えるだけであった事態から象徴的に逃れるというかたちで，それになんとか対処できるようになっているのだとされる（Lienhardt 1961:170）．

　このような理解を，この著書の中心的テーマである「宗教的な経験」という脈絡にもっと引きつけていい直しておこう．ディンカの人びとにとっての「神性をそなえたもの」や「超人間的な諸力」とは，決して物理的な事実や出来事と同じ水準の直接的所与として経験にもたらされるものなのではなく，病気やその他通常の対処では逃れえない困難に直面した時に，そこで問題となる経験を解釈するうえで参照されるものなのである（Lienhardt 1961:148）．そして，人びとがそのような困難に直面して占いをおこなうことによって，そこで問題になっていることがこれらの特別な存在によってもたらされた事態であるという理解を手にした時に，彼らは実際にそれに対処できるようになる．しかしそれとともに，そのような考え方は，潜在的には，人びとの通常の場面における経験のあり方にも一貫していることだと考えられてもいる．彼らにとって外部世界は，あれこれと調べあげる対象なのではなく，人間に対して能動的に働きかける主体として経験されているのであり，外部世界にあるものの全体が援助を乞う対象だと考えられているのである（Lienhardt 1961:156）．

　ここでとりあげるリーンハートの「実感的理解」とは以上のようなひろがりをもつものだとして，その内容を私たち日本人研究者の理解と重ねあわせながら検討してみよう．その際私は，「ディンカの人びとには心という概念がない」というリーンハートの指摘が意味するものを，「世界と直接出会って，それと直接関係を結ぶ」という彼らの生き方に関連したこととして考えることにする．なぜならば，リーンハートがそう考えたことの中核にあるものとは，彼らが「自己」と外部世界を仲介するはずのものとしての「心」を想定していないということ，そのような「媒介物」はないと考えているということなのだから．

2-3 チャムスにおける「受苦的な経験」

河合 (1998, 本書編著者) は, 北ケニアの牧畜民チャムスを調査して, 彼らの病気についての知識と実践をテーマとする民族誌をまとめた. 彼女は, 身体的不調とどのように出会ってそれにどう対処しようとするのかということに関連するチャムスの人びとの経験のあり方や治療の仕方が, 病気を霊や邪術のせいにしてとにかくその原因を排除してしまおうとする農耕民的やり方とも, それへの対処を医者や薬に委ねてとにかくその苦痛から逃れようとする近代に生きる私たちともまったく違っていることを示しながら, そこに, 身体的不調をみずからの経験としてきちんと受け止めようとする「真摯な」態度を見出している.

チャムスは, 身体的不調を意識した時, 痛みなどの自覚症状や診断によって知覚される症状を, 身体の特定の器官や組織に起こった「物理的・生理的」変化として実体化して理解しようとする. そのようにして把握された体内の異常な状態に直接対処するものとして治療法が選択され, そのような異常な状態にある身体を修復し, 正常化しようとするのである. そして, 身体的不調が器官や組織の物質的な異常として説明される一方で, 患者本人は, そこで, 自己の身体に関する知識や記憶のすべてに思いを巡らすのだという. すなわち, 生まれつきの体質や過去の外傷, 病歴などとともに昨夜食べたものなどの近い過去の経験も思い起こすことになる. それらの「もの」はその時の症状に結びつけられ, 発症に至る時間的経緯のなかに位置づけられる. 彼らは, その時の自己の身体的不調を, 「さまざまな経験を経てきた独自な『私の身体』における『私の病気』という概念によって」(河合 1998:153) 説明しようとするのであり, そのような発症に至る経緯についての納得があってはじめて, その病気についての理解が完結することになるという.

そのような発症のプロセスに関与する「もの」とは, その時の身体的異常をもたらすきっかけや作用因になりうるもの, すなわち, ひろい意味での「原因」という位置づけになるのであるが, にもかかわらず, それらは彼らの治療における改変や修復の対象にはなりえないという意味で, 治療の対象にはならないのだという. 彼らの説明において「原因」として位置づけられるものの多くは, 後天的につくられたものをふくめた患者の身体そのものの性質なのである. このように, 彼らの病気に対する知識体系の中に治療の対象にならない「原因」が想定されていることの意味を問いながら, 河合は「病気は『不可避的なもの』, 『受けいれるべきもの』なのであり, ここには病気に対するチャムスの受苦的な態度があらわれているように思われる」(河合 1998:233) と述べている.

ここで河合がいう「受苦性」は, リーンハートがいうそれとまったく同じものだと考えられる. このことを, 農耕民的な病気理解と対比させて明確にしておこう. 農耕民の社会に特徴的な, 病気を憑依霊や妖術・邪術によって引き起こされるもの

とみなす疾病観のもとでは，人びとは個々の症状を孤立した問題としてではなく，妖術や憑依霊などの特定のエージェントによってもたらされた「問題群」の1つとして経験することになる．そのことに対応して，その時の経験は，直接的所与としてもたらされる「個々の症状の経験」とは区別される，たとえば，「ある特定の憑依霊によってもたらされた不幸の経験」になるのだと考えられる（浜本 1990）．すなわち，その経験は，そこで直面する問題への対処において「排除すべき対象」をみつけだす必要性に対応して，それを経験する側の立場から能動的に構成されたものになるのである（北村 2002:109-112）．それに対して，チャムスやディンカでは，病気の経験は，人に影響を及ぼす「もの（＝なんらかのエージェント）」からの作用によって当事者にもたらされた「直接的効果」としての経験，すなわち，物理的出来事についての経験と同じ水準の直接的所与としての経験なのだと考えられるのであり，それが当事者によって能動的に構成されたものと考えられる余地はまったくない．そして，その経験が当事者にもたらされた出来事についてのものであるという意味で「自己についての経験」になるところで，この経験は，当人にとって不可避的で受け入れざるをえない「受苦的な」経験になると考えられるのである．

　同じ「病気の経験」がこのように異なったタイプのものになることを，もっと類型的に対比して説明しておこう．農耕民では，病気は，なんらかの対処によって解消されるべき「無秩序」がもたらす不幸の一種と考えられており，その時の身体的不調は，どのような治療によって解消されることになるのかという見通しを伴って，なんらかの病気として診断されるのである．したがって，その時の個々の具体的な症状の経験は相互に関連づけられ結びあわされて，その診断を根拠づけるものへと組織化されることになる．それに対して牧畜民では，病気の経験はなんらかのエージェントの働きかけによって人間の側にもたらされるものだと考えられているが，そこにある「自己についての経験」と「（自己に作用を及ぼす）外部世界についての経験」という2つの側面がきちんと分離されることによって（Lienhardt 1961:170），個々の症状の具体的経験はそのまま「自己についての経験」として受け入れられる一方で，「外部世界についての経験」という側面にかかわる理解を根拠に，病気に対する具体的な対処が試みられることになるのである．

　それとともに，この事例に出会うことで，リーンハートが「心がない」といいだした時のあまりにも荒唐無稽な印象とは対照的に，それが含意する「経験の受苦性」というものが，近代に生きる私たちには到底想像もできないものというのではないことがわかるのである．たとえば，慢性病を患った人間が，その病気を排除してしまうことをあきらめてそれをあるがままに受け入れ，折りあいをつけてつきあうべきものとして当該の病気を経験するということがふつうに起こりうる．しかし，一般的に近代医療においては，病気は客観的事実の問題としてとり扱われるのであり，患者の主観的な経験は非関与なものとして排除されてしまう．そのことに対応して，

私たちは病気を主観的に経験することと客観的に診断・治療されることとの間で引き裂かれており，その2つの経験はうまく重なりあっていない．したがって，この「受苦的に」病気を経験する時の彼らの経験と，私たちが病気になってそれを客観的事実として受容する時の私たちの経験との違いを明確にしておくことも重要なことだと考えられる．この違いを見出す鍵が，チャムスの病気経験の特徴として河合が記述したものの中にある．

　チャムスは，私たちであれば「頭がずきずきと痛い」というところで「側頭部の血管で血がはねている」というのだという．「喉がひりひりする」は「気管の内壁をすりむいた」となる．河合は，人びとがみずからの身体的不調の経験を語りあっている時に彼らがしていることを，その時の症状を他者と共有されるものとして経験するために，「自己の主観的な経験に立脚して，それと客観的プロセスを同一視する過程をとおして症状を経験し」ているのだと解釈している（河合 1998:212）．彼らは病気になった時に，外部世界からのなんらかの作用によってもたらされた「直接的効果」としてそれを「受苦的に」経験しているのだと考えられるが，じつはそれは，「当事者にもたらされた出来事についての経験」というレベルでは，すなわち，「自己についての経験」というレベルでは，個々の症状を内的な感覚を手がかりとして主観的に経験するということとほとんど区別がつかないはずなのである．ところが一方で，彼らが，その病気の経験を他者に知らせようとする時に，それを身体において進行している「客観的プロセス」を観察者が知覚して描写しているかのように表現するのは，それによってその経験の「自己についての経験」という側面を相手と共有しようとしてはいないからであり，にもかかわらず，外部からもたらされた直接的効果を当事者としてきちんと受け止めて対処しようとしているという意味で，「外部世界についての経験」という側面を共有しようとして，直面する事態への対処に役立つ彼らの「世界についての知識」に対応した「客観的な」記述が，その時の経験を表現するものとして用いられているということになる．

　チャムスは，あたかも医者がするような「客観的な」記述によってみずからの病気を語っているかのようにみえるが，病気を経験している当事者の立場を離れて，その経験がなかったことにしてそうしているのではなく，誰もが当事者として受け止めなければならない経験として，その時の経験を人びとがあらかじめ共有している「知識」の「型」にあわせて語っているということになる．したがってここで問題にするチャムスやディンカの病気経験とは，「能動的に構成されたものではない」という意味で「受苦的な経験」と位置づけられるとともに，対象から身を引き離した客観的認識に従属してしまわない，対象と直接関係を結ぼうとする「当事者性」を保持した出会いにおいてもたらされる経験になっているのだと考えられる．

2-4　外部世界との関係づけ

　これまでのところで，「自己」が「外部世界」を認識し，経験する時の内面の座として私たちが想定している「心」について，それがない時にどうなるのかを考えてきたが，そこでの考察は徐々に，「自己」が行為によって「外部世界」との関係づけをおこなうという問題にひろがっている．それは，「外部世界」に対する行為を主体的に選択して指令する座としての「心」がない時にどうなるのかについても考えることを意味する．近代に生きる私たちは，「心」において，外部世界からの刺激や情報を用いて適切な認識を構成し，それにもとづいて行為を指令することによって，主体的に外部世界をコントロールしているのだと考えているが，それに対して，「心」という概念がないディンカの人びとがしていることはどう理解されるのであろうか．彼らは，みずからの経験を受苦的なものとして，すなわち，外部世界からのなんらかの作用によってもたらされた「効果」と考えているわけだが，とくに，そこで自己が直面している事態がなんらかの対処を必要としていると考えられる場合には，それを自己の側にもたらされたある特定の「変化」として把握したうえで，そのような変化を修正し，正常化するという結果を実現するように対処するのだと考えられる．

　そこで「心がない」ことが直接反映して現れる違いについて，まず確認すべきことは，そこで直面する事態に関連するもののうちのどれとどれがどのような作用を及ぼしているのかをあらかじめ客観的にみきわめたうえで，その作用をコントロールしようとして行為するのではない，という点である．すなわち，自己の側に起こったことはそれとして受け入れたうえで，好ましくない事態をなんらかの対処によって修正しようとして，自己の側にあらかじめ用意されている「手持ちの対処法」のうちから特定のものを選択しつつ，対象の側からもたらされたものの性質に応じて行為を調整するということである．そして，このようなやり方は，私たちにとっても決してなじみのないやり方だというわけではない．病気への対処法の１つである，対症療法的措置というのがこれに相当する．これは，近代医療においても，難病とよばれるものや慢性病などの特定病因論の考え方が通用しない病気に対する対抗策として，現在でも重要性を失っていない方法である．このやり方では，解剖学的身体の特定の部位に生じた物理的・生理的異変によってもたらされた症状に対して，その部位に直接的に，ないしは，間接的にさまざまな方法で働きかけて，結果的にその症状が緩和されて，通常の生活がおくれる状態になることがめざされるのである．

　このような「自己」が行為によって「外部世界」との関係づけをおこなう時の「対症療法的なやり方」は，「外部世界」との関係づけについての経験が「受苦的なもの」になることとどのような関係にあると考えられるだろうか．じつはこの２つは，相互に他を論理的な前提としているという関係にあるのだ．「対症療法的なやり方」

が，外部世界を主体的にコントロールするやり方と区別されるのは，外部世界のある特定のエージェントが「自己」にもたらした効果を打ち消すように対応することで問題に対処しようとするという点にあるが，それは，エージェントの作用そのものを変更しようとするのではなく，その作用が及ぶことを前提にそれがもたらす効果に対応しようとするやり方であるという意味で，直面する事態を「受苦的に」経験することを前提にしているのである．一方で，この「受苦的な」経験が，「心」の働きによって外部世界を主体的に経験することと区別されるのは，外部世界のある特定のエージェントが「自己」になんらかの作用を及ぼすことでその時の経験がもたらされていると考える点にあるが，そのような経験のあり方は，その作用に対する適切な応答による「適応的な関係づけ」を予期しているという意味で，外部世界との関係づけにおける「対症療法的なやり方」を前提としている．この問題は次節で詳しく検討する．

「心」という概念がないことによってもたらされる事態として，本章ではさらに，社会的相互行為やコミュニケーションという領域に目を向けよう．リーンハートはこの問題にまったく言及していないが，この領域において，「心」という概念があるかないかの違いは，きわめて重大な論理的帰結をもたらすはずである．近代に生きる私たちにとって，コミュニケーションとはそれぞれが相手の「心」に働きかけて双方の思いを重ねあわせることだと理解されているはずであるから，「心」という概念がないところでコミュニケーションの活動がどのようなものになるかは，簡単には想像がつかない．1993年以来北ケニアのトゥルカナにおいて社会心理学の立場から調査をおこなっている作道は，トゥルカナに特徴的な「強圧的な物乞い」の場面におけるコミュニケーション活動を参照しながら，心理学者の直感からなのか，彼らには「心」がないというのである．調査者である自分と彼らとの違いを考えるという脈絡で，「トゥルカナには私たちが行為の座と考え，行為に先立ち，それに働きかけることで行為を変えることができると信じる場所，『心』がない．トゥルカナが『心理的に』私と異なるわけではない．そのような『心』が社会的に意味あるものとされていない」(作道 2001:194) と述べる．

トゥルカナが相手の「心」に働きかけることがない（ようにみえる）というのは，相互行為場面で彼らが相手の「心」にあるはずの相手の個人的で主観的な思いを察しようとしない，ないしは，それと自分の側の同じような思いを重ねあわせようとしない，ということである．たとえば，「強圧的な物乞い」のコミュニケーションにおいて，要求される側の事情を考慮して要求がなされるべきだという考え方がなく，その時要求される側がどんな思いでいるかを推察するといった配慮が示されることもない．また，その時の相手の思いに同情を示して，その見返りに自分の立場への同情を求めるというやり方をすることもない．もっと一般的に，トゥルカナでは，人から話しかけられた時にそれを拒否することはできないと考えられているが，

それを逆からいえば，人は相手の気持ちに配慮することなくいつでも話しかけてよい，ということになる．

　みずからの身体的不調について語りあうというコミュニケーションにおいてチャムスがしていることにも，同じような特徴が見出される．彼らは，自分の身体的不調を語る時に，その主観的な感覚を他者と共有しようとしてそうするのではないと考えられた．それを河合は，「チャムスは『同情』という回路をあえて閉ざしているようにみえる．他者の語る他者の感覚を，類推したり想像したり感情移入したりすることによってわかろうとはしない」（河合 1998:212）と表現する．この場合は，すでに分析したように，そこで語られる内容は，当事者によって能動的に構成された経験なのではなく「受苦的な」経験に対応するものであると考えられたが，その内容を他者と共有しようとしてなされるコミュニケーションの活動は，相手の「心」を察してそれに働きかける「同情」や「感情移入」のコミュニケーションとは区別されるものになると考えられる．この例はおそらく，「心」という概念がないところでなされるコミュニケーションとはどんなものかを考えるうえでの出発点を提供するものになるはずである．そのようなコミュニケーションとは，そこで直面する問題に対してその場に共在する他者と共同的に対処しようとして試みられる活動の一部になるのであり，そのような対応に不可欠な「外部世界についての経験」という側面にかかわる理解を他者と共有しようとする活動になるのだと考えられる．その詳細は次節で検討する．

　最後に，ここでは具体的に論じることはできないが，忘れるわけにはいかない重要な問題がある．経験を構成し行為を指令する内面の座としての「心」という概念をもつ社会では，そこでのコミュニケーションの活動において，「心」をもつことに特有の困難を抱えることになる．「心」は内側にある以上，それは外からみえない．そして，この「人の心の中はみえない」という命題は，これらの社会におけるコミュニケーション活動の最大の障害になるとともに，最大の動機づけになるのである．私たちはそのような社会に生きているが，その命題が意識されることのない社会において，コミュニケーションとはどのようなものでありうるのかという興味が，大きくふくらんでくる．ただし，この問題についての考察は別の機会に譲るしかない．

　次節において，「人間が生きている現場でしていること」を理解するうえで，とくにその基礎的な部分を理解するうえでは，「経験を構成し行為を指令する座（としての心）」があらかじめ存在していると考えなければならない理由はない，むしろそう考えるべきではないという立場から，「アフォーダンス理論」を参考にしながら，そのような考え方を明確にしてみよう．ここでそのような考え方を検討するのは，もちろん，その意味での「心」がないかのようにみえる人びとのものの見方や生き方が，「ない」という意味でなにかが欠けた不完全なものなのではなく，私たちのそれと基礎的な部分で共通しつつ，環境と直接出会い，それと直接関係を結ぶとい

う力強い生き方であると考えられる可能性があるからである.

3 ●行為による「環境との関係づけ」と「環境との関係づけ」の経験

3-1　行為や経験についての生態学的アプローチ

　前節では，東アフリカ牧畜民のものの見方や生き方を理解するうえで重要な概念として「対症療法的な行為」と「受苦的な経験」を抽出したが，これらはそれぞれ，人間がその生活の現場においてしていることの2つの側面，すなわち，行為によって環境との関係づけをおこなって生き続けようとすることと，その環境との関係づけを当事者として経験することに対応している．そしてそれは，近代に生きる私たちが当然のことだと思っている行為や経験のあるべき形とは異なっていると考えられた．しかしその一方で，「対症療法的な行為」も「受苦的な経験」も，私たちにとってまったく予想もできないものだというのではなく，誰もが実際にそのように行為したり経験したりしているものなのである．したがって問題はそれほど単純ではない．私たちがそのあるべき形だと思っているものとは異なる行為や経験のあり方が見出されることそれ自体が，彼らの独自性を示すものだということにはならないのだから．

　ここでは，この問題に関連する牧畜民的独自性についての分析を，以下のような手順で進めていこう．まず第一に，ここで抽出した「対症療法的な行為」や「受苦的な経験」という人間の行為や経験のあり方は，人間をふくめた動物が生活の現場においてしている活動に直接対応する，そのもっとも基本的な特性を反映したものであると考えられる．このことを，「アフォーダンス理論」にある生態学的アプローチを参照しながら明らかにしよう．近代に生きる私たちが，「心」において主観的に構成される経験や「心」によって主体的に選択されて指令される行為をそれらのあるべき形として想定するのは，近代における主流の哲学や心理学が，「脳または心の役割は周囲の世界の表象を構成し，それを利用することにある」という仮定を採用してきたことと直接関連しているのである．ここでは，少なくとも，その仮定がうまく適用できない現象があることを認めたうえで，さらに，別の観点からそれらを理解し直すことを試みよう．

　そして第二に，これらの人間の行為や経験にかかわる特性が，動物一般の活動における行為や経験についての生態学的理解と共通するものであるのだとしても，私たち人類学者が東アフリカ牧畜民の生き方を理解するために注目しようとしている活動とは，そのような人びとが暮らす環境への生態学的な適応に直結する活動そのものなのではないことを確認しておかなければならない．それは，人間以外の動物

であればしないはずの「過剰さ」を伴ったものだと考えられるのだが，ここではその「過剰さ」の2つの側面を区別しよう．それらはどちらも，通常の対処では解決できないと考えられる問題に出会った時に想定されているやり方であり，1つは，その現場には見出せない「対象」に働きかけるということまでして，問題に対処しようとする「過剰さ」であり，もう1つは，他者を巻きこんでそれに共同的に対処しようとする場合の「過剰さ」である．

3-2 「アフォーダンス理論」の考え方

　「アフォーダンス理論」とは，ギブソンという知覚心理学者が，「感覚器官への物理的刺激は知覚の唯一の原因ではない」という理解を出発点に発展させた生態学的な知覚理論に由来する考え方である（佐々木 1994）．その後継者たちは自分たちの立場を「生態心理学」とよぶ．この一派の考え方の特徴は，その名前にも現れているように，生態学的アプローチを採用することによって「行動のフィジカルな事実と生きることの経験的な側面の双方に均等にウェイトをかけつつ，心と身体を1つに結びあわせる心理学」（リード 2000:10）をめざしているという点にある．生態学的アプローチを採用する研究においては，動物個体とその周囲の環境との間の「関係づけ」こそが解明すべき根本現象となるが，その「関係づけ」の実質は，少なくとも明確に分化した知覚システムをもつ動物では，その2つの側面が区別されて理解されることになる．一方は，環境にある資源を利用しつつその特性に依存した行為の調整によってみずからにとって望ましい結果を実現しようとすることであり，それは行為の諸結果へと指向する「活動の遂行的側面」である．もう一方は，直面する環境とどのように関係を結ぶかを探索するという方向づけのもとで，環境にある資源を意識し，経験することであり，それは行為の諸条件を指向する「活動の探索的側面」に対応する．ただし，この2つの側面は相互に強い依存関係にあり，なにかを遂行することが探索的な側面をもったり，関係づけの探索が遂行的な側面をもったりもする．

　このようなアプローチは，従来からある主流の心理学が大前提にしている，「脳が環境の表象を構成し，それを利用する」という表象主義的，構成主義的仮定を捨てたことによってもたらされたものでもある．機械モデルを前提にする心理学では，動物がみずからの身体を適切に動かす命令をだすためには，まず種々の刺激を収集，照合，解釈して「世界像」を構成しておかなければならないと考えられることから，神経系こそが，刺激の受け手であり，反応の送り手であると考えられている．しかし，そのような考え方は，「神経系は，それが形成される以前から能動的に環境との関係づけを維持してきた動物の集団内でこそ進化した」（リード 2000:20）ということ，すなわち，神経系を形成する以前の動物も環境との能動的関係づけを実現して

いるという事実と矛盾しており，生態学的アプローチでは，そのような神経系の進化についての事実を前提に，神経系の機能を，すでに環境となんらかの関係づけのもとにある動物の行為を調整することだと考えるのである．そのことに関連して，動物個体がその時の周囲の環境との間にどんな関係づけをおこなうのかをガイドしながら，同時に，実際の関係づけにおける行為の調整をガイドするものが想定されなければならないはずであるが，そのような役割をはたすものを指し示すために，「アフォーダンス」という概念が導入される．

アフォーダンスとは，ある動物種の1個体が，環境のある部分と行為による関係づけをおこなおうとして，その対象において識別して利用しようとする，その対象の特性のことである．アフォーダンスは「アフォードする（人にあることを提供する）」という動詞からの造語であり，環境のある部分がそれとの関係づけをおこなおうとする動物にある特定の関係づけをおこなうように促す，ないしは，その関係づけの「枠組み」をアフォードするということである．野の花は，ハチやチョウなどの受粉媒介者に採餌（餌をとること）をアフォードする．それを逆からいえば，ハチやチョウは，周囲にある花の「採餌アフォーダンス」を識別して，そのアフォーダンスとの関係で，みずからの行為を調整するのである．環境との関係づけにおける遂行的側面と探索的側面の区別に対応させていえば，環境のある部分になんらかのアフォーダンスを識別することが活動の探索的側面であり，そのアフォーダンスを実際に利用することが活動の遂行的側面に対応することになる．

ここにある動物個体と環境との間の関係づけは，リーンハートがいうところの，「心」の概念をもたない人びとに「受苦的な経験」が成立する時の外部世界との関係づけのあり方と基本的にまったく同じものだと考えられる．しかも，この時の動物個体には，環境の表象を主体的に構成する「心」を想定すべき理由はないと考えられている．すなわち，環境のある部分とのなんらかの関係づけにおいて，環境の側が動物個体に対して具体的な影響を及ぼすという意味で，関係づけの特定の枠組みをアフォードし，動物個体がその特定のアフォーダンスを受苦的に経験しつつ，それを利用して行為を調整することによって，実際にその関係づけをその場に実現することになるのである．以下では，このような考え方を適用した時に，「対症療法的な行為」や「受苦的な経験」がどのようなものとして理解されることになるかを検討しよう．

3-3　探索的活動と「体験」

近代に生きる私たちも，もちろん，環境にあるなんらかの「もの」にアフォーダンスを識別して，それに応じた関係づけをする対象としてその「もの」を経験するということがある．たとえば，道を歩いていて段差のある場所にさしかかった時，た

とえそれが特別の意味をもった建造物の一部であったのだとしても，ふつうそれは，重心の滑らかな移動という結果をもたらすように調整された歩行によって通過することになるもので，そのような関係づけの対象になる「段差」として認識され，経験される．ところがその一方で，とくに，それに対してなにかをするつもりもなく，ある「もの」と向かいあっている時，私たちは，みずからの精神活動の内面的な領域である「心」を舞台に，能動的な主体として外部世界を私的に主観的に経験し，認識していると考えたりもする．どのような状況を想定するかによって印象はがらりと変わるが，ここで考えたいことは，生活の現場において，それを使ったりそれに働きかけたりすることと分離されることなく，ある「もの」を知るという時の経験である．

　そして，もう少し複雑な状況も想定しておかなければならない．動物は，知覚システムがより精巧になるにつれて，今・ここで関係を結んでいるアフォーダンス以外のアフォーダンスも意識できるようになる．それは，遂行的な活動とは区別されるものとして探索的な活動が成立するようになることを意味しており，すでに存在している事物について意識するだけではなく，自身と環境との関係づけの目前に差し迫った変化についても意識するようになるということにもつながっている．このような「予期的」意識の能力は，自分がこうすればこうなるということを理解すること，すなわち，関連する対象に備わっている性能や属性に目を向けながら，それを利用しようとしてする行為に即した意味を見出そうとするという探索的活動に由来していると考えられるのである．これらの場合においても，私たちは，行為による関係づけと分離することなく向かいあう「もの」を認識し経験しようとしている．

　リーンハートのいう「受苦的な経験」が，遂行的活動と探索的活動を区別する考え方に即してどのように理解されることになるかを明確にしておこう．この経験における「受苦的であること」という概念は，問題となる経験が2つに分割されることに由来する．それはなんらかの対処が必要だと考えられる経験において占いが実施されることによってもたらされるのであり，この分割はその後の対処における不可欠な準備段階を用意することになると述べられる．その経験は，「能動的なこと」と「受苦的なこと」との2つに分割されるが，前者は，人間に影響を及ぼしている「もの」の側がその時の関係づけのための行為をアフォードするということに，後者は，人間の側がそのアフォーダンスを意識し，経験するということに対応しているのだと考えられる．そして，分割されたものの前者こそが，その後の対処における遂行的な活動に根拠を与えるものになるのであり，望ましい結果を実現するように，ないしは望ましくない結果を回避するように，影響を及ぼす側の「もの」からの働きかけに対する応答としてなんらかの対処が選択され，遂行されることになる．このプロセスについては後に詳しく述べる．

　それに対して後者は，そのような遂行的な関係づけとは明確に区別される探索的

な関係づけという側面に対応している．基本的には，そこで識別されるアフォーダンスとは，対象との関係づけの可能性を限定するものという意味で，そこでどのような関係づけをおこなうかについての選択に手がかりを与えるものになるのであるが，より複雑な状況では，その時の対処すべき事態に関連して，環境のさまざまな部分にさまざまな関係づけの可能性を探索することで意識し，認識し，経験するものの1つという位置づけになる．チャムスにおける病気経験について考察したところで，彼らがその時の治療にはまったく非関与な病気の「原因」を熱心に検討することを述べたが，そこでチャムスが病気の「原因」に関係するものとして検討する対象こそが，その病気とどのような関係づけが可能かを探索することによってもたらされたさまざまな予期的な経験に対応するものなのだと考えられるのである．

　したがって，そのような経験が「受苦的」とよばれるのは，みずからにとって望ましい結果を手にするために能動的に構成されたプランがあって，それに対応したものとして経験がもたらされるのではなく，その時の経験が，対象との関係づけの可能性を限定する条件を指し示すものとして，対象の側から否応なくもたらされていて，遂行的な選択には非関与なものをふくめて自己の側にそのまま残ってしまうものだからである．そして，この「受苦的」という性格は，遂行的活動とは区別される探索的活動において自己にもたらされる経験にごく一般的なものだと考えられる．探索的活動において人は，行為の場における関係づけで自己にもたらされる経験を予期することにもとづいてその対象を知ろうとするが，そのような試みは，そこで知ることになる環境のある特定の配置に関係づけられた存在として自己を見出すことをつねに含意しているのであり，その時の経験は，自己についての発見や確認をもたらすという意味で「受苦的なもの」になるのだともいえる．

　探索的活動における経験とは，遂行的ではない活動において自己にもたらされるものだと考えられるはずだが，その一方で，遂行的活動における関係づけによってもたらされる経験がそれと同等のものとして扱われる場合がある．たとえば，過去の遂行的活動における経験は，その場で可能な関係づけの1つについての経験として，探索的活動においていつでも参照されうる．さらに，遂行的活動における経験は，それに先立つ探索的活動によってもたらされるさまざまな経験と並置されることによって，ほかの経験との「範列的対比」にもとづく意味づけを与えられるのだと考えられる．もちろん，特定の結果の実現を指向する遂行的活動における経験は，「そこで目標とする結果が実現されたり，されなかったりしたことについての経験」という，その時の行為とそれによって実現された結果との「統語論的な接続」にかかわる意味づけを与えられることになるはずであるが，それと同時に，その時の経験には，物理的に実現された結果とは区別される「効果」として自己にもたらされるもので，否応なく自己の側に残ってしまう「受苦的な経験」という側面が認められるということである．

このようなよりひろいコンテキストに即していい直せば,「受苦的な経験」とは,対象からの作用とそれへの応答という「相互行為」についての予期にもとづいて自己にもたらされる,その対象についての経験的認識のことなのである.それは,「行為の場」における関係づけを前提に,その関係づけの当事者という位置づけにある自己の側に直接もたらされるものという点で共通しているのであり,その意味をこめて,それらを「体験」とよぶとすれば,これまで「受苦的な経験」とよんできたものは,「体験」といいかえられることになる.そして,このような探索的活動における「体験」を前提として試みられる遂行的活動としての行為は,直面する事態を当事者としてきちんと受け止めつつみずからの裁量のもとで選択され実行されたものとみなされるのであり,そのような行為は,以下で述べることになる「実践」として位置づけられることになる.

3-4　遂行的活動と「実践」

　近代に生きる私たちは,「もの」との関係づけにおいて私たちがしていることを,ごく単純化して「技術的」行為だとみなし,合理的な因果連関の見通しのもとで特定の結果を実現しようとしているのだと考える傾向がある.しかし,私たちはいつでも,自分にとって都合がよいという理由である特定の結果を指向しながら,一方的に外部世界をコントロールしようとする「行為における能動的な主体」なのではない.たとえば,ある特定の結果を実現したい,あるいは,直面する事態を改善したいと思いながらも,そのよう結果をもたらす合理的因果連関が簡単には見通せないということがあるが,そのような場合にも,私たちは,環境にある資源を利用しつつその特性に依存した行為の調整によって,より望ましい状態に近づけようとしたり,少なくとも望ましくない状態を改善しようとするのである.そのようなやり方の典型として私たちが知っているものが,病気への対処における対症療法的措置である.

　この「対症療法的な」行為とは,人間をふくむ動物がその生息環境との間に,生き続けることを可能にするような関係づけをつくりだそうとしてする行為に直接対応するものである.ある動物種の1個体は,その種の生態的ニッチの特定の部分と特定の関係づけを実現することによって,生き続けることを可能にしている.ただしこれは,同一の刺激や対象に機械的に同一の反応を示すというのではなく,ある場面で必要とされる機能に対応できるように「機能特定的に」行為を調整することによって,すなわち,そのような機能要求に適合的な関係づけをアフォードするものを識別し,それを利用することによって,その生息環境に適応しているのだと考えられよう.

　ただし,このような理解がうまく当てはまるのは,環境との関係づけの活動にお

ける遂行的な側面と探索的な側面を区別することがほとんど意味をもたないような場合，すなわち，そこで実現しなければならないことがはっきりしていて，手近にあるもののなかにその結果に直結するアフォーダンスを見出すことでなんとか生き続けているという，有無をいわせない状況での活動にかぎられるのであり，もう少し複雑な場合も考えておかなければならない．遂行的活動とは区別されるものとして探索的活動が成立している時，その場面で必要とされる機能要求に直結するものもしないものもふくめて，さまざまなアフォーダンスが，環境のさまざまな部分に意識される可能性がある．そこで，機能要求に応えるものとして同等なもののうちからどれを選ぶか，あるいは，機能は異なるがその重要度の違いが問題にならない，ないしは，よくわからないという場合にどれを選ぶか，いずれにせよ，環境のどの部分とどのような関係づけをおこなうかに迷いがある時に，その関係づけを遂行する活動における「関係づけのプラン」の選択という問題が考えられなければならない．

　この問題は，ここでいう「対症療法的な」行為の本質的な性質に関連するものである．近代に生きる私たちが，病気の治療において対症療法的な措置をとるのは，当該の病気について，その原因を特定することにもとづく合理的な治療方針が立てられないという場合にかぎられている．したがって，こうした場合の対症療法的な行為には，あらかじめの方針が立てられない時に選択されるものという性格が付与されることになるが，この対症療法的な行為とは，そもそもそれに先立って用意されている判断に従属して遂行される行為ではないと考えるべきなのである．あらかじめ対象を徹底的に調べあげることによってその対象との関係づけについての「プラン」が構成され，その「プラン」に監視されて実際の行為が遂行されるというのではない．対症療法的な行為における「プラン」の選択は，それとはまったく異なるものとして考えられなければならない（佐々木 2000:402）．

　遂行的活動と探索的活動という区別に対応させて，この問題を検討してみよう．探索的活動において私たちは，目の前にある「行為の場」での関係づけを予期しながら，周囲の環境のさまざまな部分を意識し，認識し，経験している．そして，それとは明確に区別できる側面として想定される，なんらかの結果を生みだそうとする遂行的活動において，そこで意識し，経験しているもののうちのある特定の対象の特定のアフォーダンスに対応した目標を設定し，実際に行為を調整してその目標に到達しようとする．そして，「対症療法的な」行為では，そのような遂行的活動に先立って，それに不可欠な「関係づけのプラン」を用意するために探索活動が実行されるのではないというのであり，この場合には，遂行的活動と探索的活動が同時になされると考えられなければならない．すなわち，直近の未来におけるなんらかの結果を実現するために行為を工夫するという意味でなされる「遂行的な側面にかかわる調整」を実行しながらも，一方で同時に，その時の活動に枠組みを与える

「関係づけのプラン」を選択するという「探索的な側面にかかわる選択」も実行していると考えられるのである.

　違うことを同時にするといういい方はたしかに不正確ないい方であるが,より正確にいえば以下のようにするということである.「そうでないやり方もあるにもかかわらず,あえてそうせずに,こうしている」(木村 2003:266) という形でその時の活動の枠組みを選択して,その枠組みのもとでとりあえずやるべきことをやってみようとするが,その一方で,時間軸に沿った因果連関を予期しながら試行錯誤的にやってみて,たまたまうまい結果に結びつきそうなやり方を選びとろうとするということである.すなわち,探索的な選択のもとで遂行的な活動が方向づけられることになるという場合も,遂行的な調整を試みることによってその時の活動の枠組みが選択されることになるという場合のいずれもがいつでも起こりうるものとして,いわば,「やってみながら考えて,考えながらやってみる」という身構えで,関係づけがなされるということである.

　このような特性をもつ「対症療法的な」行為は,以上に述べたような,困難に直面して適切な対処法が見出せないという場合に必要とされるものとはかぎらない.たとえば,いつも通っている道を歩きながら,ある曲がり角でいつもと違う道に曲がろうかどうしようかと迷って,結局どちらかを選ぶということがある.このような例を考える場合,私たちはなんの前提もなしに,当事者はその時ある特定の結果を指向して,たとえば「最短時間で目的地に到着する」という結果をめざして,そこでどうするかを決めていると考えがちである.しかし,早く家にたどり着こうと思いながらも,まだ通ったことのない道を歩いてみたいと思いつつ,変なところにでてしまっても面倒なことになるかなどと考えて,結局いつもの道を通ることにした,ということになる可能性も十分ある.この場合のプランの選択とは,「早く家にたどり着くことは犠牲にしてでも目新しい景色のなかを歩く」などのいくつかの選択肢を考慮してなされる,その時の活動に枠組みを与える選択のことであるが,たとえば「目新しい景色のなかを歩く」ことを選択してそこで曲がったとしても,その後歩きながらだんだん歩行が早くなり,いつの間にか早く家にたどり着こうとするということもふつうに起こる.じつは,私たちが生活の現場でしていることのかなりの部分における「プランの選択」や「目標に向けての調整」にはこのような不確定で曖昧な部分が残されており,そこで実際にすることは「対症療法的な」ものになるということである.

　さらに,「いつも通りにそうしているだけで,特定の目標があるわけでもなく,特別なプランを選択しているとも意識されない行為」という位置づけになる「慣習的行為」も,この「対症療法的な」行為の1つだと考えられる.たとえば,毎朝歯を磨きながら,いつもはそう意識していないとしても,歯を清潔に保つという結果を指向した行為の調整をおこなっていることは確かであり,そればかりではなく,

それをどのようなやり方でするのかというプランの選択もまちがいなくしているのである．いつもと違うやり方をしても問題がないところで結局いつも通りにしている時に，なぜそうするのかという質問に答えるとすれば，そうしないとなんとなくしっくりしない気がするから，というぐらいのものになると思われるが，いずれにしろそこでしている「やり方」は，みずからの体験にもとづいてみずからの裁量のもとで選択されたものという位置づけになるはずである．

「実践」という日本語はとらえにくい言葉だといわれる（田辺 2003:8）が，このような，「私に起こったこととしてもたらされる体験」を手がかりに選択され，「私のその時の都合を優先した目標」に向けて遂行される行為を，別のいい方をすれば，当事者としてそうしていることを見失うことなく選択して遂行している行為を，ここでは「実践」とよぼう．それに従えば，ここでいう「対症療法的な行為」は「実践」といい直されることになる．

人間の活動に，「遂行的活動」と「探索的活動」という2つの側面が「区別されつつ同時に見出される」ということは，「アフォーダンス理論」の提唱者であるギブソンが，知覚の原因となるものの本質を，「環境のなかで，動き回って，なにかをみようとしている観察者がその全身の動きとともに発見するものである」（佐々木 1994:35）ととらえたうえで，「環境の知覚」は同時に「自己の知覚」であると考えたという，この理論の出発点につながっている．環境の中でみずからの生存を維持しようとしながら，人は，環境にあるさまざまな対象を知覚して，自己と環境との関係づけの可能性を限定する条件を識別しようとしつつ，同時に，そこにある1つの可能性に託して特定の対象との関係づけを実現しようとするのである．そのうちの，ある特定の対象との行為による関係づけに対応する「遂行的な活動」は，ここでいう「環境の知覚」に導かれるものであり，その一方で，さまざまな対象との関係づけの可能性を識別することに対応する「探索的な活動」は，「自己の知覚」を導きだすものだと考えられる．これらの活動を背景に，人は，ある特定の行為によって関係づける対象として環境にあるものを知ることになるのと同時に，環境との関係づけの多様な可能性からそのような形での関係づけを選びとった者として自己を確認するのである．

4 ●問題への対処における「過剰さ」

4-1 望ましくない事態への「積極的な」対処

前節での考察を前提とするならば，近代に生きる私たちが，「心」の働きによって可能になっている現象と考えており，「心」の存在を仮定しなければまったく説

明不可能になる現象と考えていることのうちのかなりの部分が,「心」の概念なしに理解可能になると考えられることになる．そのような現象は，ここで採用した生態学的アプローチによって理解し直されることになるはずであるが，近代に生きる私たち自身についての研究においては，なぜそうするのかを意識していない「慣習的な行為」において私たちがしていることをはじめとして,「実践」という概念を用いることによってはじめて十全な理解が可能になる活動がそれに相当すると考えられる．

　一方，東アフリカ牧畜民の生き方についての理解を進めようとする立場にとっては，この「心」の概念なしに理解可能になる人間の活動とは，とりあえずは，彼らが「環境との関係づけ」という活動においてしていることの全体だと考えられる．その生き方は，動物一般に当てはまる「環境への適応」についての生態学的理解に対応するものであるという意味で，決して特殊な選択ではないことが示された．そして，ここで残された課題は，動物一般に適用可能な環境への生態学的適応に直結する活動とは区別される，東アフリカ牧畜民の生き方に特有の選択とはなにかを明らかにすることである．そのためにここで注目することは，人間以外の動物ならばしないはずの，環境との関係づけにおける「過剰さ」である．そして，そのような過剰さとしてここではもっぱら，ふつうは消極的に耐えるしかなかった「望ましくない事態」に対して，なんらかの工夫によって積極的に対処しようとしているという場合を考察する．

　この過剰さの第一のものは，環境に対する「対症療法的な」行為に関連したものである．環境への生態学的適応に結びつくはずの対症療法的な行為とは，ある特定の対象への直接的な働きかけによって，将来起こる可能性のある「望ましい事態」を実現しようとしてなされるものである．ところが，彼らがしていることは，「望ましくない事態」に直面して，そのような事態をもたらしている「エージェント」がその現場に見出せないにもかかわらず，なんとか問題となる「症状」を改善しようとするという「過剰さ」である．その時点で「症状」をもたらしているエージェントが直接的な所与としては経験されないところで，将来においてその「症状」がない状態をつくりだそうとするのであれば，たとえば，病気を予防しようとする場合がそうであるように，その症状が生みだされる可能性そのものを排除してしまう「根治療法」があらかじめ知られていなければならないのであり，対症療法的にそれに対処することによって問題が解決するということは本来成り立ちえない．にもかかわらず，なんとか対処できるという仮定のもとで，過剰な関係づけがなされることがある．

　過剰な関係づけの第二のものは，第一の場合とは違って，そこで直面する事態が，通常の個人的対処では解決が難しいと考えられるところで，仲間を巻きこんで共同的に対処しようとする場合に顕在化するやり方である．このやり方は，第一のカテ

ゴリーが基本的に個人的な対処を想定しているのに対して，共同的対処を前提とするという意味で区別されることになる．リーンハートの脈絡でいえば，困難な課題に直面して，「神的なもの」との特定の関係づけをおこなうという「プラン」を採用し，それを集団的な儀礼の場で実行することによって対処しようとするやり方がこれに相当する．それは共同体のメンバーが直面する課題についての体験を共有しながらそれに共同的に対処するという時にはじめて想定可能になるやり方なのだと考えられる．私自身が調査しているトゥルカナのように，「神的なもの」との関係づけについての直接的な言及がふつうはなされないところでは，困難な課題に直面して，「トゥルカナであればそうするはずのやり方」を参照しながら「関係づけのプラン」を共有し，その場に共在する共同体のメンバーと共同でその時の課題に対処しようとするということになる．したがって，第一のカテゴリーが，環境との関係づけにおける遂行的側面に関連した過剰さだと考えられるのに対して，この第二のものは，その探索的側面に関連した過剰さなのであり，ここでは，関係づけの「プラン」の選択やその根拠となる人びとの「体験」に関連した環境との過剰な関係づけが想定されているのだと考えられる．

4-2 関係づけの実践における過剰さ

　第一のカテゴリーに相当するものとして，ディンカには「心」という概念がないことを示す具体例としてリーンハートが最初に引用した，「自分の子どもにハルツームという名前をつけた男の場合」をとりあげよう．これは，以前ハルツームで投獄されたことのある男が，子どもにつけたその名前を毎日よぶことによって，その「ハルツーム」という「エージェント」によってもたらされる可能性がある望ましくない事態を回避しようとしている事例と考えられた．しかし，よく考えてみると，なぜその名前を毎日よぶことによってそのエージェントからの悪い影響を回避できると考えられるのかは明らかではない．この名前をつけて毎日その名前をよぶというやり方は，少なくとも，「昔の嫌な思い出を思いだしてしまう」という状態を単純に排除してしまうやり方そのものではない．そこでなされることは，将来自分に影響を及ぼす可能性があるエージェントに自分から働きかけることによって，「不意打ち」を避けつつ，その相手との関係に変化をもたらすために必要となる「行為の場」を，とりあえず確保しているのだと考えられるはずである．それは，行為に先立ってプランを構成し，そのプランにしたがって行為を遂行するという関係づけのやり方ではないというだけではなく，どのような結果をめざすのかについても選択の余地を残したままで，その「もの」との関係づけを探索しながら，同時に遂行的な関係づけもなされているということである．

　このようなやり方は，東アフリカ牧畜民を対象に調査している者にとっては，ご

くなじみ深いものなのである．調査者が現地で体調を崩して安静にして寝ていると，必ずといっていいほど，「病気なのになにもしないのはよくない，とにかく起きあがってここに座れ」といわれる．そのような発言は，その病気がどのような症状でどの程度のものなのかということとはいっさい関係なく，とにかくなにか対処をおこなえということであり，起きあがって少なくともその病気となんらかの関係づけをおこなう場を確保しろ，ということなのだと感じられる．人びとがそのように考えていることは，ケガを病気とはいわないことに反映されているように，病気の症状をもたらしているはずの「もの」やその作用が身体の内部に隠されていて直接的な所与としては経験されないという事情に関係している．なんらかの身体的な異常を経験して，その経験がなんに由来するものなのかを推論しようとしながら，とりあえず，その症状をもたらしているエージェントに働きかけるための「行為の場」を確保したうえで，行為によって生みだされる変化を手がかりにさまざまな対症療法的措置が試みられるということである．

より深刻な症状で通常の対処での解決は難しいという場合には共同的対処の方法も用意されており，それについては後に議論しなければならないが，ここでは，この対症療法的な病気対処の考え方が，病気を霊や邪術のせいにしてとにかくそれを排除してしまおうとする農耕民的なやり方とどのように異なるものであるかを明確にしておこう．農耕民的な考え方の特徴は，病気への対処においてその「診断」という側面，すなわち，直面する事態との関係づけにおける探索的側面に力点をおいているところにあり，その時の活動の中核は，その病気に責任があるエージェントがなんであるかをあれこれ詮索して特定することにある．そして，それが特定されさえすれば，その後にすべきことはほぼ機械的に決まると考えられているのである．すなわち，このやり方では，病気はある特定のエージェントのせいにされるが，このエージェントは，近代医学が病気の原因として想定する病原体と同じように，人間の身体に外在する異物なのであり，治療の対象として駆逐，排除できるものと考えられている．そして，診断と治療の関係という側面においても，行為に先立って問題となる現象を精査して対処のプランを構成し，そのプランに従って行為を遂行するという，近代が標準的だと考えているやり方と同じものが採用されている．

それに対して，牧畜民の場合には，病気に直面して，その病気に責任があるエージェントを想定するというところまでは違いがないかのようにみえるが，そのエージェントはみずからの判断に従って行為する存在として想定されており，そのような存在が想定されることに伴ってそれとの関係づけを変更するための「行為の場」が確保されはするが，その後，そのエージェントとのどのような種類の関係づけを選択すべきなのかという探索的な側面に関しても，どんな結果を導きだすように行為を調整すべきなのかという遂行的な側面に関しても，確実な見通しが立たないという状況におかれることになる．それでもなお，それを放置してしまうというので

はなく，なんとか対処を試みようとした時に，そのようなあまりにも不確定な状況に道筋を与えるものとして，第二のカテゴリーに対応するやり方が採用されるのである．この問題については節を改めて述べる．

さらに，他者とのコミュニケーションという領域においても以上のやり方と同様のものがある．すでに述べたように，トゥルカナでは，人から話しかけられた時にはそれを拒否できないと考えられているが，それは，別のいい方をすれば，人に話しかけることはいつでもどこでも誰にでもしてよいということを意味している．「強要的な物乞い」においても，たとえどんなに価値の高いものを要求された場合でもそれを端的に拒否することはできないのであり，人にものを要求することはよいことだといわれる．人びとはとりあえず，他者との関係づけの場を確保して相手に働きかけることによってさまざまな問題に対処しようとしており，他者と向かいあっているところに関係づけのための「行為の場」を確保することは，いつでも誰でもそうするのが当然であるという意味で，人びとにとってのふるまいの「一般原則」になっているのである（北村 2002:103-105）．それは，「他者」が「もの」とは違うということ，すなわち，行為によるそれとの関係づけにおいて，自分がこうすれば結果としてはこうなるという因果論的推論が単純には適用できないということに関係しているのであるが，そのこと自体は近代に生きる私たちにとっても異なるところはない．ただ，彼らの間では，そのような相手との関係づけという課題へのとりくみにおいて，「相互行為の場」を確保するというやり方が最優先されているということである．

このような他者との関係づけにおいて近代が標準的なものと考えているやり方は，他者の「心」に働きかけることによって他者の行為をみずからにとって望ましいものへと変える，というものである．すでに述べたように，たとえばトゥルカナは，他者との関係づけの場面でそのようなやり方をしていないと考えられた．「強要的な物乞い」の場面では，ものを要求する側と要求される側との間で，それぞれの利害は真正面から対立しているが，にもかかわらず要求する側は，小細工を弄することもなく真っ直ぐに相手に要求を突きつけながら，相手の反応に対応することでなんとか同意を引きだそうとする．しかし，要求される側にすれば，その要求に同意することは単純に価値あるものを失うことを意味しており，どれほど執拗に要求されたとしても，どうしてもそうすべきだと考えられる時以外には，きちんと拒否できるのでなければならない，ということになるはずである．

したがって，近代に生きる私たちにとって，この時のトゥルカナのふるまい方は，とくに，要求する側のやり方は，とりあえずは同意したいとは思っていないはずの相手にやみくもに同意するように迫ることで，相手との間にどのような関係づけをつくりだそうとしているのかという点で，ほとんど理解不能なものになる．そして，その場面で唯一明らかなことは，その遂行的な側面にかかわる行為の意味であり，

その時の行為が「要求するものを相手から与えられる」という結果を実現しようとするものであることは誰にとってもまったく明らかであることから，「自己肯定的で，自己主張が強く，個人主義的である」という彼らについてのよくいわれる印象が形成されることになる．ところが，そこで忘れられているのは，そのような強引な要求を相手に押しつけるというやり方が利用可能な選択肢として生き残るためには，相手がその要求に応じるということがそれなりに起こらなければならないはずなのである．しかも，その時要求する側になる人間も，別の場面ではそのように要求される側にもなるのであり，同じ人間としてどちらの立場からもこのような関係づけを肯定できるのでなければならないはずだ，ということになる．

　私は，これまで何度も，この「強要的な物乞い」という相互行為をとりあげ，他者との関係づけにかかわる出来事として，それを彼らがどのように体験しているのかを明らかにしようと試みてきた（北村 1996, 2002, 2004）．それらの分析はそれぞれに，彼らの体験のなんらかの部分を理解することに役立つものだったとは思えるが，にもかかわらず，いつまでもほんとうにわかったという気がしない，という思いが残った．この「利害が完全に対立する人間の間に合意を形成する」というとてつもない難問にそれなりに対処していけるようになるためには，なにか特別な工夫があるはずなのである．そのようなものとして，ここでは，通常の個人的な対処によっては解決が難しい問題に，他者を巻きこんで共同的に対処するというやり方を考えよう．

4-3　「探索的な選択」における過剰さ

　「環境との関係づけ」における過剰さの第二のカテゴリーは，通常の個人的対処では解決が難しいというところで，共同体のメンバーといっしょに「共同的な」関係づけをおこなうことによって問題を解決しようするというやり方に関連したものである．したがって，まず最初に問題となることとして，個人的対処では解決できないものが共同的対処によって解決できると考えられるのはなぜか，ということが考えられる．しかし，ここで重要なことは，この共同的対処のやり方というのが，決して，その結果の実現を指向する行為の遂行的側面にかかわる選択ではない，すなわち，目標とする結果を実現するやり方として個人的に対処するか共同的に対処するかを選択するという意味で，このやり方が採用されたのではないということである．直面する課題にどのようにとりくむのかという「関係づけのプラン」の選択に関連してその関係づけにおける体験が探索され，そのように探索されたもののなかから，自分だけが考えたことではなくて，共同体のメンバーが同じように想定した「プラン」とそれによってもたらされる体験の方を，なんらかの理由で選択しているということなのである．

したがって，この第二のカテゴリーに相当するやり方は，第一のカテゴリーの対処がうまく行かない時にその代替として実行されるというのではなく，第一の遂行的な側面にかかわる独特のやり方が試みられているところで，この探索的側面にかかわる選択がそれに付加されることがあるということなのである．トゥルカナにおける病気対処では，さまざまな薬を用いた自家治療やマッサージなどの外科的療法も試みられるが，より本格的なものとして，家畜を殺すことがその中心的要素になっている治療儀礼が想定されている．その儀礼でどの種類のどの体色の家畜を殺すのかをはじめとして，実際にそこでなにをするかについての占いが諮問され，その占いによって示される判断に従って，共同的な対処という位置づけになる治療儀礼がおこなわれる．したがってこの場合には，占いによってもたらされる判断に従って，直面する事態に対処するための「関係づけのプラン」を共同体のメンバーで共有することによって，共同的な対処が可能になっているのだと考えられる．

　このやり方は，占いによって示される「神的なもの」，ないしは，それに類した特別な存在の意向に従順に従っているだけのものだともいえるわけで，それを「神的なもの」への信仰や崇拝によって説明することもできそうに思える．だが，この場合に実際にしていることが，「外部からもたらされたプランに従って行為を遂行する」というやり方そのものになってしまうということはない．第一の遂行的な側面にかかわる対症療法的な性格が手放されることはなく，あくまでも「行為の場」における調整によって望ましい結果を実現しようとするやり方が維持され，それと同時に，そこでの「関係づけのプラン」として，その「行為の場」に共在する共同体のメンバーによって共有されるものが求められるということなのである．たとえば，占いに示された判断に従って治療をおこなったのに回復がみられない時にも，その判断に固執して治療をやり直すというのではなく，まだ治療すべき別の病気があると考えて，再度占いが試みられるのである．また，実際の治療儀礼の場面においても，たんにそこに陪席しているだけの人間が儀礼の手順にあれこれと異議を述べ，それがほかの人間を巻きこんだ議論になるということがふつうに起こり，実際にそこでしていることが修正されたりもする．そこで彼らが意を向けていることは，「行為の場」に共在する人びとと共同で問題に対処するということなのだと考えられるのである．

　第二のカテゴリーのやり方でこれに類するものとして，東アフリカ牧畜民の間でひろくおこなわれている「腸占い」とそれにもとづく共同的対処というものもある．トゥルカナでも，儀礼における犠牲獣をはじめとして，食用として屠殺する場合もふくめて，家畜を解体する際には必ず，屠殺した個体の腸を用いた占いをおこなう．占いで読みとられることは，最近どこでなにが起きているのかということや，それへの対処としてどこでなにをおこなうべきなのかということであり，その指示に従って儀礼を開催したり家畜キャンプを移動したりもする．この「占い」に特徴的

なことは，それをおこなうのは男にかぎられはするが，専門家に専有・秘匿されるような知識や技能は必要なく，幅ひろい年代の男がこれに参加し，熱中するということである．そして，腸占いによる啓示は，予言者や占い師の託宣の場合のようにほかから与えられるものではなく，人びとが能動的に読むものなのである．基本的な読み方の決まりごとはあるものの，個々の判断にはかなりの裁量の余地が残されていて，さまざまな点について議論が紛糾するということもよく起こるが，そのような議論のはてに，全員が納得する形で合意に至ることになっているのである（河合 2004，本書第2部4章）．ここで人びとが実現しようとしていることは，直面する問題への対応の「プラン」とそれを遂行することによってもたらされる体験を，共同体のメンバー間で共有するという状態なのだと考えられるはずである．

　このような「占い」という方法を用いて，そこに特別な存在の意向を介在させることで共通の判断を手にするというやり方ではなく，共同体のメンバー間での直接的な議論において相互の歩み寄りによって判断の共有が実現するという場合ももちろん想定できる．とくにここで問題としたいことは，個人的な対処によって解決することが難しい事態に直面して，人びとがその事態を，「トゥルカナであればそうするはずのやり方」というものを参照しながら，その時の対処の「プラン」を行為の場に共在する共同体のメンバーと共有して，共同的に対処しようとするという場合である．そのようなやり方のもっとも極端な事例として，ここでは，これまでに何度となく触れてきた，「強要的な物乞い」における合意形成，すなわち，「利害が完全に対立する人間の間に合意を成立させる」ための彼らのやり方を考えよう．そして，その場合に人びとは，「仲間の援助を必要とする人間がいるが，誰もが自分のことで精一杯で，他人を援助することは難しい」という状況にあると考えることになるのであり，そのような考え方を前提に，「その場で援助を必要とする人間を助ける」という関係づけのプランか，「その場では援助ができないことを承認する」という関係づけのプランかのいずれか，あるいはその2つを両極端とするスペクトラムのある一点を選択して共有することになるのだと考えられよう．

　「強要的な物乞い」の場面では，その遂行的な側面にかかわるとりくみとしては，少なくとも最初の段階では，要求する側はその場で要求するものを相手から与えられるという結果を実現しようとし，要求される側はそれを獲得することを相手があきらめるという結果を実現しようとする．近代における標準的なやりとりにおいては，要求される側がその要求に同意するつもりがなければ，たんに拒否することでそのやりとりをうち切ることになるはずだが，すでに述べたように，トゥルカナにおいてはそのようなやりとりを一方的にうち切ることはできない．それぞれにとって望ましい結果を実現することがどちらの立場にとっても難しい問題に対して，要求する側は，このような「相手が同意するまで繰り返し要求する」というやり方を手がかりにすることによって，対処可能なものとしてそれにとりくむことが可能に

なっている．ところが，要求される側にとっての望ましい結果は相手があきらめてくれてはじめてもたらされるのであり，要求される側は，みずからの裁量によって直面する課題に対処するという道が閉ざされてしまっているかのようにみえる．

　そのやり方を補うものとして用意されているのが，そこでの探索的側面にかかわるとりくみである．結果の実現を指向する遂行的活動とは明確に区別されることとして，そこで直面する課題にどうとりくむのかという「対処のプラン」を，行為の場に共在する共同体のメンバーと共有し，それによって共同的に対処するというやり方が利用可能なのである．すなわち，それぞれの側がそれぞれにとって望ましい結果を実現しようとする遂行的な関係づけに固執することによって，それ以上に事態が動かないという膠着状態がもたらされるところで，その時の相互行為の前提条件を指向する探索的な関係づけに目を向け，「トゥルカナであればそうするはずのこと」を手がかりとすることによって，その時の相互行為の「プラン」として，「その場で援助を必要とする人を助ける」という関係づけか，「その場では援助ができないことを承認する」という関係づけかのいずれかを採用しようとする，ということが起こりうることになるのである．それによって，要求される側が，自身の裁量にもとづく選択によって，「その場で援助を必要とする人間を助ける」という関係づけを選択し，自分から進んで援助を申しでるという結果が実現されたりもするのである．別の場合には，要求された側が提案する「その場では援助ができないことを承認する」という関係づけを要求する側が受け入れることで，双方の同意のもとでそのやりとりがとりあえずはうち切られるという場合もある，ということになる．

　このような，双方の利害が真正面から対立する問題に直面して，「トゥルカナであればそうするはずのこと」を参照しながら，行為の場に共在する人びとと「対処のプラン」を共有することで問題を解決しようというやり方が活用される典型的な例は，結婚式における「婚資」の交渉に認められる．トゥルカナをはじめとして東アフリカ牧畜社会では，結婚に際して新郎側から新婦側へ「婚資」として家畜が支払われるのだが，トゥルカナではその時支払われる家畜の数は一定ではなく，そのつど交渉によって決められる．太田（2004b）は，この交渉の過程全体を，映像記録も用いながら詳細に記述したうえで，そこから読みとれる特徴でもっとも重要なものとして，その場で示される人びとの「気前の良さ」を指摘している．その時の交渉は，新婦側がよりたくさんの支払いを求め，新郎側がそれをより少なく値切ろうとすることで本気のせめぎあいになるのであるが，その一方で，新郎側は婚資を気前よく支払おうともするのであり，新婦側は，潮時をみて要求を鷹揚にとりさげたりもするのである．そこでは，このような婚資の授受に関して人は気前よくあるべきだという考え方が共有されているのであり，それを手がかりにその時の関係づけの枠組みが探索されることによって，「利害が完全に対立する人間どうしに合意が成立する」というありそうもない事態が実現されることになるのである．

5 ● おわりに

　ここでの議論を締めくくるにあたって，それがリーンハートの議論そのものとどのような関係にあるのかを確認しておくべきであろう．そして，彼がなにを考えていたかを推測するうえで無視できない資料として，ここでとりあげた『神性と経験』の出版から約20年の後に書かれた「アフリカの自己表現：公的な自己と私的な自己」(リーンハート 1995)があるが，それも参照しておこう．

　まず出発点にあるのは，ディンカの人びとが考えていることとしてリーンハートが指摘していることが，北ケニアを中心に牧畜民研究を継続している私たち日本人研究者がそれぞれの地の牧畜民について理解しつつあることとうまく重なりあうと思えた，ということである．彼らには「心」という概念がなく，経験を受苦的なものととらえていること，そしてそう考えることで彼らはみずからに降りかかる困難に対処するやり方を手にしているということなどの指摘が比較の手がかりになった．そしてその内容を具体的に検討することによって，ここでの議論は，そこに2つの側面を区別する必要性を見出すに至った．その第一の側面は，近代に生きる私たちが当然のことだと思っている行為や経験のあるべき形とは異なっているが，私たち自身も実際に行為したり経験したりしているものであり，人間をふくめた動物一般に当てはまる「環境との関係づけ」における実践や体験のあり方に相当するものである．リーンハートの議論では，それは「彼らに心という概念がなく，経験を受苦的なものととらえている」という部分に対応するはずである．第二の側面は，人間以外の動物ならばしないはずの，環境との過剰な関係づけであり，リーンハートがその著書で解明しようとしたディンカの宗教的実践や体験のありようというのがそれに相当するはずであるが，ここでの議論では，それは「宗教」という枠組みをあえてもちこまなくとも成立する東アフリカ牧畜民のものの見方や生き方の独自性に対応するものだと考えられた．

　もちろん，リーンハート自身は，この2つの側面をこのように区別してはいない．著書においてとりあげたものはもっぱら第二の側面であり，それをよりよく理解するための手がかりとして，自分たちとは異なる「自己」の観念についての説明があるというだけである．一方，20年後に書かれた「自己」のアフリカ的表現についての論文では，その最後の部分で，「自己の概念の造形に際しての宗教的確信が演じる役割」（リーンハート 1995:280）を考慮することが重要だと述べられていて，結局のところ，「自己」の概念のあり方と宗教的実践や体験のあり方は，ある意味で表裏一体のものだと考えていたらしいとしかいいようがない．ディンカの人びとに認められた実践や体験のあり方がどれほどのひろがりを覆う一般性をもつものであるのか，ないしは，どのようなものと対比される特異性をもつものなのかという点に

関しては，まったくなんの記述もない．ただし，この 20 年後の論文が「アフリカの自己表現」というタイトルで書かれていて，そこで問題にしていることが，ヨーロッパ近代にあるものとはきわめて対照的なものとして考えられていることは確かであり，その特異性をより一般化したレベルで議論することは，この問題にとりくもうとして後からやってくる者たちに委ねられていると理解すればよいことなのだろう．

　ここでの議論が導きだした理解，とくに，第二の側面についての議論をもっと説得的なものにするためには，残された課題がたくさんある．まずはここでの枠組みに即して，東アフリカ牧畜民とよばれる人びとの間にある共通性と多様性をより具体的に検討することが必要であろう．さらに，もっとすぐにでもなされるべきことは，ここで見出した実践と体験のあり方が彼らに独自なものであると主張するのであるならば，最低限，東アフリカに暮らす農耕民のものの見方や生き方との対比が説得的に実行されなければならないだろう．ただし，本章における議論が導きだしたものは，たとえ後にそれが暫定的な結論にすぎなかったことが明らかになるとしても，小さくはない成果だと私には思える．なぜならば，対象を「みずから」とは「異」なるものとして位置づけて研究するという人類学の方法は，以下のような問題を抱えているといわれるが，それは克服可能な課題であるいうことになるはずだからである．すなわち，このような人類学の方法は，たとえそれがもっとも成功したという場合でさえ，「異」なるものについての理解が進むことで「みずから」についての前提の相対化がもたらされ，確固とした「みずから」についての前提が疑問にさらされることによって，それとの対比としてある「異」なるものの理解までもが根拠のないものになってしまう可能性がある（浜本 1986:521-524）という指摘があるが，ここでの議論が導きだしたものは，そのような隘路から逃れる道とはどんなものかについて，1 つの可能性を提示することになっていると考えられるのである．

　その理由をこの地点から振り返ってみれば，それはひとえに，ある特定の対象の文化的独自性を理解しようとする考察を，人類社会の文化的多様性に共通の基盤を提供するものを想定するところからはじめることができたという点に求められる．しかもここでは，「アフォーダンス理論」を手がかりにして，人間をふくめた動物のそれぞれの種の個体が環境との間に生き続けることを可能にする関係づけをつくりだしている状態という，ごく一般的なものを出発点に据えることによって，人間社会の文化的多様性の最大限のひろがりを射程に入れると同時に，ここでとりあげた対象の文化的独自性を，そのようなひろいパースペクティヴから検討することができるようになった．まだ思いつき程度のものにすぎないのではあるが，終わりに当たって，人間社会の文化的多様性にかかわるもっとも大きな区分をもたらす枠組みについての 1 つの試案を示しておこう．

　近代に生きる私たちのやり方に特徴的なことは，「もの」との関係づけにおいて，

その「もの」を，それとの関係づけの当事者である「自己」から切り離し，対象化して客観的に認識したうえで，みずからにとって都合のよい結果を実現すべくそれを操作しようとする，というところにある．このようなやり方は，とくに，通常の対処では解決が難しいと考えられる問題に直面した時に採用されるものなのであり，それによってそれぞれの困難な事態になんとか対処することが可能になっているのだと考えられる．このようなやり方のうち，「対象を自己の体験から切り離して客観的に認識しようとするやり方」こそが，人びとがみずからの「ものの見方」や「生き方」として受け入れているものという資格で，近代とそれ以外の社会とを区別するものになっていると考えられる．そして，この近代のやり方のうち，「対象を操作することによってみずからに都合のよい結果を実現しようとするやり方」という部分は，農耕民の社会にも共有されていると考えられる．ただし，農耕民の場合は，みずからにとって都合の悪い状態を「異常な状態」ととらえたうえで，それを解消する時という限定のもとで，そのような「一方的な」操作が可能だとされているのである．

この農耕民と牧畜民・狩猟採集民との間を隔てているものは，牧畜民・狩猟採集民の側にある，行為による関係づけの対象を，一方的に操作することができる「もの」としてみるのではなく，他者との相互行為になぞらえた時の，その相手となる「エージェント」として扱うというやり方である．そのような関係づけは，外部世界からの拘束として働くものを進んで引き受けるという点に特徴をもつやり方であり，「世界と直接出会う」という生き方に相当するものだと考えられるはずである．最後に残った，牧畜民と狩猟採集民との違いについてはここではまったく検討する機会がなかったが，ここで牧畜民的なものの見方，生き方にある「過剰さ」として考えたもの，すなわち，「エージェント」との相互行為によってみずからにとって望ましい結果を実現しようとするやり方を，行為の場には見出せない対象との相互行為にまで拡大しようとすることが，この2つを隔てるものになるのかもしれない．この点をふくめて，以上の考察を発展させ，それをより実質的なものにすることを今後の課題としたい．

文　献

浜本満 (1986)「異文化理解の戦略：ディンカ族の「神的なるもの」と「自己」の概念について」，『福岡大学人文論叢』，18 (2)：381-407, 18 (3)：521-543.
浜本満 (1990)「キマコとしての症状：ケニア・ドゥルマにおける病気経験の階層性について」，波平恵美子編著『病むことの文化：医療人類学のフロンティア』，海鳴社，36-66.
河合香吏 (1998)『野の医療：牧畜民チャムスの身体世界』，東京大学出版会，242.
河合香吏 (2004)「ドドスの腸占い：牧畜民の遊動に関わる情報＝知識資源の形成をめぐって」，『中間成果論集（資源の分配と共有に関する人類学的統合領域の構築：象徴系と生態系の

連関をとおして)』, 97-103.
木村大治 (2003)『共在感覚:アフリカの二つの社会における言語的相互行為から』, 京都大学学術出版会, 326.
北村光二 (1996)「身体的コミュニケーションにおける「共同の現在」の経験:トゥルカナにおける「交渉」的コミュニケーション」, 菅原和孝・野村雅一編『叢書身体と文化2 コミュニケーションとしての身体』, 大修館書店, 288-314.
北村光二 (2002)「牧畜民の認識論的特異性:北ケニア牧畜民トゥルカナにおける「生存の技法」」, 佐藤俊編『講座生態人類学4 遊牧民の世界』, 京都大学学術出版会, 87-125.
北村光二 (2004)「「比較」による文化の多様性と独自性の理解:牧畜民トゥルカナの認識論(エピステモロジー)」, 田中二郎ほか編『遊動民 (ノマッド):アフリカの原野に生きる』, 昭和堂, 466-491.
Lienhardt, G. (1961) Divinity and experience: The religion of the Dinka, Oxford University Press, pp.328.
リーンハート, G. (1995)「アフリカの自己表現:公的な自己と私的な自己」, カリザス, M. ほか編『人というカテゴリー』(厚東洋輔ほか訳), 紀伊國屋書店, 257-284.
太田至 (2004a)「第Ⅱ篇への序 牧畜研究のおもしろさ」, 田中二郎ほか編『遊動民 (ノマッド):アフリカの原野に生きる』, 昭和堂, 271-288.
太田至 (2004b)「トゥルカナ社会における婚資の交渉」, 田中二郎ほか編『遊動民 (ノマッド):アフリカの原野に生きる』, 昭和堂, 363-392.
リード, E. S. (2000)『アフォーダンスの心理学:生態心理学への道』(細田直哉訳), 新曜社, 445.
作道信介 (2001)「トゥルカナといっしょにすごすこと:フィールドワークを支える最小・最大限の前提」, 尾見康博・伊藤哲司編著『心理学におけるフィールド研究の現場』, 北大路書房, 187-198.
佐々木正人 (1994)『アフォーダンス:新しい認知の理論』(岩波科学ライブラリー), 岩波書店, 117.
佐々木正人 (2000)「解説 エドワード・S・リードの仕事」, リード, E. S.『アフォーダンスの心理学:生態心理学への道』, 新曜社, 399-424.
田辺繁治 (2003)『生き方の人類学:実践とは何か』(講談社現代新書), 講談社, 261.

第2部
活動空間を知る技法

3章

世界最古の地図を「読む」
―ベドリナの"地図"の時空間情報解析―

津村宏臣

● Key Word ●
時空間情報，ヴァルカモニカ，GIS
凡例，叙事図，非等質な空間

1 ●はじめに

　700万年に及ぶ人類史の中で，ヒトは常に感覚器官をインターフェースとして，外界からの情報を，脳内にインプットし，それを内界において処理し，必要に応じて再び外界にアウトプットする行為を繰り返してきた．これは，ヒトをとりまくセカイのインタラクションの客体的所産である多くの文化財[1]からうかがい知ることができる．石器や土器という物質的痕跡だけでなく，地図や建造物などの幾何情報に関しても，あらゆる文化財がヒトの情報処理とアウトプットの痕跡であるととらえることもできる．私は今，世界中に残された膨大な文化財と対峙する時，あえて「情報のインプットとアウトプット」の人類史について，その行為の理由やコンテクストを超越的立場で思弁したり，高邁に代弁したりしようとは思わない[2]．現前する文化財みずからが雄弁に語る"モノ語り"に比べれば，その意義はさほど大きいとは思えないからである[3]．悠久の時を経ても，適切な方法論と解析技術で文化財に耳を澄ませれば，じつに多くのことをモノ語ってくれるだろう．

　本章では，物質的痕跡として幾何情報が残された，"地図"について考えてみたい．ただ，一般的な「地図史」を記述するわけではなく，また「絵画史」のような論説とも一線を画したいと考える．あくまでも，資（史・試）料としての"地図"に真摯に向きあい，そこに込められた「情報のインプットとアウトプット」データを「読む」ことで，その文化財を残したヒトの意図の残片を析出したいと考える．

図1　ベドリナの"地図"（Sansoni 1982の一部改変）

　本章で扱う"地図"は，世界最古の地図の1つとも評価されている，ヴァルカモニカ[4)]のベドリナの"地図"（図1）である．イタリア北部ロンバルディア州ブレシア県，オーリオ川流域に所在するカモニカ渓谷にあるベドリナ岩画群の陰刻[5)]岩画の1つで，縦3.0m×横5.0m以上を測る大きなアレナイト[6)]の露岩に平面的に陰刻されている．"地図"の定義しだいで，最古の称号は他の"地図"に与えられる可能性も十分あるが，少なくとも，現実時空に存在する3次元オブジェクトを，①点と線と面というトポロジーで表現し，②多次元情報をある規則性によって二次元に還元化した，という意味での"地図"では，最古の部類に入ると考えてよいだろう．もっとも，①や②に関して，このヴァルカモニカのベドリナの"地図"よりも確実に古相に位置づけられる"地図"も明らかとなっており，たとえば同じヴァルカモニカにあるヴィテやボルノの岩画，モンテ・ベゴのフォンタナルバの岩画などがそれにあたる（Arca 1999）．ただそれらの"地図"は，たしかに建物と耕地や小道などの地図型モチーフを陰刻してはいるものの，あくまでも空間的オブジェクトの幾何的表現にとどまっており，それらの，③オブジェクトの空間的関係の表現では，やはりベドリナの地図が一線を画しているように思える．本章での"地図"の考え方は後に「地図史」との関連からも再度詳述するとして，ここでは①②③の理由から，ヴァルカモニカのベドリナの"地図"を対象とすることを明記しておく．

　この"地図"からデータを析出する方法について，本章では地理情報システム（GIS）によるナリッジベース[7)]化と，このシステムを用いた幾何学的な計量解析を実施する．近年，認知地図の解析などによっても，このシステムの適用が"地図"

解析の有用な手法であることが示されており（津村・河合 2004），また「外なる認知地図」[8]としての GIS の応用が，ひいては"地図"にのこされた人びとの意図の残片を析出することになるだろう．GIS を用いた分析では，まずベドリナの"地図"のデジタルデータ化と幾何的標定を実施し，オブジェクト単位でのナリッジ化を進める．

2 ● それは地図なのか，それとも絵画なのか

2-1 原初的図像情報表現の具体性と抽象性

先史時代から，人類は多くの絵画を描いてきた．その精神性や人文学的解釈については，多くの芸術論的アプローチによって厚く記述されてきている．とくに岩画や壁画については，その起源や表現力の発達，表現方法の多様化などさまざまな側面から議論されており，描かれたモチーフ（多くの場合自然的オブジェクト）への敬意や畏怖を表現したモノが多いとされる．現在，人類最古の絵画的表現については，物質文化として見出された資料では，約 77000 年前と推定される，南アフリカ・ブロンボス洞窟（Blombos Cave）で発見された"幾何模様"[9]といわれている（図2）．もちろん，遊牧民のサンド・マップ（織田 1974）のような，自身の所在地や砂丘の分布などを砂と小石を使って描く，同時空に存在する他者への意図の伝達を目的とする，物質へのアウトプットであっても物質文化として遺存しない実体については知りうる術がない．そうした事例をのぞいて考えると，このブロンボスの"幾何模様"は，仮に年代値が正しいとすれば，非常に興味深い事例といえる．なぜなら，この

図2　ブロンボスの"幾何模様"

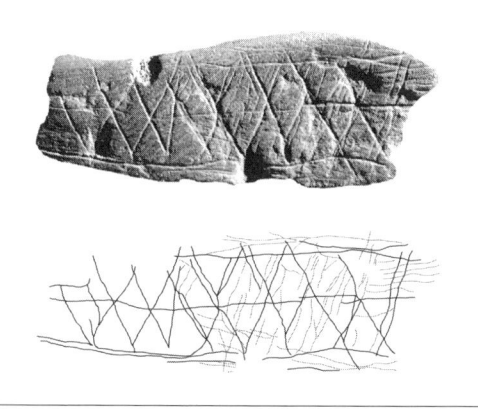

図3　ラスコーの塗彩絵画

ブロンボスの"幾何模様"が発見されるまで，壁画・岩画表現の最古の称号は，フランスのショーヴェ洞窟（Chauvet Cave）で発見された約32000年前の壁画[10]に与えられており，ほかに約17000年前のラスコー洞窟（Lascaux Cave）や約18500年前のアルタミラ洞窟（Altamira Cave）などで発見された多くの写実的な塗彩岩／壁画（図3）が最古級であるとされていたからである．いずれも，ブロンボスの"幾何模様"から40000年も時代が下る．つまり，もっとも古い表現が「抽象的」で，もっとも古かった表現が「具体的」なのだ．旧来の進化論に根ざした決定論的人類史観からすれば，この抽象から具体への時間の流れは，明らかに異質ととらえられるだろう．だが，意味論的に考えるならこれは「抽象的」と「具体的」という言葉で表現すべきではない．ブロンボスの"幾何模様"も，オブジェクトの絵画の表出技法としてみれば「抽象的」アウトプットであるが，そこに「③オブジェクトの空間的関係の表現」の意図が隠れているのなら，その表現はきわめて「具体的」に「読む」ことができるに違いない．しかし，多くの最古級とよばれる岩画や壁画，とくに後期旧石器時代のヨーロッパで展開した洞窟壁画は，ラスコーやアルタミラのような，写実・活写的アウトプットが中心的なことも事実である．こうした地域にも，"幾何模様"とされる岩／壁画資料がないわけではないが，方法論やアプローチの限界からその具体性を読みとれないために，「抽象的」表現と一括され，研究が進んでいないのが実態であろう．

　新石器時代にはいると，絵画については数多くの資料がみられるようになり，多くの壁画や彫像，レリーフなど空間的なオブジェクトを描写・描出するさまざまな芸術的活動が営まれた．また，いわゆる地図とよびうる岩／壁／紙画資料も散見されるようになる．この時代のもっとも著名な"地図"資料の1つに，「バビロニアの世界図」とよばれる資料がある（図4）．約2700年前の粘土板[11]に線刻されたこの世界図が地図とされるのはなぜであろうか．円と直線で描かれた線刻だけをとりあげれば，"幾何模様"にすぎない．おそらく，太陽や何らかの円環的世界観の抽象

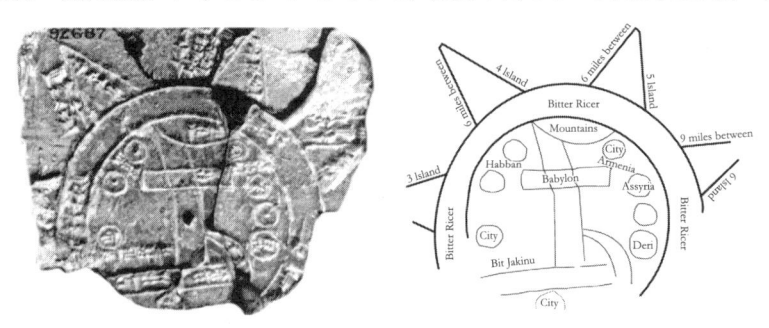

図4　「バビロニアの世界図」（右：一部改変）

表現と概説されるだろう．楔形文字の読めない者（図4の右図にたどり着けない者）にとって，図4の左の粘土板は，「抽象的」な線刻画であり，地図ではない．つまり，この「抽象的」な"幾何模様"は，そこに情報を発信する側が楔形文字で説明を加え，それを情報の受け手側が理解することができて，はじめて「具体的」な空間を示す地図として理解されるのである．これが凡例（Legend）の合目的性であり，「③ オブジェクトの空間的関係の表現」の意図そのものということになる．

　そこで，もう一度図2のブロンボスの"幾何模様"を見てもらいたい．もし，直線の交点に集落の名前が凡例として示されていればどうだろうか．もしくは，77000年前の遺跡分布が空間的に均等配置[12]になっていたらどうだろうか．前者の場合，情報の受け手であるわれわれは，即座に地図であることを理解するだろうし，後者の場合，この三角形の組みあわせがドロネー分割図（Delaunay diagrams）[13]となっていることに幾何解析的に気づけば，それぞれの交点が遺跡である蓋然性を考慮し，それが77000年前の集落地図である可能性に思い至るだろう．しかし，実際にこうした状況は今のところ確認できないため，ブロンボスの土画は，それが"幾何模様"であること以上のことはモノ語らない．したがって，これが"地図"であることをモノ語らせるためには，凡例の役目をはたす資（史・試）料の出土を待つか，周辺の遺跡調査を徹底し，後者の蓋然性を実証するほかない．たとえ77000年前に線刻した行為者が，なにかをどれほど「具体的」に描写したのであったとしても，時空をへだて，セカイを共有できないわれわれにとって，それが"幾何模様ではない「具体的」な何か"であることの解釈は困難である．

　そのように考えると，岩／壁画の図像に関する情報は，その"モチーフやオブジェクトがなにか"という凡例によって，"絵画"や"地図"としての具体性を保障されている場合が少なくないことがわかる．絵画であれば，現生動物や化石動物への比定，幾何模様であれば自然物や人為物といった空間的オブジェクトへの次元転回図像への比定，という方法が用いられる．そして，ブロンボスの"幾何模様"のように，比定すべく凡例のない場合，表現の技法論ではなく意味論においては言及されにくい．だが一方で，凡例は図像情報そのものではないことも忘れてはならない．情報論的に考えれば，凡例はあくまでも図像に付随する非空間的属性情報であり，その図像を読みとる際のある種の約束事にすぎない．つまり，表象の合目的性の情報量の一部でしかないのだ．

2-2　岩画は芸術か空間情報表現か

　「すべての空間データは点・線・面という基本的なトポロジー的概念に集約できる」（バーロー 1990）といわれるように，地図とは，表現論的には"ある座標系での空間的位置と非空間的属性によって定義される点・線・面の組みあわせ"と定義で

きる．この組みあわせは平面的な表現にかぎらず，重層的な表現でもよい．したがって，表現された岩画を"地図"であると理解するためには，陰刻したヒトが，点・線・面で表現したオブジェクトの空間的位置情報と非空間的属性情報を的確に読みとる必要がある．そのように考えると，"地図"とは本来的にオブジェクトのモチーフの種別のみによって分類されるべきモノではなく，いいかえれば，「なにが描かれているのか」という非空間的属性の解釈にのみ依拠するのではなく，「どのように描かれているのか」という幾何的問題が非常に重要となってくる．

　もちろん，「なにがどのように描かれているか」がよりメタな問題ではあるが，たとえば"道路が描かれていること"や"ランドマークになる建物や地形が描かれている"ことよりも，"線が面を結んでいる"ことや"点がなんらかの座標空間の規則性をともなって配置されている"ことの方が，"地図"であることの意図を鮮明にする．風景画に断片的に描かれた建物や道路を"地図"として認識できないのは，そこに，③それらのオブジェクトの空間的関係の表現の意図を読みとることができないためであり，逆に，オブジェクトを①点と線と面というトポロジーで表現し，②多次元情報をある規則性によって二次元に還元化した，落書きのような表象であっても，そこに任意の座標系と空間的位置関係を表現する意図が垣間みられれば，ある種の"地図"とよべるだろう．

　翻って，世界各地に残された壁画・岩画をふくめた絵画資料を概観すると，それらの多くが"絵"として研究・考察されている反面，その幾何空間情報に関する検討や記述は案外と乏しい．古代エジプトのレリーフにみられる多視点画法[14]やルネサンス期の遠近法（透視法）[15]の理論化など，さまざまな空間表現についての芸術史・技法史的トピックは枚挙に暇がないが，その実空間と表象との関係，トポロジーに関する定量評価という方向性はあまり顕著ではないように思える．もちろん，1つの壁画や絵画に閉じこめられた空間にかぎってみれば，その視点（方向）や視座（位置）に関する定量評価は実践され，表現技法研究の普遍的なアプローチの1つといってよい．だが，表象空間と実空間の間にある位置と方向のベクトルの残差（≠誤差）を析出するというアプローチでないと，表象の行為者のオリジナルの凡例に反証可能性を携えて接近することはできないだろう．本章の焦点は，まさにこの凡例の再構築であり，表象の目的や象徴性とかかわる，存在の合目的性にあると考える．

　いいかえれば，凡例のない表象の意図は形而上学的な属性と普遍性（表象行為者とは異なる観賞者の同時代的な合意）に帰着する"芸術"の問題となり，凡例のついた表象は，座標空間におけるベクトルと非空間的属性によって定義される"位相"の問題となる．そう考えると，先のブロンボスの"幾何模様"やベドリナの"地図"が，芸術表現か空間情報表現かという議論は，結局，表現技法の具体性や抽象性ではなく，凡例を普遍性に求めるか，手続き的再現性を担保した非空間的属性情報に求めるか，という研究のパースペクティヴに収束するだろう．ベドリナの"地図"を地

図としてみるには凡例が必要になる．

3 ● ヴァルカモニカの時空間構造と非時空間属性

3-1 時空間構造の把握

　第一のアプローチとして，空間属性情報に着目する．これは2つの意味を含んでおり，不動産文化財としての岩画や壁画自身がどこにあるのかという実空間の問題と，もう1つは，描かれているオブジェクト群の表象空間の問題である．まず，ベドリナの"地図"の存在する実時空間を概観しよう．

　ベドリナの"地図"は，イタリア北部ロンバルディア州ブレシア県のカモニカ渓谷に所在する（図5）．この渓谷は，北のアルプス山脈に刻まれた渓谷で，エドロからピッソーニェにかけて北から南にオーリオ川が流下している．ベドリナの"地図"はそのちょうど中間あたり，カポ・ディ・ポンテの西側の山麓に残されている．オーリオ川の両岸には東西の丘陵から砂礫が流出し，幾重にも連接する扇状地が形成さ

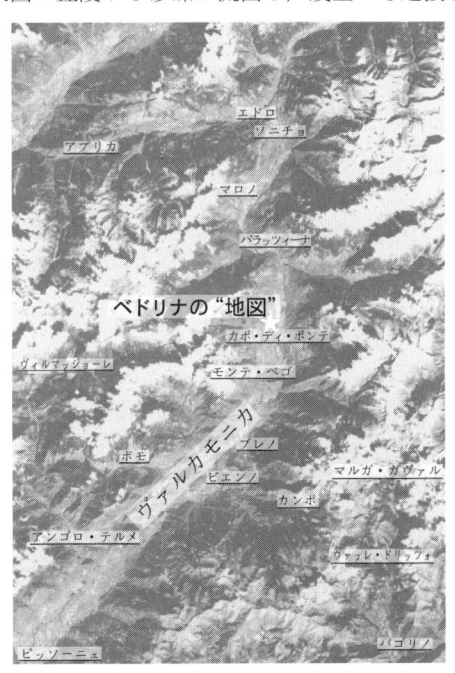

図5　ヴァルカモニカ周辺

れており，扇状地の端部や扇央部には先史以来，現在も集落が営まれている．ヴァルカモニカのベドリナ岩画群は，このオーリオ川を挟んで西岸を中心に確認されており，もっとも古いとされる岩画は，旧石器時代の最終末期，約8000年前のプロト・カムノ文化に所属する．最古期に比定される岩画の多くは断片的で，渓谷の西側にのみ点在する．その後一時衰退するが，約7000年前以降の初期カムノ文化期（カムノ文化Ⅰ―Ⅱ期AB）に，カポ・ディ・ポンテ周辺を中心に岩画が充実し，銅石器時代から青銅器時代にかけてのカムノ文化期（カムノ文化ⅡC―Ⅲ期）には，カポ・ディ・ポンテだけでなく，より下流のモンテ・ベゴにも岩画の分布がひろがる．その頃になるとモチーフに多様性がみられるようになる．ベドリナの"地図"は，この青銅器時代の約4000～3100年前（カムノ文化Ⅲ期）に比定されることもあるが，トゥルコーニ（Turconi 1997）のように，描かれたモチーフの年代比定と打刻の先後関係から，ベドリナの"地図"に「約2700～2400年前」（カムノ文化Ⅳ期）という推定年代値を与える立場もある．鉄器時代（カムノ文化Ⅳ期C―F）にはいると，質においても，量においても，ヴァルカモニカでの岩画製作が全盛を迎えるが，後のポスト・カムノ文化期には，衰退し確認できる岩画もイミテーションの性格が強く看

表1　カモニカ渓谷の考古学的文化と時代

文化編年	文化期細分	考古学年代	年代	分布域
プロト・カムノ文化		旧石器時代 中石器時代	8000年前	カモニカ渓谷の西岸 カポ・ディ・ポンテ周辺
カムノ文化Ⅰ期		新石器時代	7000年前 5800年前	カポ・ディ・ポンテ周辺 集中して岩画が残される
カムノ文化Ⅱ期	A			
	B			
	C		4800年前	
カムノ文化Ⅲ期	A	銅石器時代	4000年前	カモニカ渓谷の西岸 モンテ・ベゴにも拡大 （★ベドリナの"地図"？）
	B	青銅器時代		
	C			
	D		3100年前	
カムノ文化Ⅳ期	A	銅鉄併用時代		カモニカ渓谷全域 （★カムノのバラ？）
	B		2850年前	
	C	鉄器時代	2700年前	
	D			（※ベドリナの地図？）
	E			
	F			カモニカ渓谷全域 （※カムノのバラ）
ポスト・カムノ文化		ローマ	2000年前	衰退

★は旧来の年代観
※は新しい年代観

取されるようになる（表1）．

　カモニカ渓谷の狭小で歪曲した地形から考えると，ここが先史民族の居住生活に適した空間と評価するのは困難であり，ベドリナの"地図"に描かれた広い空間と数々のモチーフを収納するような実空間は，この"地図"のロケーションからは眺望できない．多くの先学もその点に注目し，なぜこのカモニカ渓谷に秀でた先史芸術活動が開花したのかをさまざまな側面から推測している（たとえば，De Marinis 1988）．また，オーリオ川流域の発掘調査の成果からも，一般論的には，ベドリナの"地図"の表象空間は，実空間には存在しない象徴的な空間（Turconi 1997），あるいは表象したモチーフの個別のコンテクストを，有機的に説明するためのトポロジーの表出が結果として"地図"のような体裁を顕現した（Arca 1999），と考えられている．

　さて次に，描かれた表象空間についてみてみると，さまざまなモチーフが，縦3.0m×横5.0m以上を測る大きなアレナイトの露岩に打刻されており，各モチーフの間を線や点が接続している様子がうかがえる．図1でわかるように，露岩の平坦面には，さまざまなオブジェクトが不規則に描かれており，このままでなんらかの規則性を抽出することはきわめて難しい．そこでまずオブジェクトの種別を分別せず，描出のための打刻痕を点オブジェクトとして抽出し，その分布密度曲線を析出したのが図6である．その結果，相対分布密度でみた時大きくわけて，A〜Jの10か所の分布密集域が析出された．

　相対分布密集域A〜Jのうち，トゥルコーニの研究によって，AとIについては，それぞれベドリナの"地図"が打刻される以前に存在した，あるいは打刻後につけ

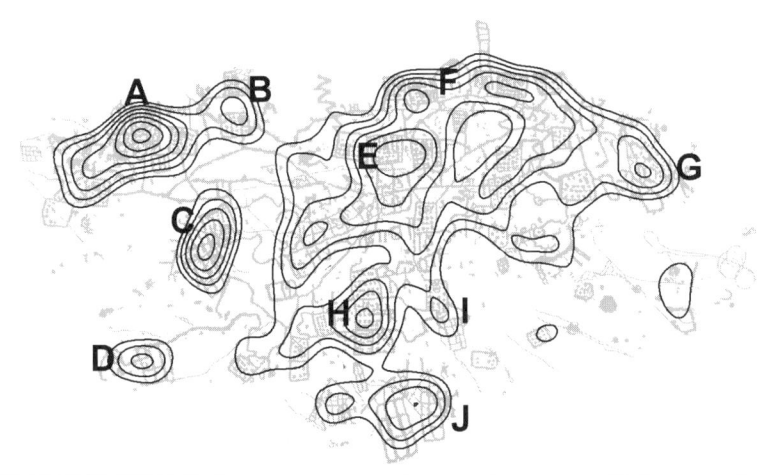

図6　ベドリナの"地図"のオブジェクト分布密度曲線

加えられたオブジェクトがあることが明らかになっており，ベドリナの"地図"として，コンテクストの同時性を保持する表象空間という意味では，やや相対分布密度は低くなると予測される．また，Jについてはその多くが後の時代の打刻と判明しており，同様に異時間のコンテクストをもつこの密集域も考慮外とする必要がある．

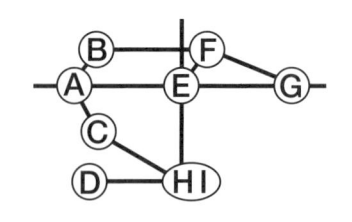

図7　オブジェクト密集域の関係

そこで，A～Iまでの密集域と，その間隙を連接していると線オブジェクトの関係を模式的に表現したのが図7である．オブジェクトの種別に関する分析も必要だが，ここでは，ひとまずこれがベドリナの"地図"の全体の表象時空間の構造と理解しておきたい．

3-2 非空間的属性情報の検討

カモニカ渓谷の実空間に現存するオブジェクトが，そのままの姿でベドリナの"地図"が描かれた時間に存在したと考えることはできない．したがって，現在の市街地がかつての拠点集落であったかどうか，同じく耕作地がかつても耕作地であったかどうかは，考古学的な調査の充実によってしか明らかにできない．過去の実時空間における「そこがなにか」という非空間的属性の厳密な再構築は，原理的に不可能といえる．だが，自然の生態史は人類の些細な生態史と比較すると，比較的悠長であり，現在渓谷である場所がかつて山岳であったかどうかは特殊な事情がないかぎりにおいて，考慮しなくてよいだろう．活発な沖積作用が生みだす扇状地の発達や，これと関連するオーリオ川の流路の変更などは考慮の対象であるが，このカモニカ渓谷はかつても渓谷で，緩斜面地は同じくそうだったとの想定は許されるだろう．過去空間の属性情報の再構築は，現在のところ，断片的な考古学調査成

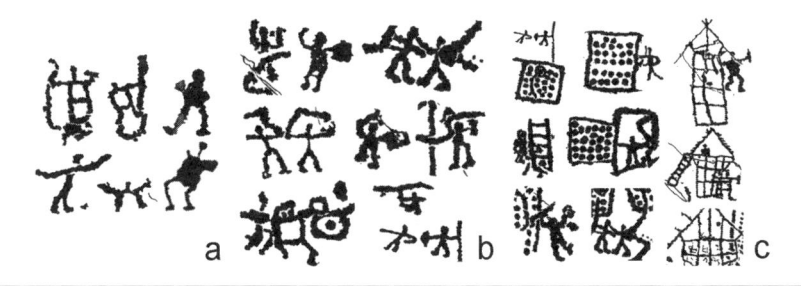

図8　ベドリナの"地図"の人物像

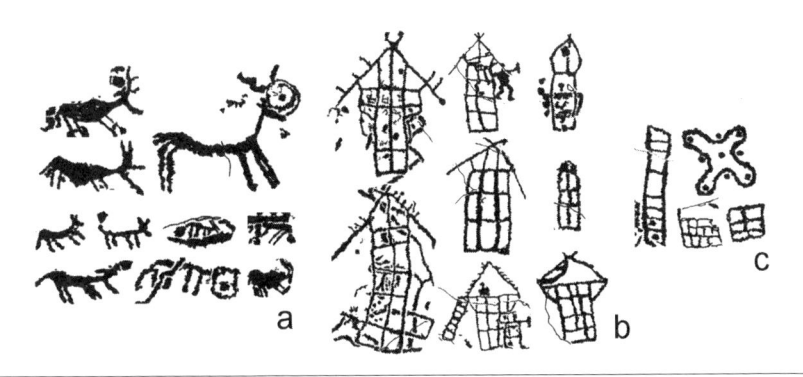

図9 ベドリナの"地図"の動物・建物・その他の像

果と，地形発達史の観点からの想定復元しかアプローチがない．
　これに対し，ベドリナの"地図"の表象空間における非空間的属性については，これまでも，モチーフの研究として進められている．これまでの研究を参考にし，描かれているオブジェクトについて，その種別で大別したのが図8と9である．図8-aは人物像，bは武器などを携えた人物像，cはその他のオブジェクトとの関連で描かれた人物像である．人物像の多くは，剣・弓や楯・兜などがあわせて描かれたモチーフが多く，逆に，祭祀や儀礼を思わせるようなモチーフが少ないことが特徴的である．とくに，cに描かれた各人物は，それぞれ耕作地のような場所や建物，梯子のようなモノを，あたかも保守しているかのようにも見受けられる．図9-aは動物像である．先学によれば，それらはそれぞれ鹿・馬・犬などを表現していると推察されている．またbは建物と考えられる描画である．詳細な研究からこれらに

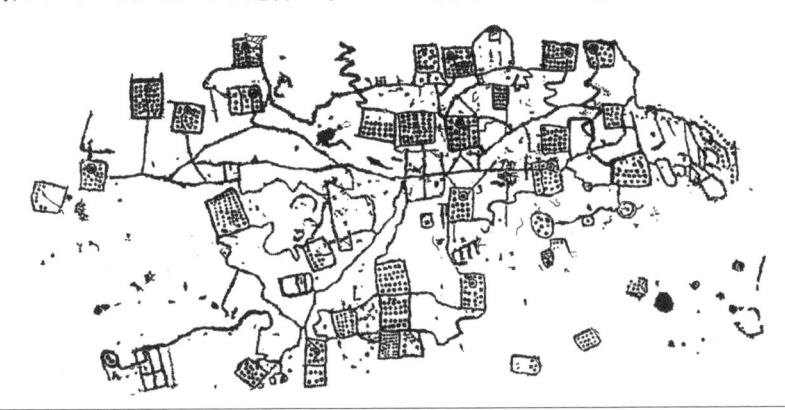

図10 ベドリナの"地図"の基礎トポロジー（Sansoni 1982の一部改変）

3章　世界最古の地図を「読む」── ベドリナの"地図"の時空間情報解析

時期差があることが判明している．最後に c は，明確な属性が不明な描画である．とくに上段の花形の幾何的模様は，「カムノのバラ」とよばれる特徴的なモチーフで，ヴァルカモニカ渓谷のベドリナ岩画群でも特徴的に認められる．この「カムノのバラ」がどのような意味を持つかはさまざまな議論があるが，一般的には，集団の帰属意識やアイデンティティーを表象するモチーフだといわれている．図 8，9 のさまざまなオブジェクトをとり除くと，そこに線と点と面で構成される幾何模様が残される（図 10）．

3-3　ドコにナニがあるのかを GIS で基盤情報に

ここでは，ヴァルカモニカの実空間と，ベドリナの"地図"の表象空間について，それぞれ GIS を用いて基盤情報化し，あわせて非空間属性情報のデータベースをリンクさせたナリッジベースを構築する．これを実施することで，双方の時空間に関するさまざまな定量評価が可能となる．

まず，ヴァルカモニカの実時空間の GIS ベース化を実施した．米国地質調査所が提供している SRTM3 標高行列データから DEM（Digital Elevation Model）を作成し（図 11），地形の変化量を計測した．DEM のように連続的な属性値で構成された行

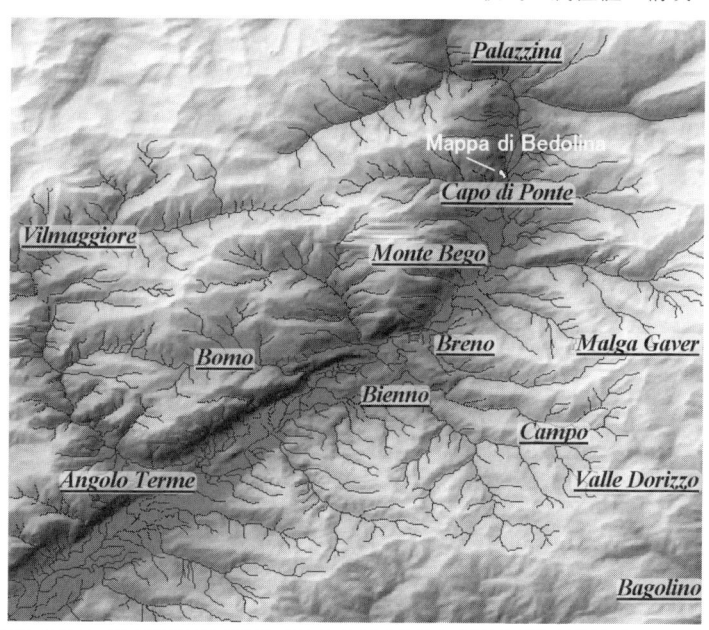

図 11　ヴァルカモニカの DEM と河川流路

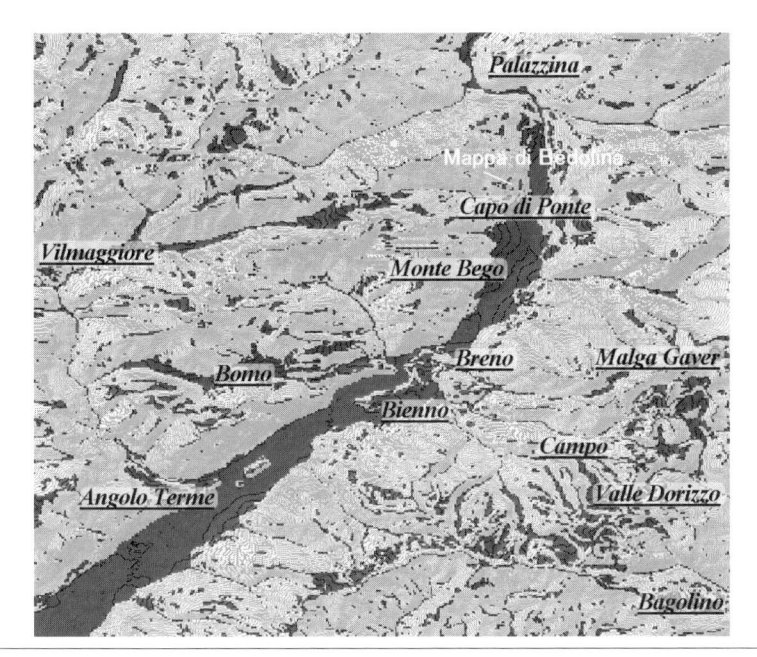

図 12　ヴァルカモニカにおける生活適性域

列データの場合，隣接ピクセルの属性値の差から，勾配や傾斜方向などの基本地形量の計算が可能である．一般的に，地形量の計算は，3 ピクセル× 3 ピクセル（計 9 ピクセルの正方形の範囲）の移動式の範囲を設定する場合が多い（もちろん，オプションで選択できるものもある）．3 × 3 範囲の中心のピクセルの地形量が，3 × 3 範囲のなかの周囲 8 ピクセルとの標高値の差から計算さ

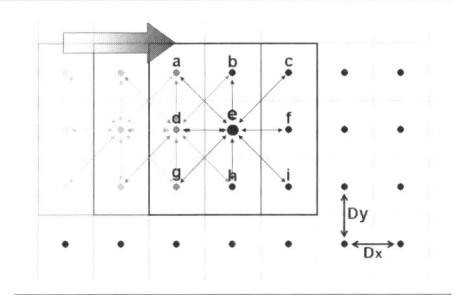

図 13　ピクセルの地形量の計算

れ，これを移動しながら全体をくまなく計算する．たとえば図 13 のように，対象となっている 3 × 3 範囲でみると，e の標高値が，周囲の abcdfghi の標高値よりも低ければ，そこは「窪地」と評価され，その逆であれば，そこは「頂（山頂）」と評価できる．また，aei がともに同じ標高値で，bcf と dgh より低ければ北西から南東に向かう「谷」であり，bcf と dgh より高ければ同軸方向の「尾根」ということになる．この原理を応用し，GIS ではさまざまな地形量が計算できる．ここでは傾斜量（勾配）についてみておきたい．傾斜量は標高の変化率としてとらえることができ，標

高値の1次微分で求められる．直線勾配を考える場合は，2点間の標高値の差をその間の距離で割ればよいので，δZを標高値の差，δXをX軸方向の差，δYをY軸方向の差とすると，

$$S = \sqrt{(\delta Z/\delta X)^2 + (\delta Z/\delta Y)^2}$$

となり，Sのタンジェントをとると傾斜量が度で表現され，100％で乗じると％で表現できることになる．また傾斜の方向は，同じように，標高差と距離の関係から，

$$A = \frac{-\delta Z/\delta Y}{\delta Z/\delta X} \quad (-\pi < A < \pi)$$

で析出する．方位で記されるか，北から時計まわりに360°で表現されるかなどの違いはあるが，一般的には，傾いたピクセルの法線ベクトルをXY平面に投影した角度と考える．

　これから，往時の居住適性域を評価するため，地形の傾斜度が15°未満で表層土壌の流失が比較的少なく，かつ一定量の閾値の範囲内で周囲の降雨を集水できるエリアを抽出したのが図12である．一見して明らかなように，ヴァルカモニカが渓谷であることが読みとれる．オーリオ川の河岸と東西両岸からのびる扇状地が，唯一の狭いながらも居住に適したエリアであったと考えてよい．このことは，この地域での考古学的な発掘調査の成果からも傍証されている．また，興味深いのは，オーリオ川両岸の山間丘陵部にも，小さな居住適性域が点在することで，もっとも大きな面積を確保できるのは，ボモ地域であり，この居住適性域が密集しているのは，カンポからマルガ・ガヴァル，ヴァッレ・ドリッツォにかけての地域である．両者とも，現在も市街地や村落として利用されているが，前者はヴァルカモニカから山間のヴィルマッジョーレへの経由地点であり，後者については，バゴリノを経由すると，これがヴァルカモニカから東隣側の谷に抜ける唯一の峠越えの経路となっていることがわかる．

　ベドリナの"地図"の時代にも同じような景観がひろがっていたという保証はないが，逆に，現在と異なっていたという決定的な地質学・地形学的な痕跡も確認されていない．そう考えれば，往時から，この2つの地域は人びとにとって居住適性があったと想定することは暴論ではないだろう．

　次に，ベドリナの"地図"の表象空間のGISベース化を実施した．ベドリナの"地図"をデジタイズし，各オブジェクトにIDを振りわけ，それぞれについて非空間属性情報を格納して構築した．これにより，オブジェクトの種別の分布や空間配置に関する検討が可能となる．

　種別の分布や空間配置について，ここでは面相関分析を実施する．面相関分析と

は，析出された目的の主題図に対し，横Xピクセル×縦Yピクセルの画像A(x,y)と画像B(x,y)の関係で，ピアソンの相関係数rを計算する．この分析の場合，AとBには，それぞれの属性値として密度値が属性情報として付されており，これをz値と考える．準備した解析画像では，対象範囲はXが3429ピクセル，Yが1951ピクセルであるから，z値を成分に持つXY次元のベクトルであると考えれば7710352次元の位置ベクトルの解析といえる．この時，画像の相関係数rは，

$$r = \frac{\sum_x \sum_y \{(A(x,y) - \overline{A(x,y)})((B(x,y) - \overline{B(x,y)})\}}{\sqrt{\sum_x \sum_y (A(x,y) - \overline{A(x,y)})^2} \times \sqrt{\sum_x \sum_y (B(x,y) - \overline{B(x,y)})^2}}$$

で求めることができる．これは画像Aのz値の標準偏差と画像Bのz値の標準偏差を乗算したものを分母にとり，AとBの共分散を分子としたものである．

データ化したベドリナの"地図"から，モチーフ別に各オブジェクトの重心をもとめ，これをオブジェクトの空間位置の代表点として採用し，同一種別のオブジェクトの分布密度を析出して，面相関分析の主題図とした．析出した分布密度分布レイヤーを相互に用いて，上記の式で各オブジェクト間のピアソンの面相関行列を作成し，オブジェクトの種別間での空間配置の関係を明らかにする．図14は，オブジェクトのモチーフ別の分布密度曲線で，Aは耕作地，Bは人物，Cは動物，Dは建物の分布密度曲線である．ここで，図6のオブジェクトを種別にわけない場合の，分布密度曲線と比較すると，明らかに，A耕作地や，B人物の密度曲線が，オブジェ

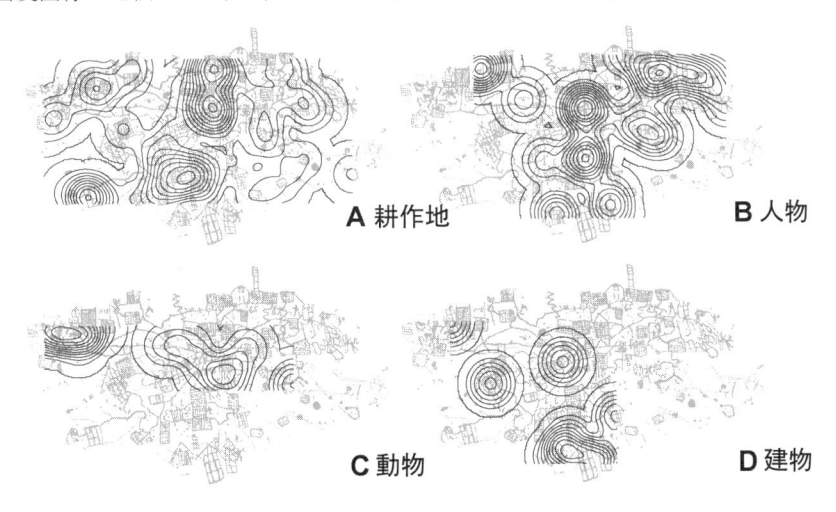

図14 ベドリナの"地図"のオブジェクト別の分布密度曲線

表2　オブジェクト別の分布密度曲線の相関行列

	全オブジェクト	A 耕作地	B 人物	C 動物	D 建物
全オブジェクト		◎	●	▼	×
耕作地	0.754		●	▼	×
人物	0.682	0.482		×	▼
動物	0.391	0.378	0.317		×
建物	0.278	0.208	0.384	0.177	
平均	0.526	0.457	0.468	0.316	0.262

クト全体の密度分布，いいかえれば，表象空間の2次元的構造と類似することがわかる．そこで，4つのレイヤー種別分布密度レイヤーに，オブジェクト全体の分布密度レイヤーを加え，5つの相互レイヤーの面相関係数を析出したのが表2である．先に推察したように，オブジェクト全体の空間構造と関係が強いのは，A耕作地やB人物である．また，C動物やD建物はいずれとも強い相関は看取できないが，建物が人物とやや相関が認められるのは，建物とセットで打刻されているモチーフもあることに起因すると考えてよい．

　このように考えると，ベドリナの"地図"の表象空間の構造は，Aの耕作地の表象によって，全体の構造がほぼ確定されていることが指摘できる．つまり，このベドリナの"地図"がこの状態で完成形であり，これをみる者がその表象の合目的性として理解できるのは，この耕作地と人物の配置構造ということになるだろう．もちろん，数値を標準化して相対密度分布で解析をしているとはいえ，種別によってオブジェクトの数が異なっており，その意味では，もっとも多く描出されたオブジェクトやモチーフに凡例としての合目的性を求めた結果と相違がみられないようにみえる．だが，重要なことは，これが1次元の数の多寡ではなく，2次元の平面の構造の共有という形で顕現していることであり，それこそが，"地図"が地図である要件にほかならない．この分析は，先に述べたトゥルコーニやアルカからの指摘のように，ベドリナの"地図"が，実空間には存在しない象徴的な空間である，あるいは表象したモチーフの個別のコンテクストを有機的に説明するためのトポロジーの表出が結果として"地図"のような体裁を顕現したものである，という可能性を否定するものはではない．これが"地図"ではなく地図である，という1つの蓋然性の証左を示唆したにすぎない．地図であれば，それに比定できる実空間の存在を検討しなくてはならない．

4 ● ベドリナの"地図"の実空間は存在するのか

　ベドリナの"地図"が実空間を次元還元した地図ではない，という指摘の背景の

1つに，そのロケーションの悪さがある．図15は，GISとDEMと利用して，ベドリナの"地図"の立地地点から身長1.7mのヒトが周囲360°を眺望した際の可視域をViewshed Analysisで析出し，白抜きで表現した主題図である．北はピラッツィーナまでの約5km，東はオーリオ川を挟んだ対岸まで，南はブレノ周辺までの約10km，西は後背丘陵に阻まれてほとんど可視域がひろがっていない．先学の指摘にもあるように，この狭く歪んだ渓谷において，ベドリナの"地図"に表象された数多くの耕作地や構造的な空間が，この狭小な可視域の中に展開していたと想像することはやはり難しい．したがって，少なくともベドリナの"地図"は，対象空間を眺望・観察しながらデッサンのように打刻したものと考えるのはやはり難しい．つまり写像ではなく，打刻の作業者の意識や観念・理解という「内界」にインプットされた実時空間の情報が，なんらかの合目的性の表象のために，「外界」にアウトプットされたと考えてよいだろう．

図15　ベドリナの"地図"からの可視領域

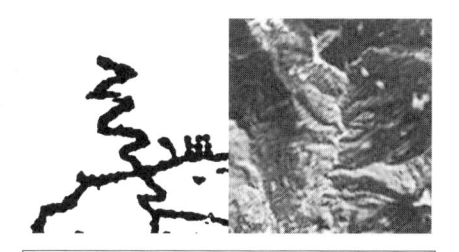

図16　蛇行線オブジェクトと蛇行谷

こうした条件から，これまでの，ベドリナの"地図"を実空間に比定するというアプローチは，積極的にはおこなわれていなかった．むしろ，前記したように，これは地図ではなく"地図"である，あるいは地図型のモチーフであって，現実空間を描いてはいないという見解が一般的である．ここではあえて，前節の分析結果と解釈を受けて，演繹的なアプローチでこの問題を考えてみたいと思う．前節で，ベドリナの"地図"は耕作地と人物の平面的な空間構造を表象しようとした地図であると想定した．この想定に寄り添えば，"地図"ではなく地図である以上，表象されているオブジェクトが地図の凡例であり，同時代的にこれをみる者は，「ナニがドコにあるか」を示す地図であることを理解できたはずである．この情報受信者は，同時代的に存在するだけでなく，同様に打刻の作業者と同空間的に存在しなくてはならず，その条件だけが，この地図が地図であることの合目的性を浮かびあがらせる．逆に，この"地図"が実空間に比定できることができれば，それは地図であることのもっとも強力な証左にもなる．

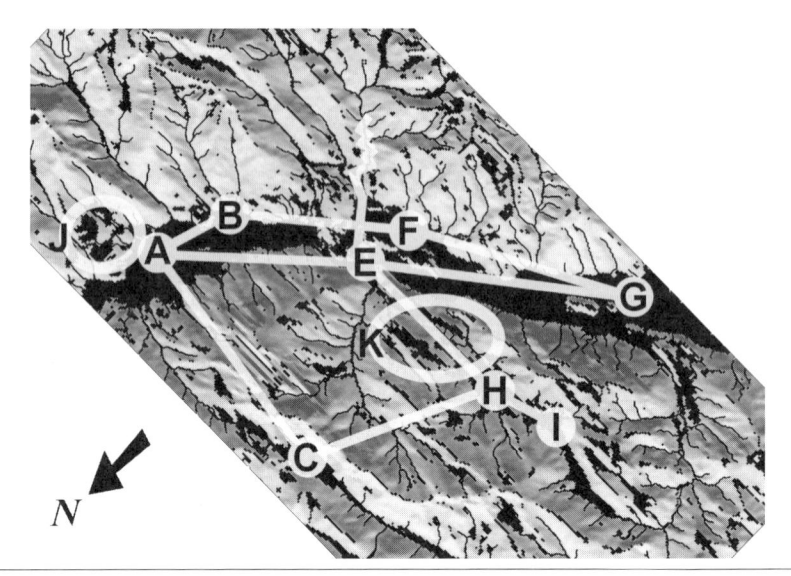

図17 カモニカ渓谷の居住適性域と、オブジェクト密集域の空間的関係モデル
（暗色のポリゴンが居住適性域）

　ここで問題なのは，実空間への比定には座標系や距離や方向のベクトルをゆがめて考える必要があることである．ユークリッド平面や空間での次元還元や配置構造の議論を，そうした概念が存在しない先史世界に持ちこんでも意味がないだろう．地図の精度や確度は合目的性に沿っており，時空を共有しない者が凡例を正しく読みとれないのと同じように，これを直接的に計る術はない．距離や方向の概念も，感性を別にすれば，じつは凡例と同様，地図の存在の合目的性を保証する約束ごとにすぎないからだ．ベドリナの"地図"が地図であるという仮説を立てると，それ自身の存在のために，必然的に，比定できる実空間はこのヴァルカモニカ周辺に限定されてくる．描き手と読み手がほぼ同一の時空間を共有する，ないしは約束事を互いに共有していることが必定であり，その結果比定の対象となる実空間が限定的になることは，経験的にも論理的にも問題ないと思われる．
　まず，図7で示したオブジェクトの密集域をみると，ベドリナの"地図"の中心にある密集域Eは，線のトポロジーで左右のA・Gの密集域と連接し，下部のH・Iという密集域と連接している．また，図10とあわせてみると，Eから上部に向けて，唯一どの密集域とも連接しないクランク状に蛇行する線オブジェクトが看取できる．図10でもわかるように，他の線オブジェクトは，耕作地と人物の空間的構造を連接する役割を持っているが，どことも連接しない線オブジェクトが，画角の中央上部に存在する（図16）．図7のA〜Gの左右の連接を，ベドリナの"地図"が存在するカモニカ渓谷だと考えると，この行き場のない蛇行線オブジェクトは，東

図18　ベドリナの"地図"の実空間への比定モデル

側の谷へ唯一抜ける経路の出発点，つまりビエンノからカンポに抜ける谷道の蛇行谷と酷似する．この仮定に従うと，Eが現在のブレノ，Fがビエンノ周辺に比定できるだろう．さらに想像をたくましくすれば，HやIのようなひろい耕作地が確保でき，このカモニカ渓谷と蛇行谷との配置を保持できる実空間は，図11，12とあわせて考えると，ボモ地域に比定することができ，その配置構造に従えば，CやDは，それぞれヴィルマッジョーレからカポ・ディ・ポンテに抜ける谷筋の沖積地に比定が可能になる．このような仮定に従って，耕作地の密集域を中心に，図12で析出された居住適性域を割り当てていくと，図17のようなモデル化が可能となる．さらに動物像の密集域を想定するならば，JやKといった，狭い居住適性域が点在するエリアが，これに比定されることも推察できる．

　このモデルに従って，ベドリナの"地図"を幾何的に補正し，カモニカ渓谷の実空間にトレースしたのが，図18である．ベドリナの"地図"の耕作地の重心の座標値を，比定しうる居住適性域の中心をコントロールポイントとして採用し，対象となる座標値の残差が最小となるように一次多項式の係数を決定して，多項式近似モデルを作成して幾何補正している．これは，コントロールポイントそのものも誤差を持つという仮定の下で，比較的単純な関数式で近似モデルを求める方法である．

　図18からもわかるように，まず，オブジェクト密集域Cの比定が，全体の座標のひずみでは説明できないことが明らかであり，密集域Cは，ビルマッジョーレからカポ・ディ・ポンテに抜ける谷筋の沖積地ではなく，より南側の狭小な谷にひ

ろがる沖積地の可能性が示唆される．また，実空間へ合わせるように補正した"地図"は，その立地地点からオーリオ川を南下するに従って，縮小率が大きくなっている．このことは，密集域Eの褶曲率で標準化すると，南側の方が実際の距離より相対的に大きく描かれ，逆に北側は実際の距離より小さく描かれていたことを示唆している．図18の西端にベドリナの"地図"が立地することを考えると，あくまで想像の域を出るものではないが，打刻の行為者から遠い場所は，オブジェクト相互の距離も相対的に遠く描かれていること，さらにその傾向は距離に比例して大きくなっていることがうかがい知れる．

しかし，上記のような推定は，あくまで，①ベドリナの"地図"の表象空間が，カモニカ渓谷の実空間に比定できること，②ベドリナの"地図"が地図として，耕作地とそこに携わる人物の空間的構造を表象する合目的性を持つこと，③この合目的性が情報受信者にも共有されることを前提に，比較的限定的な場所を描いたと推定すること，④現在の実空間の地形条件から得られる居住適性条件が，先史時代にも適用できること，などのさまざまな分析結果と仮定が許されたうえに成り立つ推論であり，ベドリナの"地図"を読む，1つの仮説にすぎないことも忘れてはならない．

5 ● おわりに

本章は，まず世界最古の"地図"とはどのような物質文化を指すかについて，岩画や壁画一般の検討からスタートした．その中で，絵画と地図の相違について，空間やモチーフの表象技法の具体と抽象の際ではなく，その存在の合目的性が形而上学的な普遍性か，それとも凡例という形で明らかとなる，同時空に存在する者に対する非空間属性の共有か，という点に着目した．そこで，ベドリナの"地図"を分析的にとりあげ，そのオブジェクト全体の空間構造が，耕作地や人物をモチーフとしたオブジェクトの空間配置と強い相関を持つことに着目し，ベドリナの"地図"がそれらの空間配置を表象する合目的性を持っていたと評価した．最後に，この合目的性を前提として，ベドリナの"地図"の実空間への比定を解析的に試み，結果として，往時の打刻の行為者ないしはそれを共有できた情報受信者の空間認知のひずみについて，予察的に考察した．

想像をたくましくして，モチーフの属性情報との関連性を想像してみると，図9に示したように，多くの人物像は，耕作地に寄り添うように打刻され，さらに武器や武具などで身を固めた姿を描きだしたモチーフが多い．直接的に考えれば，耕作地との関連で武器や武具が登場するのは，土地や生産資源を争い，もしくはそれを暗喩させるモチーフと想像することができる．人類の長い歴史上，ベドリナの"地

図"が残された鉄器時代という時代は,人類が自然を冒涜し,爆発的に人口が増加し,人類相互が恒常的に争いをおこなうネガティブな発展段階の端緒を切った時代である.カモニカ渓谷に,往時そのような争いがあったか否かは定かではない.だが,それ以前の岩画や壁画のモチーフが,動物や植物などの自然を対象としたモチーフを主体としていたことを考えると,前時代的な表象の合目的性とは明らかに異なった"なにか"がそこに存在したことはまちがいない.本章では触れなかったが,ベドリナの"地図"のもっとも興味深く,そして前時代的な岩画や壁画と比べて異質に感じられる特徴は,ほとんどのモチーフが人工物である点であろう.耕作地も建物も,家畜としての馬や犬などの動物も,すべて自然の状態をそのまま表象した姿ではない.オーリオ川やその支流と思われる線オブジェクトも,河川として描かれているのではなく,明らかに耕作地どうしを結節するオブジェクトとしてしか描かれていない.

　そうしたさまざまな状況をあわせて想像すれば,このベドリナの"地図"は,当時のカモニカ渓谷における土地利用図とそれに関連する争いや諍いなどの"叙事図"ではなかっただろうか.どこにどれだけの耕作地があり,その耕作地に端を発する湧水がどの程度存在し,牧畜はどこでおこなわれ,それをめぐる人びとの様子はどうであったかをモノ語っているような気がするのだが,それは地図の「深読み」であろうか.また,このベドリナの"地図"をカモニカ渓谷に比定すると,ちょうど「カムノのバラ」が描かれた場所の周辺に,ベドリナの"地図"が立地する.「カムノのバラ」はベドリナの"地図"の後の時代に加刻されたモチーフと考えられているが (Turconi 1997),たんなる偶然か,あるいはなんらかの意図があったかは定かではないにしろ,それがあたかも,集団の帰属意識やアイデンティティーとともに時空間の"現在地"を表象しているようにもみえるのである.

注

1) ここでいう文化財とは,人類のあらゆる活動を文化ととらえ,その活動の結果としての物質・非物質的痕跡すべてのことを指す.
2) 現在,考古学や文化財の研究者の中には,文化財というモノ自身はなにも物語らないので,その声を科学的立場(という名の第三者的立場)に立脚して代弁することが考古学・文化財学の大義であると考える人も少なくない.もちろん,物理的な意味でのモノ語りはたしかに存在しないが,かといって,反証可能性のまったく伴わない妄想や人類史のヒト語りに,文化財を「物証」として利用する風潮には同調しかねる.
3) こうした考え方を採ることで,本章は,本書の「場」の機能や実態を考究する諸稿とは,趣を異にする.しかしながら,文化財を対象とする場合,まずは資(史・試)料に物語らせることが重要であり,研究者はそのデータに真摯に適切に向きあうことが重要であろう.
4) 『ヴァルカモニカの岩絵群』(Rock Drawings in Valcamonica) として,世界遺産に登録され

ている.
5) ピックや叩石などを用いて，キャンバスとなる岩の露出面を削って（敲打して）岩画を描く方法．これに対し，色料等により岩画を描出する方法を塗彩岩画とよぶ．
6) 泥岩の一種．古生代ペルム紀起源の泥岩で続成作用による変成を受けている．ヴァルカモニカはほかにプレカンブリア紀起源の石英が特徴的に含まれるシルト層が認められ，岩画の多くはこうした陰刻のしやすい露岩などを選択的に利用している．
7) 日本語の「情報」の対訳として，一般的には，Information・Data・Knowledge・Intelligence がある．Information はあらゆる情報一般を指す概念，Data はその Information から発信の意図を切りとった具体的な情報，Knowledge はそれを意味のある引きだしに格納した状態，Intelligence は情報を解析した結果の情報，をそれぞれ指している．本章で用いる GIS は，時空間のあらゆる Information を Data の状態で入力し，それを整理することで Knowledge として情報構造体を構築し，その解析結果として Intelligence をアウトプットする．その意味で，GIS のような高度な情報システムを用いた構造体のことを Knowledge ベースとよぶ．
8) 人間が時空間を経験として記憶し，対象を地理性と歴史性の相互関係のなかで理解し，言説や記述によって他者に伝達するという一連の行為は，GIS の多次元情報を格納し，その時空間的な相互関係を評価・解析し，目的に応じて表示するという一連の機能と酷似する．この側面を強調し，若林（1999）は，認知地図のことを「内なる GIS」という用語で説明し，津村・河合（2004）では，GIS をたんなるシステムではなく「外なる認知地図」として利用することで，人間の認知時空間への解析的アプローチの強力な手法となることを明らかにした．
9) 土画とは土塊に模様や絵画などを施したもの．ブロンボス洞窟から出土した資料は，オーカー（黄色土）塊の平坦な小口面に幾何学的な線刻模様が施された事例として紹介されている．資料の真偽，年代などに諸説あり，ここではそれについては考究を加えないが，少なくとも 77000 年前という年代測定値が与えられている．図2の幾何模様が"線刻画"であり，その描出に鋭突な骨角器のようなものが用いられたと想定されること，オーカーそのものが塗彩顔料の1種と考えられ，身体装飾や儀礼用途が想定できることなどから，年代観に疑問を呈する研究者もいる．とくに，これまでヨーロッパを中心とした多くの考古学者や先史人類学者は，幾何模様として顕現するような抽象的思考と意思伝達や骨角器のような精緻な目的的道具の創造については，クロマニオン出現以降と考えてきたため（また多くの発掘調査成果もこれの左証であるため），この資料を一時的な「Aberrations（進化からの逸脱 or 精神錯乱）」や「Doodle（いたずら描き）」と評する向きもある．しかし，資料の年代やコンテクストが真であるとすれば，たとえ「Doodle」であっても，興味深い資料といえるだろう．
10) 塗彩絵画（スタンプや吹き墨）などが有名．
11) 古代メソポタミア，アッカドを建国したサルゴン（シャルーキン）の業績に関する資料．サルゴンはアッカド王国を打ち立て，紀元前 2300 年頃に在位したといわれている．サルゴンに関する直接的な資料は少なく，それらの多くは後のバビロニア時代に前代の碑文などから転記された可能性が指摘されている．
12) 距離で定義される空間に複数の点（母点）が存在する場合，その母点を中心とした円の交点が他の母点との距離と等しくなる場合，それらの母点は空間的に均等配置となっていることがわかる．ボロノイ分割図（Voronoi diagrams）を描いた場合，円に近い多角形としての正六角形のボロノイ領域が生成される．
13) 12）と同じ条件下で，母点を結んで生成される三角形の最小角が最大となる三角形分割で，ボロノイ分割図で正六角形のボロノイ領域が生成される場合，正三角形のドロネー三角形が

生成される．ちなみに，Blombosの"幾何模様"について，正三角形からの歪みを内角θの標準偏差で計算すると，$\sigma\theta = 3.523$となる．この数値をどのように評価するかは難しいが，少なくとも9）で記したように，「Doodle」で一蹴するには慎重になった方がよい結果といえる．年代値の再検討もふくめ，図像幾何学的検討も進める必要があるだろう．

14）人間の通常の空間認知は，観察者が対象となる空間の中に存在し，自身の視点を移動させるリニアなプロセスで形成される．そのため，空間に存在するさまざまなオブジェクトが，観察者が観察した方向から視認できた姿として表現されるため，1つの絵画的表象の中で多くの視点が存在する体裁となる．この多視点画法の興味深い点は，描かれた空間が，観察者とオブジェクトのかかわり方に依存する固有の意味によって非等質な空間となっていることである．一般的には，子どもの描く絵画や原初的な絵画にこうした特徴が顕著にみられる．たとえば，古代エジプトのレリーフ画の多くは，頭部が横を向き，体部が正面を向くという不可思議な表現となっている．これは一般論的には，神の（描かれた）方向に頭部と視線を向け，体はその行為が描写しやすいように正面を向いているといわれている．レリーフの表現者は，描こうとする「場」の情景を，神と人間に向けて描くため，描かれた空間に非等質性が顕現したのである．

15）空間を第三者的な視点から等質的に表現する画法で，視座から遠いオブジェクトは小さく，逆に近いオブジェクトは大きく描くことで，絵画に奥行きを表現する．レオン・バッティスタ・アルベルティの『絵画論』で体系化された表現技法の1つである．

文　献

Arca, A.（1993）Vite, incisioni topografiche: prima fase dell'arte rupestre camusa, In: *Notizie Archeologiche Bergomensi 3*.

Arca, A.（1999）Incisioni Topografiche e paesaggi agricoli nell'arte rupestre della Valcamonica e del Monte Bego, In: *Notizie Archeologiche Bergomensi 7*.

De Marinis, R.（1988）Le popolazioni alpine di stirpe retica, In: *Italia omnium terrarum alumna, Milano*.

De marinis, R.（1992）Problemes de chronologie de l'art rupestre du Valcamonica, In: *Notizie Archeologiche Bergomensi 2*.

Fossati, A.（1994）Le Rappresentationi Topografiche" in *Le Pietre degli Dei-Menhire Stele dell' eta del Rome*, In: *Valcamonica e Valtellina, AAVV*.

織田武雄（1974）『地図の歴史（世界編）』，講談社．

Sansoni, U.（1982）Il Ciclo Evolutivo della Civilta: Relatione fra Arte Rupestre e Ambiente in *Valcamonica*, In: *Il caso Valcamonica: rapporto uomo-territorio nella dinamica della storia*. eds. Anati E.

Turconi, C.（1997）La mappa di Bedolina nel Quadro dell'arte rupestre della Valcamonica, In: *Notizie Archeologiche Bergomensi 5*.

津村宏臣・河合香吏（2003）「地図を持たない人々が描いた『地図』：ウガンダの牧畜民ドドスの空間認知に関するGISによる予察的検討」，『地理情報システム学会講演論文集』Vol.12: 431-434.

津村宏臣・河合香吏（2004）「GIS（地理情報システム）を用いた認知地図解析の試み：東アフリカ牧畜民の地理空間認識とその表象化の理解に向けて」，『アジア・アフリカ言語文化研究』67: 1-41.

バーロー，P.A.(1990)『地理情報システムの原理：土地資源評価の応用』(安仁屋政武・佐藤亮訳)，古今書院.
若林芳樹(1999)『認知地図の空間分析』地人書房.

4章

ドドスにおける外界認識と行為の現場

河合香吏

● Key Word ●
ドドス, 認知地図, 見取り図
地理的表象, 現場, 身体性

1 ● はじめに

　ドドスはウガンダ北東部カラモジャ地域に住むウシ牧畜民である[1]．
　本章の目的はドドスの社会生活において行為や出来事の現場がきわめて重要であることの内容を記述し，これをドドスの外界認識との関係に位置づけて考察することにある．具体的には，ドドスの外界認識，とりわけ土地（より正確には地理空間）に関する認識のありようを理解するために，それが知覚・認知から具体的な実践，表象化の過程をつうじていかにして成立しているのか，またそれはどのように人びとに共有された認識ないし知識を醸成するのか，さらに，そうして共有された認識なり知識なりにもとづいて人びとがいかに行為するのかに着目する．
　ドドスはほかの東アフリカ牧畜民と同様に家畜を分散・移動させることを基本的な生活様式とする．その遊動生活は集落と家畜キャンプを拠点とする家畜の空間的移動，すなわち，牧草や水の時空間的分布や他集団からの家畜を狙った襲撃を避けることなどに関連して家畜を広範囲に，また頻繁に移動させることによって生みだされている．牧畜民にとって，利用される土地の生態環境に関する知識は家畜の放牧飼養という生業活動上の目的のためには不可欠の知識である．土地に関するドドスの知識においてもまた，利用する場所や移動ルートの地勢や植生，牧草地までの距離やその状態，同じく水場までの距離や，表面水や伏流水の季節的変化，岩場や枝沢などの微地形にいたるまで，その景観特徴とともに利用価値が熟知されている．

これらは，いずれも牧畜活動のなかで獲得される知識である．
　一方，土地には個々の場所を指示する名前があたえられており，日常生活においても地名は頻繁に言及される．ドドスは日常のさまざまを語る際に，「どこで」という点につよくこだわる．分散・移動を常態とする生活様式を生きるドドスにとって，ものごとの現場はつねに正確に呈示されなければならない，あるいは正確に知っていなければならない必要不可欠な要素である．ものごとの現場をしめすために人びとは徹底的に地名をもちいるのであるが，地名に頻繁に言及する前提として，人びとはおのおのの地名でしめされる場所が，どこに位置するどのような土地であるのかを知っていなければならない．こうした「地名」という知識のありかたは，ドドスが土地や空間といった外界をどのように認識することによって，あるいは外界に存在するなにものかによって生成，成立しているのだろうか．生活や生存のための実利・実用的な知識はもちろんのこと，文化的・社会的に意味付与された土地について詳細な知識をもち，日常生活においてそれが頻繁に利用されるといった事実に対して，土地をめぐる「知」の構築機序，および人びとが地理空間をいかに経験しているのかといった「生きられる空間」の全体像を描くことはそれほど容易ではない．
　人間にとって土地はたんなる地理的・物理的要素の視覚的な認知対象ではありえない．次節において，はじめにとりあげる認知地図（cognitive map）は人びとの認知空間の内的表象を描出したものと仮定できるが，ここにはドドスランドを舞台に繰りひろげられる人びとの日常的な諸活動から過去の出来事の記憶や歴史におよぶ時空間的ひろがりと深度をもった人間と土地との具体的なかかわりが凝縮されているのであり，地理空間を地形的要素によってとらえる景観認識や風景論には還元できない文化・社会的な諸要素が深く浸透しているといってよい．以下ではドドスの外界認識，とりわけ人びとと土地との関係のありようを，みずからの存在が当該の場所に確固としたものとして位置づけられた，いわば身体性を介した外界の知りかたとしてとらえなおし，土地をめぐる認識や知識にこめられた意味のひろがりを展望する．ここでは人びとがなんらかの現実的な出来事や事象に対峙した時に，その現場において，状況をどのように認知＝判断し，そのうえでいかに対処＝行為するのかが問われることになろう．

2 ●空間認知と二次元表象

2-1　ドドスランドと認知地図

　ドドスの居住域は行政的にはウガンダ共和国コティド（Kotido）県の北部3分の1ほどを占めるドドス郡にあたり，北はキデポ（Kidepo）渓谷国立公園をはさんでスーダン国境に，東は大地溝帯の生成にともなってできた断層崖（エスカープメント）の三角点を結んで引かれたケニア国境に接する三国国境地域である（図1）．標高1300〜1700mのなだらかな丘陵地がそのおおかたを占め，ところどころに火山性の黒々とした岩山や隆起した突起状の岩峰が目を引く．西部には低湿地草原がひろがり，北部，東部には標高2000mをこえる山岳地域をふくむなど，地勢や植生の変化に富む[2]．

　ここでとりあげる認知地図は，人びとの基本的な活動領域のほぼ全域をカヴァーする地域（約7800km^2）を描いたものである[3]．紙面には，山や岩峰，河川や沢筋といった地形的特徴のみならず，乾季に井戸の掘られる場所や，放牧地や家畜キャンプの設営地として利用される場所，廃校跡や旱魃時の食糧配給キャンプ跡，聖地の森や儀礼の開催地等々，数百〜1000か所におよぶ地名やランドマークが記されている．加えて，日帰り放牧のルートや家畜キャンプの通時的な移動の経緯，他集団により家畜が略奪された際の襲撃地点や奪還のための追跡ルートといった人びとの「動き」の軌跡をふくむ人間活動の諸要素が体系化されず雑多に満載されているのである（図2a，b）．

　この認知地図は住みこみ先の集落の青年が中心となって，複数の人びとが関与して完成したものである[4]．地図の作成作業に参加したのは基本的に男性であり，20〜30歳代の若者がその多くを占める．居あわせた年長の男性やまれに年配女性が，描画を進めている若者たちからランドマーク間の位置関係や地名等に関する質問を受けてこれに答えたり，意見を述べたりする場面もままあった．作業の中心となった青年は，ランドマーク等を紙面上に描きこむ際に，周囲の参加者と議論をしながら位置を確認したり，参加者からの指摘によっていったん描きこんだものを修正したりしながら描画を進めた．したがって，描画の「癖」（オブジェクトの描き方にみられる種々の傾向）はこの青年個人に起因するとしても，これらの認知地図は個人の認知空間を描出したものであるとともに，ほかの人びとにも理解可能である（その地図を「読む」ことができる[5]）という点において，共有された認知空間が描出されたものといってよいだろう．

　描画はB5版のノートの頁をはぎとっては貼りあわせ，先に描かれた場所から続く場所が，つぎ足された新しい紙面に順次描き加えられるという方法で，紙面をつ

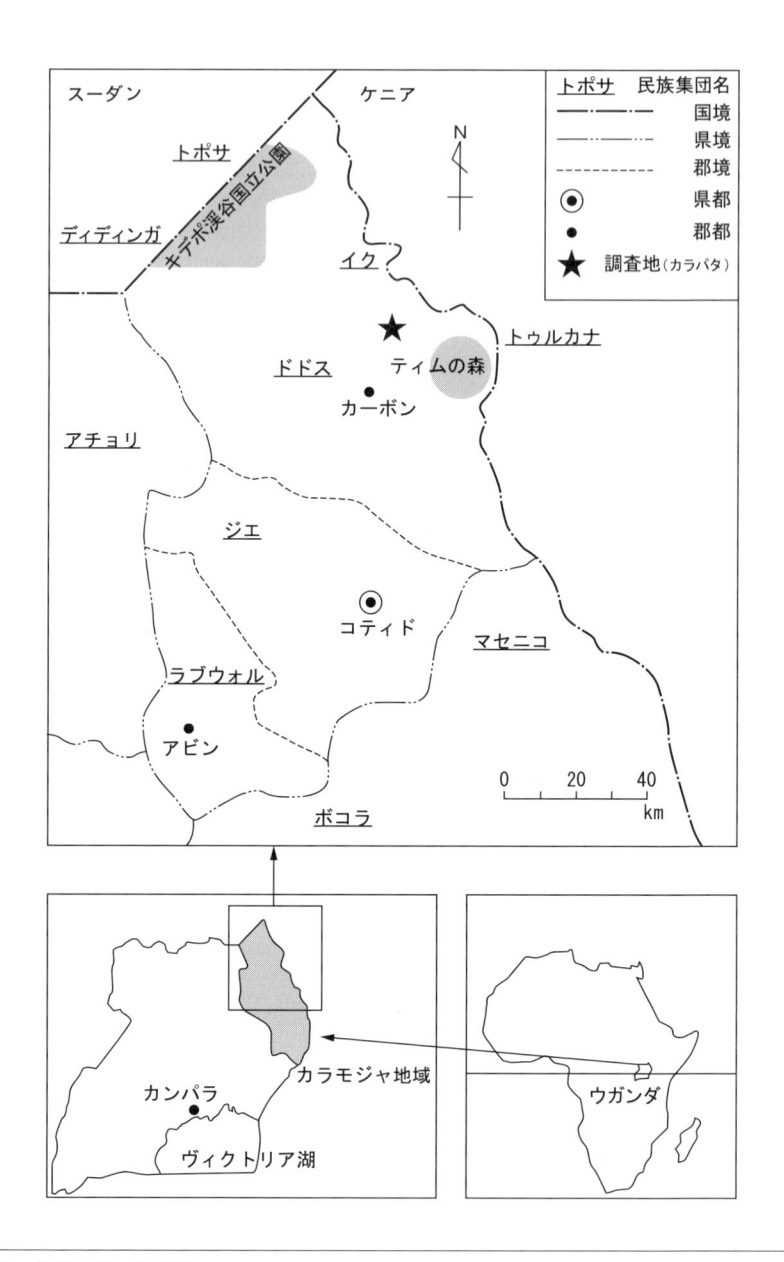

図1　ドドスランドの位置

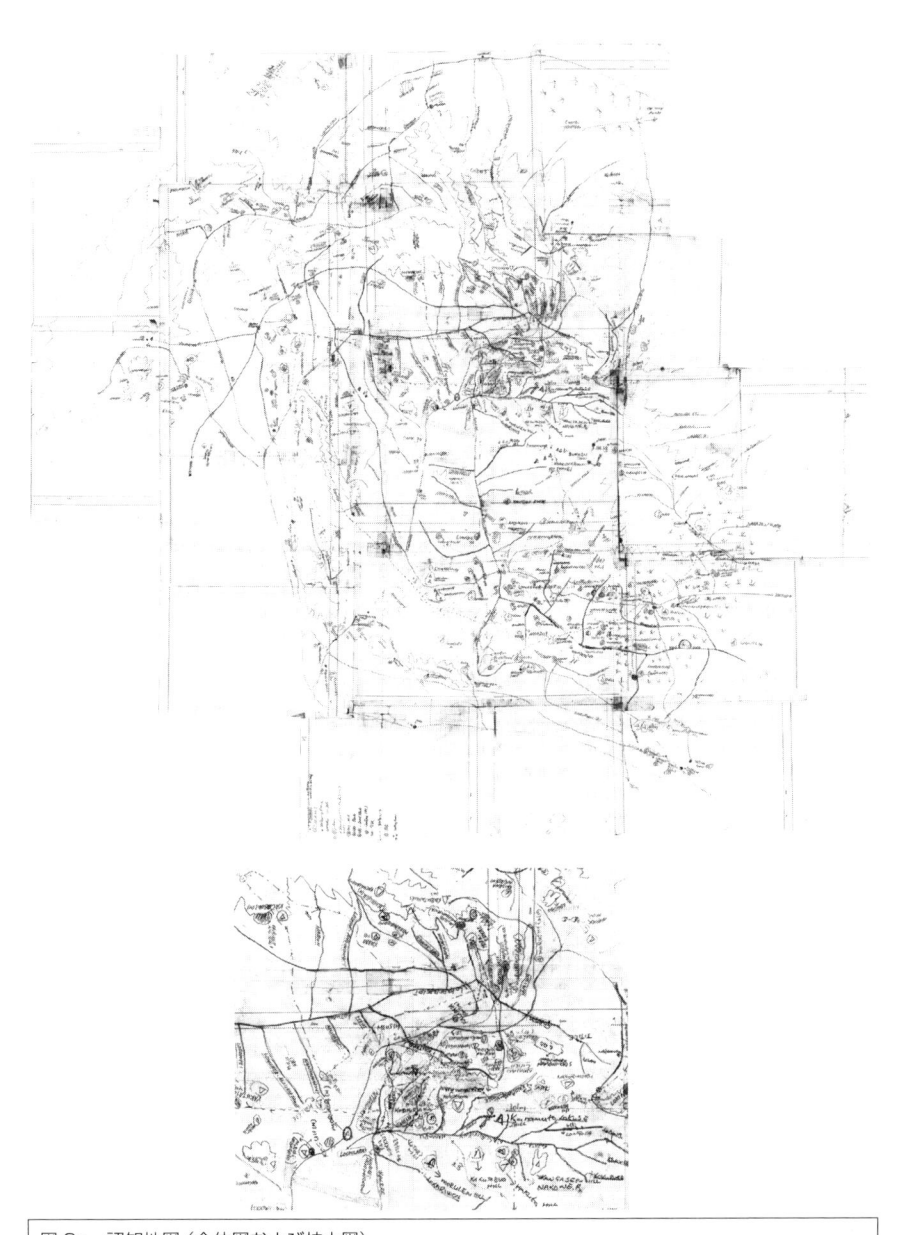

図2a　認知地図（全体図および拡大図）

4章　ドドスにおける外界認識と行為の現場　89

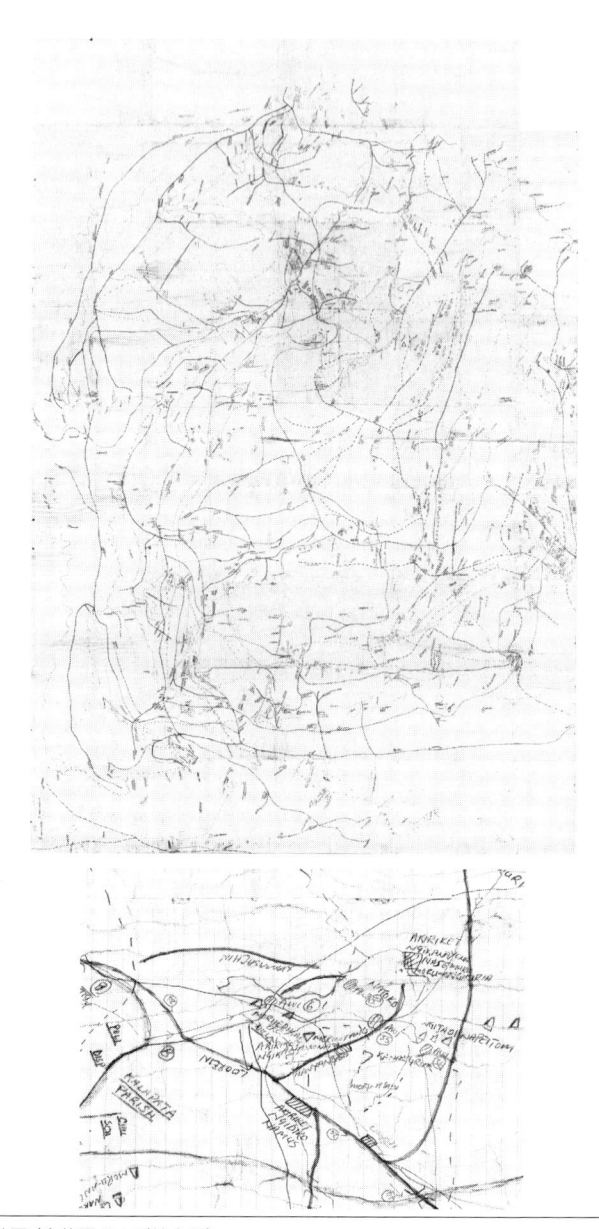

図 2b　認知地図（全体図および拡大図）

ぎ足しつぎ足ししながら進められた[6]．描画方法からも明らかなように，これは紙面上にドドスランドという「全体」を画定し，そのうえで座標軸上に個々の地点を個別にプロットしてゆくといったものではない．特定の「ここ」という地点からの連鎖として，つぎの「ここ」が記され，その軌跡がドドスランドの全体をつくりあげたのである．広大な地域をあつかっているものの，描画法からすれば典型的なルートマップ[7]である．

　この認知地図の詳細さと正確さに瞠目した私に対し，ドドスランドの全域を知っていることの根拠を，ある青年は「ドドスランドのすべてを歩いた，牛をつれていった，だから全部知っている」と明言した．それは「そこに行ったことがある」すなわち，個々の場所に「身をおく」あるいは「身体を移動させる」といったことによる身体を媒体とした知り方にほかならない．「ここ」や「あそこ」は，自分が当事者として行為した現場であり，「そこに行ったことがある」という経験こそが，「現場」性にもとづく地理的な認識や知識を支えているのだと思われる．その一方で，地名は，それによって指示される具体的な場所を，「身をおく」という形で人びとが知っているがゆえに，そこに生起する事象を，集落と家畜キャンプといったように互いに分散して暮らす家族や友人などの遠隔にいる者にとっても，当時者性を帯びたものにするのである．

　以上をまとめれば，次のようになろう．すなわち，行為や出来事の現場を「ここ」として示すために，土地には名前が必要であるし，地名という知識を人びとは共有していなければならない．同時に地名はそこへ行き，そこに「身をおく」という身体性をともなった外界認識に裏づけられており，そうした身体化された認識のあり方こそが，ドドスランドの全体を「生きられる空間」あるいは「生の現場」として見通すまなざしをはぐくんできたはずである．

2-2　集落の見取り図が意味すること

　ドドスの生計単位は父系拡大家族を核とし，これに属するメンバーと家畜とが，集落と家畜キャンプとに分散して移動を繰り返すことを基本的な生活様式とする[8]．集落（写真1）は頻度，距離ともに移動性が低く，一方家畜キャンプ（写真2）は年間をつうじて移動を繰り返す[9]．

　ドドスランドの典型的な地域では，なだらかな丘陵に遠くからは王冠のようにみえる円形の輪をいくつも認めることができる．集落をとり囲む垣根である[10]．高さ2.5mほどの垣根は地面に掘った穴に太い丸太を突きたてて列ねたものである．丸太の隙間には小枝がぎっしりとはめこまれている．丸太はごつごつとして不揃いであり，枝は曲がりくねって彎曲したりしているため，これを組んだ柵は厚さ50cmほどの分厚い壁となる．この垣根の中に入る入り口は高さも幅もせいぜい

写真1　集落の遠景

写真2　家畜キャンプ (*Kosikiria*)

60 cm であるため，人びとは肩をすぼめ，地面を這ってそこを通り抜けるほかないのである．

外囲いだけではない．堅牢な集落の中はまるで迷路であった．狭い入り口を四つん這いになってくぐると，幅 50 cm ほどの細い通路がくねくねと続いている（写真 3）．途中にいくつも仕切りがあり，その仕切りに作られた小さな「門」をくぐらなければ先に進めない．通路の両壁も背の高い垣根になっている．その壁のところどころに小さな低い入り口がある．這いつくばって中に入るとようやく人びとの居住空間にたどりつく．既婚女性ごとの独立したスペースであり，小屋や穀物倉がところ狭しと建ち並ぶ．隣のスペースとはやはり背の高い垣根で仕切られている．このスペースの一角にさらに垣根で囲われた空間がある．小さな入り口を今一度這いつくばって中に入ると，3 つの石をおいただけの炉のあるキッチンスペースである．ここでは垣根は風よけや砂よけのためのついたてと考えることもできるが，それならば入り口をこんなに狭くする必要はなかろう．人びとは集落内のどこに行くにもなんども腰をかがめ，頭をたれ，四つん這いにならなければならないのである（写真 4）[11]．

私が住んだ集落の見取り図を図 3 に示した．ここには小屋が 43 あり，130 人におよぶ人びとがひしめきあうように住んでいた．この見取り図は 1998 年の予備調査中に 2 週間ほどをかけて描いたものである．集落のなかで同じ場所をぐるぐるとさまよい歩いていた私にとってこの見取り図の完成はきわめて有りがたいものとなった．この見取り図をとにもかくにも描こうと思ったのは集落のなかで迷子になること数かぎりなかった私自身であったが，私が 1 人でこの図を描くことは絶望的であることがすぐに露呈した．なんども同じ場所を描いてしまったり，隣どうしになるはずのない場所が隣になってしまったりするなど，混迷に混迷を重ねて半ば諦めかけていた時に，集落の青年が案内役を買ってでてくれた．彼は私がなにをしようとしているのかをすぐに理解した．彼につき添ってもらい，集落のなかを歩きながら，すなわちおのおのの場所に身をおきながら，垣根や小屋や調理場や穀倉など 1 つ 1 つのオブジェクトをノートに描きおとすといった方法ではじめたが，よほどじれったかったのであろう，最終的にはペンをこの青年に渡すことになった．縮尺や位置関係の距離にズレがあるものの，この見取り図は見通しがきわめて悪いところでも二次元的，すなわち平面図として土地が描かれうることを克明に示している．人びとはかならずしも常に鳥瞰的な視点から土地をみているわけではないということである．見晴らしのよい眺望にも依拠してドドスランド全域の地図が描けることとは別に，見通しの悪い集落内部の見取り図もまた同じように二次元平面に描かれることをここに指摘しておきたい．

写真3　集落内の回廊

写真4　集落の出入り口

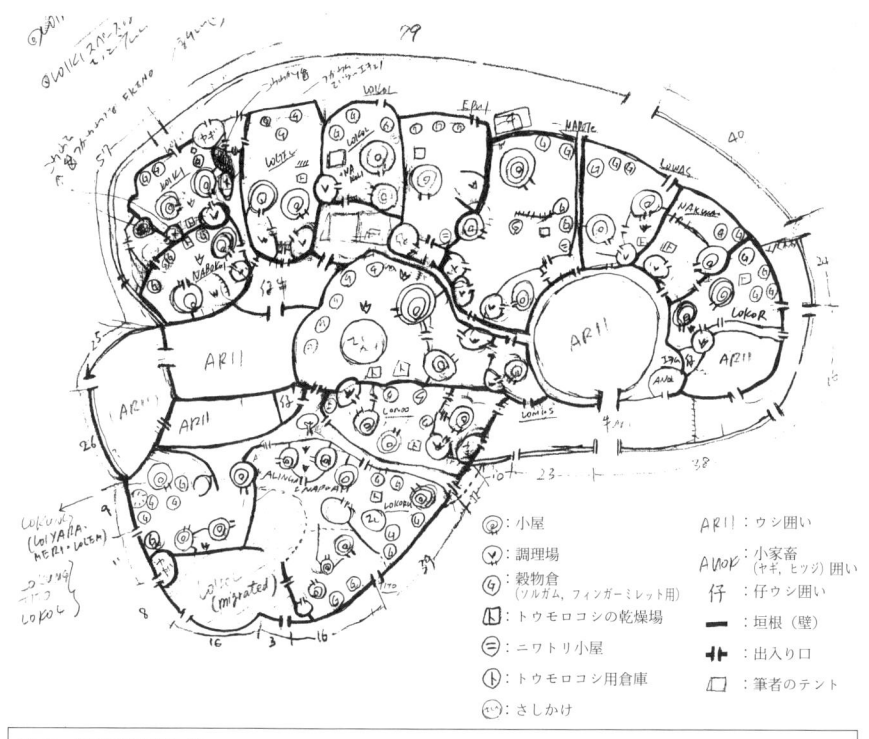

図3 集落の見取り図

2-3 身体が媒介する場所の知り方

　上記2種類の描画にみたように地理空間を二次元空間として表象すること，すなわち紙面上に二次元的なひろがりをもった地図および見取り図を描けるということは決して当たりまえのことではない．われわれが生活する空間は物理的には三次元的なひろがりをもつが，日常生活のなかで通常経験されるのは，本書第2部5章で内堀基光が詳細に記載，検討しているように，むしろリニアな一次元的世界である．空間を通り抜けてゆく際に経験される「へだたり」は幾何学的な尺度を必要とはしないのであり，外界を「ここ」とか「あそこ」として認識すること自体はドドスランドの全体が均一的な座標軸をもった地図として把握されていることを前提としない．生活空間は「こう行って，ああ行って，こう行ったら，ここにつく」といった巡回空間（ルロワ＝グーラン 1973:135-138）として完結するものである．ここでは空間は，実際の物理空間ないし幾何学的空間を直接には反映しない「歪んだ」空間として生きられ，そのような個々人の経験にもとづく認知地図が構成される．

もちろんドドス全域の認知地図が二次元の平面図として描かれる以上，一定範囲内において鳥瞰的にとらえうる個々の地点（0次元の点）を座標軸上に位置づけるといった幾何学的な空間把握をドドスがしていないとはいえない．上記のような空間の経験を素直に描くのであれば，とりわけ「身体を移動させる」という視点からみるならば，それはまず第一には0次元の点（地点），そしてそこから続けて移動の軌跡をなぞる一次元，すなわち「線」的な描画が基軸となるはずであり，二次元，すなわち「面」としてのひろがりを踏まえた描画にはならないはずである．だが，ドドスの認知地図はみごとに二次元平面として描かれているのである．

　こうした地図表象化の過程に景観特徴との関係を指摘することは容易である．ドドスランドの景観特徴を素朴な印象として表現するならば，それは「見晴らしのよさ」にある．ドドスランドは鳥瞰的な眺めを享受できるたいへん見晴しのよい土地なのである．小高い丘の上にたてば，目のまえにひろがる丘陵地やその手前の平原に流れを刻むゆるやかな河川，黒々とした岩山や突出する岩峰，そして遠くに青くけむる山塊や台地上の峰々といったパノラマがひろがる．ドドスランドはたしかに鳥瞰的に見わたすことのできる土地である．だが，ランドスケープの差しだす「みえ」を描き落とすだけでは，ドドスランド「全体」の地図は描けない．どれほど高いところに立ったとしてもドドスランドのすべてを一度に見下ろすことはできないからである．

　ドドスの描く地図は，通常，地図化の作業として考えられているように物理空間としての三次元空間の次元を1つ下げた二次元表象として描かれたものでは，おそらくない．ドドスの認知空間は生活のなかで経験される一次元空間に「時間」という次元を加えた抽象空間であると考えられる．土地はずっとそのようにしてそこにあるといった意味において無時間的な空間である．だが，人が大地の上を移動する時，そこに「時間」が生まれるのだ．彼らは毎日歩き，身体を移動させる．彼らはしばしば道を外れて歩く．道のない場所を歩く．放牧中に迷子になった家畜を探す時に．他集団によって奪われた家畜の奪還のためにまわり道や近道をする時に．ドドスの認知地図はたとえていうならば，毎日歩いた場所を，すなわち点と線として表象される身をおいた連続的な場所を透明なシートに1枚1枚記し，そこに描かれたリニアな軌跡を重ねてできあがる二次元表象空間としてあるのではないか．ドドスの描く地図はそうした多重レイヤー空間としての認知空間が描出されたものだと考えられるのである[12]．

　一方，上記の議論と矛盾するようであるが，ドドスの空間認知における身体化に関して，次のようなことも抽出できるかもしれない．それは，前項で見たように見通しの極端に悪い集落において，私には描けなかった見取り図をドドスの青年がいともたやすく描きあげたことにかかわるものである．それは，集落の見取り図を描いた時と同様に身体を移動させながら，そのつどに自分の周囲にあるオブジェク

トを記載してゆく，といった方法である．たとえば，ある特定の地名が与えられた「点」を中心として，その周囲に360°放射状にひろがる活動領域（ないしは景観）を配置することを順次繰り返し，それぞれに対して重複する部分を調整してさらに拡大してゆくといった方法である．その時の調整には鳥瞰的な眺望も適宜利用されよう．そのようにして，ドドスの認知地図は，これまでに身をおいてきたすべての場所がその周囲360°の景観とともに（記憶として）身体化され，それらを統合してできあがった地理的表象が描き落とされたものとは考えられないだろうか．彼らの遊動生活は上記に指摘したルロワ＝グーランのいう空間を巡回するといった遊動だけはなく，生活の中心となるキャンプ地を移動させては，移動した地点を中心に日々の日帰り放牧その他の生業活動をおこない，しばらくするとまた大きく移動するというパターンを繰り返すといったものである．ここでは，同じくルロワ＝グーランが空間認知のありようとして「巡回空間」とともに提示した「放射空間」——静的で未知の限界まで薄れながらひろがっていく輪を，自分は動かずに，まわりにつぎつぎと描くこと（ルロワ＝グーラン 1973:315）——としても経験されているのではないか．

　さらに地名がたくさんつけられていること，そして日常生活において地名への言及がきわめて頻繁であることについても，これと同様の視点からとらえることができる．それは本書第3部8章において杉山祐子がとりあげているベンバの移動と比較するとよりはっきりとする．ドドスの空間認知における「地名」の重要性は，牧畜という生業活動に直結する根底的なものである．ある特定の「地名」を与えられた場所は，ベンバにおいてそうであるように，今居るところからどのようにして到達できる場所なのかという意味で同定される場所なのでは，おそらくない．それらの場所の多くは特定の時期に家畜キャンプが設営されることの多い場所であり，牧畜という生業のもっとも基本的な活動の1つであるキャンプ移動における人びとの動きとは，特定のキャンプ設営地から，べつの設営地へと一気に移動するといったものである．そして当該のキャンプ地は，移動後にその周囲の土地を，日帰り放牧をはじめとする活動領域として利用する中心地でもあるはずである．さらに次節で詳細にみてゆくことになる「腸占い」において，家畜の腸全体がドドスランドと見立てられたり，1つの集落に見立てられたりするズーミング（Zooming）についても，その時の関心に応じて，自分たちがおかれている具体的な地点を中心に，その周囲に自分たちの活動領域が配置されるという点では同じようにあつかうことが可能であり，ここでも二次元空間が表象されている．

　このように，ドドスにおいては空間を巡回空間として経験することと放射空間として経験することは，ともに「身をおく」および「身体を移動させる」といった身体を媒体としているといった意味において相互に矛盾なく両立していると考えられるのであり，それらは，ドドスの空間認知のありようを相互に補完しているともいえ

よう．したがって，実際に「その場所に行く」，すなわち「身をおく」という経験はドドスの空間認知においてもっとも基本的な前提となっているのだと思われる．私がドドスの土地全体を知りたがっていると察した青年は，「（おのおのの場所に）行って，見て，そして知るのはよいことだ」といい，調査の全期間をつうじて，私を「現場」へ誘うことにきわめて熱心であった．

このようにドドスの地理的認識は鳥瞰的な「見え」に依拠するばかりではなく，その場に「身をおく」ないし「身体を移動させる」といった身体性を伴った方法によるものでもある[13]．ここでさらに指摘しておきたいことは，鳥瞰的に見わたすことのできるドドスランドのランドスケープは，ある場所に「身をおく」当事者，いいかえれば，巡回空間的かつ放射空間的に把握された認知空間を移動してゆく当事者にとっての「間」や「へだたり」を，他者が第三者的視点から「客観的」にとらえることが可能になる点である．丘の中腹にある集落のまえに立つ男の目のまえには，なだらかにうねる丘陵地の斜面がひろがっている．西の端には別の丘が北側にはりだし，急坂となって沢に落ちこむ．その斜面を黒や白や茶色のゴマ粒のような牛群がゆっくりとくだっている．彼の息子がこれを追っている．そこまでは，数 km は離れているだろう．彼は牛群が沢におりたあと，ふたたび斜面をのぼって自分の今いる場所に，すなわち丘の中腹に建つ彼の集落につくまでの行程をたどることができる．彼はまた，そうして牛群がここに到達するまでの「時間」をも知っているはずである．本来，個々人の経験に属する巡回空間および放射空間は，ドドスにおいては当事者の経験のみに閉じられてはいない．これにより，「身をおく」という身体性にもとづいて把握されている個々の場所と，鳥瞰的に把握され，幾何学的な空間の座標軸上に位置づけられる個々の場所とは，相互に矛盾しないかたちで両立しうるものとなるのであり，このことが土地をめぐる認識や知識を他者と共有できるものとしているのだと考えられる．「身をおき」，「眺める」という外界ないし土地の知り方の根底には他者との「共有性」といったものがあり，それはともに身体をもつ者としてなんらかの事態に人びとが共同で対処しようとする時に選ばれる行為が，いかなる認知および判断の上に築かれているのかといった問題にかかわることをここで指摘し，次節以降において議論の俎上に載せたい．

3 ●近い未来を「みる」技法

3-1 腸占い

腸占いは東アフリカ牧畜社会にひろく認められるが（Abbink 1993 など），ドドスもまた儀礼における犠牲獣をはじめ，自然死した個体であれ，食用として殺した個

写真5　腸占い

体であれ，家畜を解体する際には，かならずその腸を用いた占いをする[14]．彼らは儀礼の開催や家畜キャンプの移動といった行為選択に際して，腸占いの啓示を情報として用いる．腸占いは「今，ここで必要な知識」としての情報を提供するものであり，啓示内容がしばしば当該の行為を決定する情報となるなど絶大な信頼がおかれている．

　ここで「腸占い」とよんでいるものは，ドドス語においては「*akisyem ngamoliteny*」と表現され，字義通りには「腸 *ngamoliteny* をチェックする，調べて確かめる *akisyem*」といった意味であり，「占い」を示す特別な用語はない[15]．ドドスの腸占いに特徴的なのは，ここでは仮に「腸占い」とよんだものの，いわゆる「占い」にありがちな神秘性やコード解釈のための知識の専門性（秘匿性）がまるで見出せない点である．腸占いをおこなうのは男性にかぎられるが，専門家に専有・秘匿される知識ないし技能ではなく，幅ひろい年代の男性がこれに参加し，熱中する（写真5）．占いの啓示は預言者や占い師といった特定の人物によって解読された内容が人びとに伝えられるのではなく，誰もが参加できる議論・検討を経て合意，確定にいたるといったものである．腸占いによる啓示，すなわち獲得される情報は占い師の託宣のように「与えられる」ものではなく，人びとが能動的に「読む」ものなのである．

　腸占いは以下の手順でおこなわれる．

4章　ドドスにおける外界認識と行為の現場

腹腔から消化器官をとりだし，内容物のはいったままの第一胃を台にして，その上に一二指腸から直腸までのかたまりを広げる．広げられた腸の全体は「ドドスランド」と見立てられたり，1つの「集落」や「家畜キャンプ」と見立てられたりする．より複雑な場合には，たとえば，1つの腸がドドスランドを表すと同時に集落を表し，さらには家畜キャンプでもあるというようにズーミングされ，位相の異なる複数の空間が複合的に重ねあわされることもある．なお，腸占いに使われる家畜の腸は，当該の家畜を提供した人の家畜や集落やキャンプについての情報を提供するのであり，腸がほかの人の集落や家畜について語ることはない．

　具体的に説明しよう．ここでは腸の全体がドドスランドとみなされる場合をとりあげる．まず腸の全体がドドスランドとみなされる．腸のおき方はつねに一定であり，おそらく東西を意識した絶対方位にあわせられる．盲腸のあたりがドドスランドの南東部に位置する地域とされ，中央部分を占める大腸（結腸・直腸）をぐるりと回って腸全体の外縁部を構成する小腸（空腸・回腸）の部分がドドスランドのきわとされる．北を上にした場合，右端がドドスランドの東端すなわちケニア国境のエスカープメントにあたることになる．腸間膜には太さや色の微妙に異なる筋や，細い動脈や静脈などの毛細血管が縦横に走っており，これらは「川」や「沢」や「道」と見立てられる．

　腸の内部に詰まった消化物のちょっとした色の異変や，血のかたまりや泡など表面に透けてみえる微細な異物は腸や腸間膜のあちらこちらにみつけられる．これらの有標物の解読については，たとえば，黒っぽい筋のような帯は「降雨」であるとか，血管のなかの泡のような空気は「ウシ（列になって歩く牛群など）」であるとか，黒ないし赤黒い血のかたまりのような点は「敵」であるとか，赤い点は「火」，すなわち襲撃ないし戦闘であるとか，泡のような半透明な点は「殺された敵」であるとか，茶，黒，オレンジ，灰色などの点は「儀礼の犠牲獣（供犠される個体の体色を示す）」であるとか，ちょっとしたへこみは「家畜キャンプ」であるとか，小腸の消化物が抜けている（ガスがたまっている）部分は「空洞」，すなわち防衛の空白地帯であり，ここを通ってウシが連れ去られる，など，「モノ」や「出来事」との対応関係に基本的な決まりがある．

　占いでは，上記の微小な点や筋，泡，空洞，色などが，腸のどの部分に認められるかを判断材料として，降雨はどこにあるのか，敵はどこに家畜キャンプをつくり，どこに放牧や給水に行き，どの地域を襲撃するのか，その際，敵はどこからきて，どこで戦闘が起きるのか，敵はどこを通って家畜を連れ去るのか，それを避けるための撃退儀礼はどこで何色の家畜を使っておこなうべきなのか，といったことが「読まれ」てゆく．このように「どこで」が問われる以上，腸占いに参加するすべての男性たちは，ドドスランドの全域をくまなく知っていることが条件となる．

　「家畜キャンプを移動させる」という行為選択に直接関与した腸占いの具体例を 1

図4　腸占いの図解
黒いヤギの腸占いをドドスの青年が図解してくれたものを簡略化してトレースしたものである．中央の渦巻きが大腸（結腸・直腸），周囲のびらびらの部分が小腸（空腸・回腸）である．図は上を北にしている．したがって，右側の小腸部分がドドスランドの東に位置するケニア国境のエスカープメントにあたる．

つだけ紹介する．

　この腸占いはドドスランドの東に隣接するケニアのトゥルカナとの関係が険悪化し，家畜の略奪を狙った襲撃の危機感が高まってゆくなかで，預言者からの指示に従って供犠として殺された黒いヤギの腸を用いたものである．読みとられた内容は次のようなものであった（図4）．

　異物は2つが指摘された．まず火＝戦闘を示す赤い点（a）により「襲撃」の危険が示された．この時点では腸の全体はこの黒いヤギ（供犠獣）を供出した男性の集落とみなされている．aの赤い点の右にはへこみ（灰色の部分）があり，これが集落のなかのウシ囲い（*arii*）とみなされた．そしてaの赤い点はこの集落のウシの門

4章　ドドスにおける外界認識と行為の現場　　101

(*ekidor*) のすぐ手前に当たる地点にあると位置づけられた．ところが，この腸占いをした時点でこのヤギを供出した男性の家畜は，数頭の泌乳中のメスとその仔ウシを除いて，すべて家畜キャンプに移動していた．ここから腸の全体はドドスランド全域とみなされることになる．aの赤い点はこの男性の家畜に襲撃の危険があることを語っていたのであり，したがって彼の家畜群がおかれている家畜キャンプ（このキャンプには当時，数家族の家畜群が集まっていた）に赤い点で示された襲撃があることが示唆された．

　もう1つ，右上にも微妙に色の異なる赤黒い点 (b) があり，これは儀礼の供犠獣と判断された．この点は二本の細い筋 (c) の交点付近にあった．当時，前述の家畜キャンプはドドスランドの北東部に設営されていたが，2本の筋はそのキャンプにほど近い牛の通る踏み跡道と判読され，「この場所で襲撃を阻止するための儀礼として赤黒色の体色の個体を供犠せよ」という啓示として読まれたのである．2本の筋をまたぐように別の1本 (d) が交差していたが，これは水場として使われている沢とみなされ，2本の筋を牛の踏み跡道と判断する決め手となった．一方，腸間膜上の小さなへこみはキャンプ地にあたる部分 (e) を示しているが，その上側，すなわち北をまわる筋 (f) にも問題点が指摘された．問題となった筋はケニアに通じる特定の道と判断されたが，この筋がのびている先の小腸の箇所 (g)，すなわちエスカープメントにあたる部分には腸内消化物がなかった．つまり，ここは防衛の空白地帯になっており，エスカープメントを降りるこの道を通って家畜がケニアのトゥルカナへ連れ去られることを示していた．

　この腸の啓示がいかに正しかったかについてはできすぎの後日譚があるのだが[16]，ともかくも，この腸を見た後，その日のうちに黒いヤギの腸が示したとおりにキャンプ近くの路上の交差点付近で赤黒色のヤギが供犠され，翌朝にキャンプは移動したのである[17]．このような牧畜活動における基本的な作業であるキャンプ移動に腸占いが強くかかわる事例には事欠かない[18]．

　未来に起きる出来事や事象は本来的には知りえないことである．ドドスは家畜の腸の表面や腸間膜に異物や異変といった実体として現れるものを「みて」，これを腸占いの解読ルールに則りつつ，また参加者が議論しつつ，未来に起こりうると示唆されることがらを共同で読みとる．腸占いに，好ましくない出来事や事象の到来が読まれた場合，それを回避するためにどう対処するべきかといった活動にも関係するものであり，人びとはその結果をもって，その後の行為を探索し，判断し，遂行することになるのである．

　ここで腸占いにおける解釈の柔軟性にもふれておきたい．腸占いには基本的な読みかたの決まりはあるものの，どの異物を有標化するのか，またそれをなんであると判断するかなど，個々に解釈の余地を残す．とりわけ腸のどの部分がドドスランドのどこにあたるのかといった「場所の特定」はつねに議論の紛糾するところであ

り，たとえば「川」や「沢」や「道」と見立てられる筋や血管について，それぞれが「どの」川，「どの」沢，「どの」道であるのかは明瞭に判断されるものではない．そもそも腸は物質的な特性においても伸縮自在で柔軟性があるからやっかいである．腸の構造はどの個体でも同じであると思われるのだが，人びとは長い時間をかけて，細かいひだをひっぱってのばしたり，なでつけたり，裏を返したり，もどしたり，腸をいじりまわして議論したあげくに，全員が納得するかたちで「場所」の同定に関する合意にこぎつけるのである．

　もう一点指摘しておかなければならないこととして，腸占いでは「これこれの出来事が起きる」とか「これこれの事象が起きる」とか「どこで何をせよ」といったように，腸の表面や腸間膜に現れた小さな実体の判読（火＝戦闘である，犠牲獣＝儀礼をおこなう，ガスが抜けている＝防衛が緩い，等）には，意見の違いは少なく，ほどなくしてほぼ満場一致で確定に達する．異物や異変は，腸の表面に顕著に実在しているものであり，目の前にあるそれぞれ特異的な実体を，「これ」とさししめしたりつまみあげたりすることによってことは済む．一方，その出来事や事象が「どこで起きるか」，すなわち腸の表面のどこがドドスランドのどこに当たるのかという問題には，いくつもの（あるいは無限に）判読の選択肢がある．場所を同定するために時には議論が激しく紛糾するほどに全員の納得，すなわち合意に至るまでに長い時間をかけて討論が展開されるのである[19]．

3-2　預言者の夢見

　ドドス社会には，近い未来に起きる出来事やそのためにすべきことを，夢見によって知ることのできるエムロン（*emuron*，預言者）とよばれる人物がいる[20]．預言者は好ましくないことが起きる夢をみた際には，早急に対象者や関係者に伝令を送る．預言者自身が出向いて儀礼をおこなうこともある．預言の内容は，旱魃や大雨など気象に関するものや，はしかや百日咳，あるいは牛疫など，人や家畜の伝染病の流行など特定の地域の誰もが被害を被る災いのほかに，特定の人物や特定の家畜キャンプにおいて家畜が略奪される可能性が示されたり，特定の体色の家畜を供犠獣として儀礼をおこなうようにといった指示の色あいが濃いものも多い．また，吉兆の象徴である全身が白い体色の家畜を供犠として安寧を祈願する儀礼をせよといった内容が伝えられることもある．このような内容は，たとえば「敵の襲撃という危険が迫っているので，儀礼をおこなうように」といった時にはその儀礼のおこなわれるべき場所の特定とともに，儀礼にもちいられる植物や動物等の材料や方法がきわめて具体的に，詳細に示される．

　最近では預言者の言葉が手紙で届くことが増えている．預言者自身が字を書けない場合には，代わりに別の誰かが預言者の言葉をつづったものが，対象者や対象の

写真6　預言者からの手紙を読む

家畜キャンプに届けられる（写真6）．一例をあげよう．1999年6月に私の住みこんでいた集落に届いた手紙の内容である．手紙の本文はドドス語をアルファベット表記した文字でつづられていた．以下，（　）内には補助的説明，［　］内には内容の理解を助けるための説明を補填した．

「ロコデット（人の名前）へ．
　この手紙はナチャクメット・アペセ（地名）から来たもの，すなわちアパムニェン（人の名前）から来たものである．これはロコデット（人の名前）とケイヨ（人の名前）へ宛てたものである．あなた方から［地域の］人びとにいいなさい．［なんらかの］危険があなた方の地域に迫っていることに気づいてそれを避けるようにいいなさい．あなた方はリンガンゴル（体躯は白く頭だけが灰色）の体色のメスの家畜のアジュロット（原意は体毛．転じて儀礼の犠牲獣となる特定の毛色の個体）を［どこかで］求め（乞い），ナパティティット（地名）で，［これを］殺しなさい．それが死んだら，その頭部をなにひとつ切り離さないまま［目や耳や鼻などをすべてそのままにして］切り落とし，以下に数える（並べる，記載する）ものをその［犠牲獣の］口に［むりやりに］つっこみなさい．
1. 口から
(1) アムス（木本の植物），(2) ンガンゲレラ（木本の植物），(3) エサリ（草本の植物），(4) アドゥル（草本の植物），(5) エマア（草本の植物），(6) エシカラキル（木本の植物），(7) エキンゴス（木本の植物），(8) ンガトゥルンゲソ（木本の植物），(9) ンガカダパラ（サ

イザルの1種)[21]．

　［つぎに］［犠牲獣の］左脇からナイフで皮に切れ目をいれて［皮のテープを作り］，あらゆる道［あちこちの道］に埋めなさい．［一方］カイレイレ（地名）のナピオロ（人の名前）の集落の南側でリンガキプラット（体軀は白く頭部は単褐色）の体色をしたメスの個体を［アジュロット，すなわち犠牲獣として］殺し，そして［前の犠牲獣と］同じようにしなさい．［また］メスのリンガンゴル（体軀は白く頭が灰色）の個体で同じことをしなさい．それから，授乳中の仔ロバを手に入れてアカイアタンゴロック（地名）の川と道が交差している場所で殺しなさい．

　アトゥルゲソイト（木本の植物）を探してきて，長いのを1本ナイフで鋭く削ってロバの肛門から突き刺し，口まで貫きなさい．もう1頭［ロバを］手に入れて両目を槍［鋭く削ったアトゥルゲソイトのこと］で突き抜きなさい．ンガトゥロル（木本の植物）を同じように研いで両目に刺しなさい．

　それがおわったら，もう一度トポジョ（木本の植物）をとってきて，左側の前肢と後肢を折ってトポジョの樹皮で作った［ひもで］結びなさい．それからンゴロペイ（地名）の道の地面に頭部を東側に向けて埋めなさい．

　［さらに］コモルブブウォ（黒と白の混じった体色）の仔ヤギをナスルケニィ（地名，川の名前）に連れてきて，目に突きさしなさい．目に突きさすものは，エティール（木本の植物）である．［それから］サイザルでつくったロープで，睾丸を縛りなさい．

　木の上に住んでいる青い動物（サバンナモンキー）を殺して，すべての［あちこちの］道に埋めなさい．これもまたアジュロット（犠牲獣）として，同じ種類の木を口に突きさして同じようにしなさい［道に埋める］．

　ンギショという名前でよばれている鳥をたくさんたくさん殺しなさい．［そして］足を［樹皮のひもで］結んで川岸の木々につるしなさい．ンガトゥルンギソ（木本の植物）をとってきて鳥の肛門からこの木を口までつっこみ，ンギンゴルベイ（鳥の名前）をたくさんたくさん殺し，同じようにしなさい．ンギボキボコリンガイ（トカゲの1種．顔が赤く身体が黒い）とンガパラダンガ（トカゲの1種）を殺し，すべての［あちこちの］道に埋めなさい．もちろんカイレイレ（地名）から続く道にも．

　この手紙の目的は，［近いうちに］敵が来るだろうから，彼らはロペド（地名）の東側を通るであろうから，彼らはナスルキエニィ川にでるだろうから［そうした危険があるからあなたたちに送るものである］．敵はカタンゴロク（道が川とであう地点の地名）についたら，アパット（地名）から出発して，ナケミリアン（地名）を突っ切ってクメット（地名）まで行ってジエランド（南に隣接する牧畜民ジエの居住・活動域）に行ってしまう［家畜を奪って逃走する］．この儀礼（犠牲獣の供犠）を十分に首尾よくおこなえば，アクジュ（神）はこの敵を殺すだろう．彼らはわれわれのウシを連れ去ることはできないだろう．もし，私があなた方に語ったようにこのことを十分首尾よくおこなうならば［ウシは連れ去られないだろう］．」

　預言者が伝える内容は，このようにきわめて詳細で，かつ具体的である．そしてこの事例では12もの地名があげられている．これらの地名を，人びとは知ってい

なければならない．ここでもまた腸占いと同様に土地と地名に関する知識が問われるのである．また，この例のように多くの行為を指示されることは少なくないのだが，人びとは預言者の言葉にほとんど無条件にしたがって，当面の示唆された行為を遂行する．ここでは，たとえば特定の体色の家畜が犠牲獣として特定されることに関してなぜその体色でなければならないかが問われることはない．当該の行為がなぜ近い未来の好ましくない出来事を回避できるのかといった因果関係はいっさい問題にされないのである．もちろんその時どきの状況によって，いつその儀礼をおこなうかには猶予がある．同じ儀礼の示唆であっても，材料が手にはいりにくい（たとえば野生のヒヒを用いるなど），ないし不足しているといった場合には，儀礼の開催までに時間がかかる場合もある．逆に，他集団からの襲撃に対する撃退儀礼の示唆であった場合，もしその時期に他集団（敵）の人びとの足跡が散見されたり，近くの家畜キャンプや集落が実際に襲撃されていたりといったように危険が現実的であり，ごく近い未来に起きる可能性が高いと判断された場合には，今日明日を争って儀礼がおこなわれることになる．

　預言者の言葉が無条件に人びとの行為を導くのは，それが夢に「みた」内容であるからだと思われる．預言者の夢は彼個人のものでしかないが，彼の夢見の能力への絶対的な信頼が人びとを特定の行為へ向かわせる．いいかえれば，預言者の夢見は信じるに値するものであり，人びとの行為を支える根拠となるのである．したがって，示唆された内容が当事者にとって重大な問題であるならば，すぐさまこれになんらかの方法で対処しなければならない．敵が襲撃にやってくることを，預言者は夢にみる．それに対して，人びとは預言者が夢に見た敵の襲撃に対処するために，適切な行為を遂行することによって，危険な，あるいは困難な状況を回避しようとする．預言者の夢は特異的であり，ほかの人にはみえない近い未来の出来事を「みる」ことができると無条件に，かつ確信をもって信じられているのである．本書第2部5章において内堀基光もまた，ボルネオに住むイバンではシャーマンがほかの人にはみえないものをみることができること，すなわち「みえ」の能力がシャーマンに限定されていることにふれている．

　一方，とくに預言の能力をもたない人びとも，みずからが夢にみたことに対して，なんらかの行為を遂行することがある．ある朝，私の住みこんでいた集落の家長の第二夫人が，まだ薄暗い搾乳中のウシ囲いの中に土壺をもって入り，ぎっしりとつめこまれたウシたちの間をぬって柵にそって囲いを何周も何周もまわり続けていた．壺は牛群を放牧にだす前に，ウシの門（*ekidor*）の傍らにおかれた．彼女は「ウシ囲いが空になっている」夢をみたのだという．この夢における壺と家畜の関係については訊きそびれた．だが，おそらくは明快な回答は得られなかったのではないかと思う．彼女もまた彼女自身の夢によってこうした儀礼的行為に直接的に，そして現実的に導かれたのである．預言者ではない人びとの夢もまた，なんらかの対処

をすべき啓示をもたらすと考えられている．誤解を恐れずにいえば，夢に「みた」以上，それは近い未来の現実なのである．

　以上のように，腸占いにおいても，預言者の夢見においても，ドドスはみずからに降りかかる近い未来の好ましくない出来事や事象に対処するための行為の遂行において，徹底的に「どこで」という現場にこだわる．それはなぜなのか．おそらく，そこでおこなわれるであろう探索や判断，行為の遂行といった活動は，「ドドスランド」という実質的，具体的な環境との関係の総体としてある生活世界に対して，今直面している個々の事態を「位置づける」作業であるためなのではないか．ドドスランドという環境世界はみずからの身をおく場であるとともに，みずからのかかわる行為の現場でもある．前節に記載したようにドドスランドの全体を人びとは身体を介して「知っている」．そうである以上，現場を特定し，その場所において当該の対象に働きかける具体的な行為は，ひろく人びとに共有されることが可能となっているのである．腸占いにおいて，腸の全体がドドスランド全体を指し示すのはなぜなのか，また次節の冒頭に記載する家畜を捜しに行った青年が延々と細かい多くの地名をあげつのるのはなぜなのか，といった疑問の解がここにある．だが，「どこで」ということにこだわる理由はそれだけではない．

4●現場の卓越と地理的表象

　ドドスは当面問題となっていることがらについて語る際に，まずはその現場を，具体的な場所として地名によって指示しようとする．先に記述した預言者からの手紙にも地名に頻繁に言及する傾向がみられたが，ここにもう1つ極端な発話例をあげておこう．

　1999年12月，行方不明になった3頭のヒツジの捜索に出かけた青年は，夕刻に集落にもどるなりその日の行動をつぎのように説明した（地名には，「*」の印を付す．また[ ]は地名で示された場所の地勢を示す.）．

　「昨日，集落にもどったのとおなじところをとおってカロボキ*まで行った．モルエディカエ*をでて，ロチェゲル*[の丘]の脇をとおり，クラウ*[の麓]からアラパトゥ*[の平坦地]の畑のあとを横切って，カロボキ*についた．エニック*[の丘]からカクタトム*[の丘]を探し，そのままロカペレペロット*[川]をわたってロコキ*[の丘]まで行った．それからカレレ*[川]へ行き，ロチララ*とロティール*[に掘られた井戸]に給水にくる群れのなかに，いなくなったヒツジが混じっていないかを確認した．そのあとカイレイレ*[の丘にある姻族の集落]をとおって，カニャマキニ*[の沢]のキャンプに立ちより，あとは昨日の往路とおなじよ

うに，メウス＊[の麓]をとおってセンター＊の裏をまわって，帰ってきた．」

　家畜が行方不明になることはめずらしいことではない．私はその後，家畜がいなくなるたびに，なんどもこうした説明を受けたのである．一事が万事この調子であり，家畜の捜索をはじめ，集落や家畜キャンプの場所，放牧地や水場，今日はどこで薪を集めてきたのかといった直接的に場所を問題とするような場合にかぎらず，ドドスの歴史，過去の大旱魃や他集団による襲撃，トゥルカナやジェなど隣接集団との関係，乾季に集中するさまざまな儀礼，集落の少女に求婚にきた青年のこと，などなど，どのような話題であれ，人びとが地名にふれないことはなかった．

　前節でみてきたように，呪物の設置や供犠の実施はもっぱら預言者の言葉や腸占いの啓示を受けておこなわれていた．ここに共通するのは近い未来の出来事が地理空間上にプロットされることにある．預言者が儀礼的行為の実施方法を伝える内容は具体的で詳細を極めたものであった．そして，いかなる場合にもその実施場所が明示されないことはなかった．腸占いの啓示においても「現場」は慎重に読みとられなければならないもっとも重要な項目であった．腸や腸間膜の表面に血痕や微細な泡やさまざまな色の異物といった実体によって顕示される「火（襲撃，戦闘）」や「敵」や「これこれの体色の供犠獣」といった事物は，その現場が特定されないかぎり啓示として完結しない．啓示に準じた対処の行動を起こせないからである．前節で記述してきた彼らの判断や探索は，それにもとづいてなにかを遂行したり，対処したりすることと一体のものと考えられていることがここに確認できよう．

　現場は儀礼の開催地としても決定的に重要である．たとえば「敵の撃退」を目的としておこなわれる儀礼において，特定の場所で家畜を供犠し，その頭部を地中に埋め，祈りを捧げることには明確な理由がある．そうすることによって，近い未来に「ここ」を通るであろう敵が，「ここ」で撤退することになるのである．予期される出来事を阻止したり，期待される出来事をひき起こしたりするための儀礼は，その出来事の起こりうるまさにその場所でおこなわなければならない．

　ドドスの腸占いにおいて重要なのは，未来の出来事や事象が腸という表象としての地理空間上にプロットされることにある．ここでは，「いつなにが起きる」ではなく，「どこでなにが起きる」ないし「どこでなにをせよ」といった内容が示されるのであるが，それは徹底的に現場にこだわる彼らの姿勢の帰結であったかもしれない．そして腸占いのあとには，あたかも預言者の言葉にしたがうかのように，ほとんど無条件に，読みとられた内容に準じて，たとえば家畜キャンプに移されていた家畜をすべて集落にもどして儀礼をおこなったり，特定の場所で特定の体色の家畜を供犠して儀礼をおこなったり，家畜キャンプを移動したり，といった行為が遂行されるのである．

　腸占いには，「腸を読む」ための解読コードなどの特定の知識だけでなく，家畜

の解剖学的な知識や土地に関する知識が必要である．「場所の同定」は腸占いのもっとも重要な項目であるが，腸の表面に現れた異物や異変をドドスランドの個々の場所に位置づけるためには，ドドスランドという土地全域の地理的知識が必要である．こうした知識の獲得機会は家畜を追って移動をくり返す日常的な活動のなかに埋めこまれているのであり，腸占いの成立にとって遊動という生活様式はいうまでもなく大前提である．だが，ドドスランドをくまなく知っているだけでは腸は読めない．

　腸占いを根底で支えているのは，「腸の表面＝ドドスランド」という確固たるメタファーである．この隠喩が成立する条件として，第2節で検討した地図表象化を可能にする空間認知のありかたを指摘しないわけにはゆかない．腸占いは，ドドスランドの景観特徴を背景に遊動生活という生活様式ならびに日常的な活動のなかで獲得された地理的な知識と空間の認知－表象化の能力（空間を二次元表象できること）を前提に，現実の地理空間と腸の表面とを隠喩がとり結ぶことによって成り立っている．あるいは現実の地理空間の腸の表面への写像として，あるいは現実の地理空間を腸の表面へ投影することによって成り立っている，といってもよい．それは，2つの二次元空間を重ねるという作業，すなわち，認知地図に二次元空間として表象化された地理空間と，家畜の解剖学的知識を背景に特定の解読コードを駆使して地図化された腸の表面を同一視するという，2つの表象を重ねあわせた二重の表象化によって成立するものと考えられる．

　ドドスの儀礼的行為における今1つの特徴は，たとえば，「呪物をそっとおく」といったやり方をしないということがあげられる．多くの社会において，呪物は呪術の対象人物が通るはずの場所にみえないように埋めこまれていたり，軒下にそっとおかれたり，人がほとんど行かない森の奥で呪術的行為がおこなわれるなど，行為の標が隠されている．ドドスの呪術の方法は，これらの「みえない」状態とは対照的に，呪術の痕跡をいっさい隠さない．もっと強くいえば，あえて「みえる」かたちで放置する．道に立ち入り禁止のロープのように樹皮のひもを渡したり（写真7），供犠された家畜の頭部をだして地面に埋めたものを放置してきたり（写真8），使われた植物や燃やされたものの焼け跡（写真9）がそのままに残されたりする．たんに儀礼や呪術的行為の後片づけをしないといえなくもないが，むしろ積極的にそうしているかのようにみえるのである．儀礼や呪術の対象者がそれを目にすることをめざすかのように，「ここで儀礼や呪術をおこなった」ということが，あからさまに明瞭に刻まれ，遺されているのである．好ましくない出来事が起こりうると予見されたまさにその場所において，対象に直接的に力（呪力）を行使することによって問題を解決しようとするドドスの呪術的ないし儀礼的行為においては「どこで」という現場の特定はこのような行為のありようからみても不可欠な項目であることが理解されよう．

　以上のことを本書第1部2章においてアフォーダンス理論を駆使した北村光二の

写真7　呪物の設置（アカシアの樹皮でつくったロープ）

110　第2部　活動空間を知る技法

写真8　頭部を出して埋められる犠牲獣

写真9　儀礼の痕跡

4章　ドドスにおける外界認識と行為の現場

写真10　儀礼用に集められた植物

議論に照らしていえば，次のようになろう．それは，一方では「探索的活動」として当面の問題への対処にかかわる「判断」を手にすることに関係しており，他方では「遂行的活動」として当該の事態に実際に「対処」するうえで，あるいはまた生存のための活動（生業活動）を遂行するうえで，その現場に身をおき，そこで対象に「直接的」に働きかけることに関係している．預言者の夢見ではものは，活動をともにするほかのメンバーにも同じものとしてみえ（てい）る．そして，彼にみえることは無条件に正しいとする信念によって人びとの行為が支えられていた．それは当該の解決すべき事態への対処において人びとが同じ判断を選択する手がかりになっているはずである．こうしたことは腸占いにも顕著にあらわれている．腸占いは，その場にいるメンバー全員，あるいは当該の問題に関係する者全員がともにかかわる行為である．みんなでいっしょに同じ腸を見て，触れて，長い議論の果てに全員が納得するかたちで啓示を読みとる．そしてその腸の啓示にしたがってみんなでその啓示に読みとられた内容に準じた行為を遂行する．これらの行為をともにするのは，家畜キャンプを同じ場所に設営しているもの全員であったり，近隣集落の人びとのすべてであったり，と大人数におよぶことも少なくない．腸占いや預言者の夢によって示された内容に対して，ちょっとした呪物の設置であれば，数人が代表しておこなうこともあるが，雨乞い儀礼であったり，伝染病や敵の襲撃に対する撃退ないし

予防儀礼であったりといったような供犠獣をほふっての大きな儀礼をおこなう場合には，老若男女，場合によっては当該の地域一帯の家族と家畜のすべてが，これをともに遂行するのである．

5 ● おわりに

　ドドスは出来事や行為について，「どこで」ということにとことんこだわる人びとであった．このことは同時に，腸占いや預言者の夢によって啓示され，遂行される行為が，たとえば供犠に供される家畜の体色や，使われる植物等とともに，行為の場に関する啓示が決定的な関心事としてあったことからも支持されるものであった．さらに，頻繁な，そして詳細な地名への言及は「どこで」を他者と共有するとともに，当該の出来事や行為を人びとに共有されたドドスランド全域という環境世界との関係の総体としてある生活世界に位置づける作業であった．それは，人びとが住み，生活し，利用し，活動を展開する場，すなわち，出来事や事象や行為の現場となりうる場所の総体としてのドドスランドなるものの確固とした認識のうえに成り立っていた．それはまた，詳細な認知地図や集落の見取り図が物語るようにドドスランドの全域といった広大な場所や集落のような閉ざされた生活の場を，二次元的な表象によって表現し，理解できることとも無関係ではあるまい．

　牧畜という生業活動の基本としてある遊動にせよ，腸占いにせよ，儀礼にせよ，複数の人間がともに行為する場面は，ドドスの日常生活においてけっして少なくはない．これらの行為の遂行において，たとえば腸占いにおける儀礼の実施場所をめぐる熾烈な議論や預言者による儀礼等の場所の特定，そして日々の生活を形づくる移動という行為は，具体的な行為の場面において，ある１つの基盤を共有しているように思われる．すなわちそれは，家族，同じ集落や近隣に住む人びと，そして家畜キャンプをともに設営する人びとといった「共に生活する人びと」の存在を前提としていたということである．ここでは生活をともにする人びとにおける諸活動について，「いつどこでどのように」といった行為内容の詳細以前に，なんらかの行為をいっしょにおこなうことに関する合意が前もって相互に確認されていたのだと考えられる．このことは，東アフリカ牧畜民の独自性を徹底的に論じた本書第1部2章において北村光二が指摘しているように，「ともになにかをする」，「ともに問題の対処に当たる」といった内容につながるものであるといってよい．それは，「どこで」という項目が不可欠であり，その時どきの出来事や事象をドドスランドという地理的表象空間に位置づけるという方法によって，環境との関係の総体としてある生活世界を日々塗りかえ，更新してゆく作業にほかならない．その際に人びとは，預言者のような特別な存在の判断を参照したり，あるいは同じ「腸」を見たりさわっ

たりしながら議論することによって共通の判断を探索する．そして，そこで得られた方法にしたがって，同じ場所でいっしょに行為するというしかたでさまざまな事態に共同で対処しようとするものなのである．

注

1）ドドス（Dodoth）はウガンダ共和国カラモジャ（Karamoja）地域に住む人口約9万人（1991年）の人びとである．言語学的には東ナイロート語群（Eastern-Nilotic）テソ-トゥルカナ系（Karimojong cluster）に属している．同言語系統の集団は，ウガンダ国内に Iteso, Jie, Karimojong（Matheniko, Bokora, Pian）が，そして，Turkana と Teso（ケニア），Toposa と Jiye（スーダン），Nyangatom（エチオピア）がそれぞれの国境地域に分布する．外部世界との接触により農耕への依存度を強めたイテソとテソを除き，これらの集団はいずれも牧畜に高い価値をおく生活を営んでいる．

2）ドドスの生業の中心は牧畜であり，ウシ，ヤギ・ヒツジ，ロバを飼養する．一方，雨季にはトウジンビエやソルガム，トウモロコシなどの天水農耕もおこなう．ただし，年間降雨量は450～630mm程度であるうえに年較差が大きいため，農作物の収穫はきわめて不安定であり，農耕に対する人びとの信頼度は低い．

3）認知空間の外的表象として手描きされた認知地図（Cognitive map）を用いた研究は，地理学における空間イメージや景観論，認知心理学や発達心理学における空間認知研究等における蓄積があり，すでに幾多の認知モデルや空間構造モデルが提出されている．けれども，空間の認知過程ないし認知機構を心理学的に解釈することをめざすこれらのモデルをドドスの認知地図に適用することには慎重になるべきであり，適用のしかたを誤れば，かえってドドスの「生きられる空間」としての土地の理解を単純化ないし矮小化しかねない．ここでは認知地図の描かれかたを読み解くことをつうじて，ドドスの認知空間の表象化（描出）過程に着目する．

4）滞在先の集落においては，作業の中心となった青年（1972年頃の生まれ）が4年程度の初等教育を受けていたほかは，青年たちの多くと年長男性および年配女性は学校教育をまったく受けていない．文字を書ける人物がかぎられているため，認知地図の実質的な描画，すなわち紙面に地名や場所を記す作業は，上記の作業の中心となった青年に集中している．

5）文字をまったく読めない青年が作業途中に現れて，（彼のいない間に）紙面上に描かれたランドマークを指さしながら，つぎつぎとそこに記載されている地名を口にしてゆく場面がしばしばあったことを付言しておきたい．

6）認知地図の描画にかかわる詳細は河合（2002a:67-73）および津村・河合（2004:6-8）を参照のこと．

7）行動や移動の経路となる「動線」を軸に描かれた地図．活動領域が「道筋（ルート）」として描かれ，発達心理学や児童画研究の分野においてはトポロジー的な認知をそのまま表現したものとして，身近な環境の知覚空間が地図的に形成される初期段階に典型的に現れる形式であるとされる（寺本1988:46-60）．ただし，広範囲が描かれたドドスの認知地図においては，描画に際して，動線を軸としつつも座標系の概念が組みあわされていないとはいえず，Hart（1979）の類型化における「総括的段階（Abstract system of reference）」に相当する知覚空間の形成を読みとることも可能であろう．

8）集落は1～数家族によって構成され，丘の頂上や中腹，麓などの傾斜地に，時には急斜面に張りつくようにつくられる．家畜キャンプには，おもに放牧活動に従事する青年が滞在するが，集落とキャンプの間には日常的に人の行き来がある．家畜キャンプは1～数家族によってつくられる小規模なものから，ドドスの全域から集まったとされる放牧群が1か所に集中するような大規模なキャンプまで，その規模や構成はさまざまである．後述するようにドドスはきわめて堅牢な集落をつくるのに対し，家畜キャンプはアカシアなどの棘のある樹木の枝を組んだ家畜囲いと，風よけを兼ねた枝柵で人間の居場所をつくる程度の簡素なものである．
9）1998年8月～2000年2月に住みこみ先の牛群は合計22回の移動をした．家畜キャンプの設営地はドドスランドのひろい範囲に分布する．詳細は河合（2002a:43-54）に示した．
10）詳細は河合（2004c:60-61）を参照のこと．
11）ドドスの集落には「要塞」とか「風よけ」といった機能的な説明もおそらく可能であろう．トーマス（1979）の民族誌の中には，今とまったく同じ集落の写真をみることができる．彼女がドドスに住んだのは1960年代初頭であるが，服装や武器が大きく変わった一方で，閉鎖的な密集居住空間はまるでかわっていない．彼女はドドスの集落を「丸太が間隙なく立てられた柵には槍は通らない，侵入不可能なバリケード」（トーマス1979:14）とし，敵の襲撃から家畜を防衛するための要塞とみている．家畜の略奪を狙った襲撃はAK47型自動小銃が用いられるようになって久しい（2002b，2004a:542-548）．槍は貫通しないかもしれないが，銃弾はこの堅牢な囲いをいとも簡単に突き破るだろう．集落の家畜囲いを狙った家畜の略奪に対する防衛のため，2000年頃から垣根のさらに外側をアカシアなどの棘のある枝で囲う2重フェンス式の囲いが増えている（河合2002a:6）．
12）土地に関する知識の男女差は，資料はないがおそらく認められる．後に記述する腸占いは家畜の腸をドドスランド全体と見立てるものであるが，ここに女性は参加しない．一方で，女性のほうが特定の地域についての知識が豊富であることも考えられる．先に示した認知地図が描かれる際にも，描画をする青年たちが，年配の女性や，遠い地域から婚入してきた女性に，岩や枝沢などの細かい地形について，その名称をたずねる場面は少なくなかった．
13）津村・河合（2004）では，これまでに描かれた数枚の認知地図からドドスランド全域を描いた2枚の認知地図をディジタル化し，GISによる解析を試みた．その結果，ドドスの青年が認知地図を描画する際に，おのおののオブジェクトがどのような視座から描かれたかを分析し，この地図が鳥瞰的な視座からだけでなく，行動や移動の経路となる「動線」を軸に描かれていることが示唆された．
14）家畜を殺すのは，儀礼の犠牲獣として，食用として，病気治療に際して，老家畜を自然死させる前に殺す，などであり「腸占い」そのものを目的として，あるいは「腸占い」の名目で家畜を殺すことはない．
15）Abbinkはエチオピア南部における調査報告において，本章でいう「腸占い」を「Reading the entrails」ないし「entrail-reading」，より詳しくは「the divinatory reading of animal intestines」というように「read（読む）」という語彙で表現している．ドドスの腸占いの概略については河合2002a:59-66を，また本章でとりあげた腸占いの事例に関する詳細は河合2004bを参照のこと．
16）この家畜キャンプを移動した翌朝未明に，移動後のからっぽのキャンプにトゥルカナの大規模な襲撃隊が向かった．前日までのキャンプ地に集結した大勢の人影がトゥルカナの大部隊であることを新しい移動後のキャンプ地から認めるなり，ドドスの男たちは追撃を開始

し，集落からの援軍も合流して激しい銃撃戦を展開した．移動直後に起きたこの襲撃未遂事件が2日前に預言者から指示されておこなった家畜の供犠とその腸占いの正しさを強く確認させ，これに絶大な信頼を与えたことはいうまでもない．

17) 詳細は河合（2006:187-193）を参照のこと．
18) 詳細は河合（2006:183-196）を参照のこと．
19) 腸占いにおける具体的なやりとりについては河合（2002a:62-65）および河合（印刷中）に詳細な会話の事例をあげている．
20) トゥルカナの預言者（ドドスと同じく *emuron* とよばれる）については，Lamphear（1992）が植民地政府等の外的圧力に対する抵抗において預言者が指導的な役割をはたした経緯を詳しく追っている．同じくトゥルカナの預言者による治療行為は作道の一連の研究に詳しい［作道 2003, 2004 など］．
21) これらの植物はほとんどが同定されていないため，ドドス語の方名のみを示す．

文　献

Abbink, J.（1993）Reading the entrails: analysis of African divination discourse, *Man*（N. S.）, 28: 705-726.
Hart, R.（1979）*Children's experience of place,* New York: Irvington Publisher.
河合香吏（2002a）「『地名』という知識：ドドスの環境認識論・序説」，佐藤俊編『遊牧民の世界』（講座生態人類学　第4巻），京都大学学術出版会，17-85．
河合香吏（2002b）「『敵』の実体化過程：ドドスにおけるレイディングと他者表象」，『アフリカレポート』，35: 3-8．
河合香吏（2004a）「ドドスにおける家畜の略奪と隣接集団間の関係」，田中二郎・佐藤俊・菅原和孝・太田至編『遊牧民（ノマッド）：アフリカの原野に生きる』，昭和堂，542-566．
河合香吏（2004b）「ドドスの腸占い：牧畜民の遊動に関わる情報＝知識資源の形成をめぐって」，文部科学省科学研究費補助金特定領域研究「資源の分配と共有に関する人類学的統合領域の構築」総括班（代表：内堀基光）編『資源の分配と共有に関する人類学的統合領域の構築：象徴系と生態系の連関を通して・中間成果論集』，97-103．
河合香吏（2004c）「原野の閉鎖空間：ウガンダの牧畜民ドドスの集落」，『エコソフィア』，14: 60-61．
河合香吏（2006）「キャンプ移動と腸占い：ドドスにおける隣接集団との関係をめぐる社会空間の生成機序」，西井凉子・田辺繁治編『社会空間の人類学：マテリアリティ・主体・モダニティ』，世界思想社，175-202．
河合香吏（印刷中）「ドドスの腸占い：牧畜民の遊動に関わる知識資源の形成をめぐって（仮）」C. ダニエルス編『知識資源の陰と陽（仮）』，弘文堂．
Lamphear, J.（1976）*The traditional history of the Jie of Uganda,* Oxford: Clarendon Press.
Lamphear, J.（1992）*The scattering time: Turkana responses to colonial rule,* Oxford: Clarendon Press.
ルロワ＝グーラン，A.（1973）『身ぶりと言葉』（荒木亨訳），新潮社．
作道信介（2003）「北西ケニア・トゥルカナにおける新しい病気カテゴリー「糞肛門」ewosinangacin の出現：社会変動と病気」，弘前大学人文学部医療化社会研究会編『医療化社会の思想と行動（II）』，15-37．

作道信介 (2004)「トゥルカナにおける他者の「怒り」：対処としての占い」，田中二郎・佐藤俊・菅原和孝・太田至編『遊動民（ノマッド）：アフリカの原野に生きる』，昭和堂，492-514.

寺本潔 (1988)『子ども世界の地図：秘密基地・子ども道・お化け屋敷の織りなす空間』，黎明書房.

トーマス，E. M. (1979)『遊牧の戦士たち』(田中二郎・向井元子訳)，思索社.

津村宏臣・河合香吏 (2004)「GIS（地理情報システム）を用いた認知地図の解析の試み：東アフリカ牧畜民の地理空間認識とその表象化の理解にむけて」，『アジア・アフリカ言語文化研究』，67: 1-41.

5章

「リニアな空間」
―イバンの行動環境における線形表象に向けての序説―

内堀 基光

● Key Word ●
イバン，動線，線形性，方位
川，尾根，熱帯雨林

1 ● はじめに

　この論文の目的は，東南アジア島嶼部の熱帯雨林縁辺部で主として陸稲焼畑耕作によって生活するイバンとよばれる人びとの空間認識の特性を，彼らの日常生活における活動のあり方，とりわけ動線との関連で探る可能性をひらくことにある[1]．ここでいう動線とは，日々の生活空間における生業活動，および近隣地域とのさまざまな理由による交渉・交通活動において，人がみずからの身体を移動させる物理的な経路のことである．

　表題とした「リニアな空間」とは形式としては矛盾をふくむ表現である．にもかかわらずこうした表現を使うのは，本性として三次元である空間が，線形つまり一次元的なものの重層的な組みあわせとして語られ，また描かれるということによる．あるいはこれをもう一歩踏みこんで，視点を逆転させ，次のように考えることもできるかもしれない．すなわち，われわれが自分たちのまわりに三次元的あるいは二次元的にひろがっていると通常考えている空間は，じつは生活における一次元的動線の集合としてあるのではないか．動線である以上，方向性があり，それゆえにベクトルというべきだろうが，こうしたベクトルの全集合としての「線形空間」をもって，われわれの生活空間の成り立ちを考えることができるのではないか，と．「リニアな空間」という表題にこれだけの意味を内包させてみたい．

　人間にかぎらず，ほんらい動作主としての動物の移動様式じたいは線形的である．

空間において二次元的，三次元的な移動とされるのは，移動の累積を外の観察者から眺めた場合である．たしかに移動する動作主が反省的に観察者になり，みずからの移動を二次元的あるいは三次元的にとらえることはできる．この把捉は事前的にも事後的にも可能だが，移動そのものは，瞬間とはいわず一定の短時間のなかでは，線形的にしかありえない．人間をふくむ動作主としての動物個体は，それじたいとしては三次元の身体的存在だから，移動様式を線形というのは，その身体を零次元的な点であるかのように扱うことを意味する．そこに前提されているのは，動作主をとり囲む空間の無限ともいえる三次元のひろがりである．

このように，本章ではじめに主張されるのは，「リニアな空間」の語られ方，描かれ方，つまり表象のしかたは，まずは人間の移動様式に由来するということであり，そのかぎりでは人類にとって普遍的なものであるということである．つぎの主張は，イバンの「行動環境」における動線の表象にみられる個性は，こうした本源的な基層における普遍性にもとづき，さらにその上層に，イバンの生活と生態の特殊性のなかで展開するということである．

2 ●移動と線形性

2-1　いくつかの前提

われわれが狙う目標は，空間のなかでの行動の様態 ── これを最広義での「生態」とよんでおこう ── と，究極的には表象形成へといたる空間認識の過程を探ることである．序説として位置づけるこの論文では最終目標を達成することまでは望まない．だが，そのために必要となる議論をできるだけ推し進める．ここでその議論の前提を，当たり前のことまでふくめて，いくつか述べておくことにしたい．

第一は，人間は行動，すなわち身体の動きによって自己の外界としての空間にかかわるが，そのかかわり方の中心にあるのは改変的なものだ，ということである．行動をつうじて外界を変えてゆく，またそれによって行動が規制されるという相互関与のもとで，行動と空間という対は意味をもつ．第二は，外界としての空間のなかに存在するとされる事物は，ふつうの意味での物理的事物にかぎられない，ということである．とうにハロウェル（Hallowell 1955）が「行動環境」（behavioral environment）の概念のもとで述べているように，人間の動く空間は，景観をなす大地の諸要素から，そこに生成し活動する人をふくむ動植物，さらには通常の感覚ではとらえきれない動作主（カミ，精霊など）によって満たされている．人の行動は，これらのすべてに，それぞれに異なった手段と経路でかかわることになる．第三に，空間の認知には，知覚のレベルのそれと，表象のレベルのそれが，一部は階梯的に

一部は並列的に併存する．このどちらも空間認知の特徴を論じるには欠かすことはできないが，これを不用意に混同した議論をしてはならない．第四に，ここで扱う知覚も表象も本来的には個人 —— 単数であれ，場合によっては複数であれ —— にかかわることであり，そこから遊離した文化の固定的属性としてみるべきではない．集合的な表象というものは可能であり，本章でとりあつかうように十分にひろい流通性をもつが，それがイバンと名乗り，また名指される人びとに共通するものであることを前提にする必要はない．

　動作主をとり囲む行動環境としての空間のなかで，個々の動作主の一定の短い時間における移動の目標のとり方を決定するのは，①動作主の移動の意図のほか，②その空間のもつ特有の景観が与える位置の手がかり —— 生態心理学の用語を借用すれば，位置認知の情報 —— ，③動作主の移動能力，および④空間特性の拘束性 —— つまり動作主とのかかわりのなかで意味を帯びる空間環境の物理的供与性（アフォーダンス）—— といった諸因子である[2]．このうち移動能力は動作主の身体の特性だが，人間に特徴的なのは，これに技術によって得られる移動能力が加わることである．移動用具（乗り物）そのものと身体とのかかわりはここでは問わないことにしよう．動作主はこれをあやつり移動するにあたって，みずからの身体能力だけではもちえない目標のとり方を獲得する．だが空間内での移動の始点と終点の間の位置変化に関しては，動作主と移動用具は一体のもの，つまり1つの点とみることができる．

　人びとの空間認識にどう迫るかということに関して，文化人類学においては，ナヴィゲーション研究を軸に研究が進んできた（野中 2004）．ナヴィゲーション研究は本質的に動線を研究対象にしている点で，この論文の意図するところと共通する．だが，それらの研究は空間認識における社会性と表象性の問題に，深く議論を進めていないきらいがある．一方私は，すでに発表した論文（内堀 2006）で，居住空間の表象性とその社会的含意について考察したが，空間認識と行動との関係については踏みこまなかった．そこでは空間を，とりあえず，人びとの身体を収容する器のような不動のものとしてとらえてみた．この論文ではそこから歩を進め，身体が動くことによってはじめて，空間が，その社会の内部で，ある特定の意味あるしかたで，ひろがりとして展開するという「動きのある表象性」を探ることにする．

　ナヴィゲーション研究の基本的な視点は，民俗的な知識のストックと個別場面でのその利用 —— 知識の引きだし方 —— におかれてきた．つまり固定的な知識のストックがあるという前提のもとに調査されてきた．これに対し，より近年の研究では，個々の動作主の個別行動場面での利用法に問題の焦点を当てるようになってはきている（野中 2004）．この場合，総体としての知識とされるものは，動作主の側にあるというよりも，個別の利用局面から観察者が帰納しうる前提の総体ということになる．本章では，民俗的な知識の存在を前提にはしない．表象とは，行動の指針

としての自覚されうる知識ではなく，行動そのものの，多くはその自覚から分離された表現形態なのである．

2-2 イバンの空間における「道」

　イバンの動線表象の根底にあるのは「道」（*jalai*）という語によってよび起こされる表象群である．この表象群は，核となる意味のほか，いくつかの拡大的な領域で意味をもっている．核というのは物理的な空間における道と人の移動運動である．また拡大的領域での意味といっても，それは，儀礼歌において歌われる場面の順序であるとか，人のおこない（暮らし方），問題解決の方法などについての比喩的言及であるから，さほど迂遠なものではない．ある点（状態）から別の点（状態）に行き着く，その全経過点を表すものが「道」である．こうした表象じたいはイバンにかぎらず，ごくふつうにみられるものだろう．だがイバンの場合に特徴的なのは，これによって表される動線がはっきりと前進的あるいは進行的にとらえられているということである．つまりこの動線は，はじまりと終わりの点が別のものとして措定される方向性をもった線形，要するにベクトルなのである．

　「道」から派生する語にブジャライ（*bejalai*）という動作をあらわす言葉がある．この語は，イバンの社会生活に特有の「旅行き」の習俗を指すものとして用いられる[3]．かつての習俗では，若い男たちが一人前のおとなとして認められるまえに，故郷を遠く離れ，他所に住みこんでの農作業をしたり，森林産品の獲得行をおこなったり，時には交易に従事し，さらには首狩までしたという．現在では都市部への季節労働などのことをいうこともある．接頭辞の *be-* は周期的，相互的な動作を表すものであり，したがってブジャライには回帰的で，しかも定点的でないニュアンスがふくまれている．後に述べるように，この回帰性と非定点性によって，一次元の動線は二次元的な平面へ拡張される．地域というひろがりをもった空間は，最終的にこれによって可能となる．

　ブジャライは，個々のイバン男子の見聞を広げる冒険的な行動にとどまらず，ある程度長い時間的射程でみると，イバンの集団的移住の先駆けの役割をはたすものであった．ブジャライによってもたらされるほかの地域に関する情報が，新たな土地に移住すべきか否かの決断に際して，決定的な意味をもっていたからである．その情報とは，1つには生態的条件 ── 農耕可能地の状態，森林資源，河川の生物資源など ── にかかわる情報であり，もう1つは社会状況 ── 他民族集団をふくめどのような人間がそこに先住しているか ── にかかわる情報である．ブジャライによる情報の意義は，移住の多くが政府の主導あるいは許可のもとにおこなわれるようになった1930年代以降，現在に至るも大きく変わることがない．というよりも，むしろ非連続的な地域への移住の比率が増した時代になって，その重要性を増して

きたというべきであろう．いうまでもなく，移住はたんなる個体的なナヴィゲーション行動をこえる大きな時空間にまたがる人間の移動である．それをうながすものは，移住元と移住先の間にある資源としての空間の価値の差についての秤量であり，その資源のなかには大地の生態資源だけでなく，社会関係の資源もまたふくまれるというわけである．ブジャライはこれらの認識を獲得するための習俗的実践である．

移住を表すイバン語はピンダー (pindah) であり，この語は名詞的にも動詞的にも用いられる．この派生形の1つであるミンダー (mindah) は，もっぱら動詞的に使われる．これら2つの語形の意味内容の違いは，移動についてのイバンの認識に意義深い照明を与えてくれる．すなわち，ピンダーが一方向的で回帰のない「移住」あるいは「場所替え」であるのに対し，ミンダーがいい表すのは，ちょっとした位置のずれを起こす行動であり，しかもそのずれは基本的に元の位置に戻ることが想定されているようなものである．移動の動作を表す語であるにもかかわらず，ミンダーの語は移住過程のいかなる局面にも言及しない．このことからも，回帰のない帰結をもたらす移動（ピンダー）が，イバンの認識のなかではきわだった意義をもつことが予想されるのである．

不回帰性の移動はそれじたい前進的なものである．こうした移動の過去200年をこえる累積の結果，ボルネオ島西北部において，イバンという民族集団がその生存のために占める空間の全体は広大なものとなった．内陸の最奥部をのぞけば，今やサラワク州（マレーシア）のいたるところにイバンの居住地がみられるといってよい．初期の移住のほとんどは，その地を流れる河川をさかのぼり，あるいは分水嶺をこえて陸地づたいに，比較的連続的な空間をたどる移住であり，その形態も彼らの居住共同体の一部を分出，独立させてゆくかたちのものであった．共同体の居住地の記憶は，世代継承の記憶とならんで，彼らの歴史語りに時間軸を与えるものであり，世代継承が「層 (serak)」の重なりとしてイメージされるのに対し，時間を空間のなかで進行的に表現するものとなる．イバンの世界感覚のなかには，時間の表象と空間の表象の間に，こうしたかたちでの平行性が成りたっているのである．この平行性がともに進行的なものであることを，ここで強調しておこう．

2-3 川と尾根

イバンの身体移動は，河川と丘陵という地形要素によって制約され，またそれを利用することによってなされる[4]．長期的な移住の経路としてもそうであり，短期的な日常活動における動線としてもそうである．川を利用することを「水沿いに」(nengah ai') あるいは「水から」(ari ai')，陸地づたいの徒歩の移動をブダラット (bedarat) とよびわける．ここで川の利用とは，ボートによる移動，川づたいの徒歩移動の両

写真1　ロングハウス：タンジュとよばれる物干場

方をさしうるが，後者はまたブダラットの一部でもある．

　川を「水」の語で代表させることからわかるように，イバンの生活において河川の占める位置はことのほか大きい．川のなかでも主流とみなされる，たいていはそのまま海にそそぐような大きなものはバタン（*batang*）という語を冠してよばれる．バタンのほんらいの語義は樹の幹のことであるから，本流と多くの支流からなる河川系は，枝を四方にのばす樹のすがたとしてイメージされている．バタンとよばれるような川を動くのはもっぱらボートによる．この移動はボート（*perau*'）を動詞化してムラウ（*merau*）とよぶ．ちなみに語彙的にもイバン語ときわめて近い関係にあるマレー語で川一般を意味するスンガイ（*sungai*）という語は，イバン語では容易に渡渉できるような小川のことだけをいう．

　イバンの居住共同体はロングハウスのかたちをとる（「ロングハウス共同体」）が，ボートによる川沿いの移動と運搬が圧倒的に有利であるため，その多くはボートでの交通が可能な大きな川の岸につくられる．だが，19世紀初頭の拡大的移住がはじまる前からイバンの本拠地であったサラワク南部（旧第二省，現在のスリアマン省およびベトン省）では，丘陵の稜線に立つロングハウスも少なからずある．こうした地方ではとうぜんブダラットによる移動が相対的に大きな意味をもつことになる[5]．

　ブダラットによる移動の主要な部分は尾根づたいのものである．尾根（ティンティン *tinting*）のイメージは連続した，つまり途切れることのない起伏である．この語を

写真2　ロングハウス：前庭からの眺め

動詞的にしたニンティン (*ninting*) という語は「〜ごとに」—— たとえば毎日，毎晩 —— といった表現にもちいられる．尾根道は別水系へと移る移動を必要とする時にたどられる道である．イバンにとっては比較的長い陸上移動の経路であり，かつてであれば空間的に連続した地への移住，若者たちのブジャライのはじまりなどにたどる道であった．尾根道は古い焼畑跡地の一部をたどることもあれば，原生林のなかをゆくこともある．原生林のなかの尾根道は灼熱の陽光がさえぎられた歩きやすい道であることが多く，イバンの好む道である．

　私がイバン社会で最初の調査をしていたころ (1970年代中葉)，スクラン川の上流にある支流ムンジュアウ川の岸にあった調査地ロングハウスの住人は，北側の別水系にあたるラヤール川の上流に開かれた華人の店まで，片道6時間ほどかけて乾燥処理をほどこしたゴム樹液を売りにしばしば出かけていた．こうしてえた金で店では日常品や，自作米がつきた場合などはコメを購入していた．がんばって歩いてちょうど日帰り可能な行程である．とっつきと途中で一度谷におりるのをのぞき，行程のほとんどが尾根歩きとなる．その半分は原生林 (かつて耕作に使った記憶のない森林) におおわれた道である．華人の店からは週に一度以上は下流の町にボートがでていたので，これに便乗して町にでる時にも，この尾根道が使われていた．

　市場あるいは店へ売り買いに行くことには，ガル (*ngalu*) という語がもちいられる．この語はまた祭りのおりにほかのロングハウスからの客人を招き入れ，彼らを

5章　「リニアな空間」── イバンの行動環境における線形表象に向けての序説　　125

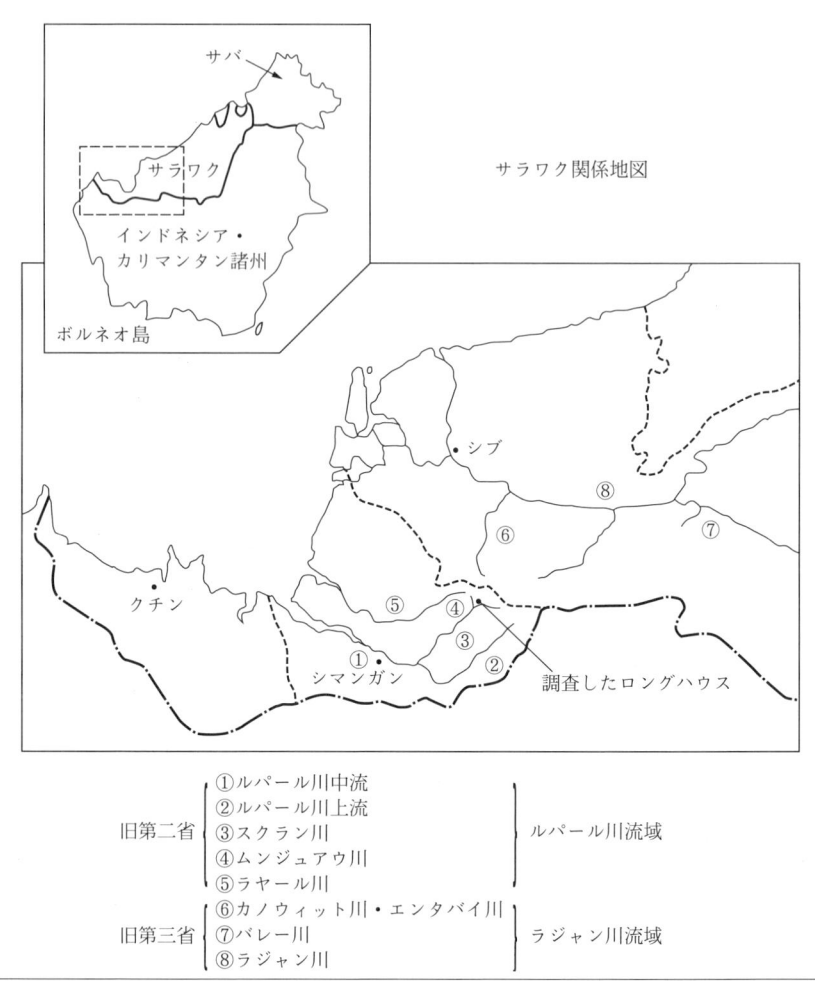

図1 サラワク南部の地図:「省」とは英語で Division, マレー語で Bahagian. 現地華人は省の字を用いる.

旧第二省
① ルパール川中流
② ルパール川上流
③ スクラン川
④ ムンジュアウ川
⑤ ラヤール川
　　　　　　　　ルパール川流域

旧第三省
⑥ カノウィット川・エンタバイ川
⑦ バレー川
⑧ ラジャン川
　　　　　　　　ラジャン川流域

導いてロングハウスの通廊をパレードすることをもいう.人であれ財であれ,外からあるものをロングハウスに導入することをいうようである.尾根づたいのガルでは背負いきれないほどの荷物を運ぶ必要がある時,調査地ロングハウスの人びとはボートで下流の町まで下っていた.船外機つきボートでのスクラン川上下行はたいへんガソリン代がかかったもので,彼らはできるだけこれを避けていたようにみえる.移動としてのムラウをわけて,川を下ることをウンドル(*undor*),遡行することをムディック(*mudik*)という.イバンは川岸の左右を,川の流れではなく,人間の遡行移動にもとづいて言及するから,日本語とは左右が逆になる.たんに人間

中心的な見方というのではない．イバンにとって川はまずさかのぼるものとしてイメージされているといえるが，それは彼らの長期的な移住が多くの場合この方向でおこなわれてきたことと関係していよう．とくにサラワク南部のルパール，スクラン，ラヤールなどの河川では，往古，川上こそがほかの農耕民に先取されていない「無主の」大地だったのである[6]．

イバンにかぎらず，これまでボルネオ島をはじめとする熱帯雨林の島々の交通を語る時，河川の重要性は繰り返し指摘されてきた．一方陸路の役割は十分に認められていたとはいえない．高原地方などの一部をのぞけば陸路が比較的短い距離の移動にかかわるものであったこと，徒歩による以外の移動形態がなく大量運搬が不可能であること，そしてなによりも，森林のなかの道はみえにくいことがその理由であっただろう．だが，長距離にわたる人とものの移動に関しては，河川の役割が卓越していることは否定できないものの，河川をまたがる比較的短い交通回路としての陸路を軽視すると，人の移動によって結ばれるボルネオの大地の連続性がみえてこないことになる．またそれ以上に問題なのは，表象のレベルにおける「道」と大地との結びつきがかすんでしまうことである．

皮肉なことに，陸路による大地の連続性は，この30年ほどの間に爆発的に進んだ商業的な森林伐採と林道の延伸によって，これまでにない新たなかたちで姿を現すことになった．サラワクの一部では河川交通にほぼ完全にとって代わっているが，林道のあるものは旧来の陸路を上書きするように，分水の稜線・尾根道をたどっている．蛇行する河川に比べて明白な新旧の陸路の直線性を体験することは，この大地における距離の感覚に大きな変更をもたらすことになる．

私のかつての調査地ロングハウス周辺では，1980年代の終わりに，2つの大河川流域をしきる大きな稜線をとおる幹線林道が貫通していたが，2000年にはそこからわかれる枝道からさらに孫道がひかれ，とうとう四輪駆動車ならばロングハウスの前庭にそのまま着けるようになった．これによって，それまで住民がつかっていた古い尾根道のうち，あるものは使用が廃れたが，あるものはボートの運搬性と陸路の直線性を兼備するものとして頻繁な往来をよび起こすことになった．河川とかつての徒歩による道がここで合体したともいえるのである[7]．

3 ●ロングハウスの指向性

ここでイバンの線形表象を考える時避けてとおることのできないロングハウスという居住空間について，その指向性あるいは有方向性ということに焦点をあてて再考したい[8]．

イバンだけでなくボルネオ島の非ムスリム在地民系住民は，ほぼ例外なくロング

ハウスに住む．そこにはおそらく地形上の制約，建築上の利便，防衛の利点などの要因が関与しているのだろうが，家屋の造りの細部，家屋を構成する世帯の居住空間内配置，付設の建築物などは民族集団ごとに異なっている．さらにイバンの場合には，なによりもこの空間についての表象のしかたと象徴的な意味解釈に特有のものがある．

イバンのロングハウスでは，世帯居室のならぶ線に沿って端から端までを「長さ」とよぶ．これに対して居室と通廊をあわせた奥行きが「大きさ」（あるいは「太さ」）である．かつてのロングハウスの居室はすべてワンルーム型のもので，通廊から入ってすぐわきに炉がもうけられていたが，現在では居室のなかに応接間のほかいくつかの寝室（個人部屋）が仕切られていたり，料理兼食事部屋が半独立的に奥に設けられていたりする．このほか家屋の建築素材，設備などについても，ロングハウスの現代化にはめざましいものがある．だが，ロングハウスであるかぎり「長さ」と「大きさ」によって規定される平面構図のあり方に本質的な変化はない．

ロングハウスはその外の空間に対しては，相対的に動かないもの，そのなかで人が身をおくところとして静止した空間であり，イバンもさまざまな比喩でそのことを表している．だがその内部ではもちろん人は動く．ロングハウスのなかでの人びとの日常の動線は，あたかも「長さ」と「大きさ」の軸を座標とするように分解できる．というよりも，住民であれ訪問者であれ，この空間を斜めに切って動くことはほとんどないといってよい．ロングハウスの空間構造じたいがこうした動線を必然的なものとしていることはたしかであり，その意味ではロングハウスは居住空間として静的な器であると同時に，動線を規定することを前提として成りたつ身体移動の回路である．

なによりもはっきりした動線回路はロングハウスを貫く通廊のもっとも居室寄りの部分 —— トゥンプアン（*tempuan*）とよばれる —— である．ロングハウスを村落に見立てれば，その大通りの役割をもつといってよい．ロングハウスの出入り口はトゥンプアンの両端に設けてあるのが古来のかたちであり，訪問者はここからあがって目的とする世帯居室まで歩いて行くのがよい作法とされている．また祭りをはじめとする儀礼の機会にはこれら2つの出入り口が外部との通路となる[9]．ふだんの生活上での移動では，このどちらの出入り口を使ってもかまわないが，儀礼のさいにはその行為の性格に応じてどちらの出入り口を使うかが決まっている．一方の出入り口はロングハウスの「根元」側，別の出入り口は「先端」側とされ，大きく「根元」の出入り口が吉ないし善に関係するもの（人），「先端」の出入り口が凶ないし悪に関係するものというように，象徴的な価値をふして区別される．そこにあるのは，日常生活においてはみえてこないロングハウス空間の指向性の存在である．

この指向性は移動に関係するところではじめて可視的になるとはいえ，じつをいえば，直接人の動きに関与しないロングハウスの建築構造全体にかかわっている．

ロングハウスの建築素材となる材木の1本1本が,「長さ」の軸に沿って「根元」と「先端」の方向にそろえられていなければならないという配置規則がそれである.それにもとづいて,ロングハウスは「材木の根元」から「材木の先端」へという方向性をもつことになる.補修の時などにこれに違反するようなことが起きると,狩猟に悪影響がでるという.ロングハウスの新築にさいして,どちら側を「根元」とし,逆側を「先端」とするかについては,人びとの意見は実際には一致しない.太陽方位と関連づけて語る人もいるが,それとは無関係という人もいる.また川の流れの上下流と結びつける人もいる.こうした意見の相違にもかかわらず,ロングハウスの建築材が斉一的方向性をもつというイメージは,イバンの間できわめて強固であり,やや意外なことに,市場で買う材木やセメントなどの素材が中心になった最近のロングハウスでも,「根元」と「先端」の区別はかわらず維持されている.

こうした指向性の存在からも,ロングハウスが線形的に表象されていることがみちびかれる.だがそれだけでなく,いっそう端的に「道」としてのロングハウスが語られることがある.イバンがマナン(manang)とよぶシャーマンのみる霊的な世界の風景がそれであり,そこではロングハウスのなかの諸部分が,その世界における道の経過点として,二重写しのようにみえるといわれる.世帯室のなかにある炉端が道の起点であり,炉に燃える火は霊的世界では熾き火の山である.かつて水汲みに使われたヒョウタンのおかれた水場は湖である.それを横にみながら通廊へでる戸は岩戸であるという.ここから通廊にでると,ロングハウスの「長さ」に沿って尾根道が続く.長い尾根道=通廊をたどって,その端にある出入り口の梯子に至る.この梯子は1本の丸木橋であり,これを渡りきると死者の領域になる.ロングハウスの内と外は,こうして生者と死者の空間として対置される.ふつうシャーマンの目もこれをこえて先には届かない.

ロングハウスが象徴空間としては「道」であり,あるいは「樹木」と関連づけられる方向性をもった線形の空間であるということは,この建築物がシンメトリーを欠く空間であり,またそこには中心といえるような点がないことを示唆しているといえよう.イバンのロングハウスは,その1軒が集合住宅であると同時に,1つの自律的な集落でもある.集落という観点からみれば,それは,きわめて特異なかたちではあるが,列状集落の1種だということができよう.この点で,シンメトリーと中心の存在によって特徴づけられる集落,とりわけ円環(環状)集落を形成する人びととは,社会組織のあり方と空間の表象のしかたをめぐって有意義な違いがあると考えられる.これについては,たとえば南米のインディオ諸集団や,レンディーレやサンブルといった東アフリカ牧畜民との比較が参考になろう.

円環集落とそれを囲む全体空間との同心円的構造については,レヴィ=ストロースの古典的研究によってよく知られている(レヴィ=ストロース 1972).集落の中心,それが位置する広場,そのまわりの環状に配列された家屋群,手入れをされた土地,

空き地，森林という同心円であり，レヴィ＝ストロースは南米やインドネシア東部の社会を例にとり，この同心円空間を，双分的な社会組織に関連づけている．イバンにおいても，じつは，これに類する同心円空間を想定することはできるのだが，この場合には集落としてのロングハウス全体が同心円の中心ということになり，その内部での同心円は形成されない[10]．構造論的な議論をとくに推し進める気はないが，全体空間と集落空間の間に段階的で連続的な同一構造を求めることができるのは，社会的には親族集団の分節構造，とりわけ半族範疇の存在などが有効な要因になっているのかもしれない．イバンはいずれにしてもこうした社会集団（範疇）を欠いている．東アフリカ牧畜民の場合には，円環集落は開かれた空間のなかに基本的に防衛のためにつくられたものである．おそらくそこでは同心円という具体的な表象よりも，広大な空間における一点としての集落の存在を考えるべきであろう．それが空間の中心となるにしても，きわめて抽象的な中心でしかありえないのではないかと思われる[11]．

4 ● 線形空間における方位

　ロングハウスの「長さ」の軸を太陽方位と結びつけて語る人がいること，またそれについて意見の相違があることは，上に述べたとおりである．ロングハウスの大多数は川岸に建てられているため，実際には太陽方位とはあまり関係がないようにみえるのだが，それでもそうした結びつきに言及があることじたいはおもしろいことである．どの程度人びとが共有している知識かどうかは別にして，「ほんらいの」ロングハウスの配置は「長さ」を東西に沿うようにしてはいけないのだという意見を語ってくれた人すらいる．その理由は，東西軸に沿って建てられた場合，ロングハウスの両端の出入り口から太陽光が射しこみ，その過剰な光と熱によって「樹木」であるところのロングハウスが「枯れる」危険があるからだ，という．太陽方位がイバンにとって象徴的な意味を帯びていることはそこから推しはかられるが，ここでは現実の動線との関係で方位がどのような役割を果たしているかについて考えることにする．

　太陽方位は「日の生えてくる方」と「日の消える方」を意味する東西方向の言葉だけでいいあらわす．これに直交する南北を指示する語はない．実際問題として，南北の指示語がないことに生活上の不都合はない．必要とあれば，イバンはしばしば東西を基軸として，それからの偏りの方向に腕をのばして指し示すことにより，四方の方角を表現する．だが，そうした必要は日常ではごくわずかである．南北の指示語はイバンの行動環境にあっては不必要なものであり，もしあったとすれば，むしろ余剰な語，あるいはより正確にいえば余剰な概念といわざるをえない．日の出

入りを結ぶ軌道は，赤道のほぼ直下にあたるイバンの居住地からは，1年中あまり動くことはない．その意味でこの軌道は天頂を経由する不動ともいえる線である．こうしたいわば線形の絶対方位に加えて南北の方位を概念化あるいは表象化する必要があるとすれば，それは海洋での航行など，むしろ特殊な移動経験の領域から発するものであろう．熱帯の丘陵に住むイバンの方位の感覚が，南北と季節性が結びつく中高緯度地帯に住む人びととの日常生活における方位感覚と大きく異なるのはむしろ当然である．

　太陽方位という絶対的な基準軸にみえる方位の感覚も，その形成は人間の身体移動の経験のあり方と無関係ではない．イバンにおける南北軸の欠如にみられるように，結局のところ，方位は経験のなかで表象がどのように形成されるかという問題である．それは，別の観点に立って考えれば，いかなる経験が方位の表象化に寄与する要因となるかということである．太陽方位に南北軸を導入することは，自己を中心とした面としてのひろがりのある空間を想定することだといえる．イバンの方位表象においては，こうした面のひろがりを内包することなく，徹底した線形性の卓越として現れているが，それをうながす経験のあり方は人の線的移動の重視であり，また方向性をもった線，つまりベクトルとして空間をみることに内在する中心性の欠如と関連づけられるものなのである．

　東南アジア民族学において，民俗方位観は手あかにまみれたとすらいえる研究テーマである[12]．そこで多く話題になってきたのは，太陽方位と地勢的方位の補完関係であった．地勢的方位とは「山の方」対「海の方」，または川の「上流」対「下流」といった対からなる軸によって形成される方位である．この方位は，当然，言及される場所に応じて太陽方位との関係は変化するが，両者が有意な補完関係に立つためには，直交とはいわずとも，ある程度交叉することが前提になる．実際のところ，こうした想定が当てはまるのは特殊なケースであり，これをもって地勢的方位の一般性を論じるには無理があろう．またそれ以上に，こうした見方は面とその中心を構成する方位という常識的前提にとらわれすぎているように思われるのである．

　すでに述べたように，イバンにとって川の上流と下流という対は，現実的にも象徴的にも重要な区別である．しかしその区別は，地勢的に一定範囲での固定性をもち，それゆえに鳥瞰的にもとらえうるような方位の軸としては機能しない．サラワクの河川がほぼ一様に東から西に流れているという事実ともいくぶんかは関連しているかもしれない．だがより原理的な関連性は，川は移動の経路として経験されるもの，その意味では川の流れのなかに身をおく者の眼でみられるものであり，その外側から客観視することが当たり前のものではない，ということに求められよう．川の底に「棹さし」(*nyuar*)，あるいは流れに飛びこんでボートを「引く」(*batak*)．これが川上り，つまりムディックの基本動作である．川の右岸左岸が，こうした人力

をつくして流れを逆のぼる身体移動の立場から言及されたのも，同じ視点からである．

5 ● リニアな空間はいかに形成されるか

　私の知るかぎり，イバンは自発的に地図様のものを描くことはしない．今まで述べてきたことからも，このことじたいは当然予想されることであろう．だが，これをあえて描かせた場合，どのような地図をつくることになるか．われわれのまえには，河合の示唆に応じてドドスの描いた綿密な地図と，その描き方に内在する彼らの地理認識に関してGISの技法を駆使した津村の分析がある（津村・河合2003，本書第4章参照）．これに刺激を受けて，私も2003年になって以前からの調査地のイバンに地図を書いてもらうことにした．描く人の横でその作業を見守っていて知りえたその描き方の特徴は，次のようにまとめられる．
　①まず川筋を1本描く．この川はバタンの語を冠してよばれる主流スクラン川の支流であるムンジュアウ川（以下本節ではM川と略す）に当たるが，スクラン川とM川の合流点からはじめ，M川の蛇行をたどりながら，時に早瀬などの特徴を表しつつ，その最上流部までいっきに描く．②M川の途中，イバンのよび方で「右岸」に現在居住しているロングハウスをちいさな長方形で描きこむ．③M川にいくつもある支流を左右に入れていく．これはほとんど概念化されていて，湾曲などは精確には写さない．④徒歩でたどれる道を描きこむ．川沿いの道と尾根道である．⑤目立つ樹木や石など自然のランドマークを入れる．⑥古いロングハウスの位置など人造のものを入れる．⑦支流などの位置関係を微調整する．⑧最後に，私の求めに応じて，コショウ畑，ゴム畑などを一部，記入する．
　地図ははじめロングハウスの長（当時62歳）に全紙大の白紙上に描いてもらったのだが，それを見ていた若者（当時30歳）が自分にも描けるといって，別個にもう1枚できた．細部をのぞくと，どちらも基本的な描き方は同じであった．これらの地図からあまり多くのことを引きだすことは適切ではないが，とりあえず2つの目立った特徴を認めることができる．1つは川筋の描き方にかかわることであり，もう1つは焼畑農地あるいはその跡地のような陸面を，私が要求するまでは，それと特定するかたちで描いていないということである．
　白紙の中央を横切るようにM川をまず書き入れるということは，このロングハウス共同体のテリトリーがM川の両岸にひろがっていることから納得しやすい．M川がスクラン川に合流する点は隣接するロングハウス共同体との境界となっていて，逆にM川最上流部周辺は別の隣接ロングハウス共同体のテリトリーである．2つの地図はともに，M川の下流から描いているが，上流になればなるほど縮尺度

図2 イバンの描いた地図：中央の太い川（M川）の描き方に注意

を増して —— つまり地図上では小さく —— 描いている．たんに描画の稚拙さというだけでなく，描画者の関心度の濃淡が作用していると思われる[13]．

　自発的に陸面を地図に書きこまなかったことに関しては，尾根（道のないところはとくに描かれない）と川（M川の諸支流）にはさまれたすべての平面が潜在的に焼畑可能地であるということがその直接的な理由であろう．彼らがもった地図というもののイメージのなかに，焼畑地という年ごとに位置を変えるものはふくまれなかったのだといってもよい．このロングハウス共同体のテリトリー内には原生林というものはほとんどなく，ほぼすべてが二次林と焼畑跡地 —— この両者は耕作後に経った時間が違うだけである —— なので，この点でも陸面を人間の利用や植生で区別する必要度が乏しいことはたしかである．

　地図は平面であるから，特殊な技巧なしには三次元空間での高低差を表せない．描かれた地図でも，そこに道がないかぎり尾根（稜線）は書きこまれていない．稜線の起伏はむろんのこと，ちょっとした独立の丘も記入されていない．ドドスの地図が目印として多くの山を描きこんでいるのとはじつに対照的である．眺望の開かれた東アフリカのサバンナにおける山が牧畜民にとって移動と位置の目印になっているのと異なり，熱帯雨林縁辺の丘陵地帯のただなかでは，これらはとくに意味あ

5章　「リニアな空間」 —— イバンの行動環境における線形表象に向けての序説　　133

る目印とはならないということであろう．描いてもらった地図がドドスの地図よりはるかに限定された狭い地域を対象とするものだとはいえ，イバンの地形認識は，主たる川筋とその支流の展開によるひろがりの形成でほぼつくされるのである．尾根は川と川にはさまれたもの，あるいは川と川を仕切るものとして，このひろがりのなかでは副次的に形成された地形区分となる．

　地図に関してやや深読みしすぎたかもしれない．だがイバンが自発的には描かない地図というものが，はじめから二次元の紙を与えられて，そのうえに空間を模写するものである以上，こうした彼らの地図描きの特徴のなかに，彼らの世界における一次元的な動線から面としてひろがる二次元空間への展開，あるいは二次元空間の生成を考える鍵を見出すことができるのではないかと思う．本章第1節で予示したように，「リニアな空間」とういう矛盾した表現は，この展開ないし生成があればこそ意味をもつのである．では，地図上の模写ではなく，現実の生活のなかで，この展開・生成はどのようにして可能になるのか．これが残された問題である．

　ほんらいのイバン語には面積の単位がない．陸稲を植えた焼畑の「大きさ」（とイバンはいう）について語る時，ふつうに言及されるのは斜面につくられる畑の最下部の辺の長さである．だがこれとてそう頻繁に語られることではない．イバンが比較的長いものをはかる長さの基本単位は，のばした片腕と肩幅をあわせた長さだが，こうした単位をもちいるよりも，焼畑の最下部が接することになる特定の谷川の部分地形，すなわちM川支流のK川の瀬1つであるとか，湾曲1つといったいい方をすることが多い．テリトリー内の個々の川の形状について知悉している住民間の情報としては，これで十分である．しかも，これは斜面の一角を焼畑として開く時に口にのぼる話題であって，すでに開墾され陸稲が生育中の焼畑に関しては，その面積を話題にすることはまずないといってよい．英語のエーカーという面積単位はイバンも知っている．だが土地の私有化と登記がなされつつある町の近郊に住むイバンでなく，「土着民慣習地」において焼畑をおこなうイバンにとって，この面積単位は日常の生活では現実的な意味をもっていない．換金作物であるコショウの畑，あるいはゴム林について語る時，話題とするのはその面積ではなく，植えられたコショウの支柱またはゴム樹の本数である．

　こうした面積，あるいはより一般的に面そのものに関する無頓着さというべき性向は，イバンがもともと定着型の農耕民ではなく，つねに移動の可能性を宿した焼畑民としての生活上のエートス，つまりハビトゥスをもち続けていることの証しであると思う．スクラン川上流という地域は，おそらく過去300年ないしそれ以上にわたってイバンが居住してきた「長期定住地域」であるが，この地から分水嶺をこえてほかの河川流域への移動は過去とだえることがなかったし，またはるかサラワク北部の新天地へ移住する住民は今なお多い．「長期定住地域」の人口はこうした移住のメカニズムによってつねに一定限度以下に維持されてきたのであり，それに

よってこそ二次林を焼畑として利用するサイクルも比較的長めに保つこと，ひいては焼畑という粗放な農法による生存が可能になっている．人口に比して焼畑に利用可能な土地（二次林）はまだまだ十分に多いのである．

　面を面として言及することが現実の生活に欠けているとしても，二次元空間じたいはむろん現実であり，人びとはそのなかで行動する．三次元の空間にしても，しかりである．だが，繰り返しをおそれずにいえば，この二次元（三次元）の空間における行動のかたちは線形であり，この空間はそうした線形の動線の集合としてはじめて成りたつものである．二次元空間への展開の問題とは，この集合を成立させる契機はなにかという問題にほかならない．

　結論的にいえば，その契機として考えられるのは，並列と湾曲の2つである．並列とはいくつもの動線が時には平行し，時には交叉しつつ，諸個人の一定の行動時間の幅のなかで共存することである．ここで行動時間の幅というのは，ある行動環境のなかで個人の経験の蓄積を可能とする時間のことであり，その幅のなかで個人は反復的にこれらの動線をつくっていく．湾曲とは，文字どおりこうしてつくられる動線の1つ1つが曲がっていることをいう．人びとの移動は線形ではあるが，直線的であることはまずないからである．このように並列と湾曲の二契機をあげつらうのは，これらが究極的には空間の物理的な特性に由来するものである以上，当たり前にすぎるかもしれない．しかし，ここでいいたいことは，この所与の物理的特性が直に人間の空間認識に働きかけているわけではないということである．並列と湾曲は人間の行動がつくる動線であって，この行動をとおしてはじめて具体的空間のひろがりが感覚的にとらえられるというべきなのである．

　このことをすこしいいかえてみる．並列と湾曲という契機を宿す動線は，川と尾根をたどるという日常の具体的行動である．物理的には川や尾根じたいが平行し，交叉し，曲がっているので，これによってイバンの生活世界の二次元（三次元）的な地形空間がなりたっているようにみえる．だが，イバンの空間認識のなかにこうした地形空間があらかじめ地図のようにあるという見方，つまり物理的空間がはじめにあり，それがメンタルな地図に投影されているという意味での表象化が空間認識であるという見方をここでとるわけにはいかない．そうではなく，そうした動線をつくっていく個々人は，大地と身体の接触をとおして刻一刻と進む身体位置の変化を感覚するが，その感覚の累積が空間認識につながるのである．

6 ●表象までの道

　空間感覚から空間表象までの道のりは遠い．こういうと，いかに遠いものであれ，感覚から表象へと直線的な形成過程が想定されるようにひびくかもしれない．だが，

実のところ，われわれが認識し経験する空間は，感覚 —— というよりもここでは厳密には知覚というべきだろう —— と表象の間にはたらく何重もの相互作用の過程全体である．イバンが川や尾根道をたどり，移動という身体運動をとおして具体的な空間を感じとるとしても，それは個人の知覚のみによって一から構成されるようなものではない．逆に，文化的に構成された表象が個人にとって所与であって，これが個人の空間感覚までも全面的に規定するというのも，おそらくはゆきすぎた議論である．この議論は表象の形成についてかかわることはできない．あるいは，それができないのはさておくとしても，この議論では表象が維持されていく過程にさえ十分な関心を向けることができないからである．
　本章ではこれまで，空間の認識と経験における知覚と表象のフィードバックのあり方を，民族誌の対象とする人びとの生活の現場で記述するこころみとして，イバンの線形表象を鍵にみてきた．最後になるがこの節では，とくに身体の移動がこうした表象をどう支えているかについて，上のことを念頭に起きつつ，いくつかの局面にそくして検討をおぎなうことにしたい．
　前節の最後で述べた身体位置の変化の感覚とは，動線におけるいわば微分的な感覚である．こうしたものの積み重ねが最終的には線形的になるという予想が，線形の空間という表象であるといってよい．具体的には川のなかでボートを引く時，あるいは尾根道で歩を進める時，その一引きや一歩によって身体が進んでいく，その地点と到達の予想点をむすぶものがこの表象である．いいかえれば，イバンにおける線形の表象は，微分的な移動感覚と，その感覚にもとづく予想が実現されることによって，日常的に体験されるものとして維持されているのである．これをさらに一般化していえば，表象の維持はこうした身体運動によってはたされるのであって，静的なイメージとして固定しているのではないということになる．ちなみにイバン語には単純に身体動作としての「歩く」ことを一言で表現する語がなく，さまざまな運動にかかわる語は，出発と到達，進行と方向の変化という動線上の移動を明示するか，そうでなければ「走る」，「大股に歩く」など特殊な動作に言及するものである．些細ではあるが，こうした言葉づかいの特徴もイバンの線形表象のあり方を支えるものの1つである．
　もっとも，イバンの生活における空間にかかわるすべての表象が線形だというわけではない．あらためて強調しておかなければならないことは，線形の表象が卓越していて，これらが束となってイバンの全体空間の基調を形づくっているとはいえ，空間には線形とはいえないさまざまな形象が満ちてもいるということである．それらの形象のうちには個別の物ではなく，空間的な表象として存在するものもある．であれば，こうした非線形の空間表象は，線形のものとどのような位置関係にあると考えるべきなのだろうか．
　非線形の空間表象のよって来るところは，対象として眼にみえる部分空間である．

詩のなかではその「青さ」で代表され，民話において「天空の縁」で限界を画される空などは，眼にはみえる空間であるが，とうてい人の行動する空間ではない．一方人が行動する非線形の空間を表象するものとして，そのもっとも豊かな内容をもつものは森林であろう．実際焼畑農耕と同時に狩猟もさかんにおこなうイバンは，そのために原生林の奥深く入っていくのをいとうことはない．二次林であれ原生林であれ，森林は明らかに日常の生活行動圏の一部である．だが，森のなかでの人の行動のあり方は，純粋に移動のためにおこなう行動とは明らかに異なる．ひと言でいえばそれは探索の行動であり，連続的な前進というよりも，停止とジグザグの動きから成りたっている．そこではまずはみること，イノシシをはじめとする獣の「足跡」や糞をみつけることがなによりも重要な活動となる．

　探索活動における視覚の優越は疑いえない．ほかの感覚インプット，たとえば聞くことも重要ではあるが，最終的には眼による確認が必要である．しかし，ここで注意しなければいけないのは，熱帯雨林のただ中にあっては視界じたいがかぎられたものであるということである．視覚による空間認知は比較的近くにある空間にとどめられる．すでに述べたことだが，このことは森林の外側でも大差なく，遠景のランドマーク，たとえば山々などは移動のための目印にはなりにくい．比較的深い谷川に面することの多いサラワク南部の山間部ロングハウスなどでは，とくにそうである．いいかえれば，大地のうえの事物がたんにその可視性ゆえに空間表象の形成に寄与するということにはならないのである．皮肉なことかもしれないが，イバンの空間におけるこうした可視性の限界のために，「みえること」じたいは存在の確証としてかえって重要なものとなる．イバンのシャーマン（マナン）が通常の人にはみえない霊的世界を「みえる」と表現するのもその1つであり，また精霊・妖怪のような存在が動作主としてイバンの行動環境のなかに確固とした地位を占めうるのも，それらの姿が時には現実に「みえる」（と証言される）からである[14]．

　メルロ＝ポンティ（1966）は，みえる世界の地図と身体的に行動する世界の地図が等式で結ばれるような世界認識に関して，それは「異様な」重なりあいであると形容している．そのことによって彼は，世界の認識における静的な視覚の優越に対置して，身体行動とともにある視覚の重要性を回復しようとしているわけだが，これはイバンの空間認識のあり方が，身体移動の動線と空間における線形表象の卓越，そこに身をおく人の眼として具体的に示しているものでもある．

7 ● 小　結

　本章をむすぶにあたって，ここで到達した点というよりも，めざす方角にあって到達しえなかった点に触れておきたい．

本章であつかったのは表象である．それも主として言語表現にあらわれた表象である．最終的な狙いとした個人の行動の綿密な観察にもとづく記述にまで踏みこむことはできなかった．オジブウェ・インディアンの「存在論」(ontology) を論じるなかで，ハロウェルは，彼が人びとの「行動環境」とよんだ世界のうちにある事物のあり方を呈示した．本章第1節で紹介したように，時間や空間のあり方，人間，動物，精霊などの動作主がそこにはふくまれている．「行動環境」という概念は魅力的であり，それを援用しつつ，さらに洗練化するにあたいするものだと思う．今のところ，ハロウェルが呈示するかたちでの「行動環境」は，じつは，基本的に本章であつかったレベルでの諸表象からなる環境世界である．表象からなる世界をこえて，行動感覚と表象のフィードバックの具体相に切りこんでゆくためには，また別のアプローチを必要としよう．

　とはいえ本論では，表象が文化的な所与でしかないかのような議論はできるかぎり避けたつもりである．空間認識の問題に関して，民族誌を基盤とした人類学がほんらい探求すべきことは，環境，知覚をふくむ身体性，および表象という3つの頂点からなる正三角形を考え，その各辺に成りたつ双方向の矢印（相互作用）の意味するところを臨地的に検証することである．環境と身体性の間の作用に関しては，生態心理学の所論を応用することもできるだろう．おそらく人類といえども，環境が供与（アフォード）してくれる情報を，かなりの場合その場その場で適切に選び，それにしたがって適切に行動をするのであって，できあいのメンタルな地図や世界観，あるいは世界表象にもとづいて，あたかもそこに主観的意志があるかのようにして行動するのではない．

　こうした環境に内在する供与性を探ることは次の課題とすべきだろうが，その文脈のなかに表象，とりわけ空間に関する表象を精確に位置づけるには，より鍛錬された強健な思考を要することになろう．空間認知のあり方に表象の存在が相応の役割を果たしていることは，進化のなかで獲得した人類のきわめつきの特性ではある．表象をそなえもつことが人類にかぎられるとか，人類そのものの特性であるとかいいたいわけではない．ただ人類にあっては，表象が個体の行動的反応を直接的には，つまり一対一のかたちでは規定しないものとして，その意味では余剰性の高いものとしてあるということなのである．哲学の立場から進化と認知の問題をあつかったステルニ（Sterelny, 2003）の言葉を借用すれば，こうした表象は「分離された表象」(decoupled representations) としてある．そうした行動との非対応，強くいえば切断にもかかわらず，というよりもその切断のゆえにこそ，われわれの世界は表象の空間であり続ける．私としてはこの事実に固執したいと思う．

注

1) イバンはボルネオ島西部，マレーシアに属するサラワク州と，インドネシアに属する西カリマンタン州を中心に住む民族集団である．2000年の人口はサラワク州だけで約60万人にのぼり，この州最大の民族となっている．彼らの生活環境の変化は，都市人口の増加などをふくめ近年いちじるしいが，本章で対象とするのは，とくにことわらないかぎり1970年代中葉におけるサラワク州南部のスクラン川上流部の生活である．これについては内堀（1996）および内堀・山下（2006）参照のこと．
2) 生態心理学の用語はリード（2000）によるが，本章がアフォーダンスの理論によっているわけではない．
3) この語がもっぱら「旅行き」習俗を指すものとしてもちいられるというわけではない．ごく日常的には，みずからの拠点となる場所から別の場所へ「出かけて行く（こと）」程度の意味で使われることが多い．人類学者，イバン出身の民俗学者がこれを習俗に言及する語として採用したことから，現在では多くのイバンの間で通用する一種の民俗的術語のようになっていることは確かであるが，かつてはこの習俗に対しては，「さすらい」にあたるミダン（*midang*），ブルラン（*belelang*）といった表現も使われていた．
4) これに関しては，マレー半島の狩猟採集民のもとでの空間認識を記述する口蔵（2004）の論考との類似を指摘しておきたい．
5) 本章での材料の多くはこうした旧第二省のイバンからとられているので，いちおうこのことに留意しておくが，議論の大筋に関してはこれはさほど関与しない．
6) これらの河川の上流部には狩猟採集民，とくに後にブキタンと称されるようになる人びとが暮らしていた．ブキタンの多くは徐々にイバンに吸収されていったようである．この「歴史」とブキタンの現状に関しては内堀（1994）参照．
7) 車がとおれる尾根道の開通によって，いくつかのロングハウスが谷川沿いから，イバンじしんの表現で「山の上」の車道沿いに移転するようにもなってきている．このことからも河川の交通機能と陸路のそれの合体がみられるといえる．
8) ロングハウスの空間配置についてはなんどか紹介している（とくに内堀1999, 2006）．その指向性（有方向性）についてもすでに書いている．
9) ロングハウスのよこに張りだした物乾し場への出入り口は，畑仕事への出入りなど日常の動きのなかで使われるが，こうした象徴的な区別を付与されていることからもわかるように，トゥンプアンの両端の出入り口がロングハウスの正式の出入り口とされている．
10) イバンの空間におけるロングハウス，前庭，テリトリー（里），焼畑（可能）地，森林という同心円的空間のあり方については内堀（1996）参照．
11) レンディーレやサンブルの円環集落の防衛機能に関しては，湖中真哉氏（パーソナルコミュニケーション）から示唆を受けた．
12) 東南アジア島嶼部における民俗方位の諸問題に関しては，やや古いが倉田勇（1972）が手際よくまとめている．
13) M川の最上流部については，それがロングハウスから直線でわずか3kmにもおよばないところにあるにもかかわらず，女性たちの知識はひじょうに希薄になる．狩猟，あるいは魚毒漁以外の漁猟に，女性が関与することがほとんどないこととも関係していよう．ブジャライによって男がひろい世界の知識を得ていることはいわずもがな，日常の行動圏に関しても，

イバンの男女差は大きい．
14）シャーマンの「みえる」世界をその儀礼歌にそって記述した研究としては，Sather（2001）がある．彼も霊的世界における「道」の重要性を指摘している．本章では物理空間の表象のみを論じたが，イバンの行動環境の全体を見るときには，霊的世界あるいは霊的次元を考慮に入れなければならない．そのとき，イバンの世界は四次元的とも五次元的とも表現できるものとなろう．これについては内堀・山下（2006）を参照．

文　献

Hallowell, I.（1955）*Culture and experience*, University of Pennsylvania Press.
口蔵幸雄（2004）「森を歩く：マレーシア狩猟採集民の地形認識と水系の利用」，野中健一編『野生のナヴィゲーション』，91-128．
倉田勇（1972）「民俗方位の一考察」，『天理大学学報』，24-2: 128-140．
レヴィ＝ストロース，クロード（1972）「双分組織は存在するか」，『構造人類学』（荒川幾男ほか訳），みすず書房．
メルロ＝ポンティ，モーリス（1966）『眼と精神』（滝浦静雄・木田元訳），みすず書房．
野中健一編（2004）『野生のナヴィゲーション：民族誌から空間の認知の科学へ』，古今書院．
リード，エドワード（2000）『アフォーダンスの心理学：生態心理学への道』（佐々木正人監修，細田直哉訳），新曜社．
Sather, C.（2001）*Seeds of play, words of power: An ethnographic study of Iban shamanic chants*, The Tun Jugah Foundation.
Sterelny, K.（2003）*Thought in a hostile world: The evolution of human cognition*, Blackwell Publishing.
津村宏臣・河合香吏（2003）「GIS（地理情報システム）を用いた認知地図の解析の試み：東アフリカ牧畜民の地理空間認識とその表象化の理解にむけて」，『アジア・アフリカ言語文化研究』，67: 1-41．
内堀基光（1994）「民族の消滅について：サラワク・ブキタンの状況をめぐって」，黒田悦子編『民族の出会うかたち』，朝日新聞社，133-152．
内堀基光（1996）『森の食べ方』，東京大学出版会．
内堀基光（1999）「長い家に人はどうあつまるか」，佐藤浩司編『シリーズ建築人類学2　住まいにつどう』，学芸出版社，47-64．
内堀基光（2006）「社会空間としてのロングハウス：イバンの居住空間とその変化」，西井涼子・田辺繁治編『社会空間の人類学：マテリアリティ，主体，モダニティ』，世界思想社，92-115．
内堀基光・山下晋司（2006）『死の人類学』（講談社学術文庫），講談社（同名書オリジナルは弘文堂（1986））．

6章

言葉の向こう側
―セントラル・カラハリ・サンにおけるナヴィゲーション実践―

高田 明

● Key Word ●
カラハリ砂漠,空間認識,民俗知識
記憶,相互行為,リアリティ

"The |Gui are not superhuman paragons of social virtue, if their skill is remarkable, it is a skill that anyone with comparable experiences could develop.(グイは世間でいうところの"超人"のかがみではない.彼／女らの技術が非凡だとしても,それは比類しうる経験をもつもの皆が発達させうる技術である.)"

(Silberbauer 1981:xiv.)

1 ● はじめに

サンは「ブッシュマン」としてもひろく知られている南部アフリカ一帯に住む先住民である[1].サンは多くのグループから構成され,このうち筆者が調査をおこなってきたグイ（|Gui）およびガナ（‖Gana）[2]は,いずれもボツワナ共和国にあるカラハリ砂漠の中央部を生活域としてきた.このため,両者を総称してセントラル・カラハリ・サン（Central Kalahari San）とよぶこともある.

サンの空間認識の鋭さ,とりわけその優れたナヴィゲーション技術,視力,トラッキング技術は,さまざまな旅行家・探検家や研究者によって記述され（たとえば,Silberbauer 1965, 1981, Tanaka 1980, 池谷 1989, Liebenberg 1990）,一般にもよく知られるところとなっている.だが,サンの空間認識について人類学的な論考を進めていくうえでは,これを手放しで賞賛することにある種のとまどいを感じてしまう.それは南部アフリカにおける特定の政策を思い起こさせるからである[3].20世紀前

半，南西アフリカ(現在のナミビア)では白人の入植地からの職場放棄者を威嚇・追跡するためにサンのトラッカーが登用されていた(Gordon and Douglas 2000:114)．さらに1970年代後半，この地域で南西アフリカ人民機構(SWAPO)による南アフリカからの「解放運動」が活発化すると，南アフリカ軍はサンを積極的に軍隊に登用し，対ゲリラ戦用の部隊を編成した．これはまず，サンの優れた視覚と方向感覚が対ゲリラ戦に効果的であると考えられたからであった(Gordon and Douglas 2000:2)．加えてこの戦略には，地域社会においてサンが「野生の魔術的な力をもつ」と信じられてきた(Widlok 1999:234-236)ことを利用し，実戦においてSWAPOに脅威を感じさせることをねらう側面もあった．さらに，こうした政策によって南アフリカは，白人の植民地支配に対して立ちあがった黒人という解放運動が示した図式を，先住民とそれを支援する白人が共産ゲリラと闘っているという図式におき換えることをねらっていた．非白人の地域住民としてSWAPOの主張に共感を覚えるサンが少なくなかった一方で，サンはSWAPOの兵士からスパイの嫌疑をかけられることを怖れなくてはならなくなった．こうした歴史は，SWAPOが与党となった現在もナミビアにおけるサンのイメージやサン自身の記憶に影を落としている(高田 投稿中 ab)．

　サンの中でも筆者が調査をおこなってきたボツワナ共和国のグイおよびガナは，ナミビアをめぐる政治的な争乱には直接はかかわってこなかった．さらに，サンの空間認識の特徴とそのエスニック・グループとしての政治的な位置づけの関係は一義に決まるものでもない．政治的な係争の道具となったという理由でサンの空間認識の特徴を考究の主題とすることを止めることは，むしろそれについての誤った俗信を助長してしまうことにもなりかねない．そこで筆者は，グイおよびガナの空間認識の特徴をその政治的な位置づけとはひとまず切り離して論じてきた．その結果，先の政策が利用した俗信とは異なる空間認識の特徴が明らかになりつつある．すなわち，サンをトラッカーとして登用した政策は，サンの人並み外れた資質が「ブッシュマン」の「獣性」にもとづくという俗信と結びつけられていた(Gordon and Douglas 2000:2)．これに対して本章をふくむ筆者の一連の研究は，冒頭のシルバーバウアー(Silberbauer 1981)からの引用にもあるように，グイおよびガナの優れた空間認識は同じような経験をすれば誰もが発達させられうることを示すものである．

　本章では，グイおよびガナのナヴィゲーション実践について，筆者が進めてきた研究を敷衍し，今後とりくんでいくべき問題を整理する．さらに，一連の研究をより発展させていくためのパースペクティヴを提示する．

2●セントラル・カラハリ・サンの移動生活

　グイおよびガナについては，田中二郎をはじめとする日本人研究者を中心に半世

紀近くにわたる学際的な長期共同研究が進められてきた（菅原 1998:19）．その研究成果は，グイとガナは親族関係，言語[4]，儀礼，民俗知識といったさまざまな面で近縁な関係にあることを示してきた．ナヴィゲーション実践においてもグイとガナは切り離せない特徴を備えていると考えられるので，本章では両者を1つのまとまりとして扱う[5]．

優れたナヴィゲーション技術は，ひろい生活域の中で縦横に移動を繰り返す生活においてとくによく発揮されると考えられる．サンの生活変容が各地で進む中，グイ／ガナは比較的最近まで狩猟採集活動にもとづく移動生活を送ってきた．この点で，グイ／ガナは文字通り日常生活におけるナヴィゲーション実践を論じていくのに適したグループである．

以下ではまずグイ／ガナの生活域であるカラハリ砂漠中央部の自然環境の特徴およびグイ／ガナの民族誌的背景について概説する．これらはグイ／ガナのナヴィゲーション実践についての議論を理解するための前提となる．

2-1 自然環境の特徴

①地　形

南部アフリカの大陸周縁部は大陸分裂時に隆起した高地となっており，内陸にあるカラハリ砂漠付近は相対的に標高の低い盆地となっている（山縣 2005a:6）．カラハリ砂漠を特徴づける地形には，古砂丘，パン（pan，南アフリカ英語で風食凹地のこと），涸れ川がある．砂丘の形態には線状型（砂丘の尾根が一定方向にのびて並列しているもの）や網目型（砂丘の尾根が複数の方向に発達して網目状になっているもの）などがあり，こうした違いは風向の安定度と砂の供給量で決まっている（山縣 2005a:12）．

カラハリ砂漠に点在するパンは，風による浸食，地下水の集中，デュリクラスト[6]の形成などの働きが複合して形成されたと考えられている（Shaw and Thomas 1993，山縣 2005a:11）．デュリクラストには，鉄に富んだフェリクリート，珪酸に富んだシルクリート，石灰に富んだカルクリート，石膏に富んだギプクリートなどの種類がある（山縣 2005a:10, 2005b:101）．パンの表面は，沈泥や堆積した塩，カルクリートなどで覆われているため，雨季にはパンの中心部に水たまりができる．

ショウとトーマス（Shaw and Thomas 1993）によれば，涸れ川は地下水による風化とデュリクラストの働きによって形成されたと考えられている．厚い砂に覆われたカラハリ砂漠の辺りでは，川ははっきりした谷地形を示さず，浅い窪みを形成している．涸れ川の途中にはパンも散見する（Tanaka 1980:3）．

②気　候

カラハリ砂漠中央部の気候はステップ気候に属する．年間降水量は平均400mm

ほどなのに対して年間蒸発量はたいてい 2000mm をこえる．圧倒的に蒸発が超過する乾燥地である（Thomas and Show 1991）．雨の時季や降り方は年により大きく異なるが，大まかには以下のようなサイクルをもっている．12〜3 月頃までの雨季には 1〜数日間に渡る豪雨が何度もみられ，ブッシュは緑の草や花々に覆われる．4〜5 月頃になると雨が少なくなり，気温が低下しはじめる．6〜8 月頃は雨がほとんど降らず，辺りは荒涼とした景観となる．気温は日中 30℃ほどまであがることもあるが，夜間は氷点下まで下がる．9 月頃には気温が上昇に転じ，地表はさらに乾燥する．10〜11 月頃は乾季の末期にあたる．日中の気温は 40℃をこえることもあり，時おり熱風の砂嵐が吹き荒れる．そして 11 月ごろには雨季へとつながるはじめての雨が降る（Tanaka 1980:19-21）．

③植　生

　現在のカラハリ砂漠の植生は，大部分がサバンナ，あるいはステップの景観を呈し，北部には森林もみられる（山縣 2005b:96）．田中（Tanaka 1980:21-24）は，カラハリ砂漠を特徴づける地形と関連づけてこの地域の植物相を以下のように区分している．(1) 雨季に水たまりとなるパンや涸れ川の中心部を除けば，湖床や河床には禾本科の草本が茂り，その中心部から周縁部に向かってカトフラクテス・アレクサンドリ（*Catophractes alexandri*），アカシア・メリフェラ（*Acacia mellifera*），アカシア・ネブロウニ（*Acacia nebrownii*），アルビジア・アンセルミンティカ（*Albizia anthelmintica*），ロンコカルプス・ネルシ（*Lonchocarpus nelsii*）などの灌木が徐々に混じりあいながらゾーネーションをつくっている．(2) パンの周囲や涸れ川の両岸の小高くなったところ，および砂丘跡の稜線沿いにいたるとアカシア・エリオロバ（*Acacia erioloba*），アカシア・ルエデリツィ（*Acacia luederitzii*），ボスキア・アルビトルンカ（*Boscia albitrunca*）などの樹木が疎らに混ざる林（以下，疎林と略す）となる．(3) 疎林を過ぎると平坦なオープン・スクラブ・プレイン（以下，ブッシュと略す）へと移行する．ブッシュはカラハリ砂漠の大部分をしめ，そこには 1m ぐらいの禾本科の草本やグレビア・フラヴァ（*Grewia flava*），グレビア・レンティネルヴィス（*Grewia rentinervis*），バウヒニア・ペテルシアナ（*Bauhinia petersiana*），ボスキア・アルビトルンカ（*Boscia albitrunca*），テルミナリア・セリシア（*Terminalia sericea*），ロンコカルプス・ネルシなどの灌木が混在している．これらの植生のうちボスキア・アルビトルンカを除くものは一年草か落葉樹で，乾季には枯れたり，葉を落としたりする[7]．

④土　壌

　カラハリ砂漠の 90％以上はカラハリ・サンドとよばれる，赤茶けた粗い砂地で覆われている．この砂はところによっては深さ 500m にも達する（The Department of Surveys and Mapping 2001:27）．土壌は粒子の細かい細粒土（fine soil）と粒子の粗い砂質

土（sandy soil）に大別できる．パンや涸れ川の河床は，灰色がかった細かい土質となっている．一方，パンの周囲や涸れ川の両岸の土壌は粒子が粗く白みがかっていて，パンや涸れ川から遠ざかるにつれて赤みがかってくる[8]．細粒土よりも砂質土の方が水は浸透しやすい．水が浸透しにくい細粒土では，より多くの地表にたまった水が蒸発してしまう．一方，砂質土では浸透した水が土中に保たれやすく，そうした水分は地表近くが乾燥してくると毛管現象によって上昇してくる．砂質土の多いパンの周囲や涸れ川の両岸に疎林が形成されやすいのはそのためである（Tanaka 1980:21-22, Thomas and Show 1991）．

2-2　民族誌的背景

グイ／ガナについてはすでに多くの民族誌があるので，ここでは本章の目的との関連で必要最低限の概説をおこなう[9]．グイ／ガナはカラハリ砂漠の中央部で長年移動生活を送っていたとされる[10]．1961年，総面積5万2000km^{2}という広大な中央カラハリ動物保護区（Central Kalahari Game Reserve, 以下CKGRと略す）が制定された（図1）．CKGRはグイ／ガナの生活域とほぼ重なる．人類学者であり政府のサン調査官でもあったシルバーバウアーが，グイ／ガナの生業が維持できるよう，その生活域を覆うように境界を定めたのである（Silberbauer 1965:132-138）．CKGRの制定後もしばらくは頻繁な離合集散を繰り返す移動生活は続いた．だが1970年代になって遠隔地域開発事業計画が適用されると，グイ／ガナは次第にCKGR内に設けられた居住地に集まるようになった．中でもさまざまなインフラが整えられたコイコム（!Koi!kom）[11]は，グイ／ガナをおもな住人とする集落としてはボツワナ国内でも最大のものとなった．人びとがキャンプ間を移動するきっかけは減り，集団の流動性は低下した．狩猟活動ではそれまで主流だった弓矢猟が廃れ，より効率よく広域におこなえる犬猟，騎馬猟，罠猟がさかんになった．また採集活動の頻度，時間，収穫量は減退した．

さらに1997年，コイコムの住人はCKGR外で設立が開始されていたコエンシャケネ（Kx'ôèsà kéne）[12]に移動した．移住はその後も進み，現在ではコイコム以外もふくめ，CKGR内の集落に住んでいた人びとの大半がコエンシャケネやCKGRの南東に位置するカウドゥアネに生活の基盤を移している[13]．これらの移住は，グイやガナの大半が伝統的な生活域の外で暮らすようになったという点でこれまでの社会変化と大きく異なっている．この移住により，グイやガナの優れたナヴィゲーション実践が伝統的な生活域と不可分であったことが明らかになりつつある．以下ではこれについて具体的に論じていく．

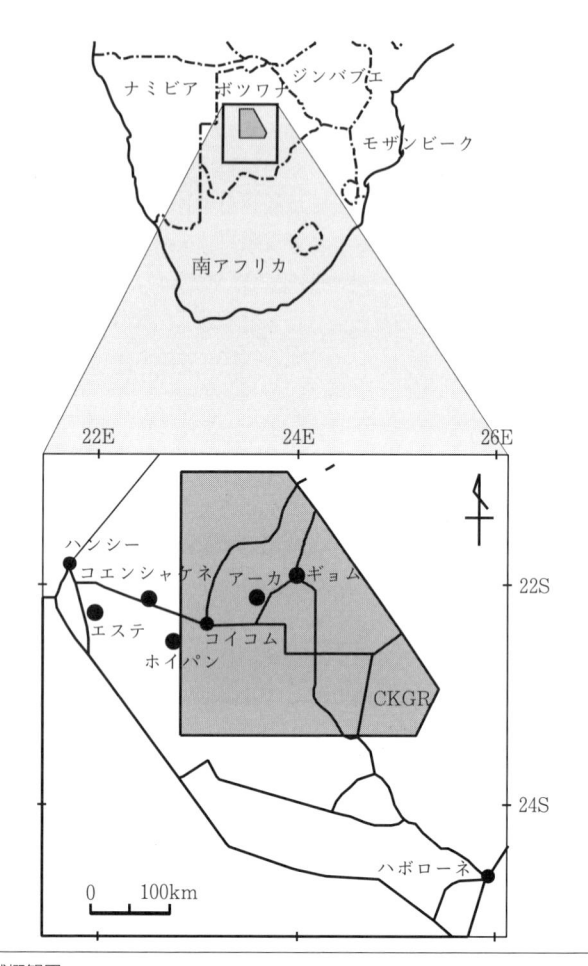

図1　調査地域概観図

3 ● ナヴィゲーション実践を可能にする民俗知識とその使用

　グイ／ガナのナヴィゲーション実践は，その生活域のさまざまなスケールの自然環境に対応する次のような民俗知識を背景としている（野中・高田 2004, 高田 2005）．①草や障害物の少ないポイントの把握：グイ／ガナはブッシュを移動する際にこうしたポイントをすばやくみつけてつなぎあわせる．②特定の樹木の生育場所に関する知識：こうした樹木は移動の際にランドマークとなる．③疎林や水たまりを中心とした環境の理解：疎林や水たまりの付近の土地はキャンプ地として利用

写真1　定まった道のないブッシュ：CKGR 内のアバカオオアン（ʔĀba-!qxʼao-|ʔoā）という水たまりからみた景観．写真上部の記号は，左からカメラ番号，撮影年月日時間，測位精度，緯度，経度，方向角を示す（2000 年）

されたり移動の際の経由地点となったりする．④点在する疎林や水たまりの連なりの概念化：疎林や水たまりの連なりは移動のルートとなったり，狩猟採集活動の際の地理的な参照枠になったりする．

　こうした民俗知識は，グイ／ガナの民族誌的自然観（第 1 部 1 章）を構成している．あるいはグッドウィン（Goodwin 2000）の言葉を借りれば，グイ／ガナはこうした知識体系によって「自然」を「文化」に変換しているといえる．この節ではその実態について論じる．そこで上の枠組みにそった 4 つの区分のそれぞれについて，具体的にどのような民俗知識によってナヴィゲーション実践が可能になっているのかを示したうえで，そうした民俗知識がグイ／ガナの日常的活動においてどのように用いられているのか検討していく．

3-1　地表の状態についての知識と推論

　カラハリ砂漠の地表の大部分を占めるブッシュは，経験の浅い筆者には比較的単調にみえる（写真 1）．しかし，グイ／ガナにとってはそうではない．このことは，グイ語／ガナ語にブッシュを構成する地表の状態を表現するための多様な語彙があ

表1 地表の状態に関わる語彙の例

グイ語／ガナ語	品詞	辞書（中川未公表）和訳	備考
!Góma		砂（少し柔らかい），砂の柔らかい場所	木がたくさんある
!ʔâe		［男性名詞］パンの群（帯状）	砂は固い．「パン」は窪地を意味する南ア英語
!gâne		砂の固い所（広い範囲），［女性名詞］砂の固い所（一カ所）	石ではない
!koa		［女性名詞］キャンプの庭，木を切り払った所	Acacia mellifera などの木が少し残っていてもよい，昔はこういった所に畑を作っていた
!kôo		［女性名詞］水たまり	
!kúriʔò		パンの小さいもの（水たまりなし，草多い）	木もある
!qxʼâm		［女性名詞］（草木が）焼けてしまった所が再び生えた所，焼き尽くす，たくさん殺す（肉を）	獲物はこういった所を好む
!qxʼoi		［女性名詞］たくさんの長草が生えている所，たくさんの長草が生えている（グイがよく使う語）	人はうまく歩けない（ガナ語では /keru という）
!xaã		足跡をたくさん残す	人が毎日のように家を訪問していたり，獲物が毎日水たまりを訪れているとこうなる
ǁkaba		水たまりがない，水がたまらない，小さな窪地；砂が固い所	砂ばかりある所
ǁkana		［男性名詞］獣道（動物がつくる）	スティーンボック，アードバーク，クーズー，ヤマアラシなどの道
ǁkâne		［女性名詞］固く（深く）なった砂，水や白アリの巣で固くなったもの；［動詞］砂が固くなる	砂のみで木はない
ǁkàbi		［女性名詞］山	人工のものは含まない
ǁnoa		［女性名詞］石	「がたがた道」も意味する
ǁqáa		［女性名詞］乾燥している砂	草も生えている
ǁqʼáu		［男性名詞］大きな獣道（ゲムスボックなどの）	ゲムスボック，エランド，キリン，ライオンなどの道を指すのに使える．たくさんの人が通るような道．動物が連なって通った道でもよい．また一回だけ通った道でもよい

グイ語／ガナ語	品詞	辞書（中川未公表）和訳	備考
ǁxau		［女性名詞］森	疎林．木がたくさんある．*Acacia luederitzii, Boscia albitrunca, Acacia erioloba, Grewia flava, Albizia anthelmintica* などが混在している．人が住むのに適している
ǁxāri		木が密生している所，刺のある木がある，［男性／女性名詞］林	*Acacia mellifera* がたくさんある，クーズーが多く住む，人は好まない
ǁxoam		［女性名詞］川（水があるもの），（幼い子どもが）遊ぶ	
ǁxoo		（木が）枯れる，（肉，草，木，皮が）乾いている	砂の状態について用いてもよい，ǁxooxa で乾いた状態や砂の多い土地をあらわす
/ʔéu		［女性名詞］岩（大きい）	大きな石，がたがた道，地名（コエンシャケネからみて北東にある土地）にもなっている
/gúi		［男性／女性名詞］茂みや草の多い所（*Bauhinia petersiana, Ochna pulchra, Terminalia sericea* などのある植生）	砂は柔らかい
/qaã		谷，オクワ川	涸れ谷．柔らかい砂がたくさんある．スプリングヘアーの巣穴があって手で掘れる．*Terminalia sericea, Acacia erioloba* などが生えている．オクワ川だけに限らない
/xâru		［女性名詞］篩	凹状になっている地形，あるいは傾斜がある土地．オクワ川のような所．*Acacia luederitzii* や *Albizia anthelmintica* が多い．!kôo（水たまり）とにている（篩と同語）
/xái		［男性名詞］パンの広く平らな所（草が生えて広がっている所）	パンの中心部にある．木はない
ǂgôo		［女性名詞］ものの山；束にする	砂山（人工のものでもよい），子供などが砂で作る山と自然にある丘の双方を指すことができる
ǂkàa		［男性／女性名詞］木の少ない草ばかりの所（大きい，広い）	*Caralluma knobelii, Acacia nebrownii* はある．視界が開けている．人が迷いやすい
ǂkhaa		［男性名詞］パン（地形）	カデ・パンのような所．小さくて丸い．*Acacia nebrownii* の木がある

グイ語／ガナ語	品詞	辞書（中川未公表）和訳	備考
ǂkoro		繰り返し歩く所で大きな跡になっている所，大きな踏み跡；[動詞] 繰り返し行き来する	
ǂq'ába		[女性名詞] 水に濡れる，（砂が）湿っている	*Acacia erioloba* の生育によい
ǂqŏam		[女性名詞] 深い砂，柔らかい砂	*!Góma* と類義（ただし *!Góma* は形容詞，ǂqŏam は名詞）
qbŏro		ものの間，通り道，隙間	木の間の通り道
xóna		窪地の白っぽい石，石灰石；[動詞]（動物が）石灰石をなめる	塩を含む．カルクリート．*Albizia anthelmintica* がある

ることにもあらわれている（表1）．興味深いのは，ここにあげた概念はたいてい，重点の違いはあれ地形や植生，土壌の特徴が結びついて構成されていることである．たとえば，ゴマ（*!Góma*）は砂の柔らかい場所をあらわす語彙だが，樹木がたくさん生えていることも含意する．またカバ（∥ *kaba*）は小さな窪地を指すが，そこは固い砂に覆われていて雨季でも水がたまりにくいことが含意されている．

　これは，グイ／ガナがなによりも生活の実践者の視点から環境をみていることを示すのであろう．いいかえれば，狩猟採集にもとづく移動生活を送ってきたグイ／ガナにとっては分析的にとらえた環境の1つ1つの要素というよりは，実用性という見方からそれらを総合した，全体としてのみえ方が重要なのだと考えられる．これと関連して北村（第1部2章）は，人間の活動のもっとも基本的な特性として，環境のある部分が特定の行為と関係づけられて直接的に知覚されることをあげている．そして，こうした特性がもっともはっきりとあらわれるのが狩猟採集民的なものの見方・生き方であると示唆している．以下ではグイ／ガナがこの示唆を体現していること，すなわち，グイ／ガナにとっての環境のみえ方は「私たちのそれと基礎的な部分で共通しつつ，環境と直接出会い，それと直接関係を結ぶという力強い生き方（第1部2章）」を反映するものとなっていることをみていく．

　ブッシュにはトゲの多い植物，長草，スプリングヘアー（*Pedetes capensis*）やヤマアラシ（*Hystrix africae-australis*）の巣穴などが散在する．ブッシュを移動する場合，これらは障害物となるので避ける必要がある．できれば人や動物の踏み跡などを通ることが望ましい．これらはブッシュの「道」といえる．グイ語／ガナ語には以下のように，これにかかわる概念がいくつもある（表1）．たとえばコロ（*qbŏro*）は，木々の間で草が少なく，人や動物が通り抜けられるようなところを指す．またカナ（∥ *kana*）は「獣道」と訳され，おもに疎林を住処とする動物[14]が通る道を指す．カナではそうした動物が毎日行き来しており，糞や小便が残っているという．カナの類義語に

「大きな獣道」とでも訳すべきカウ（‖q'áu）がある．ただし，カナが「毎日行き来するような道」なのに対して，カウは一回だけ通った道でもよいという．カウはたくさんの人や動物が一度に通れるようなひろい道で，平坦なブッシュを住処とする動物[15]が通る道を指すのにも使われる．さらにコロは，繰り返し歩いてひろい跡になっているところで，キャンプ地で人が多く通って跡になったところなどを指す．

ただし写真1からもわかるように，ブッシュの「道」は私たちが道路としてイメージするものとはかなり異なっている．ブッシュには，障害物が少なく地表のみえやすい，草のまばらなポイント（人がその上に立てる程度の空間）が点在する．グイ／ガナはこうしたポイントを素早くみつけだす．車中でおこなわれた次の発話では，先にみたコロという語彙（「きれいな空間」と訳してある）および直示的ジェスチャー（deictic gesture）[16]でそうしたポイントが指示されている．例に登場するGはガナの壮年の男性である．

【例1[17]】
G：きれいな空間（の方）に．ワシらは（（こっちには））行かない．そのカリ[(1)]の木々の方は道がふさがっている

（1）Gは右前方を指していた右手を下ろした．

さらにグイ／ガナは，そうしたポイントをつなぎあわせることに長けている．これによって，分散したポイントは1つの連なった線としてみえてくる．これがブッシュの「道」である．ブッシュを移動する際には，時間的，空間的に大きな制約がある．すなわち，活動の目的によって移動に費やすことのできる時間はほぼ決まっているし，移動手段ごとに通ることのできるポイントは異なり，移動するためにはそうしたポイントが連続している必要がある．グイ／ガナの「道」をみつける技術は，そうした制約の中で次にとるべき行動を速やかに決定することを可能にしている．

地表の状態に注意することは，ナヴィゲーション実践にとってだけではなく，狩猟活動にとっても重要である．とりわけ，グイ／ガナが獲物を追跡する際にはこのことがあてはまる．たとえばグイ／ガナの伝統的な狩猟方法として有名な弓矢猟では，毒矢を獲物に命中させることができた場合，狩人は獲物の逃げた方向や足跡の特徴を記憶していったん家に戻ってしまう．そして夜が明けてから，数名の仲間とともに優れたトラッキング技術を用いて獲物の足跡をたどりはじめる（Tanaka 1980:30-35）．このように，グイ／ガナが狩猟を成功させるためには優れたトラッキング技術が不可欠である．そしてブッシュの中で障害物が少なく地表のみえやすい草のまばらなポイントを素早くみつけだしつなぎあわせる方法は，このトラッキン

グ技術とも重なる[18]．この点について，以下のフィールドノート（以下，FNと略す）の抜粋からもう少し考えてみよう．

【例2】
日本人O，NおよびインフォーマントのG，Qとパイパーパン（Pyper Pan），デセプションヴァレー（Deception Valley）に旅行した時のこと．途中で立ち止まったサンデーパン（Sanday Pan）にて，水たまりのあたりに車を止めるとGとQが辺りを歩きはじめる．ライオンの足跡をみつけてそれをたどっている．また，視界に入る動物を確認している．すべてスプリングボックだろうとのこと．同時に糞も探しているよう（FN, 17 Aug 1999）．

このように，グイ／ガナのハンターは猟場に近づくと足跡，糞，遠方に小さくみえる姿といった動物の兆候を積極的に探索する．中でも足跡は，獲物の種類，数，そこを通った時期を知るための重要な手がかりとなる．また人の足跡ならば，しばしば個人まで同定することができる[19]．ここで注意するべきなのは，足跡をたどって追跡を成功させるためには，追跡者は足跡の主を同定するだけではなく，隣接する足跡を連なりとしてとらえなければならないことである．実際には，いくつかの足跡はほかのものよりも痕跡が曖昧で同定しにくい．そういった場合に，追跡者は断片的で分散したさまざまな情報から足跡の主の一連の行動を推測することが必要となる．狩猟に行った際に集録された別の会話では，地表に残された動物の痕跡をみたインフォーマントが，スプリングヘアーが巣穴からでてきて草を喰っている様子，またジャッカルがそのスプリングヘアーに忍び寄って襲いかかった状況を説明した．ここでは，動物の痕跡がそこで起こった出来事を推論することを可能にするだけではなく，エピソードの枠組み（Goffman 1974）が曖昧な動物の痕跡を同定することを可能にしている．それにより，グイ／ガナのハンターは動物を図鑑にあるような静的な図像ではなく，環境に埋めこまれた生き生きとした主体としてみている．これと関連して，コン（!Xoõ）[20]での調査にもとづいてサンのトラッキング技術を論じたリーベンバーグは次のように述べている．

　誤った俗信によれば，経験を積んだトラッカーにとって自然は「開かれた本のようなもの」であり，彼らは「砂の上に書かれたすべてのことを読む」のに十分な技術さえあればよい．よりもっともらしい類推は経験を積んだトラッカーは「行間を読む」ことができなくてはならない，というものである（Liebenberg 1990:v）．

つまりグイ／ガナのハンターは，ものごとの全体を把握する「直観」を働かせて，環境の中に示された情報の「行間を読んで」いるのである．そしてこれこそ先にみた，障害物が少なく地表のみえやすい，草のまばらなポイントを素早く同定し，つ

なぎあわせる能力と共通する点だと考えられる．グイ／ガナにとっては，道をみつけることも動物の兆候を読みとることも文脈と独立した認知的な能力ではなく，環境の中に示された情報や民俗知識といったさまざまな資源を用いた高いレベルの推論による達成なのである．こうした特徴をリーベンバーグは次のようにまとめている．

　　足跡を付近の地形や動物行動と関連づけて解釈するサンの能力はその生涯を通じて洗練され，非常に高度なものとなる．また，狩人が動物行動に関してもつ深い知識の意味は，追跡者としての観点から理解されねばならない (Liebenberg 1990:88)．

経験の豊富なグイ／ガナと歩いていると，筆者もその生活世界（菅原 1998）の一端を垣間みることができる．先のスプリングヘアーとジャッカルについての会話例の直後，それを語ったインフォーマント K と筆者とが車をおいた場所に戻る道すがら，以下のやりとりがあった．ジャッカルの足跡があるといった K に筆者が問いかけたのである．

【例3】
A（筆者）：あんた，みえるのか？
　　　　　(0.2)
K：ああ，ジャッカルの足跡だ，これが[1](.) イヌ［の足跡］みたいだ
A：　　　　　　　　　　　　　　　　　　［エヘーイ］

(1) K は屈んで右手を伸ばし，人差し指で地面に残されたジャッカルの足跡を指した．さらに，ジャッカルの足跡にかぶさるように伸びていた草を払い，また足跡を指し示した．

K は歩きながらも草がかぶさった小さなジャッカルの足跡を見逃さなかった．その直前に述べた，ジャッカルがスプリングヘアーを襲ったシーンを思い浮かべていたのかもしれない．筆者には依然として視界の悪いブッシュであったが，スプリングヘアー猟の経験が豊富な K にはさまざまなエピソードを感じとれる景観がひろがっていたのであろう．

3-2　樹木の多様な利用と記憶

ブッシュには頑丈な棘があるアカシア属の植物が点在している．グイ／ガナは移動する際に，このような樹木をランドマークとしてよく用いる．グイ／ガナが樹木を識別するための豊富な語彙をもっていることは田中 (Tanaka 1980:51-53) や今村

表2 ランドマークとして用いられる樹木の例

グイ語／ガナ語	学名	他の用途
‖kâra	Acacia erioloba	日陰，建材，薪，食用ゴム
!gǒõ	Acacia luederitzii	日陰，薪，矢筒・小物入れ，食用ゴム
‖qx'óa	Acacia mellifera	日陰，建材，薪，食用ゴム
ǀqâri	Acacia nebrownii	日陰，治療・儀礼（初潮），食用ゴム
kx'ēru	Albizia anthelmintica	日陰，薪，食用ゴム
ǀnǒne	Boscia albitrunca	日陰，建材，薪，火かき棒，治療・儀礼（皮膚病）
‖kàmts'ä	Lonchocarpus nelsii	日陰，建材，治療・儀礼（肉食回避）
ǂnhēu	Kleinia longiflora	日陰，治療・儀礼（罠猟）

(2001:178-183)によってすでに報告されている．表2はこのうち，ランドマークとして頻繁に用いられる樹木を記してある．ランドマークとなる特徴的な樹木は，それぞれ数km離れている，いいかえれば視界に入るか入らないかの距離に隣接していることが多い（野中・高田 2004:39-41）．こうした樹木はグイ／ガナの移動には決定的に重要で，これがないためにグイ／ガナが道に迷った例には事欠かない．とくに，グイ／ガナが従来の生活域の外に設けられたコエンシャケネへと移住した後は，道に迷う例が増えている．野中・高田（2004）は，次のような事例を報告している．

【例4】
　コエンシャケネへの移住後間もない2000年4月，コエンシャケネ在住の2人の男性が知人のウマを預かって白人が経営するハンシー近くの牧場に連れて行った．用事を済ませて帰る途中，辺りが暗くなってきた．彼らは火をたき，軽い夕食をとった後でさらに移動を続けた．しかし，慣れない土地だったためか道に迷ってしまった．彼らは月明かりを頼りに，やっとの思いでコエンシャケネとハンシーをつなぐ車道を探しあてた．早く家族の待つコエンシャケネに帰りたかったので夜歩きを決行した．だが，進んだのは反対の方向であった．彼らは再びハンシーの灯りをみるまでそれに気がつかなかった（野中・高田 2004:44-45にもとづく要約）．

　コエンシャケネとハンシーをつなぐ車道はほぼ東西一直線にのびている（図1）．この事例では，それにもかかわらず2人の男性が正しい方向を見誤った．しかも2人は，ハンシーの特徴的なライトを確認するまでそのことに気がつかなかった．この事例についての聞きとりをおこなっていた際に，インフォーマントのGは樹木の名前をいくつもあげて，2人が道に迷わないためにとるべきだった移動のルートについて道案内をおこなった．以下はこの時の発話例である．

【例 5】
G：アヘーイ．あのカラの（大きな）木，あの大きなカラの木があるだろ．それでお前らはあっち（(i.e., カラの木の方)）に，お前らはあっちにまっすぐに（(行って)）

　この例では，進むべき方向を示すためにカラの木（*Acacia erioloba*）がランドマークとしてあげられている．ここで発言しているGは，移動範囲のひろい騎馬猟の経験が豊富で，ほかの住人と比べてコエンシャケネ付近の地形に詳しい．そのため，付近の樹木についてもよく知っていた．カラハリ砂漠でグイ／ガナが目的地に向かって進むためには，こうした樹木の位置についての知識が必要なのである．

　ランドマークとして用いられる樹木には，以下にみるように，それ以外にも多くの使用法がある（表2）．グイ／ガナのキャンプは疎林の中のやや小高い，見通しのよいところにつくられることが多い（Tanaka 1980:25）．小屋の付近には，日陰をつくる樹木があることが望ましい．人びとはそうした樹木のそばで休憩したり，さまざまな日常的な作業をしたりする．また疎林を構成する樹木は，小屋の建材や薪としても用いられる．小屋の枠組みにする樹木としては，太くてまっすぐなカラ（*Acacia erioloba*），コア（‖ *qx'óa: Acacia mellifera*），カムツァ（*Lonchocarpus nelsii*）などアカシア属の樹木やノネ（*Boscia albitrunca*）などが適している（今村 1998:58）．またランドマークとして用いられる樹種の中でも，ノネ，カラ，ゴーン（*Acacia luederitzii*），コア，ケルー（*Albizia anthelmintica*）などは比較的堅くて火持ちがよく，燃やしても煙が少ないので薪としても重宝される．加えて，ゴーンの根は中をくりぬいて矢筒や小物入れとして，ノネの幹は火かき棒として用いられる（Tanaka 1980:31, 46, Imamura-Hayaki 1996:66, 今村 1998:53）．

　またグイ／ガナでは治療・儀礼[21]にさまざまな動植物を用いるが，ランドマークとして用いられる樹種もしばしばそうした治療・儀礼に用いられる．まずグイ／ガナでは性・年齢によって特定の動物の肉を食することを回避する慣習が認められ，たとえばクーズー（*Strepsiceros marsupialis*）の骨髄は30歳をこえる頃までは食べられない．しかし若者もクーズーの骨片で脚に傷をつけ，そこに骨髄を塗りつけたうえで煮込んだ骨髄と肉にカムツァの根の皮を混ぜて年長者の唾液や汗をふりかければ，クーズーの骨髄を食べることが許される（今村 2001:226-227）．また罠猟の成功を願って，ハンターの身体に剃刀でつけた傷口にヘウ（*Kleinia longiflora*）の根を焼いてすりつぶしたものを塗りこむことがある．さらに，カリ（*Acacia nebrownii*）は初潮儀礼の道具として，ノネの葉は皮膚病の薬として用いられる（今村 2001:179-182）．

　アカシア属の樹木やケルーは，その樹脂が直接食料としても利用される（Tanaka 1980:57）．樹皮に傷がついたところなどにできる樹脂の固まりを，手でとってそのまま食べるのである．これは天然のガムか飴のようなもので，栄養価からみた場合の食物としての重要度は乏しいが，子どものおやつとしてはよく知られている．

さらに疎林を構成する樹木は，狩猟活動においても重要な役割を果たしている．グイ／ガナはスティーンボックやダイカーなどをねらってその通り道に罠を仕掛ける（Tanaka 1980:35）．これらの動物は疎林を住処にしていることが多いので，しばしば樹木の付近が獣道になっている．ランドマークとなる樹木の付近に罠が仕掛けられることもある（野中・高田 2004:40）．加えて樹木がつくる日陰は，猟法にかかわらず狩猟に行った際に仕留めた獲物を解体したり食事をとったり休憩したりするための場所として用いられる．
　以上のように，ランドマークとして用いられる樹種はそれ以外にも多様な用途がある．したがってこうした樹木はグイ／ガナの生活世界にさまざまな意味をもって立ち現れる．これを反映して，ランドマークとなる樹木は日常的な活動をふくむエピソードと関連づけられて記憶されていることが多い．たとえばコイコム近くの丘の中腹には「シルバーバウアーのケルー（$Silbabauamka\ kx'ēru$）」とよばれる3本の大きなケルーがある．この名前は，1950〜1960年代にグイの調査をおこなった人類学者シルバーバウアーがこの樹木の側に小屋を構えていたことに由来するという（野中・高田 2004:32）．このように，ランドマークとなる樹木はたいてい樹種をあらわす普通名詞にさまざまな限定辞がつくことで特定される．多くのグイ／ガナはそういった樹木の名前を共有しており，さまざまな文脈でそうした名前に言及する．以下は，クーチェ（$khûuts'í : Terfezia$ sp.）の採集のためコイコム付近を訪れた際にインフォーマントの間で交わされた会話からの抜粋である．

【例6】
K:"大きな2つのゴーン"の方へ俺たちは行くぞ
C:おう．その"2つ"の方へ
K:そこでそいつ（クーチェ）をサガそう

　この会話（章末付録1も参照）では，Kがまだ視界に入っていない「大きな2つのゴーン（$gŏō \| goasèra$）」というランドマークに言及して進むべき方向を示した．ここで「大きな2つのゴーン」の名前を構成する"$gŏō$"は樹木（$Acacia\ luederitzii$）の種名，"$\|goa$"は「平べったいところ」，"$sèra$"は女性名詞（双数）の接尾辞である．文字通りそこにはゴーンの大木が2本あり，中央にノネの木が一本生えている．日陰があって休憩に適しており，昔から多くの人が利用していたという．これに対してCは即座に「おう（ee）」と同意を示し，さらに近接をあらわす指示詞「その（/$n\acute{e}\grave{e}$）」と女性名詞（双数）の接尾辞"$sèra$"を用いて同じランドマークに言及している．これらは，「大きな2つのゴーン」というランドマーク，および一行が進むべき方向についての相互理解が速やかに達成されていることを示している．グイ／ガナがコイコムの付近にある「大きな2つのゴーン」を休憩などのために昔から用いてきたことを考え

れば，このやりとりにはなんの不思議もない．そしてこの日，私たちは「大きな2つのゴーン」の付近で昼食をとってから採集に出かけた．その時の経験が後にエピソードとして語られることもあるであろう．そうした語りを通じて，樹木やそれに関するエピソードは当の活動の参与者をこえて知られるようになる．樹木やそれに関するエピソード等の知識は，日常的な活動を可能にするための資源として用いられるとともに，日常的な活動を通じて蓄積されていくのである．こうした特徴は，次項でみる土地に関する知識にも通じる．

3-3 土地についての記憶と物語

　グイ／ガナが長距離を移動する際には，休憩したり宿泊したりするための経由地点がいくつか設けられる．場合によっては経由地点に数日間滞在することもある．ここで経由地点となるのは，たいていグイ語／ガナ語で疎林を意味するハウ（‖xau），あるいは水たまりを意味するクー（!kóo）を中心とする土地である（表1）．前項でみたランドマークとなる特徴的な樹木は，そうした経由地点の間に分布している．そこで筆者たちは，隣接する経由地点間をつなぐ点という意味をこめてランドマークとなる特徴的な樹木を「補完点」とよんでいる（野中・高田 2004:39–41）．

　グイ／ガナが長距離を移動する際のルートは，しばしば経由地点を列挙することで説明される．野中・高田（2004:37–38）では，インフォーマントが説明したコイコムからギョム（Gyom）への移動ルートを例示した．コイコムとギョムはいずれもかつてCKGR内の定住地であった．インフォーマントは直線距離にして約110km離れている両地点の間に13の経由地点をあげた．この移動ルートをロバに乗って行く場合，コイコムを朝に出発すると夕方には4つめの経由地点であるガーノー（|Gaa‖noo）に到着する．ここで一晩過ごし，翌朝出発するとその日の夕方にはギョムに着くという．この例からもわかるように，経由地点にはいくつかの語彙的な要素からなる名前（地名）がある．生活の舞台となってきたことを反映して，地名には命名の由来となったエピソード，たとえばその土地で生じたとされる人間関係，付近の自然環境の特徴などをたどれるものが多い．

　池谷（1989:318）は，カデのグイ／ガナへの聞きとりにもとづいて，グイ／ガナの生活域をひろくカバーした地名の分布図を示している（図2）[22]．この分布図で地名のついた地点は，本章でいう経由地点にあたる．この分布図について，池谷（1989:316–317）は次の特徴を指摘している．①住人おのおのが精通した方面において地名をつかんでいる．すなわちグイ／ガナの間でも，地名についての知識がある地域やそうした知識の程度には経験と関連した個人差がある．②地名のついた土地の分布は猟場のひろがりとある程度対応している．すなわちグイ語／ガナ語の地名がついた地点は，グイ／ガナが狩猟のために利用する土地の範囲とかなりオーバーラップし

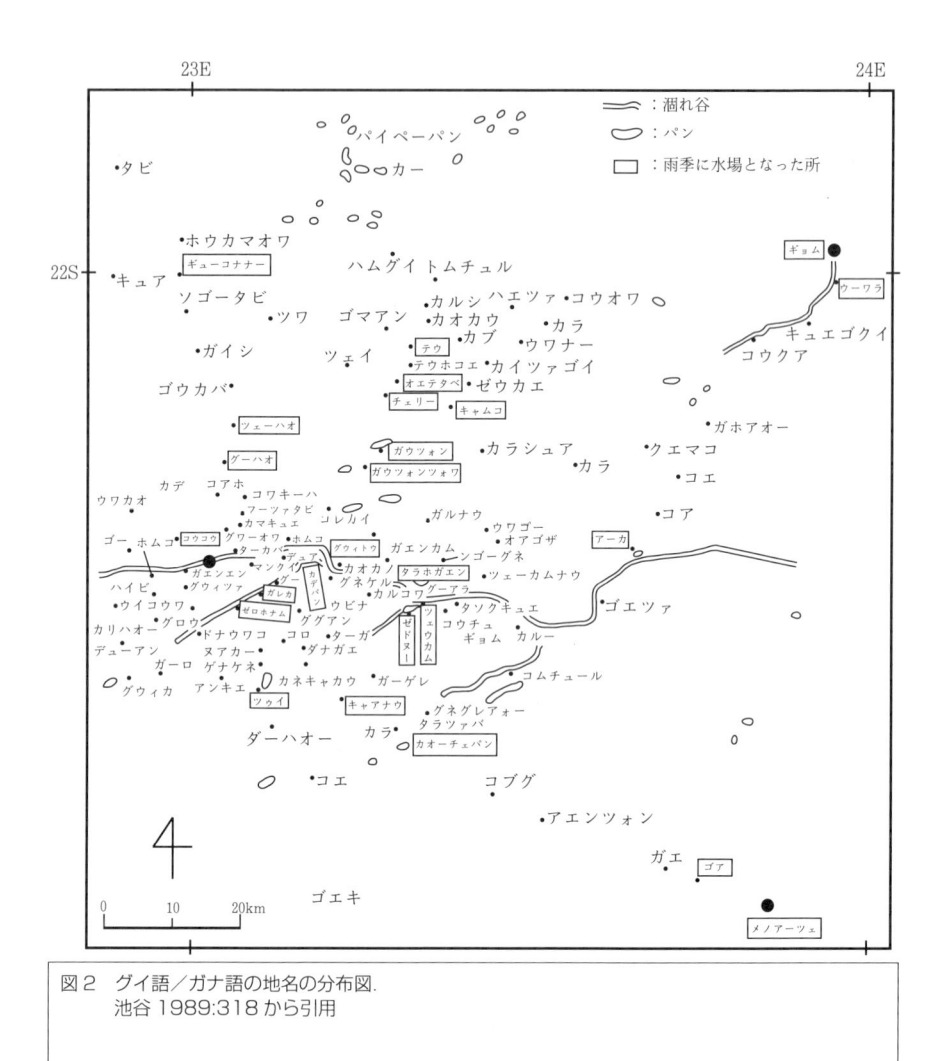

図2　グイ語／ガナ語の地名の分布図.
　　池谷1989：318から引用

て分布している．③パンの中心部で雨水のたまるところには，必ず地名がつけられている．④地名の中には，地形，植生，動物の分布を示したと推定されるものがある．このうち③と④は，前段落までの記述にほぼ対応する．

　加えて，この分布図からは以下の特徴も読みとれる．まず，隣接している地名のついた地点の間隔は，たいてい数km，ひろくてもせいぜい十数kmである[23]．これは先に示したように，こうした地名のついた地点が経由地点となって移動ルートを構成していることを示唆する．また，地名のついた土地の分布には地域によって粗密がある．とくにカラハリ砂漠を特徴づけているパンや涸れ川といった地形の付

近には，地名のついた土地が密集している．この点については 3-4 で考察をおこなう．

　グイ／ガナにとって，経由地点の中心となるハウ（疎林）やクー（水たまり）は，日常生活における資源獲得の場としてきわめて有用である．ハウの付近には食糧となったり，日陰をつくったり，建材や薪として用いたり，道具の作成や儀礼・治療のために加工したりするための植物が豊富にある[24]．また，狩りの獲物となる動物もハウを住処にしていることが多い．またパンの中心部にできるクーには，たまった水，堆積した塩，カルクリートなどを求めて狩猟の対象となる動物が集まる．こうした有用性から，経由地点となる土地は，たいていグイ／ガナが移動生活時にキャンプを構えたり，猟場としたりしたことがある場所だという．

　裏を返せば，移動生活時にキャンプを構えたり，猟場となったりしたことがない場所が経由地点に用いられることはあまりない．移動生活時のグイ／ガナは，頻繁に離合集散を繰り返しながら流動的なキャンプを形成していた．狩猟はたいていキャンプ地から 10 〜 15km ほど離れたところでおこなわれた．キャンプを構成する家族は親子関係やキョウダイ関係を原則としてつながっていた（Tanaka 1980:32,116-135）．このためひろい CKGR の中でも，実際に移動生活を送っていた地域には，親族関係で緩やかに結ばれたグループごとにかなりのばらつきがあった．池谷（1989）が示したグイ／ガナの空間認識の特徴のうち，①住人おのおのが精通した方面において地名をつかんでいる，②地名のついた土地の分布は猟場のひろがりとある程度対応している，という点は上記のばらつきおよびキャンプ地と猟場の位置関係から説明できるであろう．

　名前の由来となったエピソードをたどることができるという地名の命名法は，人名のそれを思い起こさせる．グイ／ガナでは，子どもの名前はたいてい出生時やその前後に起きたエピソードにちなんでつけられる．この命名法について詳細な民族誌的な報告をおこなった菅原（1997）によれば，グイ／ガナにとって人名は記憶装置（mnemonic device）となっている．いいかえれば名前の言語的な意味には記憶と歴史が封印されている[25]．同様の働きは地名にも認められるといえよう．

　表 3 はギョム付近の地名について，その品詞・語源，語意，位置（緯度，経度），インフォーマントが説明した地名の由来，現在の特徴を一覧にしたものである．ここからは地名の命名法に関する以下のような特徴がみてとれる．

　梶（第 2 部コラム）はトーロ語の地名が文法的に特徴的なふるまいをすることを指摘しているが，グイ語／ガナ語ではむしろ「こうしなければ名前とはみなさない」という厳格な文法的なルールが存在しないこと（菅原 1997:27-28）が特徴である．ただし，名前の命名法と緩やかに関連した品詞・語源の配列は認められる．たとえば表 3 では，菅原（1997:26-28）が個人名について指摘しているのと同様に，動詞＋名詞という順序のものがある（3, 8, 9）[26]．中でも 8 のコマガ（╪Kóma-ga）と 9 のケル

表3 ギョム付近の地名とその解説

1. コーベ（∣*Xôo-bè*） 品詞・語源：名詞＋動詞，あるいは動詞 語意：ゲムズボック＋恐れる，あるいは借りる 位置（緯度，経度）：21°06-231' S，023°59-549' E 地名の由来：「ゲムズボックを恐れる」，あるいは「借りる」から 現在の特徴：ギョムを中心とする集落の1つ．ガナおよびゴロコ（サンに含まれるグループの1つ）の十数軒の小屋からなる．農牧民の水場を利用させてもらっている．ヤギ飼養・農業をおこなっているが，狩りもするという．
2. ハロベ（*Xáro-bè*） 品詞・語源：動詞＋動詞 語意：盛る＋恐れる 位置（緯度，経度）：21°08-936' S，024°09-389' E 地名の由来：たくさんの人が訪れて贈り物をねだられ，食物を皿に盛るのを恐れた．ガナ語の"*xáro*"（スペード）に対応するツワナ語の地名（未確認）がついていたからという説もある． 現在の特徴：コーベ（∣*Xôobè*）よりも定住化傾向が強い．ガナおよびゴロコの十数軒の小屋からなる．農牧民の集落の一角に小規模な集落を構えている．ヤギ飼養・農業をおこなっているが，狩りもするという．
3. アークカマ（‖ʔ*Āā-ku-*‖*x̄ama*） 品詞・語源：動詞＋派生辞＋名詞 語意：喧嘩する＋相互＋ハーテビースト 位置（緯度，経度）：21°54-775' S，023°57-357' E 地名の由来：ピーシツォワゴあるいは昔のゴーコ2人がハーテビーストの肉をめぐって喧嘩をした． 現在の特徴：ギョム地域の居住地の1つ．今は人は住んでいない．遠方に河岸のような土手がある．
4. アバカオオアン（ʔ*Āba-!qxʼao-*∣ʔ*oā*） 品詞・語源：名詞＋名詞＋名詞 語意：犬＋首＋骨 位置（緯度，経度）：21°33-233' S，024°06-007' E 地名の由来：水場をつくっているときに犬の骨がみつかった． 現在の特徴：水たまりがある．

　カビ（*Cheru-*‖*kàbi*）では，動詞（ǂ*Kôma, cheru*）と名詞（*gaa,* ‖*kàbi*）が語意から推測される地名の由来についての文の述語，主語にそれぞれ対応している．この述語＋主語という順序は，文法的には可能であるが通常のグイ語／ガナ語の文ではあまりあらわれない（Nakagawa forthcoming）．このような配列は，菅原（1997:26-28）が論じたように，「名前らしさ」を醸しだす働きをもっているようである．

　地名の由来にまつわるエピソードには，いくつかの解釈がありうる．たとえば1のコーベ（∣*Xôo-be*）という地名は，「ゲムズボック（∣*xôo: Oryx gazella*）を怖れる（*bẽe*）」あるいは「借りる（∣*xôbe*）」という句に由来するのではないかといわれる．いずれに

5. ゾーコ（*Zoo-kôo*）
品詞・語源：名詞＋名詞
語意：（ロバなどの）ひずめ＋水たまり
位置（緯度，経度）：21°39-240' S，024°03-900' E
地名の由来：ひずめの後がたくさんある水たまり
現在の特徴：ゴル（*Aloe littoralis*），ケルー（*Albizia anthelmintica*）などの木がある．キャンプをはるのに適した場所．ナン（*Citrullus lanatus*）があれば，それを飲む．水たまりはない．

6. カオココアン（*Kx'áo-kò-ǁkôā*）
品詞・語源：形容詞＋派生辞＋動詞
語意：男である＋人＋降りる
位置（緯度，経度）：21°28-777' S，024°07-843' E
地名の由来：男が水場をつくるために立ち止まり，馬あるいはロバから降りたのだろう．
現在の特徴：水たまりがある．ケルー（*Albizia anthelmintica*）などの木があってその下でキャンプをはる．

7. ナームコ（ǀ*Nàa-m̀-*ǁ*kô*）
品詞・語源：名詞＋接尾辞＋派生辞
語意：胃＋男性／単数／所有格＋親
位置（緯度，経度）：21°45-835' S，024°01-345' E
地名の由来：喧嘩をした相手が妊娠中の女の夫でそれに言及した．これはピーシツォワゴの話ではなく，実在した人物の話だと聞いている．
現在の特徴：広々とした低地で，たくさんの動物がいる猟場．

8. コマガ（ǂ*Kôma-ga*）
品詞・語源：動詞＋名詞
語意：刺す＋器
位置（緯度，経度）：21°36-061' S，024°05-297' E
地名の由来：ここで妊娠中の女の体を刺して器で受けた．実在した人物の話だと聞いている．
現在の特徴：ゴル（*Aloe littoralis*）の木がたくさんある．

9. ケルカビ（*Cheru-*ǁ*kàbi*）
品詞・語源：動詞＋名詞
語意：はさむ＋アリ塚
位置（緯度，経度）：21°44-469' S，024°01-764' E
地名の由来：ピーシツォワゴがアリ塚を抱いてゆすったのだろう．
現在の特徴：水たまりはないが，ナン（*Citrullus lanatus*）があるので休息に適している．

しても，現在のコーベにはどの解釈が正しいかを決定づけるような特徴は認められない．

　また地名の由来にまつわるエピソードは，ピーシツォワゴとよばれる神話の世界のカミ（田中 1994:66）の仕業とみなされているものもあれば，実際に起こったエピソードをたどれるものもある．たとえば，3のアークカマ（ǁ*?Áā-ku-*ǁ*xāma*: 喧嘩する＋「相互」をあらわす派生辞＋ハーテビースト）という地名は，ピーシツォワゴあ

るいは昔に実在したゴーコ（成熟した人）がハーテビースト（‖xāma: Alcelaphus caama caama）の肉をめぐって喧嘩をしたことに由来するという．これに対して7のナームコ（｜Nàa-m-‖kò: 胃＋「男性／単数／所有格」をあらわす接尾辞＋「親（‖kōō）」から派生した増大形の派生辞）という地名は，聞きとりをおこなったインフォーマントのGと親族関係にある男性にまつわるエピソードに由来するという．Gによれば，その男性は妻が妊娠中だった時にここで喧嘩をして，その喧嘩の相手が彼（お腹の中の胎児の父親にあたる）について語ったエピソードからナームコという地名がついたそうである．

　こうしたエピソードからグイ／ガナの歴史を復元する試みもおこなわれている．たとえば池谷（2002）は，博物館等にある史料の収集と並行してグイ／ガナの口頭伝承を集録し，これらにもとづいてグイ／ガナの生業誌とこの地域の社会史とを統合する試みを進めている．ただし先の例から示唆されるように，地名の由来に関する説明には時，場所，人によってばらつきがある．また地名の由来が経験にもとづくとしても，語りはそれを不可避的に脚色していく．したがって，地名の言語的な意味を理解できても，それが実際にあった出来事をどの程度反映しているのかを確かめることは難しい（第2部コラム）．これをおこなっていくためには，可能なかぎりの史料を収集し，複数の口頭伝承を比較対照したり口頭伝承以外の情報源から作成したイベントテーブルと口頭伝承との関係を検討したりして情報を検証する過程が不可欠である．

　筆者はグイの相互行為に着目して研究を続けてきた菅原（1998）などにならい，そうした歴史の復元とは異なるアプローチ，すなわち物語によるリアリティの生成と知識の伝達というアプローチからグイ／ガナの記憶に迫ろうとしている．こうした観点から高田（2005:187-190）では，カオツィーという土地の近くに調査助手たちと狩りに行った際に収録した，その地名の由来に関する会話を分析した．この会話例ではカオ（‖qâo: 〜なしでいられない）・ツィー（ts'ii: お尻）という語意にもとづいて，狩りにも行かずにキャンプで女性の尻を追いかけてばかりいた怠け者で好色な男性についてのエピソードが語られた．この語りでは筆者が聞き手に回る一方で，3名のインフォーマントが1つのエピソードの話し手となり，話の流れをすばやく把握しながら協調的に話を進めていた．またインフォーマントは，韻律的な特徴を強調しながら物語の登場人物の発言を直接話法で表現していた．こうした発話の交代や話法にみられる特徴は，グイ語／ガナ語の複雑な子音やトーンのシステムを反映した音声のバリエーションと相まって，会話をリズミカルなものにする．そしてこれは，臨場感をもたらしたり記憶の働き（物語の内容を思いだしたり，覚えたりすること）を助けたりする．

　ただし菅原（1998:253-279）がいうように，3名のインフォーマントが共有していたのはむしろプロットの骨格であり，それをたどりなおす過程でその場の文脈をと

りこみ，聞き手との相互行為をおこないながら詳細が肉づけされていったのであろう．いいかえれば，骨格のみが共有されたプロットは，今，ここにおいて肉づけされなければ，形をとってあらわれることはできない．この点で，物語は語られる度に新たな生成の過程を経て実現するのであり，その過程にはリアリティが伴う．物語の登場人物は，語り手の言葉やジェスチャーを借りて，またそれに応答する聞き手の支えを得て姿を与えられる．したがって，物語の登場人物には「代理」と「行為体」という2つの意味をもつエイジェントというよび名がふさわしい．そして登場人物が今，ここの場でエイジェンシーを発揮するという点で，神話の世界のカミの仕業と実際に起こったエピソードの間に本質的な違いはない．登場人物は，われわれが線としての隠喩で理解しうる時間軸ではなく，目の前にひろがる舞台として理解されるべき仮想空間において生命を与えられている．つまり，地名の由来に関するエピソードは，文化的に共有されたプロットを足場にして，カミ・祖先・隣人をふくむエイジェントが遊技的な活動を繰り広げる舞台なのである．

3-4 生態系の概念化と行為

　グイ語／ガナ語には上で説明した疎林（ハウ）や水たまり（クー）をそのうちにいくつもふくむ，さらに広範囲の地形をあらわす概念がある．それは疎林や水たまりの連なりを指す，アエおよびカーとよばれる概念である．大まかにはアエは「パンの群」，カーは「涸れ谷」と訳される（表1）．グイ／ガナはしばしばアエやカーを通って長距離を移動する．たとえば，3-3で言及したコイコムからギョムへの道筋では後半に水たまりが隣接して連なっており，この部分は「1本のアエ」だという（野中・高田 2004:46）．したがってコイコムからギョムへ行く際には，後半はアエに沿って移動することになる．

　アエはしばしば次のように地名を列挙することで説明される．

【例7】
G：〜ゴーホロだろ，ゴーンだろ，コウコエだろ，わかるか，カーカバだろ，ホアムクーだろ，グイコアだろ
K：そう，それは小さなアエなんだ

　上であげられている土地（ゴーホロ，ゴーン，コウコエ，カーカバ，ホアムクー，グイコア）はいずれも水たまりを備えていて，あげられた順に隣接しているという．これらの土地が連なってアエとなる．カーもまた地名を羅列して説明される．そうしたカーを構成する土地はたいてい疎林を備えているようである．したがって，アエもカーも点在する疎林や水たまりを備えた土地が連なった線のようにとらえられ

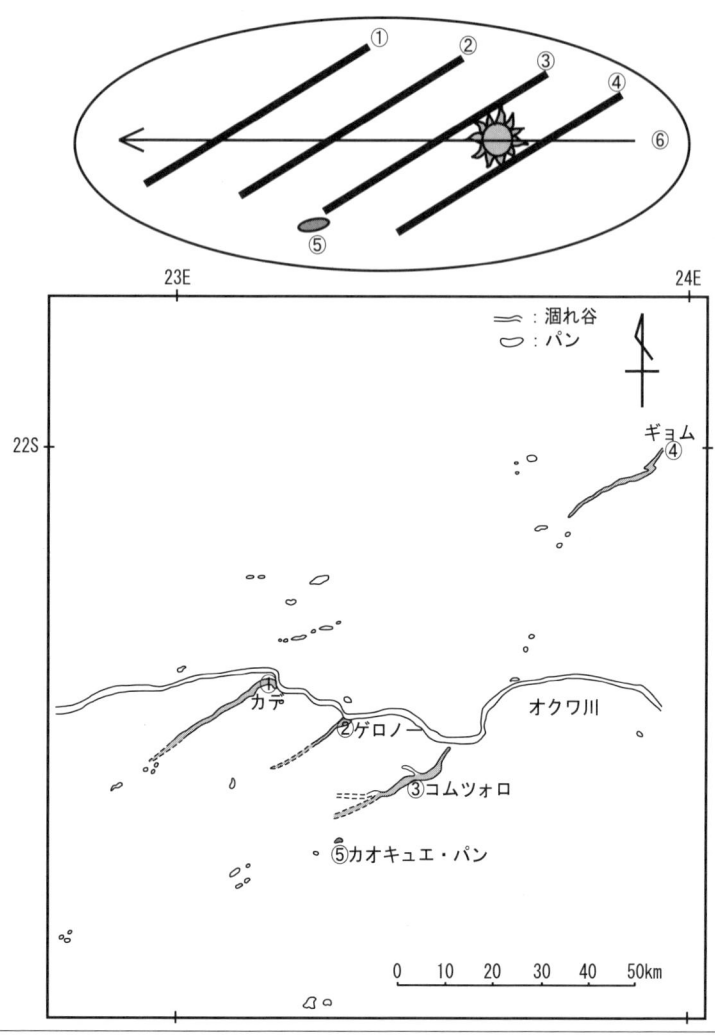

上図の説明
①カデ，②ゲロノー，③コムツォロ，④モラポ，⑤カオキュエ，⑥太陽の進行方向
＊①〜④は男性があげた各アエを代表する地名，モラポはギョムのツワナ名，
　⑤は男性の移動生活時の主なキャンプ，①〜⑥の番号，太陽，および説明は作者が付加

図3　グイの男性の描画に基づく線図とグイ／ガナの生活域の地形：
　　　上図は野中・高田 2004:47 から改変
　　　下図は Tanaka 1980:17 をもとに作成

ているといってよい．

　ただし，グイ／ガナはアエとカーにはいくつかの重要な違いがあるとみなしている．たとえば，アエはパンが間隔を空けて連なっていることが多い．そうしたパンの中心部には雨季にしばしば水たまりが形成される．これに対して，カーは中心部が凹状になった切れ目のない線として続いている．そして両岸には疎林が形成されることが多い．またアエの砂は硬いのに対してカーの砂は柔らかい．加えて，アエとカーでは生息する動植物も異なる．アエでは，固い砂地を好む植物[27]が多く生育する．そして，しばしばパンの表層にみられる塩や水たまりを求めて，ライオン(*Panthera leo*) やゲムスボック(*Oryx gazella*) などの動物がやってくるという．これに対してカーの中心部では，柔らかくかつ水分をふくんだ砂地に生育する植物[28]が多い．また両岸の疎林には，やや固い砂を好む植物[29]が生育する．さらに，こうした植生を好むスプリングヘアー(*Pedetes capensis*) やスティーンボック(*Raphicerus campestris*) などの動物が多く生息している．すなわちアエは「パンの群」，カーは「涸れ谷」と訳されるが，その意味内容にはそれぞれを構成する生態系のさまざまな特徴がふくまれるのである．

　グイ／ガナの生活域は，複数のアエあるいはカーによって構成される線図のようにあらわされることもある．図3の上図は，グイの男性が描いた砂上の絵をもとに作成した線図である．図の中にはその男性が住んでいたキャンプ地，4本のアエ，および太陽の進行方向の相対的位置関係が示されている．4本のアエには，それを代表するキャンプ地名がそえられている（野中・高田 2004:47）．さらに，グイ／ガナの生活域には1本の大きなカーがあるといわれる．

　こうした認識は，グイ／ガナの生活域となってきたカラハリ砂漠中央部の地形とほぼ対応している（図3の下図）．CKGRのほぼ中央部には，オクワ川とよばれる涸れ川が東西に延びている．オクワ川は涸れ川のうちではとくに大きいので，谷とよぶのがふさわしい．この谷の幅は約50mで谷底はまわりの平原と比べて数mの落差がある．ところによっては谷の幅が100m以上，落差が10mをこえるところもある．またコイコムを中心とするグイ／ガナの生活域では，川筋が3本，ほぼ平行に走っていて，オクワ川に注ぐ支流のような恰好になっている．これらの川筋は固い細かな土壌からなり，中にはカルクリートが露出して川床をつくっているところもある（Tanaka 1980:24-25）．おおまかには，上で示された認識のうちのカーがオクワ川，4本のアエのうち3本がオクワ川に注ぐ川筋，もう1本はギョムの付近にある川筋に対応していると考えられる．

　ただし，グイ／ガナは先に述べたようなアエやカーの特徴について認識を共有してはいるものの，ある環境にみられるそうした特徴にはさまざまな程度や変異がある．したがって，人や文脈によってどこまでをアエやカーとみなすのかは異なってくる場合があると考えられる．また，アエとカーはアーカやエステの付近で出会う

という（図1, 2）．そのあたりでは中心部が凹状になった地形が続くが，その中心部にはカーを特徴づける植生や柔らかい砂とアエを特徴づける水たまりとが交互にみられるという．

　アエおよびカーの概念がそれぞれの生態学的特徴からなる大きな理由の1つは，アエおよびカーの地形や動植物の分布などがグイ／ガナの生活において実用的な役割を果たしていることにあると推察される．この点では，アエやカーが狩猟や採集のために有用な生態系を形成することがとりわけ重要だと考えられる．先にみたように，アエを構成するパンにはその中心部の表層にみられる水たまりや塩を求めてゲムスボックなどの動物がやってくる．池谷（2002:101-156）が詳細に報告しているように，グイ／ガナのハンターが犬猟や騎馬猟をおこなう時は，水分の補給源となる野生のスイカの分布などを考慮しながら，そうした動物をねらってパンをいくつも回ることが多い．一方，カーの植生を好むスプリングヘアーやスティーンボックなどの動物は，涼しい時はカーの中心部で柔らかい草を食べ，暑くなってきたら両岸に形成されるハウに移動して休むのだという．そこでグイ／ガナは，しばしばカーの両岸のハウに罠を仕掛けたり，ハウをまわりながらスプリングヘアー猟など巣穴で休んでいる動物をねらった狩りをおこなったりする．

　実際に狩りをおこなう際に，どのようにカーが用いられているかみてみよう．以下は高田（2005:190-193）で報告した会話例にさらに分析を加えたものである．この時は，CKGRの境界付近にある，ホイパンという土地に出かけた（図1）．ホイパンは，カーの中に位置する．カーの岸に車をおき，筆者はインフォーマントたちと徒歩でスプリングヘアーをねらった狩りに出発した．この猟法では，長さ4mぐらいの鈎竿を使って巣穴の中で休んでいるスプリングヘアーを引っかける．さらにその真上から穴を掘り下げ，押さえつけた状態のスプリングヘアーを引っ張りだす（Tanaka 1980:35）．筆者たちは，カーを左手にみながらその岸を進み，ある大きなノネの木の付近でカーを横断して，対岸を往路とは反対方向に進んでいた．ただし，筆者はこの時点でもカーを渡ったことすら気がついていなかった．というのも，カーの起伏は比較的なだらかで，実際にその付近を歩いている時はどこで岸辺を離れたかよくわからなかったのである．また，インフォーマントたちは時には散開し，時には集まってきて，1つ1つの巣穴の付近に残された動物の兆候を調べたり，巣穴に鈎竿を差しこんだりしていた．こうして彼らは，巣穴にスプリングヘアーがいるかどうかを探るのに集中しているようにみえた．その間彼らは言葉少なで，彼らどうしでも移動経路について言及することはなかったと思う．以下はこの狩りの後半での会話からの抜粋である．

【例8】
　A（筆者）：車はどこにあるの？[1]

K:［こっちにそれはある］
G:［こっち，こっちにあの車は］＝(2)
K:＝こっちだ，あの俺たちの車は＝
G:＝それは止まっている

(1) この発話に続いて，KとGはいずれも後ろを振り向き右手で遠くを指した．
(2) Tは立ちあがり，右手でKやGと同じ方角を指した．

　車の位置をたずねた筆者の質問に対して，KとGは同時に，やや遅れてTもまた，直示的ジェスチャーを用いてほぼ同じ方向を指し示している．また続く行でKとGは，発話をオーバーラップさせながら類似の返答をおこなっている．すなわち3名のインフォーマントは，ジェスチャーおよび発話による回答を通じて即座に相互理解を達成している．これは，わかっていなかったのは著者だけで，ほかの人びとはとくに言葉を交わさなくても自分たちのいる場所を見定めながら進んでいたことを示している．その後さらにKは，筆者に向かって次のように移動の経路を説明した．

【例9】
K:この，［あの］高いノネ((のところ))で，あのたくさんの((ノネの木))があるとこで(1)
T:　　　　［この］
　　　　　(2.8)
K:あそこで俺たちは曲がって
A:ン，フーン
K:こっちに回って(2)，こんな風に来たんだ

(1) Kは指さしを続けながらAの方を向いた．Tは右手を降ろした．
(2) Kは弧を描くように右手を水平に動かし，胸の辺りにもってきた．

　ここでKは言葉による説明に加え，ジェスチャーを用いて一行が移動してきた経路について解説している．言葉による説明は，視界の開けた地点でおこなわれたことを反映して指示詞を多用したものとなっている．またこの説明では，「高いノネ」がランドマークとして言及されている．Kのジェスチャーは，やや小高くなったカーの岸辺から遠方にみえるノネの木を指し示し，カーの地形をなぞるという直示的ジェスチャー，および一行の動きを腕の動きで再現するというダイナミックな描写的ジェスチャー（depicting gesture）とを同時におこなうものとなっている．こうした移動経路の全体を観望したような説明が表明されたことは，Kが付近の地形および一行の経路とランドマークとの位置関係をよく把握していたことを示している．

以上のように，グイ／ガナがカーの周囲をまわりながら狩猟や採集に従事する際には，カーの地形は自分の相対的な位置を把握したり方向感覚を保ったりするための地理的な参照枠としても用いられる．ブッシュは草が深くて散開した時にはお互いの姿がみえなくなることもまれではないが，カーの地形を意識していれば，予定されている経路からの少々のズレは容易に補正できると考えられる．インフォーマントたちが言葉を交わさなくても，散開したり集まったりすることができる理由の1つはここにあるのであろう．

　またこのナヴィゲーション実践の例では，カーの地形に関する知識に加えて，3-1で論じた地表の状態についての知識と推論（障害物を避けて歩きながら，地表の状態を鍵として巣穴で休んでいるスプリングヘアーを探す），3-2で論じたランドマークとしての樹木（「高いノネ」）も併用されている．グイ／ガナにとって，長い間生活域となってきた CKGR 付近の自然環境の中を歩くことは，さまざまな「記号論的資源（semiotic resources）」（Goodwin 2000）にさらされることだといえるだろう．そして上でみたような言葉やジェスチャーは，グイ／ガナがそうした記号論的資源から特定の文化的な意味を選択しながら行為していることを示している．さらにここで表明された解説によって，普段は背景的な文脈となってグイ／ガナの日常的な活動を組織化しているような民俗知識が，経験の浅い筆者にも利用可能なものとなった．民俗知識にもとづく文化的な意味はこのようにして，活動がおこなわれた環境やその参与者の社会関係とのかかわりの中でそのつど展開あるいは生成されるのだと考えられる．

4 ●自然環境，民俗知識，相互行為

　前節では，グイ／ガナのナヴィゲーション実践を可能にする民俗知識が日常的な活動においてどのように用いられ，伝えられているのかを検討してきた．そうした議論からは，①グイ／ガナのナヴィゲーション実践を可能にしている民俗知識は，グイ／ガナの生活域における実際の行為と結びついたきわめて具体的な知識から構成されていること，②日常的活動における相互行為では，そうした民俗知識にもとづいた文化的な意味が選択され，活動の参与者にともに利用可能になっていること，③ここでいう文化的な意味を理解するためには，活動の参与者の視点から相互行為の場に立ち現れてくるリアリティの流れを追っていく必要があることが示唆される．この節では，この3点について説明を加えながら，自然環境，民俗知識，相互行為の相互反映性についてひろく論じてみたい．

4-1 グイ／ガナの生活域と民俗知識

　グイ／ガナのナヴィゲーション実践を可能にする民俗知識は，グイ／ガナが移動生活を送ってきたカラハリ砂漠中央部における自然環境と切り離せない．グイ／ガナがしばしば移動ルートとして用いたり，狩猟採集活動をおこなったりするアエやカーは，CKGRのほぼ中央部を東西に横切るオクワ川やその周囲に形成された川筋を概念化したものである．アエやカーは，地名のついた土地が連なって構成されている．こうした地名のついた土地は，たいていハウやクーを中心にひろがっている．ハウはパンの周囲や涸れ川の両岸，砂丘跡の稜線沿い，クーはパンの中心部などに形成される．いずれも動植物資源が豊富で，長い間グイ／ガナの生活の舞台となってきた．これはハウやクーの付近の地名に関するエピソードが，物語へと醸成されていることにあらわれている．ブッシュの中に点在し，多様な用途をもつ樹木もエピソードと関連づけて記憶される．これにより，特徴的な樹木をランドマークとして用いることが可能になっている．

　以上のような民俗知識は，カラハリ砂漠中央部における特定の自然環境を指示対象として概念化されたものである．それゆえ，グイ／ガナがその生活域の外にあったコエンシャケネに移住した直後は，これらの民俗知識が十分に利用できなくなった．一方，草や障害物の少ないポイントや動物の痕跡についての民俗知識はコエンシャケネの付近でも利用されている．地表の状態についての民俗知識は，カラハリ砂漠中央部の自然環境の特徴を基盤にもつが，比較的一般性が高いようである．したがって，コエンシャケネ付近では障害物を避けて移動したり動物の兆候を探ったりすることはできても，目的地までの移動ルートや自分がいるところとキャンプ地との相対的な位置関係を見定めることが難しい．コエンシャケネへの移住直後に道に迷うグイ／ガナが続出したのはこのためだと考えられる．

　こうした民俗知識のあり方は，グイ／ガナが長い時間をかけて広大なカラハリ砂漠中央部を自分たちの生活世界としてきたことを反映しているのであろう．グイやガナは大人になる過程だけではなく成人となった後も，さまざまな日常的活動を通じてその生活域における自然環境とのかかわりを密にしていく．特定の自然環境と多面的にかかわりその関係を深めていくという特徴は，カラハリ砂漠で移動生活を送っていたほかのサンのグループにもあてはまる．リーベンバーグのまとめによれば，サンの環境への適応形態は，居住域の生態学的な特徴によって異なる．その知識は地域に特有のものをふくむので，自分たちの土地ではその知識がゆるぎなくても，知らない土地では食料をみつけることができないかもしれない（Liebenberg 1990:52）．

　このような環境とのかかわり方は，グイやガナが頻繁に用いるノー（!noõ）という名詞の用法にもあらわれている．ノーは一般に「土地」と訳される．ただし，グイ

やガナにとってのノーはさまざまな文化的な意味が機能する特定の場所である．ここでいう文化的な意味とは，本章でみてきた野生動植物に関する鋭敏な洞察（田中 1994:50-82），水たまりや猟場の利用，居住と結びついたさまざまなルール（池谷 1989:312-318），そこで起こったとされるエピソードやそれに対する説明からなる昔話や民話（菅原 1998:239-279）といったものからなる．以下の会話は，例6でもみた採集行においてコイコム付近のカデ・パンを訪れた時のものである．

【例10】
G：おい，獲物が豊かだろ．このノーは
　（中略）
G：坊や，お前が（（コエンシャケネに））着いたらコパネ[(1)]にいってやれ
T：「そいつ（（スプリングボック））は背中を丸めて飛び跳ねていたよ」ってな，お前がみたことを
D：「ボクらは，そいつが立ち止まっている道 [を（（みたよ））」って＝
G：　　　　　　　　　　　　　　　　　　[エー，]「ボクはカデを（（みたよ））」って，これがカデだ
AC：これ…
G：みろ，あれを．肉が（（ノーの））中にいる，俺たちのノーの中に

　(1) "コパネ" はGの妻の父．AC には母方の祖父にあたる．

ここでインフォーマントたち（G，T，D）は，グイ／ガナが長年住んできた土地でスプリングボックがのどかに飛び跳ねている様子をみて，当時5歳だったGの息子のACに向かって興奮気味に話している．この獲物（Gは，スプリングボックを「肉」と表現している）があふれるように存在する場所こそが「俺たちのノー」なのだ，今実際に住んでいるコエンシャケネ付近には「俺たちのノーがない」，とでもいわんばかりである[30]．少なくともこの時点（2000年4月）では，コエンシャケネ付近にはランドマークとなる樹木や名前のある土地が少なく，グイ／ガナにとっては「文化的な意味」がうすかったのである．

4-2　文化的な意味の選択と利用

　ただし，民俗知識をいくら羅列しても，グイ／ガナの日常実践にあらわれる文化的な意味を正しく理解することはできない．文化的な意味は，民俗知識を背景とし，自然環境に埋めこまれた社会的相互行為によって現出する．グイ／ガナの言葉の使用法からは，1つ1つの行為において特定の文化的な意味が選択されていることがみてとれる．例1では視界の悪いブッシュの中にも「道（$dáo$）」があること，その道

は「きれいな空間（*qhǒro*）」の方にあって，カリの木の方では道が「ふさがっている（ǂʔám）」ことが言明されている．

【例1（再録）】
　G：きれいな空間（の方）に．ワシらは（（こっちには））行かない．そのカリ⁽¹⁾の木々の方は道がふさがっている

　　（1）Gは右前方を指していた右手を下ろした．

　こうした言明によって，聞き手はグイ／ガナが整理したブッシュの見方，すなわち「道」とそうでないところとしてみる見方が利用可能になる．視界の悪いブッシュは，「道」という枠組みを与えられることで文化的な景観として立ち現れるのである．文化的な意味の選択は言葉だけではなく，ジェスチャーによってもおこなわれる．

写真2　例9でK（白いシャツを着た男性）がおこなったジェスチャー．
　　　　Kは弧を描くように右手を水平に動かし，胸の辺りにもってきた

【例9（抜粋，再録）】
　K：こっちに回って⁽¹⁾，こんな風に来たんだ

　　（1）Kは弧を描くように右手を水平に動かし，胸の辺りにもってきた．

　例9でKが示した水平に弧を描くようなジェスチャーは，Kの発話からも明らかなように一行の移動経路をあらわしている（写真2）．ただし，一行がスプリングヘアーの巣穴を探りながら移動した実際の経路を厳密に再現するのではなくて，かなり要約したものとなっている．水平に描かれた滑らかな弧は，「岸辺をしばらく進んだ後にカーを横断し，対岸を反対方向に進む」という動きを示したといえよう．カーの地形についての理解やそれを利用したプランがなければ，このように一行の経路を要約してすぐにその動きを示すことはできない．

　文化的な意味は，言葉やジェスチャーによって提示されることでその場にいるほかの参与者にも利用可能になる．これは一見当たり前の指摘だが，直接的な教示に

写真3　K（中央）とG（右）がおこなったジェスチャーおよびそれに続けてT（左）が行ったジェスチャー（例8）．KとGは右手で遠くを指した．続けてTはKやGと同じ方角を指した

よらない「間接的」な知識の習得（Liebenberg 1990:43,69）が起こっているとされる過程について考察していくうえでは重要な出発点となる．このことを示すために，文化的な意味をほかの参与者が利用する方法の例をみてみよう．例8では，KとGの発いおよび直示的ジェスチャーにやや遅れて，側にいたTが両者とほぼ同じ方向を指した．

【例8（抜粋，再録）】
A（筆者）：車はどこにあるの？[1]
K：［こっちにそれはある］
G：［こっち，こっちにあの車は］=[2]

(1) この発話に続いて，KとGはいずれも後ろを振り向き右手で遠くを指した．
(2) Tは立ちあがり，右手でKやGと同じ方角を指した．

KとGはそれぞれ推定40代，60代の壮年および老齢の男性である．これに対してTは20代の若者である．若くしてコエンシャケネへと移住したTは，伝統的な生活域での移動経験の豊富さの点では長年に渡って移動生活を送ってきたKおよびGに及ぶべくもない．

　3行目のTの直示的ジェスチャーは，KやGの発話および直示的ジェスチャーと同様に筆者に自動車の位置を示している．Tの立っていた位置や姿勢，3行目のジェスチャーのタイミングからいって，彼が先行する行為を見聞きしていたことは明らかである（写真3）．したがってTは，KとGに習って，もしくは両者をまねて同じ方角を指し示したと考えられる．あるいはTはKやGが示した言葉やジェスチャーを筆者に自動車の位置を伝えるための資源として利用したといってもよい．このように，日常的な活動における言葉やジェスチャー（さらには参与者の姿勢や配置など）は文化的な意味を選択し，参与者に利用可能にする．

　ここで注目したいのは，Tはこの指し示しによってKおよびGと同じく筆者に教示する立場にたつと同時にKおよびGと共通のものの見方をその場に開示して

いることである．調査者である筆者に車の位置を示すために，TとKやGとの間の経験の差異はいったん背景に退き，3名のインフォーマントは共通のものの見方を示すことで1つのまとまりを形成している．調査者に車の位置を示すという目的は，別の文脈では獲物を追いつめたりキャンプに到達したりすることにおき換わると考えられる．いずれにせよ，日常実践における相互理解は，ある目的を達成するために遂行され，開示される．そしてやや逆説めいたいい方をすれば，「間接的」な知識の習得は日常的な相互行為場面における直接的な相互理解の達成によって実現しているのである．

これまで多くの研究者が，カラハリ砂漠の自然環境に関する民俗知識は，形式的な教育のシステムではなく，移動生活にまつわる日常的な活動を通じてグイ／ガナに共有されるようになると論じてきた（たとえば，Tanaka 1980, Liebenberg 1990）．言語やジェスチャーなどの使用法およびそれがおこなわれる環境の構造に注目しながら，1つ1つの行為を今まさにその相互行為が進行している時間的流れの中に位置づけることで，こうした知識伝達のあり方をより具体的な分析の俎上に載せることが可能になると考えられる．

4-3 リアリティの流れ

相互行為の連鎖の中で文化的な意味が展開し，リアリティが生成される過程を分析することは，グイ／ガナの民族誌的な特徴を参与者の視点から理解しようとする試みでもある．それは，「人びとが生活するなかで経験するアクチュアリティによりそい，あくまで実践の地平にとどまって，実践が生成する場でありリソースであるマテリアリティそのものに留意しつつ社会空間を記述しようとする（第3部10章）」ことをめざしている．一連の研究をさらに発展させていくためには，こうした試みがとくに必要となる．ここでは，こうした試みによって説明するべきグイ／ガナの民族誌的な特徴を指摘し，予備的な分析を提示することでむすびに代えたい．

例8で筆者が車の場所をたずねた時には，筆者はすでに自分が立っている場所と車をおいた場所との位置関係がわからなくなっていた．これに対してKとGは速やかに，しかもほぼ同時に直示的ジェスチャーおよび近接をあらわす指示詞 "/née" を用いて車の場所を指し示した．さらにその後Kは，右手で水平に弧を描いて胸の辺りにもってくるというジェスチャーで一行の移動経路を示した（例9参照）．こうした回答は，KやGには周辺の景観を構成するさまざまな要素とその相対的な位置関係が，彼らの身体を中心としたパノラマのようにひろがって立ち現れていたことを示唆する．ルロワ＝グーラン（Leroi-Gourhan 1964/1973:315-318）の言葉を用いれば，KやGは一行が巡回し，踏破してきた道筋を，自分の身体から放射状にひろがる空間の中で視覚的に確認していたのであろう．

また野中・高田（2004:48-50）で報告したように，グイ／ガナは空間移動をおこなう時，目的地や目標物に向かって「まっすぐ行く」と語る．これは「回ったり，曲がったりすると迷ってしまう」からである．そして，まっすぐに進み続けるためには「頭を働かせ」，目的地や目標物をしっかりと「望む」ことが大切だという．野中・高田（2004:48-50）ではこれを次のように考えた：グイ／ガナは「目標に向かって直線的に進む」というプランを使用しており，実際の移動はこのプランとのズレを調整しながらおこなわれる．

グイ／ガナの生活世界の構成という観点に立てば，上の言葉やジェスチャーの使用法には上記の分析だけでは語りつくせないグイ／ガナの空間認識の特徴が凝縮されてあらわれている．この点について考察を進めるうえでは，ナレ（!nàre: 感づく）という概念をグイの信念世界の中核に位置づけた菅原（1998）の分析が示唆的である．菅原（1998:309-311）の語意分析によれば，ナレとは「Xの影響を受けて，（あるいはXを感づいて）平常と違ったことをする」ことと定義できる．菅原によれば，

> グイの身体が＜ともにある＞仲間たちをつねに「感づき」あっているのと同様に，グイの五感は原野をさまざまに「感づき」，身体はそれに影響される．……原野へと向かう旅は，またグイにとって「自然」とはいったいなんであるのかを問う探求になるであろう（菅原1998:316）．

すなわちグイ／ガナは，日常的活動の中でその場に立ち現れてくるさまざまな「記号論的資源」に注意のアンテナを張り巡らせ，それを鋭敏に「ナレ」すると考えられる．例8および例9における指示詞やジェスチャーの示し方は，「俺たちのノー」であるホイパンのカーの付近では，行為者の生活世界がその身体を中心として文化的意味の網の目で覆われた面のようにひろがっていることをあらわしている．

そして目的地や目標物をしっかりと「望む」という言葉には，眼前にひろがっている景観からそこにある事物の姿だけではなく目前に差し迫った可能性をも感じとろうとしていることがあらわれている．それは寺嶋（第1部1章）が論考している，「告げるもの」として鳥をみることにも通じる認識のありようである．また北村（第1部2章）は，環境と行為とを関係づける直接的な知覚に人間の活動に共通する基本的特性を認めつつ，その一方で人間が時としてみせる環境との関係づけの「過剰さ」のなかに彼が考察の対象としている「東アフリカ牧畜民」の独自性を追究している．景観から目前に差し迫った可能性をも感じとろうとするグイ／ガナは，北村が論じている東アフリカ牧畜民とは大きく異なったやり方で，環境との関係づけの「過剰さ」をその空間認識に顕在化させている人びとだともいえよう．

さらに先に述べたように，樹木や地名の由来に関するエピソードは，相互行為を通じてそのプロットの骨格がよび起こされ，肉づけされる．こうして物語が生成さ

れる過程ではしばしば景観も「記号論的資源」となっている．些細なものごとへの感づきを触媒として，その登場人物は目の前の仮想空間におけるエイジェントとしてのふるまいをはじめる．この点でグイ／ガナにとっての過去は，未来と対称的に位置づけられるのではなく，むしろそれと類比するべき関係にあるといえよう．すなわち，グイ／ガナの過去に対する眼差しは，未来に対するそれと同じく眼前に向けて投射（プロジェクト）されたものなのである．

こうしたものの見え方・見方は，グイ／ガナの相互理解の基盤となっている．そして，日常的な活動における1つ1つの言葉やジェスチャーなどがどうしてその時にそのように示されたのかを分析していくことで，本章で考察してきたグイ／ガナの生活世界は私たちにも理解可能になると考えられる．

付録1：会話例

【例1[30]】
G：qhŏro　　(-sì　　kà)　　ʔâte　　cua　　kôõ,　|qhari (1)　-ʐì　xò　　dâo -sà　ǂʔám
　　clear space-f:s:G PP(toward) 1:c:p(in):N NEG go　　　-f:p:G PP(plc) way-f:s:A be blocked
　　きれいな空間（の方）に．ワシらは（（こっちには））行かない．そのカリの木々の方は道がふさがっている

(1) G は右前方を指していた右手を下ろした．

【例3】
A（筆者）：tse　　xa　　môõ?
　　　　　 3:m:s:N POS see
　　　　　 あんた，みえるのか？
　　　　　 (0.2)
K：ae　|gébi-m̀　　kà　　dâo-sì,　|nêê (1)(.) ʔâba-[m̀　　dâo] kùa　　ʔii
　　jackal-m:s:G PP(pos) way-f:s:N DEM(near) dog-m:s:G way ASP(sta) appear
　　ああ，ジャッカルの足跡だ，これが(.)イヌ[の足跡]みたいだ
A：　　　　　　　　　　　　　　　　　　　　　　[e he:i]
　　　　　　　　　　　　　　　　　　　　　　　　ADV
　　　　　　　　　　　　　　　　　　　　　　　　[エヘーイ]

(1) K は屈んで右手を伸ばし，人差し指で地面に残されたジャッカルの足跡を指した．
　　さらに，ジャッカルの足跡にかぶさるように伸びていた草を払い，また足跡を指し

示した．

【例 5】
G：*a he:i*　　*ʔáa*　　‖ *kâra (gao) ʔáa*　|*gēi -sì*　‖ *kâra -sì hi-cìre ʔî-tsòo*　　*ʔáa*　　-*xò*
ʔí-tsòo　　*ʔáa*　　‡*qxʼóra*　-*há*　-*m̀*　　*kà*
　　　INT　DEM(far)　　big　DEM(far) tall DRV(adv)　-f:s:N　　2:m:d:N DEM(far)-PP(plc)
2:m:d:N　DEM(far) straight PER　-m:s:G　PP(toward)
アヘーイ．あのカラの（大きな）木，あの大きなカラの木があるだろ．それでお前らは
あっち（(i.e., カラの木の方)）に，お前らはあっちにまっすぐに（(行って)）

【例 6】
K：*gŏõ*　‖*gôa -sèra*　-*za*　　*ʔá-* ‖ *kàe*　　*kôõ*
　　　wide-f:d:A PP(dir) 1:m:p(in):N　go
"大きな 2 つのゴーン"の方へ俺たちは行くぞ
C：*ee*　　|*néẽ -sèra*　　*za*
　　INT DEM(near)-f:d:A　PP(dir)
おう．その"2 つ"の方へ
K：‖*náã -mà*　　　*ʔèsa*　　*tseekà*⁽¹⁾
　　 ADV- m:s:A　3:f:s:A forage
そこでそいつ（クーチェ）をサガそう

(1) "*tseeka*" は「探す」という意味のツワナ語．

【例 7】
G：〜 !*Gòoxõro -sì*　　*héẽ, Goõ -sì*　　*héẽ,* |*Xoukhôe -bè*　　*héẽ,*　*koam*　‖ *Kàa*|*xâba -sì*　　*héẽ,*
　　Xoamkuu -sì　　*héẽ,* |*Gúi*|*kòa -sì*　　*héẽ*
　　　　　　　　 -f:s:N do　　　-f:s:N do　　　　　 -m:s:N do　conceive　　　　-f:s:N do
　　　　　　　　 -f:s:N do　　　-f:s:N do
〜ゴーホロだろ，ゴーンだろ，コウコエだろ，わかるか，カーカバだろ，ホアムクーだろ，
グイコアだろ
K：*ae*　　‖*náã* |*qxʼare -m̀* |*ʔâe* |*kòa -mà*　　*àa*
　　INT ADV　small-m:s:G　　DIM-m:s:A come
そう，それは小さなアエなんだ

【例8】

A（筆者）: *kone -sì   máã   da   háã* [1]
　　　　　car-f:s:N INTERR PP(dir) be
　　　　　車はどこにあるの？

K： [|*néẽ   ʔèse   ciẽ*]
　　DEM(near) 3:f:s:n stop
　　［こっちにそれはある］

G： [|*néẽ |néẽ   ʔáa   kone -sì   ẽ*] = [2]
　　DEM(near) DEM(near) DEM(far) car-f:s:N PTC
　　［こっち，こっちにあの車は］＝

K： = |*néẽ   ʔáa   ʔá-‖kàa   kà   kone -sà* =
　　DEM(near) DEM(far) 1:m:p(in):G PP(pos) car-f:s:A
　　＝こっちだ，あの俺たちの車は＝

G： = *ʔèse   ciẽ*
　　3:f:s:N stop
　　＝それは<u>止まっている</u>

(1) この発話に続いて，KとGはいずれも後ろを振り向き右手で遠くを指した．
(2) Tは立ちあがり，右手でKやGと同じ方角を指した．

【例9】

K： |*néẽ   [ʔáa] |nŏne !kâo-m̀   ʔáa   gúri -sì   háã xò* [1]
　　DEM(near) DEM(far) tall-m:s:G DEM(far) many DRV(adv) be PP(plc)
　　この，［あの］高いノネ（(のところ)）で，あのたくさんの（(ノネの木)）があるとこで

T：　　　　　[| *néẽ*]
　　　　　　　DEM(near)
　　　　　　　［この］

　(2.8)

K： *ʔáa   xò   xa   ʔá-‖kàe   dōre*
　　DEM(far) PP(plc) FOC 1:m:p(in):N turn
　　あそこで俺たちは曲がって

A： *mh:m*
　　INT
　　ン，フーン

K： |*néẽ   xò   kâma* [2] |*néẽ   tana   àa*
　　DEM(near) PP(plc) turn   DEM(near) like   come
　　こっちに回って，こんな風に来たんだ

(1) Kは指さしを続けながらAの方を向いた．Tは右手を降ろした．
(2) Kは弧を描くように右手を水平に動かし，胸の辺りにもってきた．

【例10】
G： ʔàbi   ʔezì |xae   xa |néẽ   noõ   ʔóo   ʔò   wà
    3:m:s:N 3:f:p:N good EMP DEM(near) land inside DRV(plc) PP(in)
    おい，獲物が豊かだろ．このノーは
(中略)
G： táte[1]   tsàm   hẽẽ   sii   yà   Kopane[2] -mà   buuri
    Dad   2:m:s:N   future(today) arrive PTC   -m:s:A say
    坊や，お前が((コエンシャケに))着いたらコパネにいってやれ
T： ʔàm   xò   meẽ   hẽẽ   ǂkaoko[3]   ʔáa   tsá   koma[4]   môõ   kà
    3:m:s:G PP(con) say   future(today) jump   DEM(far) 2:m:s:N   EVI   see   CNJ
    「そいつ((スプリングボック))は背中を丸めて飛び跳ねていたよ」ってな，お前がみたことを
D： ʔá-||kàe   kua   ʔàm   cie   dâo   [ʔò]
    1:m:p(in):N ASP(prog) 3:m:s:G stop   way   PTC
    「ボクらは，そいつが立ち止まっている道を((みたよ))」って＝
G：   [ee,] meẽ   cie   cì   sa   !Q'āre[5], |néẽ
    !Q'āre-ṁ   xa   ʔii
                                    INT say 1:m:s:N ASP(hab) 2:f:s:A DEM(near)
    -m:s:G FOC appear
                                   ［エー，］「ボクはカデを((みたよ))」って，これがカデだ
AC： |néẽ
     DEM(near)
     これ…
G： môõ   ʔáa |xáa-zì   ʔóo   ʔò   wà   háã   ʔáta   kà   noõ -sì   -wà
    see DEM(far) meat-f:p:N inside DRV(plc) PP(in) be 1:c:p(in):G PP(pos) land-f:s:N PP(in)
    みろ，あれを．肉が((ノーの))中にいる，俺たちのノーの中に

(1) "tate"は，「父」あるいは「年輩の男性」への敬称．父から子どもに話しかける時にも使う．
(2) "Kopane"はGの妻の父．ACには母方の祖父にあたる．
(3) "ǂkaoko"はテベ(カラハリや黒人一般を指す語)のように，腕を大きく振って歩くこと．スプリングボックが背中を丸めて飛び跳ねている様子にも用いる．
(4) "koma"は伝聞法を示す．"ʔàm xò meẽ hẽẽ ǂkaoko"の部分が引用文になっている．
(5) ここまでは前文の続きで引用文．"|néẽ"以下はGが直接ACに向けていった言葉．

注

1) サンはほかにもさまざまな呼称でよばれるが,いずれの呼称にも歴史的な文脈を反映した問題点があることが知られている(たとえば,Gordon and Douglas 2000:1-12).ここではこうした議論を認識したうえでサンを採用する.サンという呼称は牧畜を主な生業としてきたコイコイ(Khoekhoe)からの他称を語源とするが,現在では国際的な政治や研究の文脈でもっとも一般的に使われている.
2) グイおよびガナというのはいずれも彼/彼女らの自称である.
3) さまざまな権力とのかかわりを反映したサンのエスニシティの変遷については高田(投稿中ab)を参照.
4) コイサン諸語は3つの語族からなるとする理解にそくせば,グイ語とガナ語はいずれも中部コイサン語族に分類される.中川(1997:34)によれば,両言語は系統的にも類型論的にも非常に近い.後述するカデ地域では,両言語の話者がお互いに自分の言語でコミュニケーションするというデュアル・リンガリズムが確認されている.本章でのグイ語とガナ語の原語の音韻表記は,できるだけ Nakagawa(1996)の正書法にしたがった.
5) ただし,近年の社会変容はグイとガナの間に考慮すべき政治経済的またアイデンティティの差異を生みだしてきている(高田 2002).
6) 毛管現象によって地下水が上昇,蒸発する際に,地下水に溶けこんでいた物質が地表付近の土壌や堆積物中に集積して形成された固い風化殻のこと.
7) 田中(1994)で述べられているように,近年の定住化政策によってできた集住地とその周辺は,大量の樹木の伐採や人の踏みつけ,家畜の放牧などによって植生に乏しく砂地の露出した裸地が多いという特異な景観を呈している.
8) この色の変化は酸化鉄の量の多少によるとされる.
9) グイ/ガナの生業活動については Tanaka(1980:30-78)および池谷(2002),社会構造については Tanaka(1980:93-135),デモグラフィについては Tanaka(1980:80-88),ライフサイクルについては菅原(1998:51-64),社会変容については田中(1994:113-184)および池谷(2002)を参照のこと.
10) 本章の目的との関連では,この移動生活の特徴は次の4点にまとめられる(Tanaka 1980, Silberbauer 1981):①野生の動植物資源に依存した狩猟採集活動に生計基盤をおいていた,②核家族を基本単位として頻繁な離合集散を繰り返しながら,1〜20ほどの核家族からなる流動的なキャンプ(生活集団)を形成していた,③キャンプ地は1〜数週間ごとに移されていた,④階層的な社会組織をもたず,重要な食物はキャンプの隅々にまで平等に分配されていた.
11) 行政地名はカデ(Xade).
12) 行政地名はニューカデ(New Xade).
13) コエンシャケネでは,2km四方ほどの居住区に400軒近い小屋が建ち並ぶ.居住区とその周囲の農地に1000人以上のグイ/ガナが密集して住んでいる.グイ/ガナ以外をふくめると人口はさらに多くなる.伝統的な生活域へのアクセスが難しくなるとともに,狩猟採集から供給される食料の質や量は低下した(高田 2002:92-93,97-98).CKGRの住人がリザーブの外に移住したプロセスやその背景,要因に関しては,池谷(2001)が詳しく解説している.
14) スティーンボック(*Raphicerus campestris*),アードバーク(*Orycteropus afer*),クーズー(*Strepsiceros*

strepsiceros），ヤマアラシ（*Hystrix africae-australis*）など.

15） ゲムスボック（*Oryx gazella*），エランド（*Taurotragus oryx*），キリン（*Giraffa camelopardalis*），ライオン（*Panthera leo*）など.

16） 直示的ジェスチャーは，時間的・空間的な隣接性によって指示対象を示す．その典型例としては指さしがある．一方，描写的ジェスチャーの意味は，ジェスチャーにおける身体の動きと指示対象との形の類似性にもとづいている（喜多 2002:2）.

17） 会話例では，＝はそれで結ばれている発話が途切れなくつながっていること，［ ］で囲まれた隣接する発話はそれらがオーバーラップしたこと，（( )）で囲まれた語句はそのつど必要な注記，( )で囲まれた語句は聞きとりが不確実かもしれないことを示す．ただし，( )で区切られた数字はその秒数の沈黙を示す．声の強調は下線，さらに大きな声での発話は大文字で示す．書き起こし方法の詳細については Sacks ら（1974）を参照.

18） 一方，しばしば語られる俗信に反して，視力とナヴィゲーション技術やトラッキング技術との関係は間接的なものである．筆者の未発表データによれば最小分離域から測定されるグイ／ガナの視力はよい，ただしほどほどに．そして，実際に動物をみつける能力はこうした視力とは完全には相関していない.

19） たとえば 2002 年には，これまで積極的に採集をおこなってきた年配の女性 2 人が採集に出かけて迷った．この時は，2 人は自分たちの足跡をたどって来た道を戻り，しばらくして無事に知人の家に着くことができた．このように，グイ／ガナがブッシュで道に迷った場合は，自分たちの足跡をたどって来た道を戻ることが多い．また，行方不明になった者の捜索もその足跡をたどることでおこなわれる．同様の報告は，ほかのサンのグループでもみられる．たとえば Blurton-Jones ら（1994:202-204）は，ジュホアンでの聞きとり調査にもとづいて，道に迷った女性が自分の足跡をたどってキャンプ地に帰り着いた事例，大人が行方不明になった子どもの足跡をたどってその子らを探しだした事例を報告している.

20） コンはグイやガナと居住域が隣接しており，やはりサンを構成するグループの 1 つである.

21） 今村（2001:176-178）によれば，グイ／ガナでは本来「治療」や「薬」を意味するツォー（*tsôo*）という概念に儀礼もふくまれる．これは，グイ／ガナにとって治療・儀礼をおこなうことにはパフォーマンス的な要素が少なく実用的な比重が大きいことと関連している.

22） さらに最近では，エスニック・グループとしてのサンの権利の向上をめざして 1992 年に設立された NGO である First People of Kalahari が，サンが伝統的に自然資源を利用してきた土地を示す地図の作成を通して，サンがこの土地の先住民であることを実証しようとしている（池谷 2001:514-515）．これによって，グイ／ガナのより詳細で正確な地名の分布が明らかになることが期待される.

23） この分布図は，現在のように軽便で安価な GPS などの調査用具が入手困難であった時期に，歩いて方角や距離を推定し，位置を地図上にプロットしていくことで作成された（池谷私信）．したがって，精密な緯度や経度は測定されていないが，各地点間の相対的な位置関係，また通常の地図でも同定されている涸れ川やパンといった地形と各地点との大まかな位置関係は考察に値すると考えられる.

24） こうした植物利用の詳細は Tanaka（1980:40-42,56-57），Imamura-Hayaki（1996:63-66），今村（2001:179-182）などを参照.

25） 菅原（1997）は個人名の機能として，ここにあげた意味機能のほかに表示義（名前はどんなかたちであれ，ある個体を指示する）および共示義（名前は個人名の体系のなかで，ほかの名前と対立しあって特有の位置価をもつ）をあげている．本章では，菅原（1997）でももっ

とも多くの紙数を費やして論じられている名前の意味機能に焦点を当てる．
26）ただし，例の数が少ないので一般的な傾向について論じることはできない．
27) ケルー（*kx'ēru: Albizia anthelmintica*)，ゴーン（*!gōõ: Acacia luederitzii*)，カリ（‖*qhari: Acacia nebrownii*)，コイ（‖*xói: Tylosema esculentum*）など．
28) ガー（‖*gâa: Terminalia sericea*)，カラ（!*kàra: Ochna pulchra*)，カムツァ（‖*kàmts'a: Lonchocarpus nelsii*)，コム（*kx'óm: Grewia flava*)，カネ（‖*qáne: Grewia retinervis*)，ナンテ（‡*năn‡ke: Bauhinia petersiana*)，ノークリ（!*nŏõ‡kūri: Grewia avellana*)，カーン（*qâã: Acanthosicyos naudiniana*）など．
29) ケルーやゴーン，カラ（‖*kára: Acacia erioloba*）など．
30) 「グイ／ガナのノーがない（‖*gui / ‖gana-kô-m̀ !noõ-bè hââ cie*)」あるいは「グイ／ガナのノーではない（‖*gui / ‖gana-kô-m̀ !noõ cii ci*)」という言いまわしは，グイ／ガナがよく知らない土地に対してしばしば用いる表現である．
31) 略語は以下をあらわす: ADV;副詞, ASP;相（hab-習慣, prog-進行形, sta-状態), CNJ;接続詞, DEM;指示詞, DIM;指小辞, DRV;派生語（adv-副詞的), EMP;強調, EVI;伝聞, FOC;焦点, INT;感嘆詞, INTERR;疑問詞, NEG;否定, PER;完了, 人-性-数-接尾辞は略語の組合せで示す（たとえば, -f:p:G), ただし m:f:c は男性：女性：共通, s:d:p は単数：双数：複数, N:A:G は主格：目的格：所有格), POS;可能, PP;後置詞（dir-方向, plc-場所, pos-所有), 代名詞は略語の組合せで示す（たとえば, 1:c:p (in) :N), ただし 1:2:3 は一人称：二人称：三人称, m:f:c は男性：女性：共通, s:d:p は単数：双数：複数, in:ex は包括：除外, N:A:G は主格：目的格：所有格, PTC;小辞, 時制は単語で示す（たとえば, 'future (today)'-今日未来）

文　献

Blurton-Jones, N. G., Hawkes, K. and Draper, P. (1994) Differences between Hadza and !Kung children's work: Original affluence or practical reason?, In: Burch, Jr., E. S. and Ellanna, L. J. (eds.), *Key issues in hunter-gatherer research*, Oxford: Berg, pp.189-215.

Goffman, E. (1974) *Frame analysis: An essay on the organization of experience*, Cambridge, MA.: Harvard University Press.

Goodwin, C. (2000) Action and embodiment within situated human interaction, *Journal of Pragmatics*, 32: 1489-1522.

Gordon, R. J. and Douglas, S. S. (2000) *The Bushman myth: The making of a Namibian underclass* (2nd ed.), Boulder: Westview Press.

池谷和信 (1989)「カラハリ中部・サンの狩猟活動：犬猟を中心にして」，『季刊人類学』, 20 (4): 284-329.

池谷和信 (2001)「リザーブの外へ出た人，出ない人：ボツワナの移住政策とサン社会」，和田正平編『現代アフリカの民族関係』，明石書店，511-530.

池谷和信 (2002)『国家のなかでの狩猟採集民：カラハリ・サンにおける生業活動の歴史民族誌』，国立民族学博物館.

Imamura-Hayaki, K. (1996) Gathering activity among the Central Kalahari San, *African Study Monographs, Supplementary Issue*, 22: 47-66.

今村薫 (1998)「人が住まない小屋」，佐藤浩司編『住まいをつむぐ』，学芸出版社，49-70.

今村薫 (2001)「砂漠の水：ブッシュマンの儀礼と生命観」，田中二郎編『カラハリ狩猟採集民：

過去と現在』, 京都大学学術出版会, 175-229.

喜多壮太郎 (2002)「人はなぜジェスチャーをするのか」, 斎藤洋典・喜多壮太郎編著『ジェスチャー・行為・意味』, 共立出版, 1-23.

Liebenberg, L. (1990) *The art of tracking: The origin of science*, Cape Town: David Philip.

ルロワ＝グーラン, A. (1973)『身ぶりと言葉』(荒木亨訳), 新潮社 (Leroi-Gourhan, A. (1964) *Le geste et la parole*, Paris: Albin Michel).

Nakagawa, H. (1996 An outline of |Gui phonology, *African Study Monographs, Supplementary Issue*, 22: 101-124.

中川裕 (1997)「グイ語の2方言とその社会言語学的側面」, 『アジア・アフリカ文法研究』, 26: 33-40.

中川裕 (未公表)『グイ語・日本語辞書 (予備版 1998)』

Nakagawa, H. (forthcoming) The Syntax of ‖Gana group languages, In: Vossen, R. (ed.), *The Khoesan Languages*. London: Curzon Press.

野中健一・高田明 (2004)「砂漠の道標：セントラル・カラハリ・ブッシュマンのナヴィゲーション技術」, 野中健一編『野生のナヴィゲーション：民族誌から空間認知の科学へ』, 古今書院, 23-54.

Sacks H., Schegloff E. A. and Jefferson, G. (1974) A simplest systematics for the organization of turn taking for conversation, *Language*, 50 (4): 696-735.

Shaw, P. A. and Thomas, D. S. G. (1993) Geomorphological processes, environmental change and landscape sensitivity in the Kalahari region of Southern Africa, In: Thomas, D. S. G. and Allison, R. J. (eds.), *Landscape sensitivity*, New York: Wiley, pp.83-95.

Silberbauer, G. (1965) *Report to the government of Bechuanaland on the Bushman survey*, Gaberones (Gaborone): Bechuanaland Government.

Silberbauer, G. (1981) Hunter and habitat in the Central Kalahari Desert, Cambridge: Cambridge University Press.

菅原和孝 (1997)「記憶装置としての名前：セントラル・サン (|Gui と ‖Gana) における個人名の民族誌」, 『国立民族学博物館研究報告』, 22 (1): 1-92.

菅原和孝 (1998)『ブッシュマンの生活世界 (I)：語る身体の民族誌』, 京都大学学術出版会.

高田明 (2002)「セントラル・カラハリ・サンにおける社会変容：人口動態, 生業活動, 乳幼児の体重の分析から」, 『アフリカ研究』, 60: 85-103.

高田明 (2005)「ブッシュマンは自然を覚えて旅をする」, 水野一晴編『アフリカ自然学』, 古今書院, 183-194.

高田明 (投稿中 a)「ナミビア北部におけるサンと権力との関係史」, 池谷和信・武内進一・佐藤廉也編『新世界地理第12巻　アフリカⅡ』, 朝倉書店.

高田明 (投稿中 b)「権力との対話：ナミビア北部におけるサンのエスニシティの変遷」, 『沙漠研究』.

Tanaka, J. (1980) *The San: Hunter-gatherers of the Kalahari, a study in ecological anthropology*, Tokyo: University of Tokyo Press.

田中二郎 (1994)『最後の狩猟採集民』, どうぶつ社.

The Department of Surveys and Mapping (2001) *Botswana national atlas* (1st ed), The government of Botswana, Gaborone, Botswana.

Thomas, D. S. G. and Shaw, P. A. (1991) *The Kalahari environment*, Cambridge: Cambridge University

Press.
Widlok, T.（1999）*Living on Mangetti*, Oxford: Oxford University Press.
山縣耕太郎（2005a）「地形からみたアフリカ」，水野一晴編『アフリカ自然学』，古今書院，2-34.
山縣耕太郎（2005b）「カラハリ砂漠の砂丘の歴史を解き明かす」，水野一晴編『アフリカ自然学』，古今書院，96-105.

トーロ語の地名

梶　茂樹

● Key Word ●
地名，トーロ族，バンツー，ウガンダ

1　はじめに── ウガンダの行政単位

　本稿は，ウガンダ共和国西部に話されるトーロ語の地名について述べる．ウガンダは，1962年にイギリスから独立したアフリカ東部の内陸に位置する小国である．面積約24万 km² の土地に，約2600万の人びとが住んでいる (2005年)．そこには，約40の言語集団があり (Grimes 2000)，これがほぼ民族集団に一致する．

　かつては，カリモジョン族のような牧畜遊動民や，またギス族，ニョレ族のような小規模な首長性社会が存在した一方で，ガンダ族，トーロ族，アンコーレ族などは王国を形成した歴史をもつ．ただ，1967年に，時の大統領オボテによって王国が廃止されて以来，王国はウガンダを構成する一州ということになり現在に至っている．ただ現在は，州が，民族区分上の問題，行政サービス上の問題，また選挙上の理由などにより細分化されつつあり，かつての王国が一州に対応しているところはない．

　本稿は，そういった王国の1つを構成していたトーロ族の地名についてみていくわけであるが，その前にウガンダの現在の行政単位を確認しておく．表1に，英語，日本語，トーロ語を対応させて示す．

　トーロ語の é:nsi (sg., pl.) という用語は，Country「国」に対応させておいたが，この語は，本来「土地」を表す語で，そのひろがりとして「世界」をも意味する．é:nsi yó:na (sg.)「すべての土地」といえば，「全世界」である．つまり é:nsi (sg., pl.) は，「国」を表すとはいっても，さまざまな人が住み，さまざまな文化があるといった社会・文化的意味での「国」ではなく，「土地，地面」といった自然的観点からの「国」で

表1　ウガンダの行政単位

英語	日本語	トーロ語
Country	国	é:nsi (sg., pl.)
District	州	i:há'nga (sg.), amahá'nga (pl.)
County	県	i:sáza (sg.), amasáza (pl.)
Subcounty	郡	egombó'rra (sg.), amagombó'rra (pl.)
Parish	教区	omurúka (sg.), emirúka (pl.)
Village	村	ekyá'ro (sg.), ebyá'ro (pl.)
(Cell	細胞	omugó'ngo (sg.), emigó'ngo (pl.))

ある（ただし「土」に重きをおいた「土地，地面」は，i:táka (sg.), amatáka (pl.) という語で示される）．それに対して，District を意味する i:há'nga (sg.), amahá'nga (pl.) は，いろいろな地域の文化的違いを前提とした意味での「国」である．したがって1つの国の内部では「州」の意味になるのだが，場合によっては，ほかの国との対比で「国」そのものを指すこともある．

　District（i:há'nga sg., amahá'nga pl.）は，「州」と訳しておいたが，そのサイズはせいぜい日本の県ぐらいの大きさしかない．また現在，州がどんどん細分化されつつあり，日本の県以下のものもある（実際，本稿でとりあげる現在のカバロレ州は1818.6km^2 で日本の大阪府や香川県よりもやや狭い）．その下の County（i:sáza sg., amasáza pl.）も，日本に当てはめれば「郡」ぐらいの大きさであるが，ここでは単位の順に従って「県」としておく．Subcounty（egombó'rra sg., amagombó'rra pl.）は，「亜県」であるが，「郡」と訳しておく．Subcounty の下の Parish「教区」（omurúka sg., emirúka pl.）は，本来はキリスト教教会の行政区域を指す語であるが，ウガンダでは，イギリスにならって，国の行政単位として機能している．「教区」の下の単位は Village「村」（ekyá'ro sg., ebyá'ro pl.）であるが，ここでもまたキリスト教の用語を使い Cell「細胞」（omugó'ngo sg., emigó'ngo pl.）といわれることもある．これも，ほぼ「村」と同じ意味で用いられる．

2　トーロ族社会

　ここでトーロ族の社会について必要な範囲で述べておく．
　トーロ族は，焼畑農業を生業とするバンツー系の農耕民である．ヒエ，アワ，バナナ，トウモロコシ，インゲンマメ，サツマイモ，コーヒーなどを栽培する．また

写真1 トーロ族の田舎の風景．バナナ，ヒエ，インゲンマメなどの畑の中に家族が分散して住む

牛，山羊，豚，鶏なども飼うが，これらはつけ足しのようなもので，その経済的重要度は低い．住んでいるのは標高1000～1600mぐらいのなだらかな丘陵地帯である．近年では，丘陵に茶のプランテーションがひろがっている所も珍しくない．

　前節で「村」ということがでてきたが，これはある一定のひろがりをもつ行政単位のことであって，集合村を指すわけではない．トーロ族は，集合村はつくらず，山の斜面に家族ごとに点在して住んでいる（写真1参照）．「村」には，100家族程度が住む．なおトーロ族の相続は，長子相続ではなく，子どもは結婚すれば原則全員，両親の元を離れて家をもつ．父親がひろい敷地をもっていれば，その敷地内に家を建てることもあるが，通常は離れた所に土地を買い，家を建てる．相続が生じると，子ども（必ずしも男子とはかぎらない）のうちの1人が父親の後を継ぐことになるが，それが誰であるかは最初から決まっているわけではない．

　トーロ族は伝統的に「田舎」に住んできたわけであるが，その中心地はフォート・ポータル市（これは19世紀にこの地を探検したイギリス人 Potal に由来する）といい，現在，人口4万人ぐらいである．「市，町」はトーロ語で orubúga (sg.)，embúga (pl.) あるいは ekibúga (sg.)，ebibúga (pl.) というが，しばしば英語 town からの借用で etáúni (sg., pl.) ともいう．カバロレ州では，町は実質的にフォート・ポータルの

表2　近代トーロ族の王とその在位期間

Kasagáma（1891-1928）	
Rukídi（1929-1965）	
Kabóya（1966-1995, ただし 1967-1993 は王制廃止期間であり王は亡命）	
Óyo（1995- 現在）	

みである．ところどころ街道沿いに，日本語では「町」とよんでいいような商店などの連なりがみられるが，これはトーロ族にかぎらず一般にウガンダでは，英語で trading centre とよんでいる．トーロ語で直訳的に eki:káro ky'okusu:burrámu (sg.), ebi:káro by'okusu:burrámu (pl.)「商売をする所」といってもいいが，そういう人は誰もいない．

　第1節でも述べたように，トーロ族は王国をつくってきた．系譜は 11 世紀から続くようであるが，近代に入ってからは，表2に示すような王が知られている．

　トーロ族の王宮は，フォート・ポータル市の小高い丘の上にあり，そこからまわりを 360°見渡すことができる．西は 5000m 級のピークをいただくルーエンゾリの山脈が南北にそびえ（これはコンゴとの国境を構成する），北，東，南は，起伏に富んだ土地が視界を遮ることなく続いている．この王宮はオボテ政権からイディ・アミン政権に代わる混乱時，現地住民によって破壊されたが，その後リビアのカダフィ大佐の援助もあり，現在ほぼ再建されている．そして 1993 年に王制が復活し，現在に至っている．

　なお，トーロ族はアンコーレ族のすぐ北に住むが，アンコーレ族のようなヒマ（ルワンダ，ブルンディの長身牧畜民のツチに相当）とイル（ルワンダ，ブルンディの短身農耕民のフツに相当）の社会階層をつくってはいない．

3　トーロ王国の分割

　Uganda Districts Information Handbook, expanded edition 2005-2006 によると，その出版時（2005 年）で，ウガンダに 56 の州があることになっているが，州は現在も細分化されている．そして，かなりのものは，この数年に分離創出されたものである．トーロ族に関する州もその例外ではない．

　すでに述べたようにトーロ族は，かつては「王」(omukáma sg., abakáma pl.) をいただく「王国」(obukáma sg.) をつくっていた．そして，これは独立後も 1967 年まで続いた．1967 年に王制が廃止されると，トーロ王国は，ウガンダを構成する州の 1

図1 ウガンダの諸州（*Uganda Districts Information Handbook, expanded edition 2005-2006*）による．カバロレ州は国の南西部に位置する

つとなり「トーロ州」（英語：Tooro District，トーロ語：Iːhanga lyaˑ Tóːro）とよばれた．そしてこれがのちに，現在のブンディブジョ州（Bundibúgyo District），カセセ州（Kaséːse District），カバロレ州（Kabaróle District），カムェンゲ州（Kaːmwénge District），キェンジョジョ州（Ky'enjójo District）の5州に分割されるのである（図1参照）．

まず1974年の州改革により，トーロ州は，その西北部がセムリキ州（Semulíːki District），西南部がルーエンゾリ州（Rwenzóːri District），そして東部がトーロ州と（Tóːro District）して3分割された．そして1980年には，セムリキ州がブンディブジョ州，ルーエンゾリ州がカセセ州，そしてトーロ州がカバロレ州へと，それぞれ名前

189

Article | ●梶　茂樹

を変えた．そして2000年には，カバロレ州の東北部がキェンジョジョ州，そして東南部がカムェンゲ州へと格あげされた．これが現在のトーロ系5州の形成由来である．トーロ族の中心地は現在のカバロレ州であるが，広さからいうと，昔の面影がまったくないほど縮小してしまっている．

　この分割には，民族的問題が関与している．トーロ王国はかつては，現在の5州をその版図に収めていたとはいえ，そこに住む住民はすべてトーロ族というわけではなかった．たとえば，最初に分離された現在のブンディブジョ州にはアンバ族（omwá·mba sg., abá·mba pl.）が多く住む．またカセセ州は，基本的にはコンジョ族（omukó·njo sg., abakó·njo pl.）の土地である．また最近わかれたカムェンゲ州にも，トーロ族も住んではいるが，多くはトーロ族とその南のアンコーレ族の中間的部族タグェンダ族（omutagwénda sg., abatagwénda pl.）であり，また1960年代にはアンコーレ族のさらに南に住むチガ族（omukíga sg., abakíga pl.）が，カバレ州（Kabá:le District）から大挙して移住してきたという事情があり，現在はチガ族の土地のような様相を呈している．さらにキェンジョジョ州は，カバロレ州に近い地域にはムェンゲ族（omunyamwénge sg., abanyamwénge pl.）が，そしてその東のムベンデ州（Mubénde District）に近い地域にはキャカ族（omunyakyáka sg., abanyakyáka pl.）が住んでいる．このムェンゲ族とキャカ族はひろくはトーロ族とみていいのだが，彼らは独自性を主張しているのである．

4　地名の意味

　前置きが長くなったが，以下，現在筆者が調査地としているフォート・ポータル市を中心とする地域の地名をみていく．フォート・ポータル市が位置する現在のカバロレ州は，トーロ族の中心的地域である．そして，このカバロレという地名であるが，その名の由来は次のようである．すなわち，今から4代前のKasagáma王（在位1891～1928年）が，いかに自分の領土がひろいかを示そうとしてka-ba-ról-e「人びとよ，みるがいい」（させる-彼ら-みる-ように）といったことに由来する．先にも述べたように，トーロ族の王宮は，フォート・ポータル市の小高い丘の上にあり，そこからは360°まわりが見渡せる．その見渡せるかぎりが自分の領土だというわけである．

　このカバロレ州は，その北部が，フォート・ポータル市をふくむブラヒャ県（Buráhya County），そして南部がブニャンガブ県（Bunyangábu County）というふうに2つの県からなっている．筆者の調査地は北部のブラヒャ県にふくまれており，ここ

表3 ブラヒャ県の7つの郡

1. Kará·mbi
2. Ruté:te
3. Bukú:ku
4. Mugúsu
5. Busóro
6. Hakibá:le
7. Kicwá·mba

ではトーロ族の地名の例として，ブラヒャ県にふくまれる7つの郡名を検討することにする．

1. Kará·mbi「平坦な土地」
　　この地名は，形態素にわけると，ka-rámb-i と分析することができる．最初の ka- は名詞接頭辞，最後の -i は，名詞化語尾である．そして真ん中の -rámb- の部分は，動詞 oku-ramb-ík-a「伸ばす」の語根 -ramb- からきている．実際，この地域には山はなく，平らな地形がひろがっている．

2. Ruté:te「エレファント・グラスの生えている所」
　　エレファント・グラスはトーロ語で eté:te（sg., pl.）というが，最初の e- の部分は名詞接頭辞であり，これを別の接頭辞 ru- に変えたものである．接頭辞 ru- は場所を表す．

3. Bukú:ku「ブクク王」
　　近代のトーロ王国は Kasagáma 王からはじまるが，それ以前は abacwé.zi（pl.）とよばれる神話的人びとの時代であった．Bukú:ku は，その時代の Bukúku 王の名前から由来しているというが真偽のほどはわからない．

4. Mugúsu「アワ」
　　omugúsu（sg.），emigúsu（pl.）は「アワ」である．アワはトーロ族の主食ではないが，食用に供されるし，またバナナ酒づくりに欠かせない．現在では特別この地域に多く栽培されているということはないが，かつてはそうであったのであろう．

5. Busóro「小動物」
　　「動物」はトーロ語では ekisóro（sg.），ebisóro（pl.）という．その接頭辞を変えて akasóro（sg.），obusóro（pl.）というと，小動物を示す．obusóro は複数の小動物を示す．おそらくかつてはたくさんの小動物がいたのではないかと思われる．

6. Hakibá:le「大きな岩のある所」

「岩」はトーロ語で i:bá:le (sg.), amabá:le (pl.) である．この接頭辞 i:- (sg.), ama- (pl.) を eki- (sg.), ebi- (pl.) に変えると「大きな」という意味を表し，ekibá:le (sg.), ebibá:le (pl.) は「大岩」の意味となる．ha- は「場所」を表す前置詞である．

7. Kicwá'mba「草の一種」

orucwá'mba (sg.) という細く低い草がある．kicwá'mba は，この語の接頭辞を「大きい」を意味する eki- に変えたものである（ただし，初頭母音の e- はつかない）．おそらくかつては大きな orucwá'mba が生えていたのではないかと思われる．

以上，カバロレ州ブラヒャ県にある 7 つの郡名を見てきたが，その意味がすぐさまわかるものもあれば，すぐにはわからないものもある．以上の 7 つの地名は，郡名であるから，かなりひろい地域の地名である．ひろい地域の地名の意味を理解するには，ある種の困難が伴う．たとえば，上でとりあげた Ruté:te という郡名であるが，これは「エレファント・グラスの生えている所」という意味であるが，実際に Ruté:te に行ってみても，エレファント・グラスが全域にわたって生えているわけではない．生えているところもあれば，生えていないところもあるのである．では，なぜそう名づけられたのかと問うても，過去のある時点で誰かがそう認識して名づけたのだろうとしか答えられない．Kicwá'mba「草の一種」という地名も同様である．

他方，地名の意味は，特定の一点のものならば，わかりやすい．たとえば，ブラヒャ県ルテーテ郡にニャビケレという小さな湖がある（Lake Nyabikére）．この名は「蛙」(ekikére sg., ebikére pl.) から来ている．bikére の前の nya- は語幹形成接辞で,「〜をもつ」という意味を表す．この湖がどうして Nyabikére とよばれるかは，現地に行ってみれば一目瞭然である．そこら中に蛙がいて，ゲロゲロ・ゲコゲコと大合唱しているのである．

地名の意味の理解は，それが過去の出来事にかかわる時，さらなる困難を引き起こす．たとえば，一見簡単そうにみえるキェンジョジョ Ky'enjójo という州名であるが，これが eki:káro ky'enjójo「象の場所」から来ていることはまちがいない．しかし現在，キェンジョジョでふつうに象をみかけることは，もはやないのである（森へ行けば別である）．そういう場合，われわれは，素直に「昔は，象がいっぱいいたのだろう」と想い浮かべることはできるが，それを確かめる術はもはやない．Bukú:ku などは，まさに過去事項に由来している．地名研究の難しさの 1 つは，その命名が土地に対する人びとの認識を反映しているとはいえ，特定の一点の特徴をひろい範囲に適用したり，またそれが過去の事象に由来していることが多いため，言葉上では理解できても，それを現実に確かめるのは難しいということである．

5 地名の文法

　以下，トーロ語の地名に関する文法的事項として，2つのことに触れておく．1つは，普通名詞と地名の違いにかかわることである．たとえば Mugúsu「アワ」という地名であるが，通常は「アワ」のことは，単数形で omugúsu，そして複数形で emigúsu という．したがって，Mugúsu は，「アワ」の単数形 omugúsu から来ていることは明らかである．ただ, omugúsu についている o- がない点が違う．この母音（後に続く接頭辞の母音と母音調和を起こし，e-, a- などと形を変える）は，バンツー言語学では，「接頭母音」(augment) とか「初頭母音」(initial vowel) とかよばれているもので，一種の冠詞と考えていい．その機能は言語によりさまざまであるが（これのない言語もある），重要な機能として普通名詞化がある．つまり o- をとって mugúsu といえば，意味は「アワ」であるが，「アワ」を指してはいないのである．つまり「アワ」という意味の地名になるのである．場合によっては人名にもなりうる（ただ普通名詞でも，それが述語となると o- がのくので，簡単にはいえない部分がある）．

　もう1つは，地名の名詞のクラスに関することである．すなわち，その由来が動詞であれ名詞であれ，あるいはそれ以外のなんであれ，地名になるとすべて é:nsi (sg.)「土地」のクラスに一致するということである．ここで名詞のクラスについて詳述することは避けるが，一例をあげると，トーロ語では，「私の」という所有形容詞は，それがなにを修飾するかによって，その形を wánge, bánge, gwánge, yánge, kyánge, byánge などとさまざまに最初（接頭辞）の部分を変える．これらは，すべて「私の」という意味である．ところが，それが地名につく場合は，たとえば，Kabarole yánge「私のカバロレ」，Rute:te yánge「私のルテテ」のように，その接頭辞にかかわらず，必ず yánge となるのである．これはなぜかといえば，たとえばカバロレという地名は，é:nsi ya Kabaróle「カバロレの土地」のいわば省略形と考えられているからである．そして é:nsi (sg.)「土地」を修飾する場合は，その所有形容詞は yánge「私の」のようになるのである．

6　おわりに

　本稿は，アフリカ東部のウガンダに住むバンツー系のトーロ族の地名と，それに付随する社会制度上のこと，またトーロ語の文法上のことについて述べてきた．地名自体は，いくらでも数を増やすことができる．しかし本稿の目的は，こういった

地名を網羅的に列挙することではなく，このあまり知られていないアフリカの一地方の土地の命名法を例をもって示し，その特徴を考察することにあった．彼らの地名の多くは，言語がわかれば容易にその意味を理解することができるものである．ただ，真の意味での地名研究となれば，言語研究の枠をこえたトーロ族に関する総合的研究・知識が必要である．そういう意味で，本稿はトーロ族地名研究の第一歩と位置づけたい．

文　献

Grimes, B. F.（ed.）（2000）*Ethnologue*（*2 volumes*），Dallas: SIL International.

Kaji, S.（to appear）*A Rutooro Vocabulary*.

No Name（2005）*Uganda Districts Information Handbook, expanded edition 2005-2006,* Kampala: Fountain Publishers.

第 3 部

土地に刻印される生活世界

7章

予測する遊牧民
―モンゴルにおける冬営地をめぐる環境の認識と利用―

辛 嶋 博 善

● Key Word ●
モンゴル，遊牧民，予測，環境の認識と利用
冬営地，草原地帯，移動

1 ● はじめに

　本章は，モンゴル[1)]遊牧民の環境の認識と利用についての事例報告である．春夏秋冬の季節的移動を常態とする彼らの遊牧生活において，とくに，冬営地への移動やキャンプの設営といった局面において，人びとが未来を「予測」していることに着目する．そうした視点から，モンゴル遊牧民における環境の認識と利用についてその一端を明らかにし，若干の考察を加えるものである．

　環境の認識と利用を明らかにしていくうえで，予測に着目するというのは不可解にみえるかもしれない．しかしながら，J. ギブソンがいうように，動物が「知覚する能力があり (sentient)，自発的に動くもの (animate) であ」り，そして，「環境の知覚者であり，環境内での行動者であり」(ギブソン 1985:8)，また，環境が「ある面は持続し，他の面は変化する」(ギブソン 1985:16) ものであるとするならば，ある環境に依存して生きる動物は環境の持続と変化を知覚しているはずである．そして，この環境の持続と変化こそが，動物に予測を必要とさせるものである．E. ギブソンは心理学が対象とすべき人間の行動の特質を5つ掲げている．すなわち①能動性 (agency)，②予見性 (prospectivity)，③柔軟性 (flexibility)，④コミュニケーション上の創造性 (communicative creativity)，⑤回顧性 (retrospectivity) である (ギブソン 1997:217)．②の予見性について，E. ギブソンは，「環境のどのアフォーダンス[2)]が実現されるうえでも，あるいはどの課題が完遂されるうえでも，活動には準備が必

要なので」あり（ギブソン 1997:219），能動的な主体である「動物の自発的な探索活動は知覚可能な結果を生みだし，それが現在進行中の活動において利用され，そしてアフォーダンスの予測可能にして経済的でもある利用に結びつく」という（ギブソン 1997:219）．もっとも E. ギブソンはこれらの特質を心理学における発達論的なアプローチの有効性を論じるうえで掲げているが，リードのいうように，思考には「目前に差し迫った可能性についての意識もつねに含まれている」とするならば（リード 2000:359），認識は「機構(メカニズム)ではなく，生きた過程(プロセス)である．静的ではなく，動的である．階層的システムではなく，連続的な機能と過程である」ということになるだろう（リード 2000:353）．そして，「予期性とは，環境のさしせまった変化と可能性についての情報を検知・利用することである．これはもっとも実用的な認識モード」なのである（リード 2000:384）．そうであるならば，人類学者がフィールドで出会う人びとの環境の認識とは時間の経過に伴う変化をふくむものであり，環境の認識と利用について解明するためには，彼らの目前に差し迫った可能性に対する認識に着目する必要があるはずである．

　予測が環境の認識と利用に重要な役割を示している事例を民族誌の中からあげることはできる．池谷は，新潟県朝日村三面のゼンマイ採集の事例において，「ゼンマイの1年間にわたる生活史のなかで，人間が利用できる"さかり"の期間は2〜5日間しかなく，ゼンマイの採集適期を知ることが住民にとっていかに重要であるか」を指摘し（池谷 2003:78），「クマ狩りに行く山や周辺集落の積雪状態から」，人びとが「その年のゼンマイ採集の時期・期間を予測している」こと（池谷 2003:80），また，「少なくとも採集に出発する前には，その日に出向く採集地は明確に意識されており，かつそこで期待しうる採集量についても，かなりの精度で予測が立てられている」ことを示している（池谷 2003:116）．この事例から，環境から情報を読みとることによってその変化を先取りして予測することは資源をより有効に利用するための一手段であるいえそうである．

　モンゴルの土地利用に関して，マーンズは，ダイソン・ハドソンとスミスの経済的防御モデルに依拠して，比較的湿度が高く降水量が安定して予測可能性の高い地域はテリトリーが安定し，逆に不安定で予測可能性の低い地域はテリトリーが不安定であるとしている（Mearns 1993）．この点で，モンゴル遊牧民においても土地利用と予測との間の不可分の関係を見出すことができそうである．ただし，マーンズのいう予測可能性と，本章における予測とは同義ではない．マーンズのいう資源予測可能性 resource predictability という言葉は，「ある場所，またはある時間における資源の出現の可能性」（Mearns 1993:75）を表すものである．つまり，それはあるテリトリーにおける降水とそれに伴う牧草の再現性といいかえることができ，それゆえ次の年までに牧草の状態が回復していれば再びその土地を牧地として利用可能となり，テリトリーとして安定するということである．それに対して，本章における予

測とは，ある時間と場所における資源 —— とくに本章では水や牧草のみならず地形も資源にふくめるが —— の出現の可能性そのものではなく，その可能性に対して主体が探索活動を通しておこなう，後の行為のための心的な準備である．それゆえ，資源予測可能性の高低が予測の仕方に直接対応するわけではない．つまり，資源予測可能性が低い地域だからといって，主体であるところの遊牧民が予測をしていないと誤解してはならないし，あるいは，資源予測可能性の高い地域だから常に資源が豊かで常に安定しており，ゆえに遊牧民の主体的な予測が不要であるというわけでもない．どんな場所であれ，彼らの生活に影響を及ぼす変化が起こり，仮にそれが微細なものであれ，資源の利用にかかわるものであるならば，予測がおこなわれる余地がある．

　ブルデューは，抽象的な計算による予測を「把握される未来が状況それ自体に直ちに位置づけられている」(ブルデュー 1993:22) 予見と区別したうえで，アルジェリアでの調査を踏まえて次のように述べている．前資本主義的な経済が要請する時間の経験が「いくつかのなかの選択された，ある1つの可能性として提示されるのではなく，その経済によって，唯一可能なものとして課せられる」(ブルデュー 1993:36) ものであり，それが行為主体に内面化されてエートスとなると，人びとは資本主義的な経済が要求し促進する「予測の精神を悪魔的な野望として断罪する」(ブルデュー 1993:36)．そして，予測が「それとは対立する予測の可能性の存在を認めることを前提としている」(ブルデュー 1993:55) はずであるのに対し，前資本主義的なエートスは，反証を拒否し，未来に対する働きかけをしないという「科学的理性とはまったく反対のやり方によって」(ブルデュー 1993:55) 将来を確かなものにしようとする．仕事や祭の暦というものも，「不連続のひろがりとしての時間的継起を破棄し，継起の秩序 (農業の周期のみならず，また生活の周期) を論理的な (神話的な) 秩序に還元しようとする」伝統主義において，「いかなる集合的期待に対する違反も禁じてしまうことで，集団の凝集性を確固としたものにするのだが，科学や経済的計算とは反対のやり方で，予測可能性を確保する」(ブルデュー 1993:54) のだとしている．本章においてはモンゴル国における社会主義体制とその崩壊，資本主義への移行について十分に検討することはできないが，資本主義的な経済が予測を要求し，促進するとするならば，社会主義体制とその崩壊，市場経済を経験したモンゴル遊牧民の，時間的継起，未来への志向と無縁ではない環境の認識と利用を明らかにしていくためには，予測という観点からも考慮しなければならないはずである．

　もちろん，すべての行動が予測にもとづくというわけではない．そうした予測にもとづかない行動について本章では扱うことができないが，たとえば本書で北村がいうような「対症療法的な行為」(第1部2章) をモンゴル遊牧民においても見出す可能性はあろう．しかしながら，「もっとも実用的な認識モード」でありながら，ともすれば看過されてしまう「予測」は，人間の活動空間を知る技法の1つとして

重要な役割をもっているに違いない.

2 ●調査地概要[3]

　調査地は，モンゴル国ヘンティー県（アイマグ）ムルン郡（ソム）[4]である（図1, 2, 3）．同郡はヘルレン川の北側に位置する草原地帯であり，郡の中心地であるムルンはヘンティー県の県庁所在地ウンドゥルハーンの西約27kmに位置する．同郡は5つの村（バグ）からなり，第1〜3村が遊牧地帯，第4村が郡の中心地，第5村が炭鉱と定住集落である．

　社会主義時代のモンゴル人民共和国においてはネグデルとよばれる農牧業協同組合が存在した．ムルン郡では，1956年以降いくつかの協同組合が設立されたが，1959年に5つの協同組合が合併して「オチ（閃光）・ネグデル」という協同組合が設立され，1992年まで存続した（Damdinsüren, Myadagmaa 2003:18-20）．人口，世帯数の面ではこの70年ほどの間に大きな変動はみられないが，家畜頭数は協同組合の存在していた時期において大きく変動した．また，民主化以降は家畜が私有化され，カシミヤの原料を産出するヤギの増加が著しい反面，輸送手段として利用されてきたラクダは減少している（表1, 2）．

　私がおもに調査をおこなった第1村はムルン郡の南西部67200haを占めている．同村は人口428人，世帯数118，宿営地集団（ホト・アイル）[5]の数44，全家畜頭数36734頭，うちラクダ208頭，ウマ5093頭，ウシ4141頭，ヒツジ22041頭，ヤギ5251頭である（2002年当時の第1村長B. エルデネバータルの教示による）．この第1村

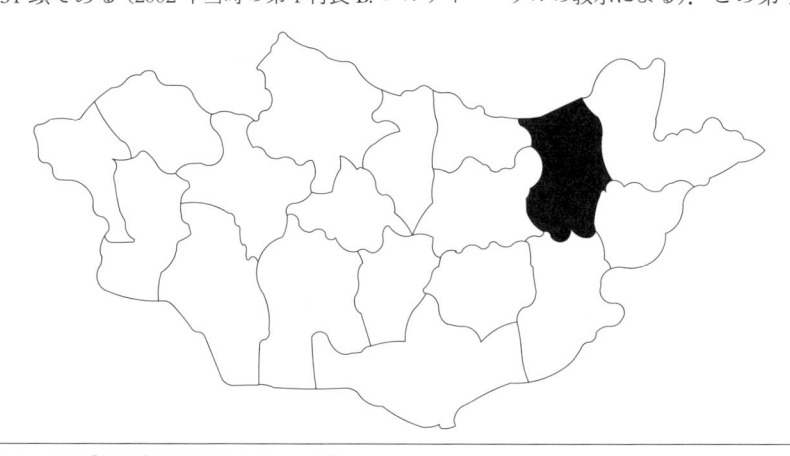

図1　モンゴル国（黒塗りはヘンティー県）

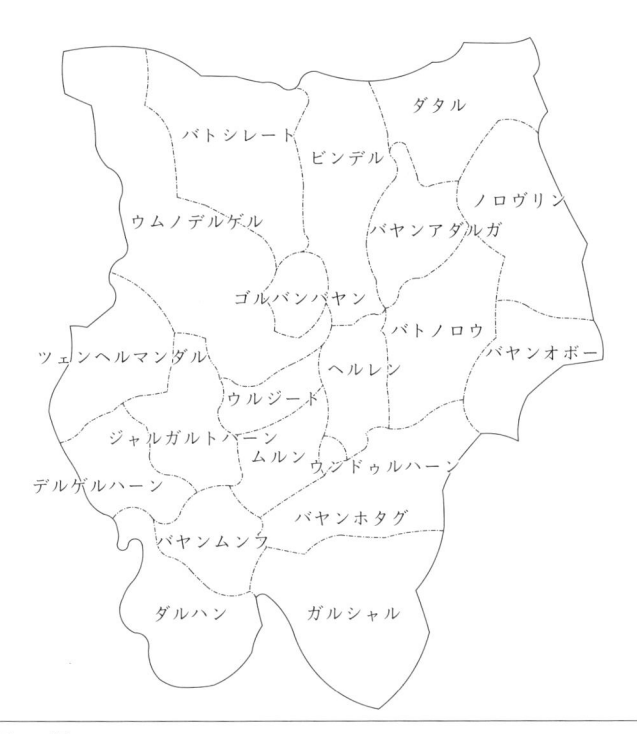

図2 ヘンティー県

図3 ムルン郡

表1 ヘンティー県ムルン郡の人口, 世帯数

	1932	1964	1971	2002
人口	2122	1977	2015	2500
世帯数	612	621	607	611

(Damdinsüren, Myadagmaa 2003:15)

表2 ヘンティー県ムルン郡の家畜頭数

	1932	1971	2002
全家畜頭数	59925[1]	86687	72690
ラクダ	1920	1984	426
ウマ	5543	12237	9679
ウシ	5433	11976	5003
ヒツジ	38613	57655	39132
ヤギ	5545	2835	18450

(Damdinsüren, Myadagmaa 2003:18)

1) 1932年の全家畜頭数は5種類の家畜の合計と一致していない. 理由については不明.

というのは, 協同組合時代の第1ブリガードの地理的領域を継承している[6].

　調査のために滞在したのは, 第1村の牧民アッパー及び彼の息子や娘の世帯である. ただしアッパーは当時常にムルン郡にいたわけではなく, ヘンティー県の県庁所在地であるウンドゥルハーンとの間を行き来することが多かった. アッパーのゲルには娘のエンクマとその夫アルタンフーが住んでいた. アルタンフーとエンクマの夫婦は2004年秋に独立することになるが, この時はまだアッパーのゲルに同居していた. 以後, とくに説明のないかぎり, アッパーとアルタンフーの世帯を,「アルタンフーの世帯」と代表して記述する. アルタンフーの世帯は, アッパーの息子で1997年に独立して新居を構えたプーゲーとその妻チムゲーの世帯と, 2003年夏にウンドゥルハーンから移住してきたアルタンフーの父サンマーとその妻アヨーシの世帯と宿営地集団を構成していた. また, アッパーの娘ドナーは近隣に住む牧民のボインナと2003年秋に結婚して独立した. アッパーの息子のうち, ヤナーはウンドゥルハーンに, バトは同県のウムノデルゲル郡にそれぞれ妻と子どもと居住している. ヤナーは社会主義時代に協同組合でトラクターの運転手をしていた. また, 調査当時のムルン郡議会議長エンフボルドはアッパーの弟であり, 2002年当時の第1村長エルデネバータルはアッパーの妻ユラの義弟(ユラの両親が養子とした)である(図4).

　そのほか,「ジャール」とよばれる未婚の少年が牧夫として居住している. ジャールとよばれる牧夫は世帯の構成員の親族の場合もあるし, そうでない場合もある. プーゲーの世帯では妻チムゲーの兄の息子モーギー, アルタンフーの世帯では, 住

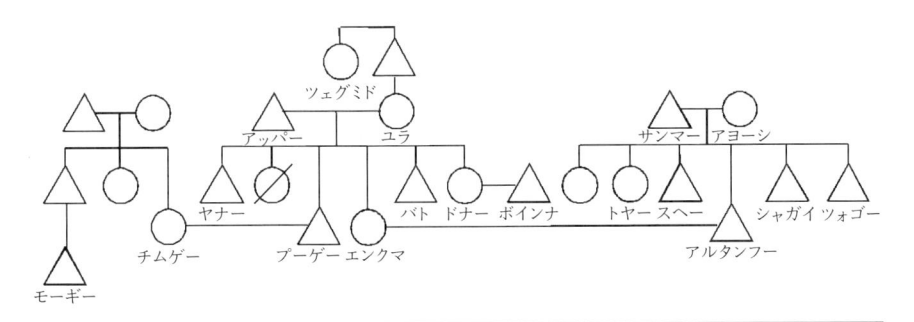

図4 調査世帯の家系図

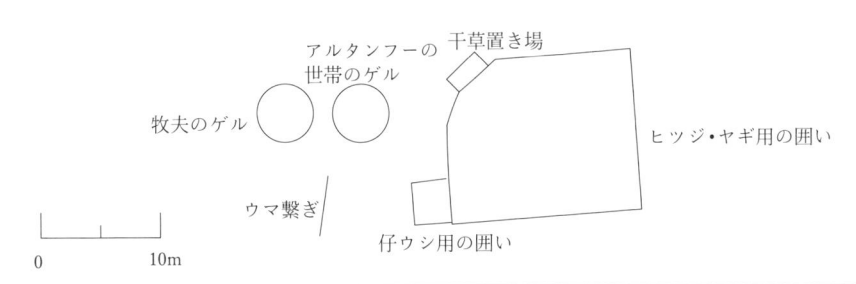

図5 2003年冬スイト・ツァガーン・トルゴイにおける宿営地の配置

みこみ牧夫のバヤーとタグワ，それに，サンマーの息子のシャガイとツォゴーが牧夫をしていた．なお，バヤー，タグワ，シャガイは別にゲルを建ててそこで寝泊りをしていた．私がおもに寝泊りしたのもこのゲルである（図5）．

2003年12月に実施された家畜の頭数調査の際[7]，アルタンフーの世帯で管理していた家畜の頭数は，ラクダ3頭，ウマ117頭，ウシ85頭，ヒツジ620頭，ヤギ311頭であった．プーゲーの世帯で管理していた家畜の頭数は，ラクダ2頭，ウマ22頭，ウシ40頭，ヒツジ253頭，ヤギ150頭であった（表3）．なお，この数には各世帯の所有頭数だけでなく，都市や村落に住む親戚，知人の家畜もふくまれている．こうした家畜を預託している者のうち，ヤギのみを預託している者もみられる．市場経済化によりカシミヤの原料を産出するヤギの頭数が増加傾向にあることはモ

表3 調査世帯における所有者別家畜頭数（2003年12月）

アルタンフーの世帯が管理する家畜

所有者	ラクダ	ウマ	ウシ	ヒツジ	ヤギ
アッパー	1	25	42	324	123
アルタンフー		26	10	86	29
オランナ（アッパーの長女の夫，村外にて労働）		13	8	123	19
サンマー			4		
シャガイ				6	42
ドナー		4	1	81	32
バト（アッパーの三男，ウムノ・デルゲル郡に在住）	2	49			66
合計	3	117	65	620	311

プーゲーの世帯が管理する家畜

所有者	ラクダ	ウマ	ウシ	ヒツジ	ヤギ
プーゲー	2	22	18	152	82
エンフボルド（アッパーの弟，ムルン郡第4村在住）			8	31	16
ヤナー（アッパーの長男，ウンドゥル・ハーン在住）			13	70	21
エルデネバータル（ウランバートル在住）		1	1		16
トゥブシン（プーゲーの友人）					15
合計	2	23	40	253	150

ンゴル国全体にいえることであるが，都市，村落居住者による家畜の預託がその一因となっている可能性を指摘できる．一方でヒツジ・ヤギ群におけるヤギの割合が増えすぎてしまうことは必ずしも望ましいことではない．そうした場合，ヒツジと比較して寒さに強くないヤギは柵の中でヒツジに挟まれて寒さを凌ぐのであり，ヒツジの割合が減るとヤギが寒さを凌げなくなり，凍え死んでしまうという．こうした状態を「ホト・フルドゥフ」，つまりヒツジとヤギの「囲いが凍る」という．牧夫のシャガイによれば，仮にヒツジとヤギの頭数の比が1対1ではヤギが多すぎるという．

後述するように，アルタンフーの世帯とプーゲーの世帯は2003年7月に同県ウムノデルゲル郡から2年ぶりにムルン郡に戻ってきた．この時「サイハン・デヴセグ」という場所（標高約1160m）に夏営地をおいた．10月10日に「ジャルガランティン・ブルド」にある「ナマルジャー（秋営地）」とよばれる場所（標高約1140m）へ移動

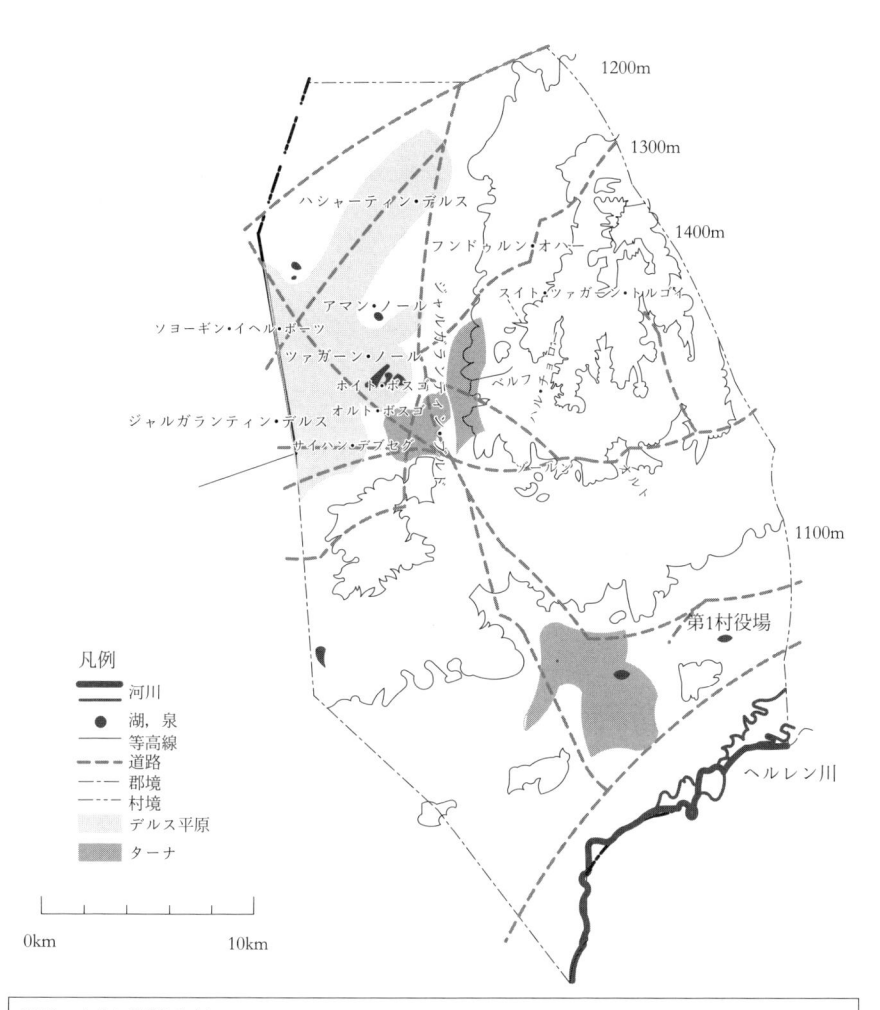

図6 ムルン郡第1村

した．11月11日にプーゲーは「ツァガーン・ノール」（標高約1127m）という湖の西側に位置する「ソヨーギン・イヘル・ボーツ」とよばれる場所（標高約1140m）に移動して冬営地をおいた．翌12日にアルタンフーが「ツァガーン・ノール」の東に位置する「スイト・ツァガーン・トルゴイ」という場所（標高約1300m）に冬営地をおいた．その後，アルタンフーの世帯は3月8日に「オルト・ボスゴ」（標高約1140m）へ，プーゲー家は3月11日に同じく「ジャルガランティン・ブルド」にある「ホイト・ボスゴ」（標高約1140m）へそれぞれ移動し，春営地をおいた（図6，7）．

なお，各世帯が営地を置いたこれらの場所は，2002年の土地法改正後に彼らが

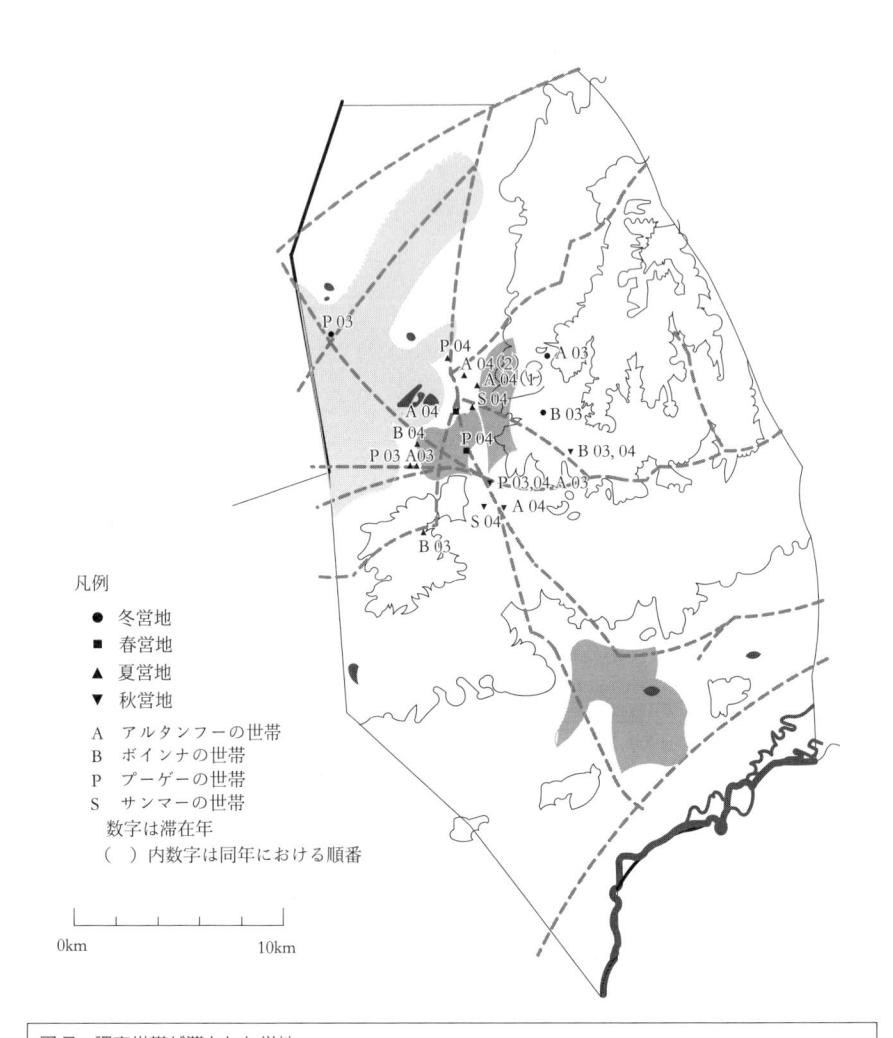

図7　調査世帯が滞在した営地

保有することになった場所とは一致していない[8]．アッパーは冬営地として「フンドゥルン・オハー」，春営地として「ホイト・ボスゴ」，アルタンフーは冬営地として「ハル・チョロー」，春営地として「ゾールン・ボラク」，プーゲーは冬営地として「スイト・ツァガーン・トルゴイ」，春営地として「オルト・ボスゴ」を保有することになった．つまり，この時プーゲーが保有する「スイト・ツァガーン・トルゴイ」にプーゲー自身は冬営地をおかず，この場所にはアッパー，アルタンフーが冬営地をおいた．そしてプーゲー自身はツェグミドという彼の母の父の姉とともに彼女の保有する「ソヨーギン・イヘル・ボーツ」に冬営地をおいた．また，彼らは

みずからが保有する「フンドゥルン・オハー」や「ハル・チョロー」を利用しなかった．2003年夏の時点では，アッパーは状況がよければ「フンドゥルン・オハー」に冬営地をおくつもりだと話していたが，この年冬営地をおいたのは，前述の「スイト・ツァガーン・トルゴイ」と「ソヨーギン・イヘル・ボーツ」であった．

次節では，ヘンティー地方における季節的移動のパターンを確認し，ムルン郡における季節的移動の特徴と若干の歴史的背景について触れておきたい．

3 ● ヘンティーにおける季節的移動

モンゴル語には，四季を表す語彙，すなわち春（ハワル），夏（ゾン），秋（ナマル），冬（ウブル）があり，それに対応した春営地（ハワルジャー），夏営地（ゾスラン），秋営地（ナマルジャー），冬営地（ウブルジョー）という語彙がある．ヘンティーの遊牧民が利用する自然環境は1年を通じて変化し，それに伴って彼らは季節に対応した営地へ移動する．こうした季節の変化に対応する移動を，ここでは季節的移動とよぶことにする．

モンゴル国の地理学者バザルグルは，地勢，植生といった自然環境，出産時期や栄養摂取などの家畜の生理・生態，放牧や移動といった牧民の活動様態を総合し，異なるタイプの地形を季節によって選択的に使いわける「生態学的適合牧地 (ekologiin zohistoi nutag/ ecologically preferable land)」[9]という概念によって，モンゴル国の牧地のパターンを大きく4つにわけている．すなわち，

① アルタイ山岳地方
② ハンガイ・ヘンティー山岳地方
③ トゥブ・ドルノド平原地方
④ ドルノド平原ゴビ地方

の4つである（Bazargür 1998:91-92）（図8）．

このうち，山岳地方である①と②では冬に気温の逆転[10]が起こるのに対し，平原地方である③と④では気温の逆転が起こらない．①と②では気温の逆転によって冬に標高の低い場所が標高の高い場所に比べて気温が低くなるのであり，冬営地が比較的標高の高い場所に設置される理由の1つとなる．②のハンガイ・ヘンティー山岳地方には，調査地付近のヘンティー地方とモンゴル国の中部に位置するハンガイ地方にひろがる領域であるが，調査地であるムルン郡も②のハンガイ・ヘンティー山岳地方にふくまれる．このハンガイ・ヘンティー山岳地方の生態学的適合牧地について，もう少し詳しく述べておきたい．

生態学的適合牧地という概念の提唱者の1人である地理学者バザルグルによれば，ハンガイ・ヘンティー山岳地方では季節ごとの営地となる場所として以下のよ

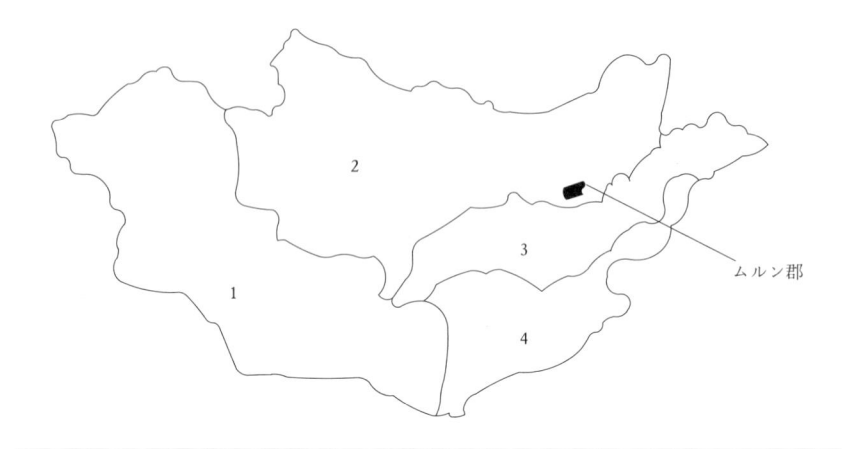

図8 モンゴル国における生態学的適合牧地（Bazargür 1998:91より一部改変）

うな地形的特徴をもつ場所が利用される．

　冬営地には高い山の日当たりのよい場所，風を防げる暖かい斜面を利用する．この地方は一日の平均気温が－25℃以下の日が100〜105日間続く．山の日当たりのよい南側や風を防げる山の斜面はほかの場所より9〜10℃気温が高いが，これは日当たりの良し悪しと気温の逆転と関係している．山の北斜面，山裾，山に挟まれた谷や平原は，積雪が多く，冬営地となる標高1600〜2100mにある山の南斜面は積雪が少なく，風の影響が少ない．

　春営地には標高1300〜1700mの山の南，山裾，山谷の入り口を利用するが，春営地は冬営地との兼用も多い．春になれば山に挟まれた谷や平原に溜まっていた寒気が去り，低地も暖かくなる．しかし，風から守られた山の日向の冬営地や春営地はより早く暖かくなり，牧草が早く生育しはじめる．冬営地や春営地に適する場所は，夏にはほかの場所に比べて暑くなり，家畜飼養には適さない．

　夏営地には山の頂上，風通しのよい山に挟まれた谷や平原，大きな河川の河岸段丘などを利用する．

　秋営地には風を防げる場所であり，山に挟まれた谷や窪地などが利用される（Bazargür 1998:106-108, 117）．

　このように，調査地のあるヘンティー地方では牧畜に有利な場所が季節ごとに異なる．たとえば山の北斜面は，夏には日陰となって涼しいので営地として適するが，冬には寒い場所となるため営地には適さなくなってしまう．同じ場所が，季節によって牧畜に有利な場所になったり，不利な場所になったりするのである．いいかえれば，彼らが利用している自然環境はいついかなる時も有用な資源であってくれるわけではない．いわば，季節的移動は有用な資源が季節によって地理的に異なってく

写真1　冬営地（スイト・ツァガーン・トルゴイ）

写真2　冬営地（デルス平原）

るために必要となるのである．それゆえ，季節的移動とはそうした季節の移り変わりによって生じる環境の変化に対する1つの対処法なのである．

　調査地であるムルン郡第1村の場合，こうした典型的なパターンとは若干異なる点がある．すなわち，山の南側や風が防げる山や丘の間の谷以外にも，冬営地として平原も利用されている（写真1，2）．牧民の感覚では，丘の間などに比べてやや寒いところだという．バザルグルのいうようにこの平原が気温の逆転の起こる場所であるとするならば，標高1200m以下のこの平原は冬営地とするには一見不適な場所である．しかしながら，この平原は冬の風を避けることができるので冬営地として利用が可能な場所となる．この平原は「デルス」とよばれる．もともと「デルス」とはイネ科の *Achnatherum Splendens* のことであり，この平原のドミナントな植物の名称である（写真3，4）．とくに説明のないかぎり，以後本章では植物名称としてのデルスは「デルス」と記し，地名，あるいは地形としてのデルスは「デルス平原」と記す．デルスという植物は高さ50〜250cmになるという（Jigjidsuren and Johnson 2003:48-49）．調査中に私がムルン郡で計測したかぎり，デルスの高さは地表から1m前後であった．この高さであればヒツジやヤギの背よりも高く，冬にヒツジやヤギの体に風が直接当たらなくなるので，家畜の体力を保護することになる．また，デルスは冬から春にかけての厳しい時期に家畜の餌にもなる．一方で，このデルス平原は地元の牧民でも道に迷いやすい場所であり，とくに暗くなった時や吹雪で視界が悪い時には用心しなければならない場所であるという．プーゲーの世帯が冬営地とした「ソョーギン・イヘル・ボーツ」は「ジャルガランティン・デルス」とよばれるデルス平原上にある．また，プーゲーの世帯が春営地とした「ホイト・ボスゴ」とアルタンフーの世帯が春営地とした「オルト・ボスゴ」は「ジャルガランティン・ブルド」とよばれる場所の一部であるが，これらの春営地もデルスの生い茂る平原上にある．

　平原を冬営地として利用するムルン郡でみられるような季節的移動のパターンはヘンティー地方の山岳地帯における典型的なパターンとはやや異なっている．この地域の移動のパターンは1930年以降現在までのところ，大きな変化を経験している．スニースは，1930年代のシムコフによる調査と1980年代のモンゴル国の地理学者による調査とを比較し，移動形態の変化を明らかにしている（Humphrey and Sneath 1999:Chapter6）．協同組合（ネグデル）化以前の1930年代のシムコフによる調査によれば，ヘンティー地方における季節的移動の範囲は直径約100kmで比較的長距離ものであり，夏の牧地は北（とくにヘルレン川の北）にあり，砂漠ステップを冬の牧地として利用する場合もあった（Humphrey and Sneath 1999:221）．その後，社会主義体制末期の1980年代のモンゴル国の地理学者による調査では，ヘンティー地方における季節的移動の範囲は直径7〜50kmというように移動範囲は短くなっており，また，冬の牧地は比較的標高が高い場所であり，夏営地は1200m以下の

写真3　デルス

写真4　デルス平原

川谷などであった（Humphrey and Sneath 1999:235）．

　このように移動範囲が狭くなった理由の1つとして，郡の行政区画の変更と社会主義体制下の協同組合化が考えられる．現在のムルン郡のある場所は，1921年の革命前まではセツェン・ハン・アイマグ（盟）のセツェン・ハニー・ホショー（旗）という行政区画の一部であった．このセツェン・ハニー・ホショーは，その後1924年にハンヘンティー・オーリン・アイマグのウンドゥルハーン・オーリン・ホショーとなるが，その領域は現在のヘルレン，ムルン，バヤンホタグ各郡のほぼ全域とウルジート郡の東部，ガルシャル郡の北部を占めるものであった（Mongol Ulsin Shinjleh Uhaani Akademi 2000:821）．このようにかつてはヘルレン川を挟んで1つのホショー（旗）であったのであるが，協同組合（ネグデル）の時代にはヘルレン川を挟んでムルン郡とバヤンホタグ郡というそれぞれ別の郡となっていた．郡という行政区画とネグデルとよばれる協同組合は実質的に一致していたため，協同組合による生産と管理を郡という行政区画の中でおこない，原則的には郡の外，つまり別の協同組合の土地では放牧しないようになった．このことは，行政区画が細分化され，その細分化された郡の境界内に季節的移動がかぎられるようになったことを意味する．このように細分化された郡の中で遊牧がおこなわれるようになった結果として，それぞれの季節に適した営地をもたない郡が存在していることが指摘されている（バトボヤン 2005, Bazargür 1998, Bazargür nar 1989, シーレブアディヤほか 2005）．

　民主化以降，郡の行政区画はほぼ継承され，移動も原則的には郡内に限定されたままである．さらにムルン郡の場合，協同組合時代よりさらに移動距離が短くなっている．ムルン郡では，民主化以前に協同組合がトラクターを用意してすべての牧民の移動をサポートしていた．しかし，協同組合の解体後，そうしたサポートもおこなわれなくなった．牧民の移動を担っていたトラクターも私有化され，ムルン郡の牧民は家畜の力を利用するか，ガソリンを自力で調達し，自家用車や借りてきたトラックなどで移動しなければならなくなった．その結果，移動距離はさらに短くなったと考えられるのである．

　社会主義時代末期の1980年代後半に協同組合でトラクターの運転手をしていたヤナーによれば，すべての牧民世帯がデルス平原で冬営し，ヘルレン川の北側で夏営していたという．それに対して，先に示したアッパーらの季節的移動は，例外的に状況の悪い場合や競馬大会に参加する競走馬の調教のための移動などを除けば，ツァガーン・ノールの近辺でおこなわれている．

　以上，ヘンティー地方における季節的移動のパターンとムルン郡における季節的移動の特徴，及び若干の歴史的背景について解説した．以下では，私がムルン郡の牧民世帯で実施したフィールドワークでの観察，及び聞きとりにより得られた事例を提示していく．

4 ● 冬営地をめぐる自然環境の認識,利用と予測

4-1　冬営地への移動のタイミング

　季節的移動における冬営地への移動とは寒い時期を乗りこえるための環境利用法の1つである.モンゴル遊牧民は冬になれば冬営地へ移動してきて,春になれば春営地へ移動していく.しかしながら,彼らは,たとえば彼らが旧正月の基準としているチベット仏教の暦における春夏秋冬に従って季節的移動をしているのではない.もちろん暦の関係で移動しないということもありうるが[11],それですべての移動の仕方が決まるわけではない.私のムルン郡における調査開始間もない2003年夏,アッパーに「秋営地,冬営地へはいつ移動するのか」と尋ねた時,彼は「わからない」とだけ答えた.アッパーにかぎらず,「いつ移動するのか」という質問に対する彼らの答えはそっけなく,調査者が納得できる回答はほとんど得られない.「いつ移動してきたのか」という質問に対してなんとか記憶を辿って可能なかぎり正確な日を答えてくれるのとは大違いである.ある牧民に秋営地をいつ,どこにするのかを尋ねた際,彼はいくつかの選択肢をあげ,まだ迷っていると答えた.つまり,「いつ移動するのか」という質問に対して,その時点で彼らは答えられないのである.とはいえ,彼らのおこなう季節的移動とは,無秩序におこなわれるものなのかといえばそうではない.彼らは自然環境の状態やそのほかの情報をもとに,より有利なタイミングを予測して季節的移動をおこなおうとするのである.

　プーゲーの世帯が冬営地の「ソョーギン・イヘル・ボーツ」へ移動したのは2003年11月11日,アルタンフーの世帯が冬営地の「スイト・ツァガーン・トルゴイ」へ移動したのは12日であった.それに対して,ボインナの世帯が冬営地へ移動したのは11月23日であった.ボインナの世帯の冬営地はアルタンフーの世帯の冬営地から南へ約2.5kmの山間にあり,特別大きな気候的違いがあるわけではない.こうした10日間ほどの時間的な差異は,秋営地から冬営地へ移動するのに適した期間であり,いわば「移行期間」のようにみえるかもしれない.しかしながら,彼らの移動は実際のところこの「移行期間」内におこなわれたということではない.彼らは自然環境の状態や情報をもとに,移動に適したタイミングを予測しなければならなかったのである.そして,この移動に適したタイミングは,これらの世帯が移動した日をふくめてそれほど多くはなかったのである.なお,この年の季節的移動と牧畜作業の日程については,表4を参照されたい.

　私がアルタンフーの世帯を訪れた11月15日は,すでに秋営地から冬営地へ移動してきた後であった.ムルン郡では11月13日に雪が降り,地面を白く覆っていた.その後19日にも降雪があったのであるが,この頃アルタンフーのゲルで牧民たち

表4 2003年夏～2004年春における調査世帯の季節的移動と牧畜作業の日程

2003年	
7月末	アッパーら，ウムノ・デルゲル郡の避難放牧から戻る．「サイハン・デヴセグ」に夏営地を置く．
10月10日	アッパーら，「ジャルガルティン・ブルド」にある秋営地「ナマルジャー」へ移動する．
11月上旬	ヒツジ・ヤギ群に種オスを合流させる．
11月10日	アルタンフーの世帯，「スイト・ツァガーン・トルゴイ」へ移動，冬営地を置く．
11月11日	ブーゲーの世帯，「ソヨーギン・イヘル・ボーツ」へ移動，冬営地を置く．
11月13日	降雪あり．若干の積雪．2，3日雪が地面に残る．
11月18日	ヒツジ・ヤギの群の分割．
11月19日	降雪あり．若干の積雪．2，3日雪が地面に残る．
11月23日	ボインナの世帯，冬営地へ移動．
11月25日	降雪あり．根雪となる．
11月下旬	冬の食料となる家畜の屠殺．
12月14日	ブーゲー，アルタンフーの世帯に頭数調査官が来る．
2004年	
2月21日	旧正月
3月8日	アルタンフーの世帯，「オルト・ボスゴ」へ移動，春営地を置く．(～5月27日)
3月11日	ブーゲーの世帯，「ホイト・ボスゴ」へ移動，春営地を置く．(～5月28日)
3月下旬	ヒツジ・ヤギの出産始まる．
4月上旬	種オスを群から隔離する．

の話題となっていたのは，ボインナの世帯がまだ冬営地へ移動していないということであった．ボインナが冬営地へ移動するのが遅れたのかという私の質問に，その場にいた牧民たちは雪が積もる前に移動するべきだったと答えた．

　このことからわかるのは，秋営地から冬営地への移動は積雪の前におこなわれるのが望ましいということである．遊牧民は移動になれているとはいえ，それが彼らにとって大仕事であることには変わりない．家財道具を運びだして荷造りをし，ゲルを解体し，移動し，ゲルを立て，家財道具を運びこむ，その間家畜も移動するなど，人手が必要な大仕事となる．さらに後日，家畜用の柵を立てたりしなければならないことを考慮すると，移動の作業を積雪してからおこなうのは不可能ではないにせよ非常に厄介である．アルタンフーの世帯で牧民たちがなぜそうした話題をしていたのかといえば，ボインナの世帯が冬営地へ移動するのが遅れていることに気を揉んでいたからなのである[12]．

　13日と19日の積雪は場所によっては23日ごろまでにはなくなり，地面が露出していた（写真5）．ボインナの世帯が移動したのはこの時であった．ボインナの世帯は，この機を逃さずに移動をおこなったのである．

写真5　冬営地がおかれていたスイト・ツァガーン・トルゴイから西の平原を望む．積雪後，日当たりのよい場所は地面が露出した

　その後，25日に降雪があり，この時の雪が根雪となって以後春まで牧地の多くは雪に覆われたままになるのである．ボインナの世帯の移動は，周囲の者たちに気を揉ませたことは確かであるが，次の降雪までにある程度雪が解けるという幸運にも助けられ，結果的には根雪となる雪が降る前におこなわれたことになる．そうした意味では，ボインナの世帯が移動した11月23日頃が冬営地へ比較的容易に移動できる最後のチャンスであったのである．

　以上のことから，彼らの移動は積雪の前におこなうことが望ましいということが理解できるであろう．しかしながら，積雪の前に移動すればよいというのであれば，彼らは雪が積もることを見越してもっと早い時期に移動するべきであったと考えることもできる．プーゲーの世帯が冬営地へ移動したのは11月11日，アルタンフーの世帯が冬営地へ移動したのは12日であったが，13日に雪が降り積もった．また，ボインナの世帯が冬営地に移動したのは11月23日であり，その2日後にあたる25日にも雪が降り積もった．このように，彼らが移動した日は積雪があった日の直前である．プーゲーやアルタンフーも，ボインナも，ラジオの天気予報で降雪があるという情報を得て移動の日を決めたという．しかし，彼らは雪が降ることを知って，前日や2日前に慌てて移動したわけではない．もちろん，彼らはなるべく遅い時期まで秋営地にいることによって，かぎりある冬営地の草の利用を可能なかぎり先延ばしにしなければならないのであるが，降雪の前日や2日前という直前に移動

7章　予測する遊牧民 — モンゴルにおける冬営地をめぐる環境の認識と利用

する理由はそれだけではない．この積雪する直前というタイミングこそが秋営地から冬営地への移動するべき時なのである．

　積雪の直前に冬営地へ移動したことについて，プーゲーは，「雪が積もっていなければ水が得られない」からであるという．積雪の前に冬営地へ移動すれば，水の確保が困難になるのである．冬営地は井戸や泉などの水場から遠く離れてしまう．積もった雪は調理や洗濯など生活用水として溶かして利用されたり，水分補給のために家畜が口にしたりするのである．そのため，冬営地への移動は雪が積もる直前，具体的には前日か，せいぜい2, 3日前であることが望ましい．一方，雪が降るという天気予報は直前にしか知りえないのである．彼らはラジオの天気予報をもとに移動日を決めたのであり，こうした情報なしには移動日を決めることはできなかったのである．より正確にいえば，秋営地から冬営地への移動のタイミングは「急にしか」決められないのである．このように，ムルン郡においてこの年は11月13日の数日前が比較的容易に移動できる最初のチャンスであったのである．

　11月13日に降った雪が積もり，その雪がある程度なくなっていた25日にさらに雪が積もった．このような状況では，彼らが秋営地から冬営地へ移動するのに適したタイミングというのは，13日と25日の直前しかありえなかったのである．つまり，プーゲーの世帯が移動した11日やアルタンフーの世帯が移動した12日は彼らが冬営地へ移動するのに適した最初のチャンスであり，それより前では冬営地において水が確保できないのである．その後，13日に積もった雪がなくなるまでは移動するタイミングとしては好ましくない．また，13日に積もった雪がある程度なくなり，ボインナの世帯が移動した23日や翌24日が最後のチャンスであり，それより遅ければ積もった雪の上を移動しなければならなかったのである．なお，この移動に適した日にちはムルン郡全体や第1村全体に当てはまるものではなく，彼らが冬営地をおいた場所にかぎってのことである．

　もちろん，毎年必ずしも同じ時期に雪が降るわけではない．この時期に雪が降らなければ，井戸水を利用するなど，別の手段をとらなくてはならず，彼らには予測にもとづく的確な状況判断が要求されるのである．また，現在はラジオによる天気予報が一般的となっているし，牧民もそうした天気予報を大方信憑性のあるものと考えているようである．ただし，ラジオの天気予報は「モンゴル東部地方」といった大雑把な範囲や「ウンドゥルハーン」といった都市部を対象としたものであり，彼らの牧地付近の天気予報がラジオを聴くことによって得られるわけではない．モンゴルには自然の兆候から天候を予測する観天望気に類するものや信念も伝えられている．こうした方法が社会主義時代の牧畜の方法を記した書物にも記されていたし，民主化後に天候予測の方法をまとめて出版した者もいる．そして，そうした書物から得た知識で天候予測をおこなっていると宣言した牧民もいる（辛嶋2004）．私のムルン郡における調査においても彼ら独自の天候予測について，断片的ではあ

るがその存在を確認しており，彼らの独自の天候予測，及びそれとラジオの天気予報との関係について，研究の余地が残されている．

　冬営地への移動に適したタイミングは非常に少ないのである．彼らは秋営地にいながら，天気予報などの情報にアンテナを張り，次に降る雪が積もることによって水が確保できるということを予測し，積雪となる雪が降る直前という移動に最適なタイミングをうかがっていたのである．もしこのタイミングを逃したならば，彼らは積もった雪の上を移動しなければならなかったのである．そればかりか，冬営地への移動後に，彼らは冬の食糧として家畜を屠殺したり，干草の買いつけに行ったりするなど，冬を迎える準備をしなくてはならなかったのであり，そうした作業を滞りなく遂行するためには，このタイミングを逃すことは許されなかったのである．そしてまた，とくにこの年には，冬を迎える前にしなければならないことが彼らには残されていたのである．

4-2　ヒツジ・ヤギ群の分割

　アルタンフーの世帯が冬営地のある「スイト・ツァガーン・トルゴイ」へ移ってきて一週間ほど経った11月18日のことである．朝11時頃，デルス平原に冬営地を構えたプーゲーと彼の家の牧夫モーギー，ウランバートルから来ていたチョイジョー（エルデネバータルの妻の弟）がアルタンフーの世帯が冬営地をおいた「スイト・ツァガーン・トルゴイ」へやってきた．アルタンフーの世帯とプーゲーの世帯は別々の場所に冬営地をおいたため約9.2km離れてしまい，気軽に訪問しあえる距離ではなくなってしまったが，彼らの間で行き来が途絶えてしまっていたわけではない．もっとも普段あまりウマやバイクに乗らない女性たちの行き来はまれになったが，プーゲーやモーギーといったデルス平原にいる人びとがアルタンフーのゲルを訪れることは，それ自体珍しいことではない．ただ，この日彼らが「スイト・ツァガーン・トルゴイ」にやってきたのは，いつものように様子をうかがいに来たというわけではなく，「ヒツジをわける（ホニ・ヤルガフ）」ために来たのであった．この場合のヒツジというのは，ヒツジの群のことであり，ヤギもこの群にふくまれる．そしてこの場合わけるというのは，1つの群で管理していたヒツジ・ヤギ群を2つの群に分割することである．その2つの群をアルタンフーの世帯とプーゲーの世帯でそれぞれ管理するのである．この日10時ごろ放牧に出されたヒツジ・ヤギ群は11時過ぎに冬営地へ戻され，11時半頃にヒツジ・ヤギ群の分割作業がはじまった．この作業に参加したのは，プーゲー，モーギー，チョイジョーのほか，アッパー，バヤー，タグワ，シャガイらであった．彼らは約1300頭のヒツジとヤギを分割し，それぞれの群の頭数を数える．途中約1時間30分の休憩を挟みながら，これらの作業を終了したのは15時半頃である．

写真6　右耳に「うしろからのフンドゥルン」の耳印（イム）を施された仔ヤギ

　このヒツジ・ヤギ群の分割の手順は以下の通りである．放牧から連れ戻されたヒツジ・ヤギ群をいったん柵の中へ囲う．ヒツジ・ヤギ群をその柵へ追いこむのであるが，この柵は1300頭のヒツジ・ヤギを収容できない大きさであり，この時は2回にわけて分割作業をおこなった．いったん柵の中に入れられたヒツジ・ヤギ群のうち，アルタンフーの世帯が管理するヒツジ・ヤギを残し，プーゲーの世帯が管理するヒツジ・ヤギを柵の外にだして分割する．モンゴルでは一般にヒツジ・ヤギに占有標として耳印（イム）が施されるが，彼らのヒツジ・ヤギには「フンドゥルン」とよばれる耳印が施されている．「フンドゥルン」という語は，もともと「横切って」という意味をもつが，これはヒツジ・ヤギの耳を「横切って」つけた耳印である（写真6）．牧夫のシャガイが所有するものを除いて，彼らの管理するすべてのヒツジ・ヤギにはすべてこの耳印が施されている．この「フンドゥルン」は前からはさみを入れるか後ろから入れるかでさらに区別されるが，彼らのヒツジ・ヤギはすべて後ろからはさみを入れられた「うしろからのフンドゥルン」である．ただ，アルタンフーの世帯が管理すべきヒツジ，ヤギの場合，家畜の右耳に「フンドゥルン」が施されているのに対し，プーゲーの世帯が管理すべきものには家畜の左耳に施されている点で異なる．この耳印によりどちらの世帯が管理すべき家畜であるかが明確になるのであるが，実際の作業において，一頭一頭について順次この耳印を確認しながら分割するわけではなく，家畜の色，毛並み，大きさ，年齢，性別，角の形状な

写真7 ヒツジ・ヤギ群の分割

どの特徴によって捕らえるべき家畜を大まかには把握しているようであり，とくにプーゲーが捕らえるべき家畜の特徴を指示することが多かった．それらの特徴に合致する家畜を捕獲し，耳印を確認して柵の外にだす（写真7）．こうした作業を繰り返してヒツジ・ヤギ群を分割する．

こうして約1300頭のヒツジ・ヤギ群は2つの群に分割された．分割作業終了時にそれぞれの世帯が管理するヒツジ・ヤギの頭数を数えたところ，アルタンフーの世帯が管理することとなったのはヒツジ625頭，ヤギ258頭の合計883頭，プーゲーの世帯が管理することになったのはヒツジ261頭，ヤギ152頭の合計413頭であった[13]．アルタンフーの世帯は「スイト・ツァガーン・トルゴイ」へ移動し，引き続きアルタンフーの父サンマーと冬営することになった．デルス平原へ移動したプーゲーの世帯はプーゲーの母の父の姉であるツェグミドとともに冬営することになり，彼女の100頭ほどの家畜を合流させた．

もちろん可能であれば，ヒツジ・ヤギ群を分割せずに管理することのメリットは大きい．もし両世帯のヒツジ・ヤギ群を1つの群で管理すれば牧夫たちの負担を軽減することができるうえに，集住することによって相互に訪問しあうことも容易となる．しかしながら，そうした集住が彼らにとって常に可能であるとはかぎらない．

プーゲーによれば，ヒツジ・ヤギ群を分割したのは約1300頭のヒツジ・ヤギが牧地に「入らない（バガタフグイ bagtahgüi）」からであるという．この「入らない」と

7章　予測する遊牧民　──　モンゴルにおける冬営地をめぐる環境の認識と利用　219

いう言葉は，「入る（bagtah）」という現在および未来時制の形動詞に否定の付属語「-güi」がついたものであり，たとえば「物がかばんに入らない，収納できない」といった場合に使われる．この場合の「入らない」とは，放牧地に家畜群が収容しきれない，つまり，放牧地の草がその頭数の家畜を放牧するには不十分であるということである．この場合にかぎっていえば，「スイト・ツァガーン・トルゴイ」では約1300頭のヒツジとヤギを放牧して冬を越すことができないと判断されたということである．そのためこの年は家畜を分割して，プーゲーの世帯がデルス平原に冬営地をおくことになった．

このように，ヒツジ・ヤギ群の分割は越冬のための手段の1つである．越冬の手段としてプーゲーがほかにあげたのは，家畜を処分して群の頭数を減らす，干草を準備する，秋のオトル，すなわち秋の間に家畜を連れて移動して体力をつけさせる，冬のオトル，すなわち雪害などを避けて別の場所に移動するというものであった．こうした選択肢の中から，適切な手段を選んでおこなうのだという．

この年，彼らは，秋のオトルをおこなわず，ヒツジ・ヤギ群を分割して別々の冬営地を構え，干草を購入して準備することで対応することにした．この干草はとくに体力の衰えが激しい家畜に与えられた．アルタンフーの世帯やプーゲーの世帯が管理することになったヒツジとヤギは合計約1300頭であったが，この頭数にはアッパーをふくめてほかの人が所有するヒツジ・ヤギもふくまれており，各世帯がそれぞれ処分できるヒツジとヤギの頭数はそれほど多くはなかったと考えられる．

こうしたヒツジ・ヤギ群の分割は，越冬のための手段の1つであり，可能なかぎり望ましい結果にもちこむための事前の行為の選択であるといえる．秋営地から冬営地への移動日を遅くすることが望ましくなかった以上，その時点で彼らはどうすれば越冬が可能かを予測していなければならなかったのである．

では，牧地にヒツジ・ヤギ群が「入る」のか「入らない」のかを予測する際，彼らはなにに注目するのだろうか．もちろん彼ら自身は牧地の草の量について定量的な分析をおこなっているわけではないのであるが，なぜ「入らない」とわかったのかを私が尋ねたところ，プーゲーも牧夫のバヤーも「見てわかる」としかいわないのである．彼らにとってそれは感覚的に判断するものであり，定量的な基準にもとづくものではないらしい．けれども，彼らはただ漫然とそれを見ているわけではない．

冬営地を選択する際に彼らが注目するのは，草が「濃い（ニャグト）」か否か，また「高い（ウンドゥル）」か否かである．草が「濃い」とは地表を草がどれだけ覆っているかの密度のことをさしている．地表がみえていなければ「濃い」ということになり，草の状態がいいと判断される．2004年秋に牧夫のタグワが，秋営地近くの草が疎らで地表が露出した場所を指差し，「2, 3年前はこのあたり一帯がここのように草がなかった」と私に話したことがあるが，彼らはこうした草の状態を視覚的に記憶し，「濃い」か否かを判断しているようである．また，草が「高い」とは地表

からどれだけ上にでているかということである．すなわち予想される積雪の高さよりも草が高いことが重要なのである．積雪している高さよりも草が高くなければ，家畜，とくに積雪に埋もれた草を掻きだすことのできないウシは冬を乗りこえることができなくなってしまうのである[14]．だから，彼らは積もった雪で草が埋もれてしまわないかを気にかけるのである．

　積雪よりも高い草が密集して生えた牧地が，彼らにとって越冬のための資源なのである．しかし，それはアクセス可能な場所に存在していなければ意味をなさないのである．日中の日帰り放牧を前提とする場合，とくにヒツジ，ヤギ，ウシは営地からそれほど遠くまで行けるわけではない．夏であれ冬であれ放牧は日がでている間におこなわれるが，冬至の頃の日照時間は8時間ほどである．なお，とくに寒さに弱いヤギへの影響を考え，気温が低い日の日の出直後は放牧にださないことがある．冬の牧地というのは家畜が冬営地からその間に行って帰ってこられる範囲にかぎられるのである．

　アルタンフーの世帯が冬営地をおいた「スイト・ツァガーン・トルゴイ」を例にとり，放牧をおこなう範囲を述べておこう．その前に，彼らのヒツジ・ヤギの放牧について簡単に説明しておく．2003年12月の時点で，アルタンフーの世帯にはバヤー，タグワ，シャガイ，ツォゴーの4人の牧夫がいたが，この4人が日替わりでヒツジ・ヤギの番とウシの番をすることになっていた．朝10時頃ヒツジ・ヤギ群は柵からだされて放牧に向かう．また，ウシもこの時追い立てられて放牧にだされる．牧夫たちはこの後，営地の近くに夜の間にだされた牛糞を集めて積み重ねておく．この牛糞は乾燥させた後，来年の燃料（アルガリ）となる．その後午前11時ごろに牧夫の1人がヒツジ・ヤギ群のところへ向かう．この時，高い場所に登るなどしてヒツジ・ヤギ群の場所を確認する（写真8）．その後ヒツジ・ヤギの群をおもに比較的風のあたらない谷間を縫うように放牧する．牧夫はいったん昼食のために営地へ戻り，その後15時頃に再びヒツジ・ヤギ群のいるところに出かける．17時頃にはヒツジ・ヤギ群は営地へと戻り，柵の中に入れられる．放牧にだされたウシを戻すのもだいたい同じ時間である．

　この牧夫たちに2003年12月に携帯型GPSをもたせて放牧ルートを記録したところ，「スイト・ツァガーン・トルゴイ」におけるヒツジ・ヤギ群の日中放牧の範囲は，冬営地から最長で約3.2キロメートルの地点であり，多くは2.5km前後に収まっている[15]（図9）．また，ヒツジ・ヤギの群は北東から東南東に向けて追い立てられることが多い．冬営地から南西方向へ追いたてることがあるが，これは家畜に塩分を補給させるため，ソーダ（ホジル）の滲出地である「ブルド」などへ行かせる場合である[16]．このように放牧する方向に偏りがみられるのは，「スイト・ツァガーン・トルゴイ」の周辺の地形的及び社会的状況と関係している．「スイト・ツァガーン・トルゴイ」から西側は平原にでてしまい，家畜が風を直接受けることになるの

写真8　高台から家畜の位置を把握する

で不適当な場所となる．また，「スイト・ツァガーン・トルゴイ」とその西側の平原の間には利用可能な若干の牧地があり，冬営地から見渡すことができる．この牧地は，吹雪の時などに利用する緊急用の牧地であり，通常は放牧する場所ではないという．また，「スイト・ツァガーン・トルゴイ」からみて南は山谷も多く，牧地とすることは可能であるが，アルタンフーの冬営地の南約 2.5km の場所にボインナの世帯とその兄スヘーの世帯が冬営しており，彼らの管理する家畜群と混ざってしまう危険が大きいため，南のほうへはヒツジ・ヤギ群を行かせないようにするという．冬営地移動直後の 11 月中旬にはヒツジ・ヤギ群を南や南西の方向に放牧した日もあったが，寒さが増し，またボインナの世帯が南に移動してきた頃から，アルタンフーの世帯の牧夫たちは，なるべく西や南にはヒツジ・ヤギ群を行かせないようにしていた．朝ヒツジを柵からだした際，もしヒツジ・ヤギ群がこれらの方向へ向かった場合にはすぐに牧夫が群を東の方に追い立てるのであった．

　このように，彼らの家畜群が利用できる牧地はかぎられた範囲となる．彼らは，こうした範囲を考慮しつつ，「高い」草が「濃く」生えている場所に家畜群の全頭が「入る」か否かを予測し，もし「入らない」と予測したならば，別の場所に冬営地をおくか，家畜を分割することによって対処しなければならないのである．

　もっとも，こうした予測のみによって越冬が可能になるわけではない．望ましい結果がもたらされるよう，彼らは状況に応じて手段を講じることがある．たとえば

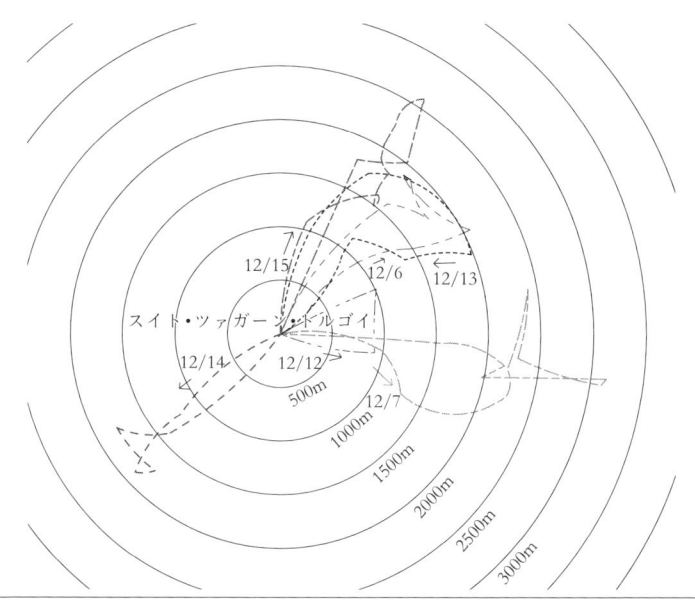

図9 スイト・ツァガーン・トルゴイにおけるヒツジ・ヤギ群の放牧の経路と範囲（2003年12月）

　12月7日にヒツジ・ヤギ群の放牧に行った牧夫のシャガイは，「草がよかったからジャランギーン・ホーロイを2回通った」といい，草の状態をみて少しでも家畜に体力をつけさせようとして「ジャランギーン・ホーロイ」という谷を往復させたことがあった．一方で，バヤーは「ヒツジが勝手に暖かい場所に行く」といい，ヒツジ，ヤギの自立性に任されている面もみられる．ただ，こうした家畜の自立性も，家畜を有用な資源にアクセスさせることが可能な場所に冬営地をおくことによって可能になっている．

　デルス平原での放牧について同様のデータはなく，両者を比較して明らかにすることはできないが，放牧の仕方について若干の違いを示しておきたい．デルス平原でヒツジ・ヤギ群を放牧する際，牧夫は必ずしも追従せず，冬営地のゲルから様子をうかがい，必要に応じて牧夫が家畜の方向を転換させて，群が進むべき方向へ追い立てる．このように，平原上で必要に応じて家畜を方向転換することを「エルグーレフ」という．それに対して，「スイト・ツァガーン・トルゴイ」のように山間を放牧する場合，牧夫はヒツジ・ヤギ群に追従し，牧夫の意思によって群を適宜方向転換させながら谷間を縫うように放牧する．一般に「放牧する」という意味を表す「ハリオラフ」という語はとくにこうした行為をさす．こうした相違は地形的な違いに起因する視界の広さに関係している．デルス平原であれば追従しなくてもヒツジ・ヤギ群を遺失する可能性は低いが，起伏が激しい山間の牧地の場合は追従しなけれ

ば群が分散して遺失してしまう可能性が高い．ただし，デルス平原も背丈の高い草に覆われているために決して見通しがよいわけではなく，時には家畜が分散して遺失してしまうこともある．また，デルス平原では，牧民でさえ道に迷うことがあるばかりでなく，家畜泥棒にも格好の隠れ家を提供してしまう．デルス平原と山間のどちらが冬営地としてよい場所かを私がアルタンフーに尋ねたところ，それは状況次第なのだという．トルゴイに冬営地を構えれば，常にヒツジ・ヤギ群に追従する牧夫が必要となるが，デルス平原と比して暖かく，また家畜泥棒の心配は少ない．ただ，家畜頭数が多いと「スイト・ツァガーン・トルゴイ」のような山間には「入らない」ために冬営地を構えることはできない．家畜の所有頭数が多い世帯，とくにヒツジ・ヤギ群が1000頭をこえるような場合は，デルス平原で冬営することがほとんどであるという．

　2003年から2004年にかけての冬，アルタンフーの世帯もプーゲーの世帯も大きな損害をだすことなく，また，冬営地を途中で移動することもなく冬を越すことができた．もっとも，デルス平原にはじめて冬営地をおいたプーゲーの世帯のヒツジ・ヤギ群が分散してしまい，プーゲーがエンクマに「デルスにまだ慣れてない」と冗談交じりに揶揄されるということもあったが，その時は大きな被害を被ったわけではなかった．この年は寒害（ゾド）となったここ数年の間では比較的草の状態がよい年であったが，それより以前の状態と比較すれば，この年の草の状態は決して良好とはいえなかった．そうした中で彼らは「入らない」ことを予測し，家畜を分割することによって越冬することができたのである．真冬に移動するのは可能なかぎり避けなければならない．だからこそ，事前に「入る」か「入らない」かを予測することが重要なのである．

4-3　冬営地からの移動

　2004年2月21日の旧正月（ツァガーン・サル）を彼らは冬営地で迎えた．暦の上ではこの旧正月からが春となるのであるが，この時はまだ冬営地にいたのである．ただ，冬営地から春営地への移動すべき時が近づきつつあったことは確かであった．ヒツジとヤギは3月末から4月はじめに出産するように，メスをふくむ群と種オスとをその約5か月前の11月上旬に合流させてある[17]．この家畜の出産がはじまる前に彼らは春営地への移動を済ませておかなくてはならない．アルタンフーの世帯は2004年3月8日に，プーゲーの世帯は3月11日に冬営地から移動し，デルス平原に春営地をおいた．春営地に特徴的なものとして，サラブチとよばれる特殊な家畜囲いがある．このサラブチとは柵の北側が屋根と木の板で覆われ，目張りを施されたものである（写真9）．サラブチの屋根によって風，あるいは雨や雪を防ぐことができるので，その屋根の下には寒さに弱い生後間もない仔ヒツジや仔ヤギが囲わ

写真9　春営地のサラブチ

れる．

　アルタンフーの世帯とプーゲーの世帯が春営地を構えたのはデルス平原にある「ホイト・ボスゴ」「オルト・ボスゴ」とよばれる場所である．アルタンフーの世帯が春営地をおいた「ホイト・ボスゴ」とプーゲーの世帯が春営地をおいた「オルト・ボスゴ」は南北に約1.2km離れている．アルタンフーの世帯は「スイト・ツァガーン・トルゴイ」から南西方向に約5km移動してデルス平原へ下ってきたことになる．それに対して，もともとデルス平原に冬営地を構えていたプーゲーの世帯はデルス平原内を南東方向に約7km移動したということになる．

　プーゲーの世帯が冬営地をおいていた「ソョーギン・イヘル・ボーツ」と春営地をおいた「オルト・ボスゴ」はともにデルス平原内にあり，地形的に大きな違いはない．にもかかわらず移動した理由をプーゲーに尋ねたところ，サラブチの存在と水の問題であるという．冬営地の「ソョーギン・イヘル・ボーツ」では水を積雪によって得ていたのであるが，暖かくなるにつれて雪が解けてしまうため，別の手段によって水を得なければならない．冬営地の「ソョーギン・イヘル・ボーツ」は雪がなくなると水を得ることが困難になるが，春営地のおかれた「オルト・ボスゴ」の近くには井戸と泉（ブルド）があり，家畜が口にする水を確保することができる（写真10，11）．井戸は「ホイト・ボスゴ」と「オルト・ボスゴ」のほぼ中間にあり，主に大型の家畜，すなわちラクダ，ウシ，ウマの飲用に利用される．泉は「ホイト・

写真10　泉（ブルド）

写真11　井戸．鉄の棒を回転させることにより水がでる

写真12 春営地がおかれたオルト・ボスゴから東のスイト・ツァガーン・トルゴイを望む（5月20日）．場所によって草の生え具合が異なっている

ボスゴ」の北約1.5km，「オルト・ボスゴ」からは約2.7kmのところにあり，主に小型の家畜，すなわちヒツジ，ヤギの飲用に利用される．ただし，この井戸と泉のどちらにも塩分がふくまれているため人間が飲用することはできない．そのため，人間が飲用に用いる水は別の井戸から汲んでこなければならない．2004年春に利用していた人間が飲用に用いる井戸は「ホイト・ボスゴ」の北約9kmの場所に位置し，ラクダに荷車をつけて水をとりに行っていた．本来であれば，「ホイト・ボスゴ」から南南西約5kmの場所に位置する「フトゥル・オス」で水を汲む予定であったが，この年は「フトゥル・オス」の井戸からほとんど水がでなかったため，別の井戸を利用することになったのである．

　冬営地から春営地への移動が完了したとはいえ，この時点ではまだ家畜が大量死する危険が去ったわけではない．たとえば秋に十分に家畜を太らせることができなかった場合，冬を乗りこえたとしてもこの時期に大量死してしまう可能性もあるという．そのため早く家畜の体力を回復させることが必要となるのである．アルタンフーによれば，冬に体力の衰えたヒツジは草が生えはじめれば10日ほどで体力を回復することができるというが，家畜の体力を早く回復させるためには草が比較的早く生えはじめる場所で家畜を放牧させることが必要である．「ホイト・ボスゴ」と「オルト・ボスゴ」のある平原から東へ2〜3kmの山の裾野から斜面にかけての一帯が草の早く生える場所だという（写真12）．こうした草の早く生える場所が春

営地を選択する上で重要なのである．

「ホイト・ボスゴ」や「オルト・ボスゴ」付近で春に草が生えはじめたのは4月11日のことであった．牧夫のバヤーがいうところでは，その前の5日間が暖かかったために草が生えはじめたとのことであった．春営地への移動は，家畜の出産がはじまる前におこなわれなければならないのであり，草が生えだすのを確認してからおこなうことはできないのである．つまり，彼らは草が生える前に草の生える場所を予測しなければならないのである．

4-4 寒害（ゾド）と予測の失敗

これまで示してきたのは，環境の変化に追従するのではなく，むしろ環境の変化を予測し，その変化を先取りすることによって環境を巧みに利用している彼らの姿である．彼らは厳しい冬を乗りこえるために，適切な移動のタイミングを予測し，草の状態から「入る」家畜の頭数を予測して家畜をわけることによって調整し，いち早く草の生える場所を予測していたのである．しかし，彼らの選択した行為が常に望ましい結果をもたらすわけではない．天候は毎年同じではなく，その結果牧草の生え具合も異なる上に，飼養する家畜の頭数も異なってくるのであり，そうした条件の違いが彼らの予測を狂わせ，結果として彼らの畜群が大きな被害を受けることにもなりかねないからである．

モンゴル国において1990年に2585万6900頭であった家畜頭数は，1999年には3356万8900頭に達したが，1999年以降寒害（ゾド）によって，2002年には2389万7600頭にまで減少した（モンゴル国統計 2000:119, 2002:137）．ヘンティー県における被害は他県と比較すればそれほど大きいものではなかったが，ある試算によれば，同県の家畜の増減率は1999年から2002年にかけて－5.7％となっており，この間家畜頭数は減少したことがわかる（小宮山 2005:80）．

ムルン郡もこの寒害とは無関係ではなかった．ムルン郡の牧地は1999年以降草地が悪化し，草を求めてムルン郡を一時的にでて行った牧民もいる．1999年から2002年までの間にムルン郡第1村の54世帯25360頭の家畜が近隣の5郡へ一時的に避難的な移動をおこなっていたという（ムルン郡第1村長エルデネバータルによる）．私の知るかぎり，2004年2月の時点で，ムルン郡に戻ってきていない牧民もいた．アッパー，プーゲー，アルタンフーラも2003年7月末まではムルン郡にはいなかった．この年，ムルン郡の草がある程度回復したこと，さらにほかの郡の土地を利用するのに際し，使用料を払う必要が生じたために，ムルン郡に戻ってきたのだという．その間彼らは2年近くの避難的な移動にでていたのである[18]．その時点での頭数の家畜はこれまで冬営地としていた「フンドゥルン・オハー」や「スイト・ツァガーン・トルゴイ」には「入らない」と彼らは予測したのであった．もしもこ

の時，彼らの家畜頭数が少なければ，彼らは「スイト・ツァガーン・トルゴイ」に冬営地をおくことができたはずである．彼らがほかの郡へ行っている間，2001 年にはツァガーンオブゴンの世帯が，2002 年にはドルジの世帯が，それぞれ「スイト・ツァガーン・トルゴイ」に冬営したのだという．ある集団が利用を諦めた場所を別の集団が利用するというのは，一見不可解にみえる．しかしながら，ツァガーンオブゴン，ドルジの場合，その家畜数は，それぞれ 600 頭，800 頭ほどであり，「入る」頭数であった．当時，ツァガーンオブゴンとドルジは，普段自分たちが冬営地をおく場所の状況が悪かったために利用できず，彼らも避難的な移動を余儀なくされていた．デルス平原やそのほかの場所も草の状態が悪く，2003 年のように家畜を分割するという手段はとられず，また，「入る」頭数になるまで家畜を処分するという手段もとられなかった．最終的に，アッパーたちは，全頭を連れてムルン郡を一時的に離れることを決めた．

　2001 年 10 月，彼らは草の状態のよい場所を求めて，すべての家畜を伴って，ムルン郡を離れた．彼らが向かった先は，ムルン郡の北にあるウムノデルゲル郡であった．寒害で良好な草地が少なかったことは想像に難くないが，そうした状況でほかの集団の利用している牧地を侵犯せずに，みずからの家畜にも十分な牧地を確保するのはきわめて困難だったはずである．キャンプ地とした場所は「人が少なかった」という．そこは，ムルン郡とは違って森林地帯であり，オオカミが出没する地域である．オオカミの被害を防ぐために，誰かが必ず夜警をしなければならない．そのため人手に余裕がなければ，夜警をおこなうことができずに被害が甚大となる場所であり，また，人手に余裕があったとしても狼が多い場所はなるべく避けるべきである．それゆえ，ウムノデルゲル郡の営地をおいた場所は，ほかの集団が牧地としてあまり利用しない場所だったのであり，ほかの集団と揉め事を起こさず牧地が確保できる場所だったという．彼らがこの時選ばざるをえなかったのはそうした土地であった．

　結果として，彼らは大きく家畜の頭数を減らすことになる．正確な数は不明であるが，この避難放牧の間に 500 頭ほどの家畜を失ったともいう．プーゲーの家畜についてみると，1997 年に独立した時に父のアッパーからウマ 21 頭，ウシ 21 頭，ヒツジ 121 頭，ヤギ 21 頭の計 184 頭を分与された後順調に頭数を増やし，1999 年にはヒツジ約 300 頭をふくむ計 400 頭ほどに達していた．しかし，その後寒害の影響を受け，2003 年冬にはウマ 22 頭，ウシ 18 頭，ヒツジ 152 頭，ヤギ 82 頭の計 274 頭になっていた．2003 年春は家畜の出産がうまくいったために頭数を増やすことができたとプーゲーはいうが，この時出産した家畜の頭数は，ヒツジ 50 頭，ヤギ 21 頭，ウシ 6 頭，ウマ 4 頭の合計 81 頭であり，この間食糧とするために屠殺されたり，斃死したりして減少した家畜の頭数は不明だが，2003 年冬の 274 頭から 2003 年春に出産した 81 頭を差し引くと 193 頭となり，2003 年春の出産前には，お

よそ1997年当時の家畜頭数に逆戻りしてしまったことがわかる.

それに対してドルジとツァガーンオブゴンは寒害を乗り切り,アッパーらの家畜頭数をこえ,牧夫のシャガイのいうところでは2003年冬の時点で1000頭をこえていたという.また,別のある牧民は5年間ムルン郡をでて避難的移動をおこなって家畜の減少を食い止め,2004年春には3000頭近くに達しているという.そうしたケースと比較すれば,アッパーらの2年間の避難放牧は「失敗」であったといってよい.そうした失敗へとつながったわかれ目の1つは「入る」か否かの差であり,もし家畜の頭数がその当時少なかったら,あるいは家畜の群を分散させたり,いくらかの家畜を処分するという手段をとれば,あるいは家畜への被害を防げたのかもしれない.

ウムノデルゲル郡から戻ってきたアッパーが,彼のもとを訪れた客人に,「他人の土地は恐ろしい.毎日家畜が死ぬのだから.10頭くらいの家畜が死ぬ日もあった.どうしていいのかわからなかった」と語ったことがある.この発言が長年牧民としてムルン郡で生きてきたアッパーによるものであることに注目したい.この発言を,リードの言葉を借りて,自分たちの「典型的な場所」であるムルン郡から切り離された彼らの「行動能力の少なくとも一時的な歪みにつなが」ったとみることは可能ではなかろうか(リード 2000:74).彼らは,寒害の時のウムノデルゲル郡と「切り結ぶ」ことができなかったのであり,「一時的な歪み」によって予測不能なまま行動を調整しおおせず,家畜を失う結果となったのである.

5 ●モンゴル遊牧民にとっての予測,その可能性と危機

これまで冬営地をめぐるモンゴル遊牧民の環境の認識と利用の事例を予測という観点から提示してきた.ここでは,以上の事例にもとづいて,彼らの予測について予備的考察をおこないたい.

彼らがさまざまな局面でおこなう予測は,彼らの言語表現の中に必ずしも明瞭に現れてくるわけではない.彼らはたとえば「草が悪い」,あるいは「入らない」場合に,そのことを「予測する(ズグヌフ)」とはあまりいわないようである.少なくとも,私は彼らがそのように表現することを耳にしたことはない.しかし,ある条件下において「草が悪い」と彼らがいう場合,そのことは彼らが予測をしていないということではなく,それ以上明確な言語表現を常に必要としないほど相互に理解可能な事態だと考えうるのである.それゆえ,余所者である人類学者は彼らが予測しているということを見落とし,見かけ上の言語表現と実際の行動との違いに戸惑ってしまうのである.

アッパーたちが「スイト・ツァガーン・トルゴイ」を冬営地として利用すること

を断念してウムノデルゲル郡への避難放牧をおこなったこと，そしてその「スイト・ツァガーン・トルゴイ」を別の集団が冬営地として利用したことは先に述べた．この一見不可解な現象は，遊牧民が適切な家畜頭数を環境収容力に対応させるため，家畜が牧地に「入る」か「入らない」かを予測していたことによるものであった．

　調査当初，この避難放牧の事実を知った時，私は「スイト・ツァガーン・トルゴイ」がその年冬営地として利用されなかったと早合点したのであった．しかし，燃料となる牛糞やヒツジ・ヤギの糞の存在が，その前年にそこが冬営地として利用されていたことを物語っていた．冬に燃料として利用される牛糞は，通常前年の冬に集積しておいたものである．そして次の年に乾燥したものが燃料として利用されることになるのである．ヒツジ・ヤギの糞も，前年にヒツジ・ヤギ用の柵を設置した場所を掘り返すことによって燃料として利用されるのである．しかしながら，アッパーたちは，前年ウムノデルゲル郡への避難放牧をおこなっていたために，「スイト・ツァガーン・トルゴイ」においてこうした燃料を準備することができなかったはずである．こうした燃料の存在により，私は「スイト・ツァガーン・トルゴイ」がその前年にも営地として利用されていたことを知ることができたのであるが，その事実は私には非常に不可解なものであった．なぜならば，彼らは避難放牧の理由を，草が悪かった，あるいは草がなかったと述べていたにもかかわらず，別の集団がその営地を利用していたからである．

　モンゴルにおいてこうした不可解な現象と説明に出くわしたのは，私だけではない．

　　しかるにある蒙古人の家族が，この間まで，そこで放牧していて，たぶん草が悪くなったといって立ち去ったそのすぐあとへ，ほかの蒙古人の家族がやってきて，そこで放牧をはじめたという例に，われわれはいっさいならず出くわしたのである．そしてこの後からきた蒙古人もまた，聞けばかならず草が悪くなったから引っ越してきたというにちがいないであろう．だからわれわれは蒙古人がいったいなにを標準にして草のよし悪しを判断しているのか，もうまるで見当がつかなくなってしまいそうだ（今西 1995:78-79）．

　今西が調査をおこなったのは私が調査をおこなう 60 年ほど前の内モンゴルであり，地理的にも政治的，経済的にもさまざまな条件が異なっているために一概にいうことはできないが，少なくともある集団が，草が悪いという理由で利用しなかった土地を，別の集団が利用したという点では本章でとりあげた事例と共通している．今西はこうした不可解な移動から，遊牧民の移動がもともと家畜群の移動に追随するものであると推測したのである．しかしながら，この「草が悪い」という発言を，字義通りにとらえる必要は必ずしもないのではなかろうか．東アフリカの牧畜

民ガブラを研究している今井は,「牧畜民自身はみずからの移動を牧畜資源(水,牧草)の状態だけで説明するのが常である.たとえば実際の移動の原因は個人間の感情のもつれであっても,他者に対する説明としては無難なものが選ばれているかもしれない」という可能性を指摘している(今井 2004:335).これがモンゴル遊牧民にも当てはまるのかどうか,私は十分な回答をもち得ないが,少なくとも,移動の理由としてモンゴル遊牧民が「草が悪い」と返答したとするならば,それは必ずしもその時点で絶対的な基準において牧草の量が少ないということを示しているのではなく,牧地に彼らの管理すべき家畜群がある期間において「入らない」ことを意味しており,彼らが予測したかぎりにおける未来の状態を表しているという解釈も成り立つのである.

ただ,彼らも「入らない」ことを科学的に実証したわけではない.この予測が正しかったのか否かは,せいぜい家畜の生死,頭数の増減によってとらえられるものであり,家畜の減少による食糧難のための空腹を除けば,痛みや身体不良といった直接的な身体経験によって認識されるものでもない.家畜の被害が少なければとりあえず成功とみなされ,家畜の被害が多ければ失敗とみなされるだけである.彼らの予測とそれにもとづく行為選択の結果との因果関係は,それ自体直接的ではなく,どうすれば同じ条件下において成功するのかを実験によって確認することは不可能である.失敗の原因は記憶を辿って推論することしかできないのである.ある年の,あるいはある日の水や草,天候の状態,家畜の頭数,労働力となる牧夫の数や世帯の構成といった個々の条件の組みあわせというのはほぼ無限であり,厳密には再現不可能な一回性のものである.だから,たとえば科学的な実験とは異なり,条件のコントロールも再現も不可能であり,選択した行動が正しかったのか否かは,科学的には検証不可能なものである.そして当然のことながら,彼らの日常は,科学的な実験と違い,中断したり,やり直したりすることができないのである.にもかかわらず,彼らが対処しなければならないのは一回性の事態であり,その一回ごと,つまり年ごとの状況が家畜の生存を左右するほどの違いをもたらすものであるがゆえに,モンゴル遊牧民は,暦に従って前年と同じ行動を繰り返したり,あるいは状況が変化するのを待ち続けたりするかわりに,予測し続けなければならないのである.

ここにはこうした条件が常に一定ではない一回性のものに対する予測がどのようにおこなわれるのかという疑問が残される.「探索的活動における経験とは,遂行的ではない活動において自己にもたらされるものだと考えられるはずだが,その一方で,遂行的活動における関係づけによってもたらされる経験がそれと同等のものとして扱われる場合がある.たとえば,過去の遂行的活動における経験は,その場で可能な関係づけの1つについての経験として,探索的活動においていつでも参照されうる」(第1部2章41頁)と考えるならば,一回性の経験でしかない過去の遂行

的活動を，なんらかの類似性をもつものとして記憶から想起して参照し，探索活動との間に関係づけの可能な接点を主体が見出すことによって予測し，新たな遂行的活動をおこなっていると考えることができる．牧夫たちは寒害の時の牧地の状態を記憶と照らしあわせて，草の地表からの高さや草の密度に関して，それに近い状態の牧地を指し示すことができた．こうした事例はモンゴル遊牧民が記憶と現状との間に類似性を見出すことができるということを裏づけるものである．そしてこうした記憶をもとに，モンゴル遊牧民は家畜が「入る」か否かを予測するのである．

ただし，こうした類似した経験が必ずしも実際の経験であるとはかぎらない．少なくとも部分的には間接的に「経験」することが可能である．つまり，言語を通じて擬似的に経験することができるのである．

> 吹雪になったら，家畜を捨てて近くの家に避難しなさい．80年に，ヘルレン川のほうに風に流されて，落ちて死んだ人がいるのだから．

これは，ある女性牧人が自分の息子にいった言葉である．この息子が実際の吹雪に見舞われた時に実際にこの通りに行動するか否かはまだわからないが，たとえばこうした親の教えが，擬似的であっても，後に参照する「経験」となる可能性はある．松井は，意思決定主体の先見的な知識が仮定され，そこから演繹的にとるべき行動が導かれる場合を「期待効用理論」，経験があってそこから帰納的にとるべき行動が導かれる場合を「事例ベース意思決定理論」としている（松井2002:220）．言語による擬似的な経験は，実際の経験とは異なるが，それを1つの事例であるとみなせば「事例ベース意思決定理論」にふくまれる．また，先見的な知識を，たとえば百科事典的な知識に限定しなければ，言語による擬似的な経験は，未経験であるという意味で先見的な知識であり，「期待効用理論」にふくむこともできる．もっとも，松井によれば「期待効用理論」と「事例ベース意思決定理論」は「外部の観察者にとっては観察上同値となる」（松井2002:220）のであるが，言語による擬似的な経験はこれらの中間的な存在とみることもできる．

こうした区分についてこれ以上ここでは議論しないが，先見的な知識であれ，実際の経験であれ，あるいは擬似的な経験であれ，それらと現在の状態との間に類似性を見出すことにより予測可能性が確保されているとするならば，逆に，そうした類似性が見出せず，経験，記憶や知識が参照できない場所においては，必ずしも有効な予測ができないということになる．先の事例で示したとおり，はじめてデルス平原に冬営地をおいたプーゲーの世帯の牧夫たちがヒツジの群を不用意に分散させてしまったこと，あるいは未知の土地でアッパーたちがうまく寒害を乗り切ることができなかったことは，知識や経験のある「典型的な場所」から彼らが切り離されたことが1つの要因であったとみることができるのである．

もしそうであるとするならば，類似性が見出せないという事態は彼らにとって大きな脅威となるはずである．フェルナンデス＝ギメネズは，モンゴル国バヤンホンゴル県ジンスト郡の多くの牧民たちが近年の環境変化を人間が年老いていくように地球も年老いてきたと表現していることを報告している（Fernandez-Gimenez 2000: 1321）．こうした表現は季節の周期性に対する疑いと解釈することもできる．季節の周期性とは年ごとの状態の間に類似性を見出すことによって成り立つと考えられるが，地球が年老いてきたという表現は，生から死へと向かう直線的な時間的継起を意味し，季節を周期性という秩序に還元することに疑いが向けられていることを示すものである．こうした季節の周期性への疑いは予測可能性を確保するために必要な類似性の危機といえるだろう．

　そして，自然環境が大きく変化することによって過去の状態と現在の状態との間に類似性が見出せなくなった場合，予測可能性が確保されず，彼らの暮らす土地が彼らにとっての「典型的な場所」ではなくなってしまうかもしれないのである．ムルン郡において，彼らが予測していなかったほどの環境の変化が認識されている．ムルン郡第1村長をしていたエルデネバータルは，「ヒャルガナがなくなってステップではなくなってしまった」という．彼の発言の意味するところは，ヒャルガナとはイネ科 *Stipa* 属の植物であり，ステップという言葉の由来となった *Stipa* の減少により，この地がもはやステップではなくなってしまったということである．また，本章で言及したツァガーン・ノールという湖は1990年代後半以降水が干あがってしまっている．さらに，そのツァガーン・ノール周辺のデルスの高さも低くなったという．デルスは塩分をふくむ砂地や池，川沿い，地下水面が高く低い丘に挟まれた窪地や塩分をふくむ平原に生育する植物であり（Jigjidsuren and Johnson 2003:48-49），デルスの生育状態の変化はこの付近の水が減少していることをうかがわせる．このほか，ヤマーン・ハルガン *Caragana pygmaea* がこの5年ほどの間に姿をみせるようになってきている．それは純粋なステップには生えるはずのない植物だと彼らはいう．そのヤマーン・ハルガンが，水分を独占し，それ以外の草が生えるのを阻害する．そうした意味において彼らはヤマーン・ハルガンを「敵（ダイスニー・ツェレグ）」とよぶこともある．このような植生の変化と乾燥化，すなわち彼らのいう「ゴビ化」が不可逆的なものか否かはわからないが，もしそうなった時，彼らは環境と切り結ぶことができずに一時的にせよ予測不可能に陥ってしまうのか，あるいはすぐに環境と切り結んで的確な予測をおこなうのか，それは今のところ私にも予測不可能である．

注

1) 本章でモンゴルという場合，とくに説明がないかぎりモンゴル国，及び社会主義時代のモンゴル人民共和国のことを指している．
2) アフォーダンスとは，良し悪しにかかわらず，環境が動物に提供するもの，用意したり備えたりするものであり，J.ギブソンの造語である．本書第1部2章を参照．
3) モンゴル国ヘンティー県ムルン郡における調査は2003年6月以降2004年10月まで行っている．とくに本章の事例は，2003年11月15日から2003年12月19日まで，2004年2月11日から2月26日まで，及び春営地移動後の3月24日から4月22日までのフィールドワークが中心であり，そのほかの期間に聞きとったものもふくまれる．
4) 同郡は，人口2133人，全家畜頭数72690頭，うちラクダ426頭，ウマ9679頭，ウシ5003頭，ヒツジ39132頭，ヤギ18450頭，総面積217800ha である（2002年センサス．調査当時のムルン郡議会議長エンフボルドの教示による．表1，2）．なお，ダムディンスレンとミャダグマー 2003ではムルン郡の面積は218500ha とされている．そのうち209300ha が牧地，7400ha が干草畑，500ha が定住地，600ha が特殊用地，100ha が畑，600ha が水に関係する土地である（Damdinsüren, Myadagmaa 2003:10）．同郡の年間の降水量は160mm，最暖月の6月には32.8℃，最寒月の12，1月には−48.2℃に達する（Damdinsüren, Myadagmaa 2003:10）．また，ムルン郡では，ヒャルガナ *Stipa L.*，ハザール・オヴス *Cleistogenes squarrose*，ヒャグ *Elytrigia repens*，ユルフグ *Agropyron Geartn.*，ターナ *Allium polyrrhizum*，アグ *Artemisia frigida*，デルス *Achnatherum Splendens* といった植物がみられる．
5) ホト・アイルとは1つの宿営地に居を構える複数の世帯からなる集団のことである．放牧作業の分担など，遊牧にかかわる作業をおこなう際の基本的な単位となる．ただし，1999年11月に私が調査したモンゴル国ウブルハンガイ県ハラホリン郡において，冬営地を共用していながら「ホト・アイル」ではない事例を確認している．また，ムルン郡において家畜の出産の時期に別々の場所に春営地をおきながら，「ホト・アイル」であるという事例も確認している．このように，「ホト・アイル」は外見的に明確でない場合もある．
6) 現在の第1村役場は2000年ごろに移転したものである．
7) 2003年の家畜の頭数調査は，12月7日から10日間にかけておこなわれ，アルタンフーの世帯には14日に調査官たちが訪れた．この時，牧民たちは酒や蒸餃子（ボーズ）などを用意して調査官たちをもてなす習慣がある．なお，エンクマによれば，例年であれば頭数調査は12月10日から5日間かけておこなわれるものであったが，この年は厳密に調査をおこなうために期間が長くなったという．村，郡，県の役人のみならず政府の役人も調査に参加していた．
8) 2002年の土地法の改正では牧地の私有化は認められていないが，2003年に牧民の世帯主名義で冬営地，春営地の合計2ha を保有する（エゼムシフ）ことがムルン郡議会で決定された．この保有権は15年間有効で，延長，相続が可能である．ただし，処分権は認められておらず，売買することはできない．2003年12月の家畜の頭数調査の際に，保有を希望する場所を郡の役人が牧民に質問していた．2004年春には保有地を明記した保有証書が郡の役人によって牧民に配布されていた．なお，郡議会で議論がなされていた2003年秋頃，冬営地と春営地の間の8km が私有化されるという噂が牧民の間に流布していた．またこの頃，牧夫のタグワは，土地が私有化された場合に，ウマが勝手に他人の私有する土地に入るのは

確実であり，その際いちいち土地の使用料を払わなければならないようになったら非常に厄介であるという懸念を表明していた．

9）バトボヤンは，この生態学的適合牧地という術語を ecologically appropriate regions という英語で表している（Batbuyan1996）．

10）大気中の気温の鉛直分布は，地上から上空に行くにしたがい断熱膨張により低下するのが一般的であるが，特殊条件下では高度が増すにしたがい気温が上昇する場合があり，これを気温の逆転，この気層を逆転層とよぶ（山下1985）．

11）私がムルン郡で知りえたかぎりでは，2004年6月24日に競馬大会に向けたウマの調教のためにブーゲーのゲルをヘルレン川付近へ移動させたのであるが，6月23日が夏至であったために移動を避けたことがある．

12）この時ボインナの世帯の移動が遅れた理由は不明だが，移動に必要な労働力を確保できなかった可能性がある．この時ボインナの世帯は兄夫婦の世帯と宿営地集団を組んでいたが，彼らの宿営地集団で労働力となりうるのはボインナとその妻ドナー，ボインナの兄スヘーとその妻ユンだけであった．必要に応じてアルタンフーの世帯の牧夫たちがボインナの世帯に手伝いに行くことがあったが，降雪があった11月13日の数日前といえば，アルタンフーの世帯の移動のため，ボインナたちの所へ行くことは難しかったはずである．

13）先の2003年の家畜の頭数調査の時の頭数と異なるのは，冬の食糧として屠殺したり斃死した家畜がいたこと，また別の群で管理していた家畜を統計上ふくめたり，また実際に合流させたりしたことによる．

14）彼らの話すところでは，近隣のある郡で雪に埋もれた草を掻きだすことができるウシがいるという．もっともこれは，彼らにとっても珍しいことと受けとられている．近年の雪害によりウシがこうした草の掻きだしを習得してしまったのではないかと彼らはその理由を推察している．

15）ヒツジ・ヤギ群の移動についてのデータが得られたのは，2003年12月6～7日，12～15日である．牧夫に携帯型GPSをもたせて30分おきに記録用のボタンを押してもらうように依頼して位置を記録し，その後，その記録を参照して地図にしたため，牧夫によって誤差が生じている場合がある．なお，牧夫のタグワにはGPSをもっていくことを了承してもらうことができなかった．また，12月中旬以降寒さのためにGPSが十分に作動しなくなったために途中でこの調査を打ち切った．そうした理由から，調査地におけるこうした定量的な牧民の放牧行動に関しては現在のところ断片的なデータしか得られていないことを断っておきたい．

16）ソーダの滲出地へは1～2週間に一度は家畜を連れて行く．

17）社会主義時代の協同組合が存在していた時期には10月15日以降オスとメスを合流させていた．

18）こうした避難のための一時的な移動もオトルとよばれていた．前述の秋のオトルや冬のオトルとは異なり，すべての家畜を従えたより長期の移動であった．

文　献

Batbuyan, B.（1996）Proposal for the Adoption of Ecologically Appropriate Regions for Herding in Inner Asia, In: Humphrey, C. and Sneath, D.（eds.）*Culture and Environment in Inner Asia: 1*,

Cambridge: The White Horse Press, 198-208.

バトボヤン, B. (2005)「モンゴル国における行政組織及び行政区画適正化の問題:ウブルハンガイ県の事例」, 小長谷有紀・辛嶋博善・印東道子編『モンゴル国における土地資源と遊牧民:過去, 現在, 未来』, 文部科学省科学研究費補助金特定領域研究「資源の分配と共有に関する人類学的統合領域の構築」(代表:内堀基光), 68-79.

Bazargür, D. (1998) *Belcheeriin Mal Aj Ahuin Gazarzüi*, Ulaanbaatar. (『牧畜地理学』).

Bazargür, D., Chinbat, B., Shiirev-Adiya S. (1989) *Bugd Nairamdah Mongol Ard Ulsin Malchdin Nüüdel*, Ulaanbaatar. (『モンゴル人民共和国の遊牧』).

ブルデュー, P. (1993)『資本主義のハビトゥス:アルジェリアの矛盾』(原山哲訳), 藤原書店.

Damdinsüren, B., Myadagmaa, J. (2003) *Mönhiin ölgii nutag Mörön sum tüühen tovchoo*, Ulaanbaatar. (『ムルン郡略史』).

Fernandez-Gimenez, M. (2000) The role of Mongolian nomadic pastoralists' ecological knowledge in rangeland management, *Ecological Applications*, vol.10, No.5: 1318-1326.

ギブソン, E. J. (1997)「心理学に未来はあるか」(本田啓訳), 『現代思想』, 1997年11月号, 212-225.

ギブソン, J. J. (1985)『生態学的視覚論:ヒトの知覚世界を探る』(古崎敬・古崎愛子・辻敬一郎・村瀬旻訳), サイエンス社.

Humphrey, C. and Sneath D. (1999) *The end of Nomadism? Society, State and the Environment in Inner Asia*, Durham: Duke University Press.

池谷和信 (2003)『山菜取りの社会誌:資源利用とテリトリー』, 東北大学出版会.

今井一郎 (2004)「ガブラのノマディズムをどう見るか:生態学的要因と社会的・政治的要因」, 田中二郎・佐藤俊・菅原和孝・太田至編『遊動民(ノマッド):アフリカの原野に生きる』昭和堂, 319-337.

今西錦司 (1995)『遊牧論そのほか』, 平凡社.

Jigjidsuren, S. and Johnson A. (2003) *Forage Plants in Mongolia*, Ulaanbaatar.

辛嶋博善 (2004)「社会主義体制の崩壊と脅かされる年長者の権威:モンゴル国遊牧社会における陰暦二日の月を見ることを事例に」, 慶應義塾大学文学部民族学考古学研究室編『時空をこえた対話:三田の考古学』, 六一書房, 251-256.

小宮山博 (2005)「モンゴル国畜産業が蒙った2000~2002年ゾド(雪寒害)の実態」, 『日本モンゴル学会紀要』, 35: 73-85.

松井彰彦 (2002)『慣習と規範の経済学』, 東洋経済新報社.

Mearns, R. (1993) Territoriality and land tenure among Mongolian pastoralists: variation, contituity and change, *Nomadic Peoples*, 33: 73-103.

Mongol Ulsin Shinjleh Uhaani Akademi (2000) *Mongolin nevterhii toli II*, Ulaanbaatar. (モンゴル科学アカデミー『モンゴル百科事典』).

National Statistical Office of Mongolia (2000) *Mongolian Statistical Yearbook 2000*, Ulaanbaatar.

National Statistical Office of Mongolia (2002) *Mongolian Statistical Yearbook 2002*, Ulaanbaatar.

リード, E. S. (2000)『アフォーダンスの心理学:生態心理学への道』(細田直哉訳, 佐々木正人監修), 新曜社.

シーレブアディヤ, S.・エンフアムガラン, A.・オルトナサン, M. (2005)「ウブルハンガイ県における放牧地利用の現状と放牧地の持続的管理の実現に関する諸問題」, 小長谷有紀・

辛嶋博善・印東道子編『モンゴル国における土地資源と遊牧民：過去，現在，未来』，文部科学省科学研究費補助金特定領域研究「資源の分配と共有に関する人類学的統合領域の構築」(代表：内堀基光)，41-67.
山下脩二 (1985)「気温の逆転」，吉野正敏ほか編『気候学・気象学辞典』，二宮書店，105-106.

8章

「ミオンボ林ならどこへでも」という信念について
―焼畑農耕民ベンバの移動性に関する考察―

杉山祐子

● Key Word ●
ベンバ,ミオンボ林,移動性
直接性と汎用性,祖霊信仰

1 ●はじめに —— 移動性と環境利用の様式

　ザンビア北部州の乾燥疎開林帯（ミオンボ林帯）に住む焼畑農耕民，ベンバの村びとに，他地域への移動について問うたことがある．村びとはベンバランド内はいうに及ばず，自分自身がまだ行ったことのない他民族集団が住む地域までをふくめて，「ミオンボ林ならどこへでも行ける」という．本章では，このようなベンバの移動性に焦点をあてる．ベンバにとっての「移動」とは，どのような意味をもち，どのような社会的・歴史的背景に支えられているのだろうか．「ミオンボ林ならどこへでも」という表現は，ベンバとミオンボ林とのどのような関係をさしているのだろうか．村びとの生計において,ミオンボ林は,本書の中心的なテーマの1つである「資源」であるが，移動を日常的な行動様式に組みこんでいる彼らにとって，それはどのように意味づけられるのだろうか．

　一般に，サハラ以南のアフリカに多くみられる焼畑農耕は，遅れた粗放的な農法で，生産性が低いと考えられたり，森林破壊の元凶とみなされたりしてきた．その背景には，焼畑耕作が耕地の移動を前提とした農法であり，資源管理が十分におこなわれないという見かたが強かったことがある．焼畑耕作という農法に内在する移動性に加えて，農耕民の生活様式自体が高い移動性をもっていることも問題視されてきた．

　このような見かたとはまったく対照的に，アフリカ農村部でのフィールドワーク

にもとづいた諸研究は，それぞれの地域の人びとが，細やかで合理的な在来農法を鍛えあげ，集約化をも果たしてきたことを示している（荒木1996, 伊谷2003, 掛谷2001, 重田1998）．掛谷（1998, 2002）は，アフリカの在来農業を西欧近代的集約農業の基準に照らして「粗放」と表現することを批判し，「非集約」あるいは「エキステンシブ」という表現によって，集約農業と同じ価値評価を与えるよう提唱した．掛谷は，非集約的な焼畑農耕の特徴として，低人口密度型で労働生産性を基本とすること，耕地の移動という農耕形態をとることをあげている．また，ミオンボ林の農耕民たちを「自然利用のジェネラリスト」とよび，環境を「広く薄く」利用する生活様式の一部として在来農法を位置づけた．この「自然利用のジェネラリスト」としての環境利用すなわち「広く薄く」の環境利用の様式は，それ自体がたくまずして，資源の持続的な利用を可能にする資源管理システムでもあることを明らかにしてきた．

吉田（1999）は，東アフリカの農村変容を土地保有制度の変革という観点から分析した．そのなかで，サハラ以南のアフリカにおいて，共同体的土地保有制度の存在が，共同体成員個々人に土地を用益する権利を与えてきたことによって生存権を保証し，土地保有面積とその質とに大きな個別格差が生まれるのを防いできたことを指摘した．さらに，慣習法が農民の土地に対する占有権を強く保証していることを示して，「……占有権の保証を崩すものは，人口増加，市場経済の浸透，土地の相対的不足などであるよりは，政治経済的視角による論者が強調しているように政治権力への接近（アクセス）の弱さであり，土地配分，紛争調停，政府の開発計画のための土地調達，土地登記事業についての費用捻出などの行為に際して，その接近度に大きな差があることに発する不公平が原因だと考えられる」（吉田1999:7-8）．と述べた[1]．また，ここでいう「共同体」は固定化されたメンバーによって構成される共同体ではなく，メンバーの流動性を内包する性質のものだと指摘した．

これらの研究からわかるように，アフリカの農耕社会において，移動性は資源利用のしかたの根底部と深くかかわっている．そこでの生計の安定と成功は，土地や労働力といった資源の私的所有ではなく，その資源を利用するために必要な，さまざまな社会関係の創出と維持にかかっているといってよい．そこで重要なのは，資源に関する私的占有権の獲得ではなく，それらを利用するチャンネルとしての社会的ネットワークを確保することである．

資源へのアクセスの確保こそ生計にとって重要であることは，東アフリカ牧畜民についても同様の指摘がなされている（曽我2006）．しかし，その基盤になる移動性について吟味するとき，農耕民にとっての移動の意味と牧畜民のいう移動の意味は同じではあるまい．農耕民の移動を考えるとき，視野に入れておきたいのは，人びとの移動の範囲と農耕民が特定の農法を実践することによって築いてきた環境との関係である．焼畑耕作はたしかに耕地の移動を基盤にした農法であるが，それぞれ

の在来農法が特定の地域の生態条件に密接に結びついていればいるほど，移動の範囲は限定されよう．それぞれの人びとが住む地域には過去何年もにわたる働きかけが蓄積され，その農法に「適した」環境に改変されているからである．だとすれば，当該社会の人びとが移動できると考える範囲はどれほどのひろがりをもつものなのだろうか．また，移動できると考えられているひろがりは，人びとの実際の移動とどのように重なるものなのだろうか．

　本章で扱うベンバの場合，生態的特徴や社会構造に起因する集落の移動はそれほど広範囲に及んでいない．それにもかかわらず，人びとが想定する生活圏はそれをはるかにこえてひろがっている．本章では，このズレに注目する．以下の節では，チテメネ・システムという独特な農法を発達させてきたベンバの移動性を，環境利用の様式と実際の移動をあとづけることから検討する．そこでは，人びとの生計の中に「土地」がどのような形であらわれるのか，それが，王国や植民地化以後の歴史を反映しながら，どのようなひろがりとして認知され，どのようなしくみによって人びとの生活のなかでのリアリティをつくりだしているのかを明らかにしよう．その作業を通して，ローカルな環境における直接性を基盤とした生活と，祖霊信仰と結びついた王国という理念的なひろがりが併存する焼畑農耕民ベンバの環境観，資源観について考察する．

2● ベンバ概要

　ベンバは，ザンビアの北部州に住むバンツー系の焼畑農耕民である．この地域の疎開林は，方名でミオンボと総称されるマメ科の樹種が多く生えているので，一般にミオンボ林とよびならわしている（写真1）．ミオンボ林の分布は，ザイールからタンザニア，ザンビア，マラウィ，ジンバブウェ北部にまでひろがっている．母系制をとるベンバは，ミオンボ林の特性に根ざしたチテメネ・システムという焼畑耕作によって生計を営んできた．

　歴史的には，ベンバは，現在のコンゴ民主共和国とアンゴラ共和国の国境付近に栄えたルンダ・ルバ王国から東進してきた人びとの末裔であると伝えられる．また17世紀から19世紀にかけて，強大な軍事力を背景としてアラブ・ポルトガル交易の利権を手中に収め，周辺諸民族集団を支配下にする伝統的王国をつくりあげたことでも知られている．ベンバ王国の政治組織は，イギリスによる植民地化後には植民地行政の末端に組みこまれ，独立後もザンビア政府の末端機構として機能してきた．

　植民地化以降，イギリスは産銅州の銅鉱山地帯の開発に力を入れ，ベンバの住む北部州は，銅鉱山地帯への労働力供給地と位置づけられた．1930年代には都市部

写真1　M村周辺のミオンボ林

への出稼ぎが一般化し，青壮年男性を中心に多量の労働力が流出した．ベンバの歴史は，17世紀以降はルンダ・ルバ王国からの移動，20世紀初頭までは王国の拡大に伴う移動，植民地化以降は出稼ぎ労働に伴う移動というように，大きな移動の歴史でもあったといえる．

　ベンバ王国には，パラマウント・チーフ，チティムクル（*Chitimukulu*）をふくむ3人のシニア・チーフと15人のジュニア・チーフがおり，それぞれのチーフが領地をもつ．個々の村々はそれぞれのチーフ領に属している．村は10世帯から70世帯程度と小規模で，集落は10年から30年で移動する．私たちが調査拠点の1つとしてきたM村は，北部州ムピカ県のチーフ・ルチェンベ領内にある（図1）．チナマ（「多くの動物」の意）とよばれるこの地域は，19世紀後半から20世紀初頭にかけてベンバ王国が勢力を拡大した時期に，先住のビサを追いだし，ベンバランドの中心であったカサマから，この地域を支配するジュニア・チーフを派遣したことによって，ベンバランドの一部となった．カサマ地域に比べて人口密度が低く，私たちが調査をはじめた1980年代初頭には，豊かなミオンボ林がひろがっていた．村人は，チテメネ・システムとよばれる焼畑耕作を中心に，野生動植物の狩猟や採集をおこなって食料を確保し，シコクビエを元手にした行商やシコクビエを原料にして醸造した酒の販売によって，現金収入を得るという生計を営んでいた．

　チテメネ・システムの農法的な特徴は，次の三点である．

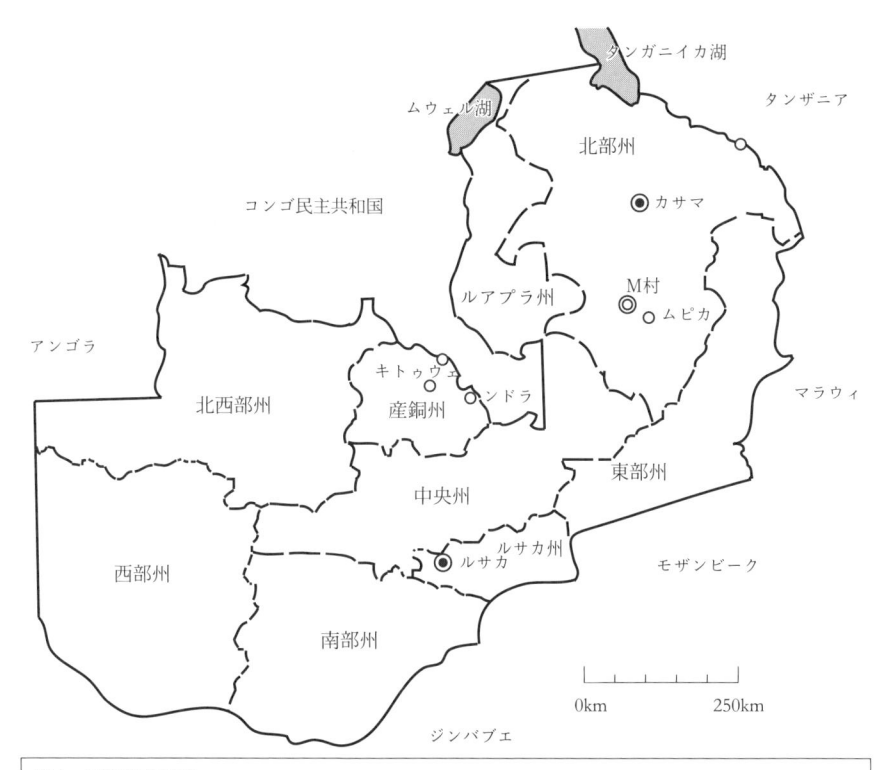

図1 調査地の位置

① 樹上伐採：第一の特徴は，開墾時の伐採方法にある．伐採にあたっては，男性が木に上り，枝だけを切り落とす（クサイラ kusaila 写真2）．以下この方法を「樹上伐採」とよぶ．また，木に上らずに地上で幹を伐採することを「地上伐採」とよぶ．樹上伐採はベンバ男性の誇りであり，他者に自分の価値を知らしめる手段ともなる．美しい樹上伐採ができる男性は尊敬される．

② 枝積み火入れ：第二の特徴は，伐採した枝葉を伐採地の中央に運んで円形に積み重ね，枝葉の堆積部分だけに火入れをして耕地を造成することである．枝積み作業は女性の仕事である．1人の成人女性は，一日2時間強の作業で，のべ800kgもの枝葉を運搬して積み重ねる．以下，これを「枝積み火入れ」とよぶ（写真3, 4）．枝積み火入れは遅くとも10月初旬には完了するようにし，雨期に入る直前の10月半ばに火入れがおこなわれる．この作業によって伐採地は，焼畑の耕地になる部分（インフィールド）と，枝を伐採しただけで火入れがされず，伐採後すぐに木々の枝が再生しはじめる部分（アウトフィールド）とにわかれる（荒木1996）．

③ 輪作：第三の特徴は，輪作体系である．時代や地域による差はあるものの，現在

写真2　樹上伐採する男性

では数年間の輪作をおこない，少なくとも数年以上の休閑期間をおく[2]．

　チテメネの休閑地は，休閑年数に応じて特徴的な植生を示し，村人の好む野生植物や食用昆虫，野生動物の生息地ともなる．それらの野生動植物は，村人の副食の7割を支えており（杉山1987），村人の食生活のバラエティを広げている．

　以上のようなチテメネ・システムの特徴を，掛谷は次のように総括した．「（前略）……樹木の生息密度の低さを補いながら，ミオンボ林の自然更新を促す農法である．また，中心部に集積した大量の枝葉を燃やして土壌に木灰を添加し，高温で土を焼き，乾燥させることによって土壌中の有機物の活性を高める．除草や妨害虫の効果もあがる．混作と輪作は耕地の多面的な利用を可能にし，多様な自給用の作物を供給する．樹木の根は地中に残り，常に作物が地表を覆う状態を保持することによって，乾季の強い陽光や雨期の激しい降雨による土壌の浸食を防いでもいる」(掛谷 1996:248)．チテメネ・システムは貧弱な土壌と疎なミオンボ植生をもつこの地域の自然環境によく適合した農法であるといえる．

写真3　枝積み作業をする女性

写真4　枝葉の堆積

3 ● 村びとはチテメネ・システムとミオンボ林をどう位置づけているか

　この節では，ベンバの生計の基盤であるチテメネ・システムに焦点を当てることによって，本書の基本的なテーマである自然との相互交渉のかたちを描く．具体的には，ベンバの村人がミオンボ林にどのように働きかけているか，その働きかけとミオンボ林，チテメネ・システムをどのように位置づけているかを検討する．

　ベンバの生計における「土地」は，土地そのものではなく，そこに生育する植物や動物すべてをふくむ「ミオンボ林（ムンパンガ *mpanga*）」である．しかもそのミオンボ林は，手つかずの原生的なミオンボ林ではなく，ベンバがそれを利用することによって結果的に改変されてきたミオンボ林である．ベンバの生活の場としてのミオンボ林は，ベンバによる人為的働きかけが蓄積されたものであるということができる．ベンバの村人自身がそれを強く意識していることは，次のような村の男性の語りからもわかる．

　　よいチテメネができるのは，木が大きくて枝葉が茂ったミオンボ林だ．木が大きくても森林保護区のようなミオンボは役に立たない．なぜって？　見ればわかるじゃないか．（森林保護区のミオンボは）幹が長く伸びているだけで，枝葉が茂っていない．上るのもたいへんだし，上ってもいいことがない（とれる枝葉が少ないから）．大切なのは，昔なんども伐採されたことがあるミオンボだということだ．よく見てごらん．（当時の切り口から）何本もの枝がわかれだしているだろう？　これなら一度でたくさんの枝葉がとれる．上るのもあっという間だ．（伐採したあとの幹や枝が瘤のようになっているので）はしごが用意されているようなものだ．よいチテメネは，昔の人が暮らしていたところにできるのだ（括弧内筆者による補足）[3]．

　この男性の発言にあるとおり，かつて伐採されたことのある木々は，以前の切り口が瘤のようにもりあがり，比較的低い位置にこんもりと枝を茂らせている．伐り口にできた瘤は，上る時の手がかりや樹上伐採の時の足場になる．以前の切り口からは，それぞれ数本の枝わかれが生じているが，それぞれの枝の根元の直径はおよそ 5 〜 15cm なので，枝積み作業にちょうどよい大きさの枝葉がたくさんとれる．それに対して，伐採されたことのない木は，幹がまっすぐで上りにくく，枝わかれが少ないので，枝葉があまりとれない（写真 5，6）．また枝のつけ根が太いので伐採に手間がかかる．地上伐採した中小木は，幹の切り口から 3 本以上の枝が再生することはほとんどなく，葉もあまり茂らせないので枝積みに使える枝葉がわずかしかとれないという（杉山 1998）．

　チテメネの開墾時には，木々の枝の伐採に続いて，枝葉の整形作業（クサンクラ）がおこなわれる．これは，伐り落とした枝葉の太すぎる木部を切り離してから，小

写真5 伐採後の樹形(枝わかれが多く,枝わかれのつけ根が瘤状になっている)

写真6 ミオンボ林保護区の樹形(数十年間伐採されていない.樹高が高く,枝わかれが少ない)

枝のつけ根に軽く切り目を入れて，運びやすい形に整える作業である．この整形作業は伐採作業の中でもっともめんどうな仕事だといわれている．地上伐採をすると一本の木を切り倒すのに時間がかかるうえ，枝葉の整形作業に，倒れた木の幹や太すぎる枝をとり除く手間が加わる．幹の下敷きになった枝を切り離すために膨大な労力もかけなければならない．その点，枝の太さや長さと葉のバランスを考えて樹上伐採すれば，あとで太すぎる枝をとり除く手間もないし，幹の下敷きになった枝を引きだす必要もない．枝の整形作業を考えると地上伐採の面倒さは樹上伐採に比べものにならないのである．

　樹上伐採が重要なのは，それが枝積み火入れにつながっているからだと村びとはいう．村びとによれば，チテメネ・システムの豊穣力の根幹にあるのは，「土をよく焼くこと」である．土が高い温度で長く焼ければ焼けるほど，ムフンド（養分）が土の中にでき，土が軟らかくなって，作物が豊かに実る．雑草の種がすっかり焼けてしまうので，除草の必要もなくなる．また，枝葉を焼く時にたちのぼった煙が雨雲になり，雨期の雨を降らせるのだともいわれる．枝積み火入れは，耕地を開墾する方法であるだけでなく，作物に必要な養分を生みだし，作物の成長に必要な雨をもたらす雲を生成することによって，新しい季節の循環をもつくりだすと考えられているのである（杉山 1998）．

　このことからもわかるように，村びとは，人の関与，ミオンボ林の特徴，雨期と乾期の気候，休閑期間とミオンボ林の再生状態などの諸要素を，密接に結びきあった一連のものと考え，自分たちの関与もふくめた１つのシステムとして，彼らの生活の場としての「ミオンボ林」を位置づけている．

　チテメネ開墾のための樹上伐採とその結果のミオンボ林の改変についてのこのような認知は，村の成人なら誰でも共有している．そのような知識は，言語化されて教えられた知識というよりも，「みればわかる」という言葉に端的に表れているように，それぞれの村人が自分自身の経験と観察をとおして，直接，身につけたものであることが重要である．作業が楽だ，とか，たくさんの枝葉が効率よくとれるなどと表現されるチテメネ農法の「正しさ」や合理性は，個々の村びとの経験によって検証され，経験の連鎖を通して村びとに共有される．村人は，同じミオンボ林でも諸条件と働きかけかたが異なれば，異なるミオンボ林ができあがることも知っている．ナムワンガやララなど，他民族集団の住む地域のミオンボ林を「地上伐採をして，枝葉をあちこちに積み重ねるので，小さい木しか再生しないミオンボ林になる」と説明する．

　他方，注意しておきたいのは，このような直接的経験によって検証される正しさとは別に，チテメネ・システムをおこなう第一の理由は「ベンバのやりかた」だからだといわれる点である．その正当性を支えているのは，世界観に直結したある種の「普遍的な理論」である．それは，ベンバの祖霊信仰と不可分で，チテメネの開

墾を，「祖霊の領域」であるミオンボ林から「人の領域」である焼畑耕地への変換だと意味づける．樹上伐採も枝積み火入れも，祖霊の領域を人の領域に変える時に不可欠の，祖霊への「作法 *ifunde*」なのだという．一年の季節の変化の中で自然に生じる象徴的な熱さと冷たさの循環に，人が正しい「作法」でかかわることにより，チテメネ耕地が豊穣力を得るという．その「作法」を滞りなく実践するために，村長やチーフが大きな役割をはたす（杉山1998）．このようにベンバのミオンボ林とチテメネに関する認識は，個人の経験にもとづいた直接性を基盤とする知識と，その知識の正当性が，祖霊信仰を介した世界観にかかわる「理論」に不可分に結びつけられる，ある種のしかけによって支えられているが，ここではその二重性を指摘するにとどめ，「作法」の内容については5節で言及する．

4 ● 限定的な移動範囲

4-1 伐採地の選定

　ミオンボ林の状態とチテメネ農法についての上記のような認識は，村人が耕地を開墾する場所を選択したり，移動させたりする根拠となる[4]．村人は，それぞれがそれぞれの事情にもとづいて判断し，「自由に」チテメネを開墾するが，そこにはほかの村人との相互的な社会関係が反映される．また，「自由」な開墾を保証するのは，その村人が特定の村に属していることであり，ミオンボ林の主である祖霊との交渉を引き受ける村長やチーフの霊力である．

　伐採地と伐採する面積を決めるのは，伐採を担う男性である．伐採地の選定は，伐採者がそれぞれ「自由に」決めるが，選定の重要な基準は，ミオンボ林の再生状態である．開墾適地として好まれるのは，「葉がよく茂った枝の多い木が，まとまって生えているところ」で，開墾しようと思う広さに応じて伐採地を選ぶ．

　伐採区域を決めるには，何度か下見をして，ほかの男性の伐採予定区域でないか，近隣に伐採予定区域を設けようとしているのは誰かなどを確認する．この時，近隣にある伐採予定区域との距離を考え，実際に伐採する面積よりも余裕をもって選ぶ[5]．また，一度開墾したチテメネは数年間の輪作をおこなうので，何年分かのチテメネを近接した地域に開墾するなど，経年的な農作業のしやすさも考慮する．M村でのこれまでの調査にもとづいて，1981年から1994年までの開墾地の変遷を追ったところ，数年分は近接する区域にチテメネを開墾し，そこを伐り終えるとまた，数年間伐れる区域に移動する傾向があることがわかった．

　伐採する区域を定めると，伐採者の男性は，その区域の四隅にある幼木を，樹皮一枚分だけ残して根本から伐採し，伐採予定地の内側に向けて倒す．それは，伐採

者にとっての作業のめやすであると同時に，自分がその区域を伐採することをほかの人に知らせる印でもある．伐採者の男性が自分の世帯の伐採地を選ぶ場合の多くは，囲碁の陣地とりの要領で，ある程度の広さのミオンボ林を「囲いこむ (クチリキラ kuchilikila)」という．ある男性が囲いこみはじめるのを見たほかの村人は，「ここは彼が伐るつもりの場所」と了解し，内部にわけ入らないようにする．

4-2 開墾ゾーンと村域

伐採者の男性の思惑がチテメネの位置に反映されることは，ある女性世帯主のチテメネの位置の変化に，より鮮明に見てとれる．図2に示したように，彼女のチテメネは1987年までは年ごとにばらばらに分布していた．それは，彼女が伐採を依頼した男性が年ごとに異なり，その男性の都合にあわせて，多くはその男性の世帯の伐採地近くに伐採地が決められたためである．しかし，彼女の末息子が成長して働き手となった1988年以降は，数年分の畑が近接して開墾されるようになり，伐採者である息子が特定の意図をもって「囲いこみ」をした結果がはっきりと現れている（図2中網掛け円内）．当初，彼が伐採地を選ぶ時には，同じ村に住む，20歳ほど年の離れた彼の兄が助言したので，結果的に兄の世帯の伐採地に近接した位置に彼の伐採地が設定されることになった．

この事例のように，近い親族や親しい友人などからの情報や助言を受けた結果，近い親族や親しい友人どうしの畑が近接することもしばしばある．結果的に，あるブロックが近い親族，友人関係で占められることにもなる[6]．また，数年分の伐採地をまとめて確保したいという志向から，1，2年分しか余裕がないと思われる地域を避けて，伐採地を大きく移動させる傾向もある．この時には，ほかの男性もその地区を伐採しないので，ある地区のミオンボ林がある程度伐採されると，皆がまとまってほかの地区に伐採地を移動させることになる．ほかの村人との相互的な社会関係が，伐採地の選定に反映される結果，一定のひろがりの土地にチテメネが集中的に開墾される．その結果，村全体としてみると，一定期間の間，人びとがまとまって近隣の地区にチテメネ開墾をする，いわば「開墾ゾーン」が形成される．この開墾ゾーンは，自分の村を新設しようとする男性が，村の位置や「村域」を決めるのに重要なめやすになる．

1958年にM村を新設したM氏は，当初，カヌワンプング川の近くに集落を開いた．M氏の話によると，村長は村を新設する時，20～30年単位の大まかな開墾計画を立てるという．それは，集落から徒歩1時間ほどで行ける3～4km内外を想定するらしい．村人がその範囲内でチテメネを伐採することのできる20～30年の間は，できれば集落を移動させずにおき，その開墾予定ゾーンがほぼ利用されたら，その外側に集落自体を大きく移動させるのだという．新設当初のM氏の計画では図3の

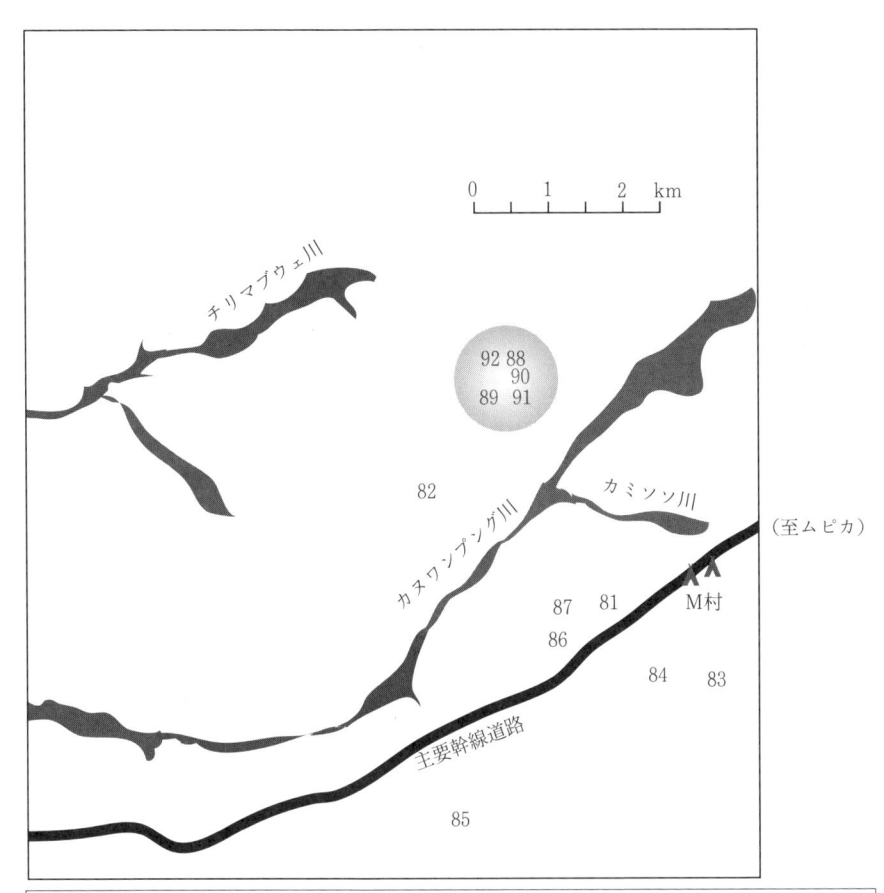

図2　女性世帯におけるチテメネ開墾地の変遷（1981～1992年：図中の番号は開墾年を表す）

ようになっており，この区域が伐採されたあとには，M氏らの出身村があった場所の近くに集落を移動することを考えていたという．実際には，1961年と1979年に集落がそれぞれ400mほど南に移動したが，開墾ゾーンそのものは大きく変化しなかった．この時の集落の移動は，当時の村で続いていた災いに起因していたからである．

　村の新設にあたってM氏が20～30年単位の開墾ゾーンを意識したのは，村長の重要な責務として，呪薬を用いて結界を設け，村長の霊力のもとに「村域」を囲いこみ，保護（クチリキラ kuchilikila）する必要があるからだった．クチリキラというベンバ語には「囲いこむ」だけでなく，「囲い保護する」または「結界をはる」という意味がふくまれる．村域の境界にはなにも目印がなく，どこからどこまでが村域

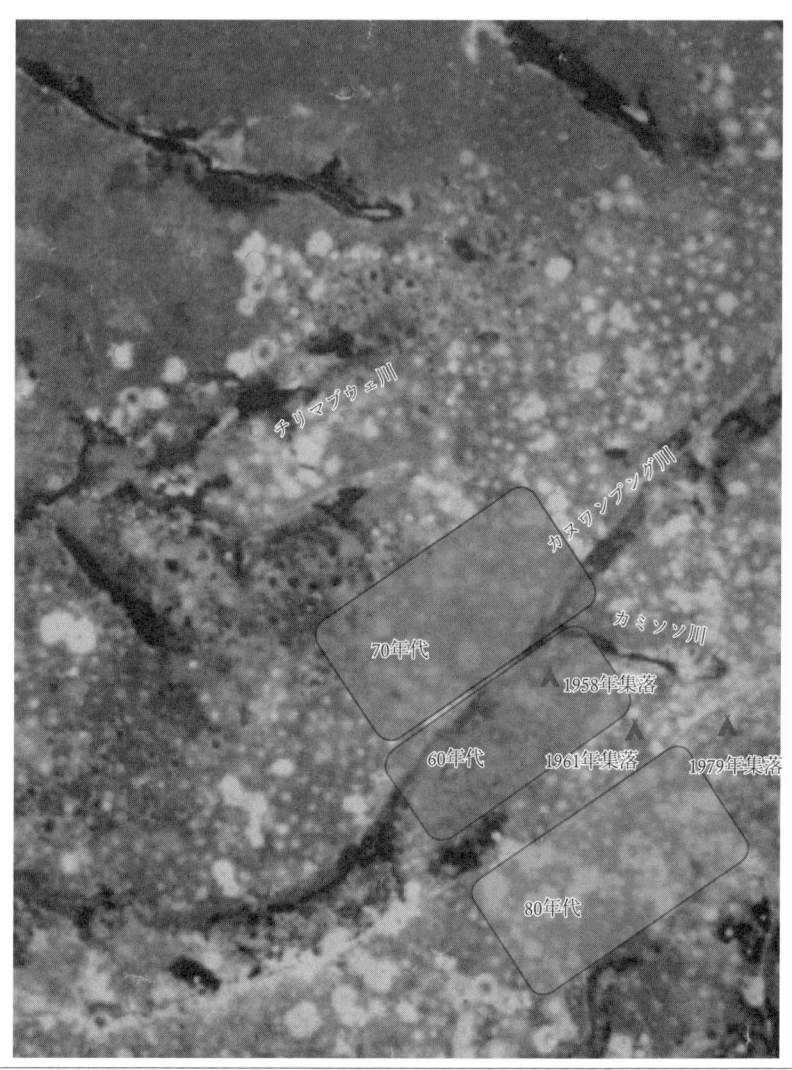

図3 開設当初のM村開墾計画(M氏からの聞きとりによる.開墾ゾーンの形態,境界線は定かでない.
1994年衛星画像をもとに作成)

なのかは,結界を張った村長だけしか知らないことになっている.この結界は,祖霊の領域であるミオンボ林と人の領域である村をわかち,邪術者の侵入を防ぐ役目をもつという.村人がそれぞれの思惑に沿って自由に伐採地を決め,伐採区域の「囲いこみ」をすることができるのは,村長によるこのような霊的保護があるからだといわれている.またその霊力は,5節で述べるような祖霊への作法を守ることによっ

て維持されるといわれる．

4-3 世代交代期とチテメネ伐採適地の減少の同期

　M村の事例から，集落は少しずつ移動しても，開墾ゾーンは大きく変わらず，利用するミオンボ林のひろがりはそれほど変化しないことをみてきた．開墾ゾーンが大きく変化するのは，集落の大きな移動や分裂にともなう人びとの離村を契機とする．その大きな移動がおこるのは，村の世代交代期であることが多く，またチテメネ伐採適地が集落周辺に少なくなった時期と同期する．

　M村の事例から概算してみよう．1984年における世帯あたりの平均チテメネ面積はおよそ0.34haである．この耕地を造成するためにはその数倍の面積を伐採するから，約2haのミオンボ林が必要である．先に述べたとおり，隣接する伐採地でも，伐採しないミオンボ林を間に残すのがふつうである．伐らずに残されるミオンボ林は，伐採地の周囲20m以上あるから，その分を見込むと，3ha以上のミオンボ林が毎年使われていると考えられる．村の世帯数を10世帯とし，世帯数の増加を考慮しないで計算すると，村全体で必要とするミオンボ林は1年で30ha，30年で900ha（9km^2）となる．すなわち，村の設立から30年を経ると，村の周囲3km四方のミオンボ林が一度は伐採区域に入ることになる．大山によれば，アウトフィールドで10年，インフィールドで33年から35年の休閑を経ればミオンボ林の持続的な利用が可能だというから，村の創設当時チテメネを開墾した地区については，再度伐採できる程度のミオンボ林が再生する計算になる．

　しかし前節で述べたように，伐採者の男性は，数年分のチテメネをまとめて伐採できる区域を探す傾向があり，蚕食された状態のミオンボ林は伐採したがらない．実際には，世帯数も増加する．また，休閑期間の短いミオンボ林は「土の力（maka yomushi）」が小さいので，シコクビエの穂が赤子のこぶし程度にしかならないともいい[7]，大きなチテメネを開墾して自家消費用以上の収穫をあげようともくろむ若年世代の男性にとっては「とるに足らない」林だという[8]．

　集落周辺のミオンボ林がこのような蚕食状態であることは，若年世代の男性たちが，集落から離れたミオンボ林に出づくり小屋を設営するのに，もっとも説得力のある理由を提供する．それは，彼らが経済的な力を増大させる機会とともに，年長男性たちの政治的権威から離れて，親密さを育む機会を生じさせる．その結果，村の政治的主導権をめぐって潜在的に競合する地位にある若年男性たちの凝集性が高まり，年長世代の男性たちにとっては，危機的な状況が生まれることになる．

　前節で述べたように，村人が自由にチテメネ伐採地を選択でき，その利用権を保持することができるのは，祖霊の霊力を背景とした村長の権威を下敷きにしているからである．しかし時期によっては，その同じ権威が世代間の確執を助長し，村の

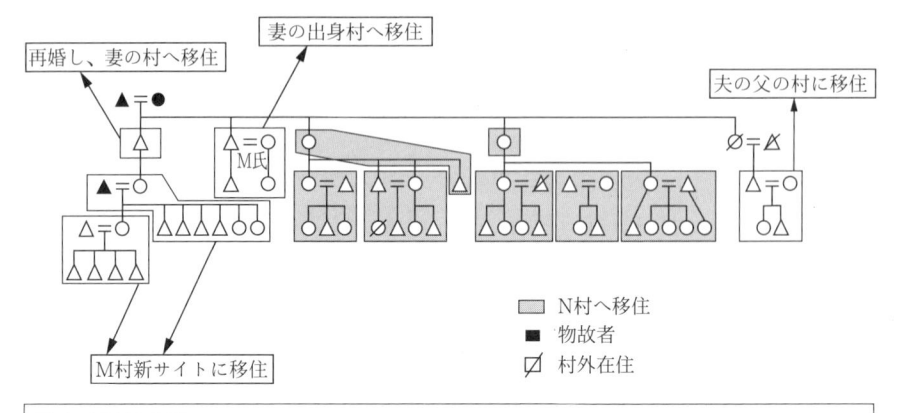

図4　M村の分裂

　分裂と人びとの移動を引き起こす主要な要因にもなる．それは，村の世代交代期に顕著に表れる社会的再編の周期であり，ターナー（1957）がンデンブ社会について記述したのと同様に，母系社会において世代の異なる男性間に潜在的に存在する社会的葛藤を基盤にしている．M村の事例をみると，世代交代の時期が，集落周辺のチテメネ適地が減少する時期と重なっており，その点でも，移動の必要性が高まる時期であるといえる．

　このように，伐採地の選定にかかわる志向性とベンバ社会に内在する社会再編の契機が，集落周辺のミオンボ林が劣化する時期と同調することによって，開墾ゾーンの移動や村自体の分裂や消滅による人びとの移動が大規模に生じることになる．M村の場合では，1980年代初頭から，村長の姉妹の息子や姉妹の娘婿たちが，集落から6kmほど離れた場所に出づくり小屋をつくるようになり，凝集性を高めていたが，1986年にある村人の難病をきっかけに，村長が若い世代の男性たちに邪術者として告発される事件がおこった．事態は紛糾し，村人の合意ができないままに分裂した．村人は図4のようなグループでそれぞれ他村に移住していき，M村は消滅した．

　世代交代期のベンバ農村にみられる邪術の告発は，村長世代のもつ既存の権威の否定という意味あいを強くふくむ．ベンバの村長がもつ権威の正当性は，村人からの承認を不可欠とする脆弱な基盤に立っており，村人の承認があってこそ，村域を守る結界や祖霊信仰を背景とした霊力に正当な意味が与えられる（杉山 2004）．年長者の霊力とそれにもとづく行為は，村人の承認があるうちは，村内の秩序を守るための懲罰と考えられ受け入れられるが，ひとたびその承認を失えば，身内を害することによってみずからの力を高めようとする邪術とみなされてしまう．世代交代期に頻発する村長世代への告発は，村の求心力を失わせ，必然的に村の分裂や消滅へ

とつながる．それを契機に，新しい村の設立やほかの村への移住など，人びとの大規模な移動をともなう大きな社会的再編がおこなわれる．

ここで注意しておきたいのは，このような場合でも，移動距離はそれほど長くないことである．1980年代にM村に住んでいた人びとを中心として，移動の範囲について聞きとりをおこなったところ[9]，チテメネの伐採適地が不足したことを理由にした集落自体の移動距離は数km，村の分裂や消滅による人びとの移動はせいぜい数十km以内に収まることがわかった[10]．人びとは親族や友人を頼って，自分が直接「知っている」ミオンボ林に移住する．

チテメネの伐採地や村の社会構造に起因する集落の移動がこの程度に収まるのなら，なぜ人びとはベンバランド全体に移動できるとか，それをこえたほかの民族集団が住む地域にも移住できるなどというのだろうか．その背景について知るためには，ベンバの村人が移動する契機や移住先での資源へのアクセスの確保についてみなければならない．次節ではまず，ベンバの移動の契機と移動の単位について概観する．それをふまえて，村びとが「どこへでも行ける」という言説の根拠としてあげた移動の事例を検討しよう．

5 ●移動可能な「範囲」のひろがり

5-1 移動の契機と単位，資源へのアクセスの確保

村びとの移動が頻繁で気軽なのは，移動先への接続のしやすさが背景にある．村人が他所に移動する時，ベンバ王国拡張期から植民地時代を経て整備された統治システムとしての村の機能と系譜が，力を発揮する．ベンバの村人への聞きとりをもとに，人が移動する契機と移動の単位について表1にまとめた．

村単位の移動は，それほど遠距離でなく，10～20km程度である．村が分裂した結果，新しい村が新設されるなどのできごとがあると，その距離は比較的大きくなるが，聞きとりによれば，それでも30km以内におさまっている．村長となる男性は，新設する集落の近隣の村の村長からの承諾を得，近隣の村々の開墾状況をふまえて，20～30年に及ぶ開墾計画を立てなければならないのだから，地勢も近隣の状況についても自分がまったく知らないミオンボ林に移住することは不可能なのである．また，いくら集落を大きく移動させたとしても，同じチーフ領をでることはめったにないといってよい．

村単位の移動範囲がこのようにかぎられるのは，植民地時代に整備された村籍登録制度も強く関係している．それは，村と認められる集落の規模を10世帯以上と定め，村名と村長名を届出させてチーフに登録させ，人頭税徴収の単位とした．登

表1　移動の契機と単位

移動の契機	単位	備考
1. ぶらぶら，物見遊山	個人	もっとも多い動機
2. 仕事探し	個人	おもに都市部に移動．いさかいや呪いが背景にあることもある
3. 結婚と離婚	個人	1に次いで頻繁
4. 良いミオンボ林を求めて	世帯，気の合う友人グループ，親族グループ	邪術やいさかいなどが背景にある場合もある
5. 村の新設	村	邪術やいさかいなどが背景にある場合もある
6. 村の移動	村	不幸，災厄，ミオンボ林を求めて
7. 村の消滅	個別世帯，気の合うグループ	邪術といさかい，世代交代の失敗

録したチーフ領からでる場合には，村籍を抹消する手続きをとり，移動先のチーフに村の設立を願いでて同じような手続きをとらなければならなかったから，一度登録したチーフ領をでることはほとんどなかったという．しかし実生活の面でさらに重要なのは，村長の政治的な権力がチーフの承認を経て正当化されるという手続きを踏んでいることであり，後述するように，その「力」が多分に，祖霊の庇護を受けた霊力をふくんでいることである．このような二側面をもつ村籍の登録によって，村長とその村人は，その地域のミオンボ林へのアクセスを獲得することができる．

一回の移動距離が大きいのは，個人を単位とする移動である．その契機は，「ぶらぶらする・物見遊山」，「儀礼・病気見舞い」，「仕事探し」，「結婚と離婚」があげられる．「ぶらぶら・物見遊山」の訳語をあてたのはクタンダラ (kutandala) という独特のベンバ語表現だが，村人の日常的な行動様式としても重視される．たとえば，集落で過ごす時はできるかぎりクタンダラして，ほかの村人を訪ね，挨拶や話を交わさなければならない．他所に住む親族や友人知人の所にもできるだけクタンダラし，直接のコミュニケーションをかかさないようにするのが，一人前のベンバとしてのつとめである．冠婚葬祭や病気見舞いのための訪問もまた，欠くことのできない義務である．

人びとはやすやすと自分の村を離れ，よそに住む親族や友人のもとを訪ねる．チテメネの農作業が一段落する雨期入り前は，他村の移動や他村からの移動がもっともさかんな時期であるが，農繁期でさえ，めずらしいことではない．未婚の青年や少女たちだけでなく，世帯主や夫婦世帯の妻さえ，「ちょっとよそに行ってくる」といって，家を留守にし，2, 3か月帰ってこないこともある．帰村したあとのみやげ話で，その村人が国境付近まで行っていたことや，ほかの民族集団の村を訪ねたことなどを聞いて，一座がもりあがったこともまれではなかった．「ミオンボ林

ならどこへでも」という言説にリアリティを与えるようなひろい範囲の移動は，このような個別の村人の動きと密接にかかわっているようである．

　移動の契機としてあげられる理由は，表1に示したとおり複数あるが，その背景に，いさかいや呪いが大きな比重を占めていることには注意しておかなければならない．掛谷（1987）は，焼畑農耕民社会の根底にある妬みと，呪いが制度化されることによって裏支えされている平準化機構について考察している．ベンバの村びとの日常生活においてもまた，妬みや呪いに端を発したいさかいや葛藤は，ごく日常的にあり，他所への移動はそれを解消するための手段としても有効である．

　しかし，どこかに移住するということは，移住先での妬みや呪いをとりまく関係に組みこまれるということでもある．ベンバにおける呪いのコントロールには，祖霊祭祀が重要な要素である．祖霊祭祀を司る村長やチーフは「もっとも強い邪術者」といわれるほど，強い霊力をもち，呪いをコントロールもしている．特定の村の村長のもとに受け入れられるということは，自動的に，その村域のミオンボ林にアクセスする権利を得るだけでなく，呪いや妬みの点でも村長の庇護下に入るということである．ベンバ農村の場合，妬みに端を発した呪いは，祖霊が深くかかわる霊力のヒエラルキーに複合して，村長やチーフの霊力に統合される側面をもっている．その接点さえ確保できれば，どこでも同じように生活できる基盤が整うというわけである．

5-2　系譜にもとづいた移住先への接続

　移動の際に，まず，村びとが手がかりにするのは，自分と具体的な系譜がたどれる親族がいることである．個人を単位とするほとんどすべての移動が，まずは，このような具体的系譜をたどっておこなわれる．移動先での社会的位置は，接点になる親族の社会的地位を起点に築かれる．

　日常的に好んでたどられるのは，母方オバ，母方オジ，成人して他所に住んでいる兄弟姉妹，婚出した娘や息子との関係であり，類別的なオジオバ，兄弟姉妹もこれにふくまれる．ベンバの村びとは老若男女すべての人びとが，このような関係を頼ってほかの村や町に行くし，数か月～1年以上滞在することもまれではない．とくに思春期の少年少女は，このような「クタンダラ」を好み，他所の親族のもとに寄食しているうちに結婚相手をみつけ，そこで結婚することもある．このような移動では，自分の住んでいるチーフ領をこえることもしばしばである．以下に，M村で聞きとった事例を示す．

（事例1）系譜をたどる接続・ベンバランド内の移動

　M氏らの母はカサマ生まれで，同じくカサマ生まれの両親やその母系親族とと

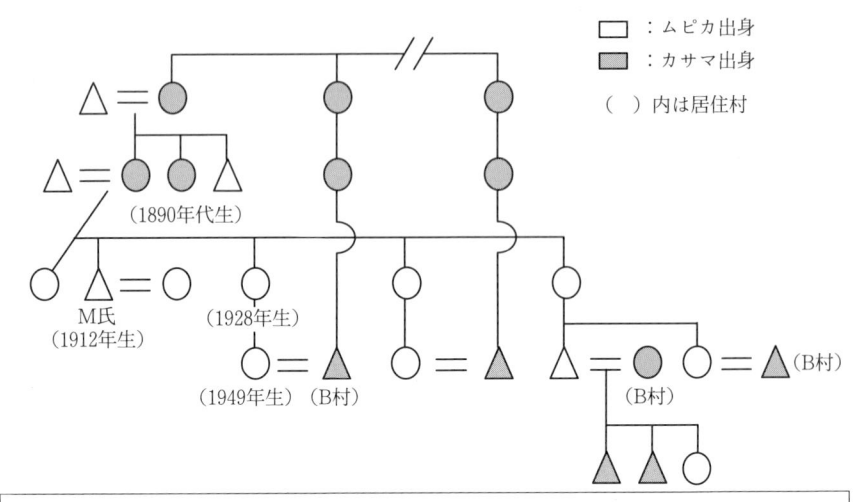

図5　M村出身者とカサマB村の親族・婚姻関係

□：ムピカ出身
■：カサマ出身
（　）内は居住村

もに1900年代初頭にチーフ・ルチェンベ領にやってきた．それは，ベンバが，ビサやセンガなどベンバ以外の人びとが住んでいたチブワという地域を手中にしたのち，パラマウント・チーフやシニア・チーフの息子たちをジュニア・チーフとして擁立し，ベンバ王国の新開地としてムピカ周辺を治めさせたという歴史的できごとに伴う移住だった．

　M氏らの母方の祖父は，ジュニア・チーフのクランに連なる人びとで，チーフがこの地域を治めるにあたって，その諮問機関を務める役割を担っていたという．M氏らの祖父とその親族が住んだのは現在のM村から7，8キロメートル北東につくられた村である．当時の村を開設したのは，チーフの諮問機関を務める年長の親族であった．その村の一部の人びとがわかれて2，3km南に開設したC村で，M氏らの母はチブワ生まれの男性と結婚し，M氏ら兄弟姉妹が誕生した．

　M氏らが成長してからも母方親族の住むカサマ地域の村とは行き来があり，M氏やその兄弟たちもそこに住む親族を訪問して滞在したという．同じ時期にムピカに移住してきた母方親族の数人の子どもたちは，カサマに住むベンバの村人と結婚して移住したので，M氏の「キョウダイ」につながる親族をたどることもできる．そのようにカサマに住む親族との交流が続いたことから，M氏の姉妹の長女は，カサマ在住の男性と結婚し，男性が職を得たカサマ近郊のB村に現在も住んでいる．この女性を訪問したM氏のオイはその村で結婚して居を構え，彼を訪問した母方イトコもその村出身の男性と結婚した．その結果，カサマ近郊のB村は，現在のM村の村びととの親族関係・姻族関係が重層化している（図5）．

(事例2)「ヘソの名」による接続・ベンバランド内の移動

　ベンバの始祖に連なる王たちの「祖霊の系譜」と「ヘソの名」の慣行によって，具体的な系譜がたどれない人びととも擬制的な親族関係をむすび，移住先への接続をはたすこともある[11]．

　村の年長者によれば，すべてのベンバは，始祖であるムンビ・ムカサ（Mumbi Mukasa）王に連なる系譜のうえに位置づけられるという．王の祖霊と村びととは「ヘソの名」とよばれる慣行によって結びつけられる．王の祖霊が女性のへそを通して胎児に宿り，その子の生涯を通じて庇護を与えるといわれているので，誕生した子どもに，まずその祖霊名をつけるからである．これが「ヘソの名」とよばれる名前で，どの祖霊が赤子に宿ったかは，女性が妊娠してから出産するまでの間に，妊娠している女性本人または母やオバなど，母系の近い親族が夢見によって知る[12]．

　自分との直接の系譜をたどることのできない村に移入する時，ベンバの村びとは，その村の村長のもとに行って，自分の「ヘソの名」を明かし，村長の「ヘソの名」になる祖霊との関係をたどって，村長との擬制的親族関係を結ぶという．その関係を足がかりにすれば，ほかの村びととの位置関係を定めることができる．そして，自分の出身村と同様に，村長の庇護のもとで，ミオンボ林を開墾する権利を得，邪術者からの攻撃を避けて安寧な暮らしを期待することができる[13]．

　「ヘソの名」による移住先への接続経験についての話は，1912年生まれのM氏や，M氏より10歳年長の長老たちからしか，聞きとれていない．この事例は，とくにカサマからチナマへ移住してきた経験をもつ人びとについて複数聞きとることができており，系譜をこえた移動が大きかったベンバ王国の拡大期に頻繁に使われた方法だと考えることができる．近年では，近い親族がいる村への移住を避けようとする都市からの帰還者が，隣村N村に移入し，村はずれに居を構えて農業を営んでいる事例があげられた[14]．

5-3　ベンバランドの「外側」へ

　これまで，ベンバランド内を「どこへでも」移動できるという言説が，村のしくみや系譜による接続可能性を背景にしていることをみてきた．ここでは，ベンバランドの外側へひろがる移動の事例について紹介する．

(事例3) ベンバランド外に住む親族との系譜をたどる移動

　ベンバランドの外側に移動するようになった歴史的背景には，まず，北部州から産銅州へ出稼ぎが大規模におこなわれ，ベンバの居住地自体が，ベンバランドをこえてひろがったことがある．1930年代に産銅州への出稼ぎがひろくおこなわれたことによって，ベンバランド外の産銅州や首都にも多くのベンバが住むようになっ

た．

　M村でも，ンドラ，チンゴラ，キトゥウェなど産銅州の諸都市や都市近郊の村々に，M氏とともに出稼ぎに行った母方オジや異母キョウダイの親族が住んでいるので，M氏やその兄弟姉妹，その子どもたちは頻繁にこれらの親族のもとを訪問して寄食し，都市内の親族のもとから学校に通った者もある．M氏の末妹の次女は，その親族から配偶者を紹介され，キトゥウェ近郊の村で新婚生活を送った．このように産銅州の諸都市やその近郊の農村部には，ベンバランドから出稼ぎに行き，そこに住みついたベンバの人びとが多数いる．彼らは出身村との交流を保っているので，M村の人びとも必要に応じて多様な系譜をたどることができ，親族の世帯の一員として，移動先でも資源へのアクセスを得ることができるという．逆に，都市部で定年退職した人びとがそのような系譜をたどって，M村に移入してきた例もある．

(事例4) 訪問先での友人関係にもとづく移動

　系譜をたよりにベンバランド外に住んでいる親族を訪問した村びとが，親族の住む地域でほかの民族集団の人びとと友人関係を結び，友人の出身村に滞在した事例もある．M村の青年はカサマの親族のもとに寄食していた時に配偶者を得，そこで暮らしていた．彼は1980年代末に，タンザニア国境付近に行けば農作物が高く売れ，布製品が安く買えると聞き，妻方の親族が住むという国境の町ナコンデに出かけた．ナコンデでは妻方親族の家に寄食していたが，カサマからもっていった農作物を売る時に，ナムワンガの青年と親しくなり，その青年の実家に一年間滞在した．滞在中には，この家の農作業を手伝ったが，ナムワンガの農法はベンバとほとんど変わりないのでなんの不自由もなかったという．この青年は，木を伐る技術が高いことを見込まれ，ナムワンガの青年の擬制的な親族として，村に移入することを勧められたが，カサマに妻子を残しているので断ったという．

(事例5)「行けばなんとかなる」移動

　M村に隣接するN村の青年は，系譜上少し遠い親族を訪ねて，産銅州の村に出かけた．しかし着いてみると，その村にめざす親族はいなかった．青年は，その村の村長に相談し，青年と同じチーフ領出身の村びとを探しだして寄食した．そこを拠点に，農作業の手伝いや近郊都市での商売で生計を立てていたが，寄食先の親族が結婚した相手（国籍は不明）の姻族を頼って国境をこえ，ザイールに住む姻族のもとに2年間滞在した．農村部で作物を買い，都市部に運んで売る仕事をしていたが，ザイールの物価が高くなり，生活が困難になってきたのでザンビア側に戻って，都市で古着を扱う商売を手伝い，配偶者も得た．1990年代半ばに一度N村に戻った．

〔事例6〕先代の移動の伝承

　聞きとりをした青壮年世代の村びとにとって，先代にあたるM氏らの世代が経験した1930年代〜1940年代の話が伝承されて，事例としてあげられたこともある．M氏の異父姉は，出稼ぎ先の産銅州で知りあったザイール人の男性と結婚した．青年であったM氏は，異父姉が婚入したザイールの夫の村を訪問して1年ほど滞在した．そこで畝立て耕作の方法や当時ベンバランドでは栽培されていなかったキャッサバの栽培方法を覚え，キャッサバの苗と2, 3種のインゲンマメをM村にもち帰った．M氏らの母方イトコも，出稼ぎ先の南ローデシア（現在のジンバブウェ）で親しくなったナムワンガの男性と結婚し，タンザニア側にあった夫の村に移住したという．

　以上述べてきたような諸事例から，次のことがわかる．①「どこへでも」の範囲は，まずは，村びとが知る誰かが，実際に行ったことがある地域のひろがりを下敷きにしている．その正しさは，そのような人びとの経験談を伝承することによって「検証」されている．②その範囲がベンバランド全体やベンバランドの外側へひろがっているのは，先代や先々代の人びとが，ベンバ王国の拡張や出稼ぎ労働の一般化に対応しながら，活動域を拡大した歴史に支えられている．③それらの地域との接続は，基本的に，直接たどれる系譜をたよりにおこなわれているが，系譜がたどれない場合でも，「ヘソの名」や出身地域を手がかりとする複数の接続の方法が用意されている．④それらは系譜につながらない人びとを排除するのではなく，むしろ組みこむ方向に機能するので，「行けばなんとかなる」という言説が信じられる．また，事例5のような経験をした村びとがいるという事実が，それを裏づける証拠として引きあいにだされる．

　このように自分自身の直接的な経験だけでなく，他者の経験を織りつづることによって，移動できる範囲のイメージが構成されていることが特徴的である．また，具体的な血縁をたどる系譜とベンバ王に連なる系譜が併用されることによって，より汎用性の高い系譜として機能することにも留意しておきたい．

　他方，5-1で述べたように，「どこへでも」という表現が，ベンバランド全体や，ミオンボ林という環境をもつ地域を指す側面もある．この場合，身近な人の経験談の有無は問題にならない．それは，⑤ベンバ王国の形成過程と植民地化後におこなわれた政治システムの整備によって，ベンバランド内では，どのチーフ領でも同じ方法で，村のメンバーシップとミオンボ林へのアクセスを得ることができるという「しくみについての知識」に依っている．⑥それは同時に，「祖霊への作法」という表現であらわされるミオンボ林への関与のしかたが，世界の秩序に則った「正しい方法」として位置づけられていることと表裏をなす．

　すでに述べたようにミオンボ林は「祖霊の領域」といわれており，ミオンボ林の

開発には，正しい「教え，作法 *ifunde*」にしたがった方法としての儀礼や呪薬が必要だと考えられている．儀礼の時期や方法，呪薬の組成などの具体的な詳細は，「大きな作法」とよばれ，チーフや村長，そして彼らを補佐する年長者たちがそれぞれ保有する「秘密」の知識である．彼らは，その作法によって，祖霊に働きかけ，祖霊の庇護を背景とした霊力を獲得する．他方，一般の村びとは，「大きな作法」をこころえた村長やチーフにミオンボ林と祖霊にかかわるさまざまな対処を委託することによって，自由にミオンボ林を利用する保証を得る．
　「秘密」の知識は，チテメネの豊穣力，野生動植物の豊かさ，人の生殖など，一見異なる事象のようにみえるさまざまなできごとを生じさせる，ミオンボ林世界の秩序についての知識である．それは象徴的な「熱さ」と「冷たさ」の循環に，どのようにして人が介入すればよいのかを具体的に示している．熱さと冷たさの循環は，季節が暑い時期から寒い時期に移り変わるように自然に生じるのだが，それを人の介入によって「極度に熱く」することによって，さまざまな事象の豊かな実りが実現するという．同じ原理は，病気治療の儀礼などにも応用される．つまり，象徴的な熱さと冷たさの循環に，どのような場面で介入するかが，世界を動かす鍵であり，日常生活のさまざまな側面の安寧を握っているのである．この原理は，気候や土の条件などが同じミオンボ林なら，どこにでも通用する原理であり，それへの正しい介入の方法を示した「作法」は，ベンバランド外のミオンボ林でも同じ，汎用性の高いやりかただというのが，村びとの見解である．この「作法」にかかわって体系立てられた一連の知識群をベンバのミオンボ林に関する「理論」とよんでよいだろう．
　このように，村びとが「どこへでも行ける」と表現した移動可能な範囲は，個人を起点にした具体的な系譜とベンバ王に連なる一般的な系譜，村の政治的システムとミオンボ林世界の秩序にかかわる作法というように，特定の個人や場所に結びついた具体的なしくみと，特定の場に限定されない汎用性をもつ「理論」が併存し，相互にその正しさを支えあうことによって，成り立っている．

6 ● おわりに ── 直接性を基盤とした生活世界としてのミオンボ林と可能世界としてのミオンボ林

　これまで述べてきたことから，ミオンボ林はベンバの生活に，ベンバの生活はミオンボ林に相互に埋めこまれており，両者が不可分であることが明らかにできたと思う．それゆえ，村びとが生計を営むためにもっとも好ましく，資源としての質の高いミオンボ林の範囲は無制限ではない．その事実を十分認識しながらも，村びとが口にする「ミオンボ林ならどこへでも行ける」という言説は，村びと自身や彼らが知る具体的な人びととの個別的な移動の事例と，祖霊信仰を媒介としたミオンボ林

世界の秩序についての「理論」という二重のうしろだてがあることによって，正しさを獲得し，信念とよべるものになっている．

この信念が描きだしているのは，他地域との境界線に囲まれた土地の「範囲」ではなくて，自分たちの現在位置を中心とした「ひろがり」としてのイメージである．

人びとの実際の移動に際しては，系譜が重要な役割をはたすが，それが移動先への接続の手段として有効なのは，具体的な系譜ではたどれない関係を，汎用性の高い「ベンバ王の系譜」につなぎあわせるしくみが機能しているからであり，祖霊信仰がその媒介となっている．このとき，系譜はそれに連ならないものを排除するためでなく，実際は系譜上のつながりがない者までをも組みこむために利用される．人びとの実際の移動は，それらを基点にしてさらに柔軟である．そしてそれゆえ，人びとは軽々とベンバランドをこえる．人びとがいともたやすく移動するのは，「どこへでも行ける」という信念にもとづいているのだが，そのリアリティを形づくっているのは，逆説的だが，そのような移動の実践それ自体なのだ．

とはいえ，村びとは「ミオンボ林ならどこへでも」という言説を無批判に信奉し，実体のない信念にまつりあげているわけではない．彼らにとっての有用性を基準に，ミオンボ林の状態を観察し，評価づけている．3節でふれたように，ベンバによる働きかけを蓄積してきた豊かなミオンボ林は，ベンバにとって高い価値をもつ資源である．それに比べて，ベンバランド内でも人口密度の高い地域のミオンボ林は休閑期間が短いために劣化している．ララやナムワンガなど他民族集団の住むミオンボ林は，村びとの言葉を借りれば「彼らの望む」ミオンボ林の姿が異なるために，ベンバの村人の目からは「はるかに劣化した」ミオンボ林であるという．このような違いを，人口密度や農法などの働きかけかたに起因する違いだと考え，「ミオンボ林」という同じ世界の多様性として位置づけていることはたいへん興味深い．それを可能にしているのは，ベンバのミオンボ林に関する「理論」であり，それぞれの地域を訪問してきた村びとの経験にもとづいた物語が，その「理論」の正しさを証明する．

ブルーナー（1998）は，民俗理論やフォークナラティブが「制作」する可能世界の様式について論じている．彼は，人間の状態にかんする「民俗理論」は，隠喩や物語に埋めこまれたままであり，しかも，その理論にもとづいたフォークラナティブは，科学的な理論と同じくらい「現実」を主張する資格をもつと述べた．それは，「所与のもの」を隠喩的に変換することによって，可能世界をつくりだすという．ベンバの村びとが口にする「ミオンボ林ならどこまでも」という世界のひろがりは，このような可能世界のひろがりであるともいえる．この文脈で「どこまでも」というのは，じつは「どこかへは」行けるということを意味している．それは，楽観主義者の現実逃避の手段ではなく，むしろ現実の生活世界に固く結びついたリアリティを再生産する．

ここで重要なのは、「ミオンボ林ならどこへでも」という信念に支えられた可能世界が、直接性に基盤をおく生活世界の安定した存立に不可欠だということである．それは、目の前のチテメネ伐採適地の減少を、資源の枯渇ととらえず、資源の私的囲いこみや競合に向かわせない方向づけをおこなうからである．目の前のチテメネ伐採適地の減少は、特定の区域が伐採された結果、「（その区域の木々が）なくなる廻りにあたった」と説明づけられ、全体としてのミオンボ林がなくなっているとは考えない．村びとは「ミオンボ林のあるところに行けばよい」といい、移動を繰り返していく．それはまた、「土地」の制約をうけざるをえない農耕という生業形態をとりながらも、土地を有限で稀少な資源として扱わない資源観を可能にしている．このようにして支えられる資源観は、掛谷が指摘したように「広く薄く」ミオンボ林を利用し、結果的な資源の保全をもたらす環境利用モードの維持に寄与しているといってよい．

　このような可能世界をよりどころとした移動は、過去の遺物ではない．国の政策による大きな社会経済的変化に直面した村びとが、活路を見出すための具体的な対処法の源としても、再生産され続けている．これまでの調査から明らかなのは、移動先で人びとが手に入れた新しい技術や情報が、とりいれられ応用されることによって、現状を打開する方途が開けていることである．

　移動してきた人びとは、新しい農作物や農法をもちこんだり、移動先から戻った人びとが、新しい酒の醸造法や新しい商売の方法をもち帰ったりして、実生活の中で実践する．周囲の人びとは、それを直接観察しながら、その方法や技術が有効であるかどうかを判断し、よいと判断した人がそれを模倣していく．その連鎖が積み重なったある時点で、急速にその方法がほとんどすべての村びとに受け入れられるというプロセスによって、新しい技術や方法が定着し、人びとの生活に変化をもたらす（Kakeya and Sugiyama 1987）．

　村びとはこのようにして新しい技術や方法の有効性を「検証」しながら取捨選択し、変動する社会経済的状況を乗り切ってきた．そして、そのようにして変化する状況に活路を開いてきた経験自体が、「どこでも暮らせる」という実感をともなったリアリティをさらに再生産しているともいえる．おもしろいことに、移動先での困難な経験が語られても、それは「どこへでも行ける」という言説への反証にはならない．前節の事例5のように、困難をどのようにくぐり抜けたかが語られることによって、それはむしろ、「どこへでも行ける」ことを補強するのである．「ミオンボ林ならどこへでも行ける」という信念は、このようなダイナミズムの中でつくりだされ、同時に移動を基盤とした人びとの生活のダイナミズムをつくりだしている．

　このようなベンバの移動のダイナミズムは、東南アジア島嶼部に住む焼畑農耕民イバンの移住におけるダイナミズムと通底する部分をもつ．イバンの空間認識を扱った第2部5章で内堀は、イバンの社会生活に特有のブジャライ（旅行き）とい

う習俗にふれている．それは，かつては若い男たちが一人前と認められるまえに他地域へ移動し，その地でさまざまな経験を積む冒険的な習俗であったが，現在は都市部への出稼ぎ労働をさすこともある．ブジャライは，それぞれのイバン男性にとっては，見聞を広げる冒険的な行動であると同時に，長期のタイムスパンでみると，イバンが集団で他地域に移住するための先駆けの役割をはたすものでもあったという．内堀は，ブジャライによって個々のイバン男性からもたらされる他地域の生態的条件や社会的状況にかかわる情報が，集団的移住を決断する時に決定的な意味をもっていたことを指摘する．内堀はさらに，ブジャライの内包する回帰性と非定点性に着目し，それが個人による移動を集団による移住に発展させ，一次元の動線を二次元的な平面に拡張していること，それによって地域というひろがりをもった空間（本章でいう「ひろがり」）が生みだされていることを示す．

本章で述べてきたベンバの個別的な移動の事例は，内堀が描くイバンのブジャライと同じような役割をはたし，ベンバの可能世界の「ひろがり」におけるリアリティの核となっている．ブジャライによる移動が，ロングハウスを核とした集団的移動の先触れとなっているイバンの移動（移住）のパターンに対して，ベンバの場合は，個別的な移動が集団的な移動と必ずしも組みあわせられない点で，違いがある．しかし，内堀がブジャライによる情報の意義を，かつてよりも「むしろ非連続的な地域への移住の比率が増した時代になって，その重要性を増してきたというべきであろう（第2部5章122頁）．」と評価しているのとまったく同様に，ベンバにおいても，村びとを「土地」にとどめおこうとする国家の政策が強化されてきた現在こそ，個別的な移動の実践が情報という重要な「資源」になることは先に述べたとおりである．

移動可能性や移動可能な範囲のひろがりという点では，ベンバの可能世界は，河合が第2部4章で描くようなドドスの世界と共通する側面をもつ．しかし，河合が描くドドスの空間認知は，「みえること」が大きな力をもつ直接性に強くねざしている点で大きな違いがある．ベンバの可能世界に関する信念は，個人による直接的な経験だけではなく，他者の経験に関する物語をもとりこみつつ，その連鎖のなかにリアリティを形成する．また，その正当性を担保する理論，スペルベル（2001）のいうところの反射的信念[15]と複合している点が，ドドスとは異質だと考えられる．

北村は，東アフリカ牧畜民の認知を近代的な認知と対比しながら論じた第1部2章で，近代的なやり方に特徴的なことは，「『もの』との関係づけにおいて，その『もの』を，それとの関係づけの当事者である『自己』から切り離し，対象化して客観的に認識したうえで，みずからにとって都合のよい結果を実現すべくそれを操作しようとする，というところにある」とし，なかでも「『対象を自己の体験から切り離して客観的に認識しようとするやり方』こそが，（中略）近代とそれ以外の社会とを

区別するものになっている」という．さらに「この近代のやり方のうち，『対象を操作することによってみずからに都合のよい結果を実現しようとするやり方』という部分は，農耕民の社会にも共有されている」と述べる．

　本章でみてきたベンバのミオンボ林世界についての「理論」は，ミオンボ林の気候・土壌・ミオンボ林に生える木々それぞれの性質など，村びとの直接的な経験に埋めこまれた事実を根拠にちりばめながら，そのような個別性をこえた「象徴的な熱さと冷たさの循環」という汎用性の高い文脈に離床させている点で，ある意味「対象を自己の体験から切り離して客観的に認識しようとするやり方」でもあるといえる．また，祖霊への「作法」にもとづいてミオンボ林という「対象」を操作し，生活の安寧を得ようとする態度は，北村が「農耕民の社会にも共有されている」という部分と重ねて議論できるように思う．

　しかし，そこでのミオンボ林の位置づけは，ベンバの生活に埋めこまれたものであり，近代的なそれのように，目的を達成するために操作する「対象」として切り離されてはいない．また，ベンバによるミオンボ林への働きかけは，ミオンボ林という「対象」を意のままにコントロールするための自由な働きかけではない．その働きかけかたは，「ベンバのやりかた」として決まった方法であり，人びとの裁量の及ばないところにある．それは，「ベンバのやりかた」の正当性が，祖霊への作法という別の次元に設定された必然性によっているからである．この点で，焼畑農耕民としてのベンバがもつ「ミオンボ林ならどこへでも」という信念は，北村が指摘する近代的なやり方ともきわめて異質な側面をもつと考えられる．それは，ミオンボ林という独特な生活世界の具体的なローカリティーを基盤にし，生活世界との連携を保ったまま，個人の経験という直接性をこえた，よりひろい世界に接合していく方法なのだといってよいだろう．

　近年，M村の周辺域のミオンボ林は，ザンビア政府と外国資本が提携した「タザラコリドー開発計画」によって収用され，村びとがチテメネを開墾できるミオンボ林は極端に制限されている．村びとは，この新たな困難に対処する必要に迫られ，さまざまな試行錯誤を繰り返している．このような開発計画の根本にある「土地」を有限で稀少だとする資源観に対して，「ミオンボ林ならどこへでも」行けるという信念に裏打ちされた資源観が実現する世界の可能性について，さらに考察を深める必要がある．

注

1) 吉田（1999）はこれを「権力の平等化の一手段としての民主主義の問題がからまってくる」問題として総括しているが，本論ではこの問題は扱わない．
2) 聞きとりによれば，20世紀初頭には，1, 2年で休閑されていたという．現在のように，キャッ

サバが栽培されるようになったのは，カサマ地域で1950年代，チーフ・ルチェンベ領ではそれより若干早かったという．カサマにキャッサバが導入されたのは，バッタ被害による飢餓を重く見た植民地政府の主導による．M村のあるムピカ県チーフ・ルチェンベ領では，隣接するビサの村に出稼ぎに行った女性がもちこんだことから栽培がはじまったといわれている．同じ頃に，M村の創始者であるM氏自身も，ザイールから2種類のキャッサバをもちこみ，チテメネで栽培したと語っている．現在のように長期間耕作するようになったのは，1930年代以降のことであるという．

3）林床への火入れとミオンボ林についても「土の中には私たちが地上で目にするよりもはるかに多くの木があり，それらが多くの根をひろく張っている．」という．

4）耕地の選択についての生態学的な研究は大山（Oyama2005）に詳しい．

5）複数の男性の選んだ伐採地が隣接する区域でも，それぞれの伐採区域の間に，伐採せずに残るミオンボ林があるように配慮し，伐採地がつながらないようにする．

6）このようにある年限の間あるブロックに開墾する傾向があるため，かつては，チテメネの位置で生まれ年を表していた．

7）1994年に農法について聞きとりをおこなった年長者たちはこのような状態を「土が終わる」と表現し，土が終わるといくら枝積み火入れをしても作物は十分に育たないといった（杉山1998）．また，灰は肥料にならないと明言した年長者も半数あった．このことから，年長者たちはチテメネの生産力の基盤が土をふくめたミオンボ林の再生にあると考えていたことがわかる．土の力が十分に戻った状態の目安の1つは，ミオンボの樹高であるらしいことがチテメネの伐採地選択に関する聞きとりの中で明らかになった．

8）彼らがいう「十分な休閑期間」は，「昔そこに畑があったことなどまったくわからないくらい木々が高く伸び，枝が茂っている」状態をさすので，計算上よりはるかに長い休閑期間を必要とするようだ．

9）当時の村人の出身村をふくむ複数の集落サイトの移動について，可能な場合には放棄された集落跡まで踏査して位置を特定し，個々の村人にそれまでの移動歴と移動の範囲を聞きとった．

10）これに対して，親族の訪問や食料・現金調達などの目的で，個人が一時的に数か月から1年の単位で，数百km離れた親族の居住地を訪問し，滞在することは頻繁に見受けられる．

11）ここでいう祖霊とは，ベンバの始祖に続く王たちの霊である．ベンバ語では王（チーフ）も祖霊も，インフム（*mfumu*）またはイミパシ（*imipashi*）とよばれるが，そこには次の2つの意味がふくまれる．①記憶されている先祖や親族の霊で，現在生きている人びととの系譜が明確である「祖霊」，②ベンバ王国の始祖となった王たちやベンバ王国形成の過程で組みこまれた他民族集団の王たちの「祖霊」で，それらすべてがベンバの祖先だといわれている．王たちの系譜関係の概要は，1つの理念形として村人に知られている．

12）ヘソの名はその子の基本的な霊力にかかわる点で非常に重要な名前なので，その名を村全体に公表することはない．生まれた子どもにはさらに，両親が自分の好む祖霊の名を選んで命名する．そのため，1人の村びとはヘソの名に加えて少なくとも1つは別の祖霊の名をもっている．これらの祖霊たちは，その名をもつ者に力を与え，守る役割を果たしているといわれている．呪いなどの災厄に対抗する力は，「ヘソの名」になる祖霊および親族に名づけられた祖霊と，災厄を発動させる祖霊（または悪霊）との関係によって左右されるという．またその力関係は，祖霊どうしの系譜上の位置によって相対的に決まると説明される．

13）また，このように移入者として居を構えれば，ほかの近い親族が多いほかの村人よりも，

物や現金の分配義務が少なく，ほかの村人ほど妬みや呪いを気にすることなく，新しい試みに手をだすことができて好都合だともいう．
14) 都市から農村への移入者がこのような傾向を示すことについては，産銅州の都市住民の農村部への移動を検討したファーガソン (1999) は，退職金を得て定年した都市住民が，このような系譜をもとに，あえて「少し遠い」親族のいる農村に移入し，居を構える傾向を指摘しており，都市生活者にとっての「故郷」について言及している．
15) スペルベル (2001) は，心に表象される信念に2つの基本的な種類があるとし，第一の種類の信念を「直感的信念」，第二の信念を「反射的信念」とよんだ．直感的信念は，「自然発生的で無意識的な知覚過程および推論過程の産物 (スペルベル 2001：151)」である．それは学習する者の努力を必要とせず，環境や他者との交流の中で獲得される．これに対して，反射的信念は，知覚や知覚からの無意識的推論によってつくられるのではなく，「理論」や「物語」などの形式をとってコミュニケーションを通じて得られ，その合理性は，学ぶ者にそれを語る人への信頼に裏づけられる，という．

文　献

荒木茂 (1996)「土とミオンボ林」，田中二郎ほか編『続自然社会の人類学』，アカデミア出版会．
ブルーナー，J. (1998)『可能世界の心理』(田中一彦訳)，みすず書房．
Ferguson, J. (1999) *Expectations of Modernity: Myths and Meanings of Urban Life on the Zambian Copperbelt*, University of California Press.
伊谷樹一 (2003)「アフリカ・ミオンボ林帯とその周辺地域の在来農法」，『アジア・アフリカ地域研究』，2: 88-104.
掛谷誠 (1987)「『妬み』の生態人類学：アフリカの事例を中心に」，大塚柳太郎編『現代の人類学1 生態人類学』，至文堂．
掛谷誠 (1996)「焼畑農耕社会の現在：ベンバの村の10年」，田中二郎ほか編『続　自然社会の人類学』，アカデミア出版会．
掛谷誠 (1998)「焼畑農耕民の生き方」，高村泰雄・重田眞義編『アフリカ農業の諸問題』，京都大学学術出版会，59-86.
掛谷誠 (2001)「アフリカ地域研究と国際協力：在来農業と地域発展」，『アジア・アフリカ地域研究』，1: 68-80.
掛谷誠 (2002)「アフリカ農耕民研究と生態人類学」，掛谷誠編『アフリカ農耕民の世界』，京都大学学術出版会，ix-xxxviii.
Kakeya, M. and Sugiyama, Y. (1987) Agricultural Change and Its Mechanism in the Bemba Villages, *African Study Monographs, Supplementary Issue*, 6: 1-13.
Oyama, S. (2005) Ecological knowledge of site selection and tree-cutting methods of Bemba shifting cultivators in northern Zambia, *TROPICS*, 14 (4): 309-321.
Richards, A. I. (1939) *Land, Labour and Diet in Northeastern Rhodesia*, London: Oxford University Press.
重田眞義 (1998)「アフリカ農業研究の視点」，高村泰雄・重田眞義編『アフリカ農業の諸問題』，京都大学学術出版会，261-286.
曽我亨 (印刷中)「過去を写生する：歴史への生態人類学的接近法」，『アフリカ研究』，69.
スペルベル，D. (2001)『表象は感染する：文化への自然主義的アプローチ』(菅野盾樹訳)，新曜社．

杉山祐子(1988)「生計維持機構としての社会関係」,『民族学研究』, 53 (1): 31-57.
杉山祐子(1998)「「伐ること」と「焼くこと」:チテメネの開墾方法に関するベンバの説明論理と「技術」に関する考察」,『アフリカ研究』, 53: 1-19.
杉山祐子(2004)「消えた村・再生する村:ベンバの一農村における呪い事件の解釈と権威の正当性」, 寺嶋秀明編『平等と不平等をめぐる人類学的研究』, ナカニシヤ出版, 134-171.
Turner, V. (1957) *Schism and Continuity in an African Society,* Manchester University Press.
吉田昌夫(1999)「東アフリカの農村変容と土地制度変革のアクター」, 池野旬編『アフリカ農村像の再検討』, アジア経済研究所, 3-58.

9章

パプアニューギニア高地農耕の持続性をささえるもの
―タリ盆地における選択的植樹と除草―

梅崎昌裕

● Key Word ●
在来農耕, 持続性, パプアニューギニア高地
民俗知, 確信, 知識体系

1 ● 植生の人為的コントロールと農耕の持続性

　持続的に作物を生産するためには，作物の収穫とともに土壌から収奪される栄養素を，なんらかの方法で土壌に補給する必要がある．現代農業における作物ごとの栄養要求を考慮した化学肥料の投入はその代表例であり，人間や家畜の糞便，魚粉，腐葉土などを原料とした肥料の投入も基本的には同じ機能を担っている．
　まずは，この視点からパプアニューギニアの低地農耕と高地農耕を対照させてみよう．
　パプアニューギニア低地では，短期間の耕作に続いて長期間の休耕を必要とする焼畑農耕がひろくおこなわれている．たとえば，筆者が調査をおこなった東セピック州トリチェリ山地の焼畑農耕では，1回の耕作期間が2～3年であるのに対して，休耕期間は数十年に及ぶ．休耕期間における生態系の物質循環は地力の回復に寄与するだけでなく，休耕期間に生育した二次植生により栄養分が土壌に付与される．耕作によって収奪される栄養素を補給するのに十分な休耕期間と生態系の機能が維持されているかぎり，パプアニューギニア低地の焼畑は持続的な農耕技術といえるだろう．
　それに対して，パプアニューギニア高地でおこなわれているサツマイモ栽培は，低地の焼畑農耕よりも耕作期間が長く休耕期間が短い．本章で対象とする南高地州タリ盆地を例にとれば，標高1900m付近にある斜面畑の耕作期間は10～15年，

休耕期間は5〜15年である．また，タリ盆地中央部の河川沿いにひろがる湿地帯を干拓してつくった畑では，休耕期間をおくことなく100年以上も連続してサツマイモ耕作が続けられてきたといわれている．低地の焼畑農耕に比べて，1回の耕作期間が長く休耕期間が短いにもかかわらず，タリ盆地では化学肥料および糞便・魚粉・腐葉土からつくった肥料が使用されているわけではない．

　これまでの現地調査の経験から，筆者は，男性による「樹木のコントロール（徹底的な植樹と樹木の選択的な除去）」と，女性による「草のコントロール（緑肥となる草を効率的に入手することを目的とした，望ましくない草の選択的除草）」が，タリ盆地におけるサツマイモ農耕の持続性に大きく寄与していると考えている．

　男性は，自分が土壌の肥沃さに寄与すると判断する特定の樹種を，自分の使用権を主張する空間に植えつける．タリ盆地の畑は1つ1つが溝で区画されており，溝から掘りだした土でつくった土塁が畑のまわりをとり囲んでいる．この土塁が樹木を植えつける場所となる．男性は，自分が土壌の肥沃さに寄与すると判断する樹木の幼木をみつけると，それを自宅にもち帰り，小さなポットで栽培する．そして自分の畑に適当なスペースをさがし植えつける（写真2）．

　また，畑に自然に生えてきた樹木は，彼がサツマイモの生産性に寄与すると判断する樹種であれば残され，寄与しないと判断する樹種であれば除去される．二次林

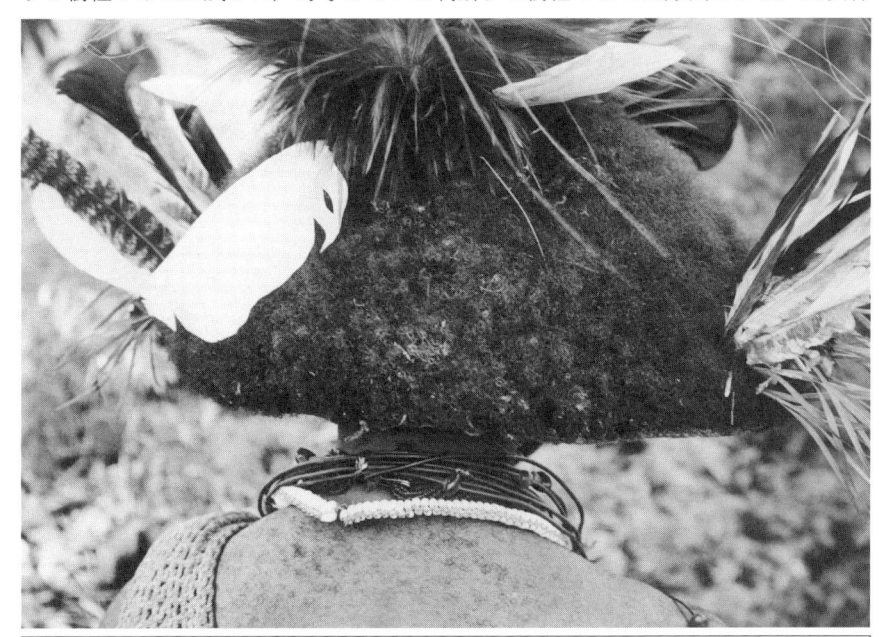

写真1　フリの成人男性は，かつらをかぶる．戦争のときにはV字型のかつらを，日常的にはこの写真のようなかつらを用いる

写真2　畑へ植えつけるために集められた幼木

に新しい畑をひらく際には，サツマイモの生産性に寄与すると判断された樹種は伐らずに畑に残されることが多い．繰り返していえば，樹種の選択はそれぞれの個人の判断により，その判断には，その樹木がサツマイモ耕作に寄与するかどうかが大きな意味をもっている．

一方，女性はすきこむことで土壌を肥沃にすると考える草を，自分の管理する空間のうち作物の栽培されていないスペース，たとえば，畑の周辺部，サツマイモを植えつけるマウンドとマウンドの間，家のまわりなどに繁茂させようとする．樹木と異なり，草が移植されることは少ない．サツマイモの栽培に役立たないと判断される種類の草が生えてくるとそれは選択的に除草され，逆に土壌にすきこむことによってサツマイモの肥料になると判断される種類の草はそのまま放置される．このような草の選択も，それぞれの女性の個人的な判断による．

草のなかでも，最近になってタリ盆地に移入したキクイモの仲間は例外的な存在である．この植物は，とくに斜面畑の中に土留めとして移植することで，サツマイモの栽培に寄与すると考えられている．この植物がマウンドにすきこまれることは少ないので，草でありながらサツマイモ栽培への寄与のあり方は樹木のそれに近い．

選択的な植樹と樹木の除去，および選択的な除草がサツマイモ耕作の生産性に望ましい影響を及ぼすことについては，いくつかの間接的な証拠が存在する．たとえ

ば,農場における実験的な研究では,パプアニューギニア高地でひろく植林される
モクマオウの仲間（*Casuarina oligodon*）を畑に植えることで,土壌にふくまれる窒素が
増加したことが報告されている（Parfitt 1976).また,サツマイモのマウンドにすき
こむ草の量とそのマウンドで生産されるサツマイモの量との間には正の相関関係が
あることが報告されている（Wood 1985).経験的事実としては,低地における焼畑
農耕よりも耕作期間が長く休耕期間が短いにもかかわらず,タリ盆地のサツマイモ
の生産性は1ヘクタールあたり12～15トンに達する.肥料を用いることなく,こ
のような高い農業生産性が維持されてきたということをふまえれば,植樹と除草を
主たる手段とする絶え間ない植生コントロールが高地のサツマイモ耕作の生産性維
持に重要な役割を果たしてきたと考えることは,ある程度の蓋然性をもつだろう.

　本章では,男性による「樹木のコントロール」と女性による「草のコントロール」
に焦点をあてながらタリ盆地におけるサツマイモ農耕の特徴を記述することを第一
の目的とする.具体的には,①どのような樹木・草が畑に植えつけられているのか,
または,除かれるのか,②樹木・草の選択にかかわる人びとの判断が実際の植樹・
除草行動にどの程度反映しているのか,③植樹・除草行動は自然植生にどの程度の
影響を与えたか,についてデータにもとづきながら検討を加える.さらに,このよ
うな集約的な農耕システムが成立してきた過程をさぐるために,パプアニューギニ
ア高地における考古学の成果を紹介しながらパプアニューギニア低地の焼畑農耕と
高地のサツマイモ農耕との連続性を検討する.

　この章における第二の目的は,タリ盆地でおこなわれているような人為的な植生
への介入にかかわる知識と行動の個人差について議論することである.筆者の観察
によれば,タリ盆地における植樹と除草は個人の判断でおこなわれ,それを裏打ち
するような知識体系には大きな個人差が存在する.これは最適化された農耕技術を
どれだけ的確に実行するかによって潜在的な生産性を最大限に達成することをめざ
す現代の農耕システムとは対照的な特徴であるといえる.「伝統的な」農耕技術が
本源的にそなえる「あいまいさ」こそが,人びとが生きる場において農耕システム
を変化させ,よりよい「技術」をうみだすためには不可欠である可能性についても
議論したい.

2 ●パプアニューギニア高地・タリ盆地

　ニューギニア島はオーストラリアの北に位置している.面積は日本の約2倍であ
り,島の東半分が1975年に独立したパプアニューギニア,西半分がインドネシア
によって領有されている.島の中央部には標高5000mをこえるジャヤ山をはじめ
とする山岳地帯があり,その中でも標高1200～2000mに位置する盆地や渓谷には

高い密度で人びとが居住している．この地域は肥沃な土壌と適当な雨量のため農耕に適し，またマラリアの濃厚な感染地域ではないという特徴を有しており，一般的に「高地（Highlands）」とよばれている．

　パプアニューギニア側の高地は，行政的に南高地州，東高地州，西高地州，エンガ州，チンブー州の5つにわかれ，およそ200万人，全国人口の40％近くが居住している（National Statistical Office 2002）．パプアニューギニア高地を東西につなぐ通称ハイランドハイウェイは，もっとも西にある南高地州のコピアゴという町から，タリ（南高地州），メンディ（南高地州），マウントハーゲン（西高地州），ゴロカ（東高地州）などの主要都市を通り，ニューギニア島の北側沿岸部にある商業都市ラエへと向かう．東高地州，西高地州で生産されるコーヒーや紅茶などの換金作物は，この道路でラエに運ばれ国外へと輸出される．

　パプアニューギニア高地のなかで，タロイモなどサツマイモ以外の作物の栽培を主たる生業としている集団（たとえば，オク，セイヨロフ，ファイウォルミン）の人口密度は1km^{2}あたり1〜2人である．それに対して，サツマイモの栽培を主たる生業にしている集団の人口密度ははるかに高い．たとえば，100〜150年前にサツマイモを導入した東部高地の人口密度は1km^{2}あたり20〜40人，250年ほど前にサツマイモ栽培をはじめた西部高地の人口密度は1km^{2}あたり100〜150人に達している（Feil 1987）．このような地域による人口密度の違いは，サツマイモの導入によって「高地」の人口が飛躍的に増加してきたことを示唆している．大塚（1993）の推定によると，パプアニューギニア高地にサツマイモが導入されてから現在までの人口増加率は年平均1.5〜1.7％であり，これは予防接種など医療サービスが導入された近年のパプアニューギニアの平均的な人口増加レベルとそれほど変わらない．

　本章で対象とするタリ盆地は，パプアニューギニアの南高地州に位置している．サツマイモが導入されたのは250年ほど前と推定されており，盆地の大部分で人口密度は1km^{2}あたり100人をこえている（梅崎 2002）．

　タリ盆地に居住するのはフリ語を話す人びとである．人口約520万人のパプアニューギニアには700以上の言語集団が存在するといわれ，単純計算すると1集団あたりの人口はおよそ7000人となる．ところが，フリ語を話す人びとの人口は6万人以上といわれており，パプアニューギニアのなかでは飛び抜けて大きな言語集団だといえる．なお，人口の多い言語集団は，タリ盆地に隣接する地域（エンガ，チンブーなど）に多くみられる．ここは高地で最初にサツマイモが導入された地域であり，そこに人口サイズの大きい言語集団が存在することは，サツマイモの導入によって人口が増加したことの傍証となっている．

　タリ盆地の中央部，標高1600m付近には小さな飛行場があり，その周辺には銀行，病院，郵便局，市場，そして数件の商店が集まっている（写真3）．飛行場を中心として盆地の北側と東側は，標高2000mをこえるあたりまで人びとが居住している．

写真3　タリの飛行場に首都からの飛行機が到着するとたくさんの人が見物に訪れる

盆地の西側はドゥナ語を話す集団の居住地，南側ではエトロ語を話す集団の居住地とそれぞれ隣接している．

　タリ盆地には「ハメイギニ」（ハメ＝兄弟，イギニ＝子ども）とよばれる親族集団が200以上存在する．ハメイギニはある範囲の土地の使用権を主張する集団を指し示す呼称であり，またその土地の地名としても用いられる．ハメイギニの呼称は，現在からおよそ5〜10世代さかのぼって到達する父系始祖の名前に由来することが多い．

　始祖より前の世代は「人間」ではなく，サツマイモを知らずタロイモや木の皮を食べる存在だったといわれている．仮に，1世代の平均交替間隔が25年と仮定すれば10世代前の始祖が生きていた時期（すなわち人びとがサツマイモを食べはじめたと考えられている時期）は今から250年前と推定される．これはタリ盆地においてサツマイモ耕作が250年前にはじまったとする考古学的証拠とおおよそ一致する．

　それぞれのハメイギニは母系や父系にかかわらず始祖のすべての子孫を潜在的な構成員としている．しかしながら，潜在的な構成員が新しくハメイギニの土地に畑を開いたり家を建てたりするためには，少なくともそのハメイギニの始祖との家系図上のつながりを矛盾なく説明できる必要があり，自分の直接の先祖が実際にその

ハメイギニの土地で生活していた証拠（先祖が畑に掘った溝，畑のまわりに植えられた樹木，先祖の墓など）についての知識を披露する必要がある．さらに，ふだんから戦争への参加，婚資の拠出などを通してそのハメイギニに実質的な貢献をしていなければならない．通常，1人の個人は複数のハメイギニに対して所属の意識をもっており，そのうちのいくつかには家や畑をもっている．ハメイギニは外婚単位でもあり，規範としては，自分が所属の意識をもっている，あるいは構成員として認められているハメイギニに帰属意識をもつ異性とは結婚しない．

3● 2つの農耕システム

タリ盆地の生業は，サツマイモ栽培とブタの飼養につよく依存したものである．農耕の中心はサツマイモの栽培で，タリ盆地で畑といえば，それはサツマイモ畑のことを意味する．すべての畑にはサツマイモが栽培され，ところどころにサトウキビ，ピトピト（*Setaria palmifolia*）・ケレバ（*Rungia klossii*）などの在来の野菜が混植される．かつてタリ盆地の主要な栽培作物であったタロイモは，家屋およびサツマイモ畑の周辺にわずかに植えられるのみである．家屋のすぐそばにつくる小さなキッチンガーデンでは，サツマイモのほかに，バナナ，サトウキビ，マメ類，トウモロコシ，在来の野菜などが栽培される．

タリ盆地の農耕で特徴的なことは，サツマイモを植えつけるためにマウンドをつくること，そして畑のまわりに深い溝を掘ることである．ほとんどのマウンドは直径2〜4m，高さが50cmほどの大きさである．地面においた大量の草に土をかぶせてマウンドをつくり，そこに3〜4本に束ねたサツマイモの蔓を植えつける．1〜2回の草とりを経て，植えつけから5〜6か月ほどで収穫がはじめられる．はじめての収穫では，マウンドの土を丁寧にかきわけながらサツマイモの生育状況を確認し，十分に大きくなったイモだけを選択的に収穫する．それからの数か月間は，イモの成熟にあわせて断続的に収穫が続けられ，最終的にはシャベルを用いるか，ブタを放すかのいずれかの方法でマウンドを壊し，すべてのサツマイモを収穫する．植えつけからマウンドを壊すまでの期間はおよそ1年である（写真4）．

ブタの飼養は世帯単位でおこなわれる．餌にはサツマイモが用いられ，多くの場合，家屋のそばの小屋での舎飼いがおこなわれている．ブタの生殖はすべて人間によってコントロールされている．それぞれのハメイギニには生殖能力のある（去勢されていない）オスブタが数頭飼養されており，自分の飼養するメスブタの生殖を望む持ち主は，種つけをオスブタの持ち主に依頼する．生まれた子ブタのうち一頭は種つけブタの持ち主に渡される．

タリ盆地において，ブタは婚資として使われるほか，戦争の賠償，争いを終結さ

写真4　収穫したサツマイモは大きな布袋に入れて運ばれる

せるための贈り物など多様な社会的価値を有している（梅崎2000）．また，小鳥を除けば野生動物資源に乏しいタリ盆地では，入手可能な動物性タンパク質として栄養学的に重要でもある．タリ盆地に隣接する地域に居住するウォラ語を話す人びとを対象にした観察によると，ブタ飼養は，成長したブタをすぐに屠殺して肉として利用すれば，飼養に費やしたエネルギーの4～5倍のエネルギーを獲得できる効率のよい生業だと判断される．しかしながら，タリ盆地をふくむパプアニューギニア高地では，ブタの社会的価値が高いために，成長したブタは交換材として長く生き続ける．結果的に，食料としてのブタから人びとが獲得するエネルギーは，飼養に費やすエネルギーよりも小さくなると報告されている（Sillitoe 2002）．

　1970年代の終わりに調査をおこなったウッド（Wood 1985）は，タリ盆地に2つの対照的な農耕システムがあることを報告している．1つは比較的乾燥した斜面においておこなわれる方法（これ以降，「斜面農耕」とよぶ）で，二次植生（森林または灌木林）に火入れをして畑をつくる焼畑農耕である．ただし，この「斜面農耕」は，前述したように，パプアニューギニア低地の焼畑農耕に比べると耕作期間が長く（10～15年），休耕期間が短い（5～15年）．十分に生育した二次植生を開墾した畑（エイマ）は肥沃であり，サツマイモのほかに，マメ類，トウモロコシ，カボチャ，ケ

写真5　開墾したばかりのエイマ．この段階ではマウンドの大きさが地形に応じて異なっている

レバ (*Rungia klossii*)・アルバ (*Amaranthus* spp.) などの在来の緑色野菜が積極的に植えられる (写真5). この段階でつくられるマウンドの大きさと形は，それぞれの畑の地形に応じて決められる．このうち，集めた落ち葉を覆うようにつくった直径30cm ほどの小さなマウンド (ティンディニ)，あるいは特定の樹木 (クバロ *Ficus* sp., フビ *Ficus* sp., タバジャ *Albizia falcataria* など) の切り株のまわりにつくられた直径3m 以上の大きなマウンド (パンドパンド) は，とくに肥沃であるとされる．その後，耕作サイクルを経るごとにマウンドの大きさは直径2〜4m に統一され，植えつけられる作物もサツマイモにかぎられていく．耕作サイクルを経るごとに，サツマイモの生産性は急速に低下し，10〜15 年で畑は放棄される．「斜面農耕」を持続的におこなうためには，最低でも15 年以上の休耕により十分な二次植生を生育させなければならないと考えられているが，現在ではそれよりも短い休耕期間で次の耕作がはじめられることが多い．こうした人口増加にともなう休耕期間の短縮は，耕作地の生産性を低下させ人びとの生活を脅かしつつある (Umezaki et al. 2000).

　もう1つの農耕システムは平坦な湿地帯でおこなわれるものである (「湿地農耕」とよぶ). 「湿地農耕」では，深さ2〜3m の溝を掘ることによって土壌の水分含有量を適切なレベルまで下げることが重要な作業となる．湿地帯には幅のひろい溝が

写真6　畑と畑の間にはこのような深い溝が掘られている．土塁の上には植えられた樹木がみえている

大きな川に向かって何本も掘られ，そこに畑をとり囲む溝から水が流れこんでいる．湿地帯に新しくつくった畑では土壌水分量が多いので，畑の中にも小さな溝を縦横に掘り，そこからまわりの溝に排水するような構造がとられている（写真6）．

「斜面農耕」と同じく，「湿地農耕」でもマウンドを用いたサツマイモの栽培がおこなわれる．部族間戦争などにともなう短期間の中断を除けば，ほとんどの畑が少なくとも100年以上連続的に耕作されてきたといわれている．単位面積あたりの生産性は山の斜面につくられる畑の2倍以上である（Wood 1985）．筆者の調査時点では，サツマイモの生産性が低下する兆候はみられなかった．

4●人為的な農耕空間の成立

タリ盆地でおこなわれているサツマイモの生産性をあげる努力は以下の4つにまとめることができる．
①特定の樹種を畑の周辺部へ植える．
②自然に生えた樹木のなかから特定のものを除去し，特定のものを残す．

③畑のマウンドに特定の種類の草をすきこむ．
④その草を安定して入手するために自分のコントロールできる空間に好ましい草の繁茂を許し，好ましくない草を除去する．

　上記の①と②は男性による「樹木のコントロール」，③と④は女性による「草のコントロール」である．なお，家のまわりのキッチンガーデンに，囲炉裏の灰，サツマイモの皮，食べ残しなどが肥料としてまかれることもある．この行動も，そこに栽培する作物の生産性向上に寄与すると考えられるが，一般的にキッチンガーデンはサイズが小さく，そこで生産される作物は世帯が生産する全体量に比べればわずかなものである．

　男性の植樹行動に興味をもった筆者は，何人かの村の年長者たち（男性）に改めて話をきいた．その時に，畑に植えることでサツマイモの生産性を向上させる樹木として彼らが列挙したのは，パワ（*Casuarina oligodon*：モクマオウの仲間），ポゲ（*Ficus copiosa*：イチジクの仲間），パイ（*Castanopsis acuminatissima*：スダジイの仲間），タバジャ（*Albizia falcataria*：マメ科の樹木），フビ（*Ficus sp.*：イチジクの仲間）などであった．一方で，ミンディリア（*Casuarina papuana*：モクマオウの仲間），ライ（*Dodonaea viscosa*：ハウチワノキ）が畑に存在するとサツマイモの生産性が低下すると，年長者たちは教えてくれた．

　一方で，年長の女性たちによると，マウンドにすきこむ草は横走する地下茎をもたないことが重要であり，なかでもポランゲ（*Ischaemum timorense*：イネ科の草），ジャグア（*Histiopteris incisa*：ユノミネシダ），カンベ（イネ科の植物）などはサツマイモの生産性への寄与が大きいという．

　この段階では，タリ盆地に居住する人びとは，多少の地域差はあるにせよ，「サツマイモの生産性を向上させる」樹木と草の種類に関して経験的に獲得した知識体系をもっており，若者が年長者からそれを学習することによって「サツマイモの生産性を向上させる」植物がなにかを知り，それを実践することで，タリ盆地におけるサツマイモの持続的生産が可能になっているのだと筆者は考えていた．したがって，調査の方法としては，複数の年長者にサツマイモの生産性を向上させる樹木と草についての知識体系を教えてもらうことが重要だと判断したのである．

　サツマイモの生産性を向上させる樹木と草についての知識体系が集団に共有されているのであれば，タリ盆地のサツマイモ畑には，年長者たちが列挙した「サツマイモの生産性を向上させる」樹木がたくさん植えられ，逆にサツマイモの生産性を低下させると判断される樹木はほとんどみられないはずである．ところが，実際に畑に植えられている樹種を調べてみると，たしかに年長者が教えてくれた「サツマイモの生産性を向上させる」樹種がみられた一方で，それ以外の樹種もたくさん植えられていることがわかった．さらに，それぞれの畑の持ち主は，「自分が畑に植えた樹種は，サツマイモの生産性に寄与するものばかりである」と主張し，筆者が

年長者たちに教えてもらった「サツマイモの生産性を向上させる樹種」についての知識体系について，なにかしらの異義を唱えることが多かった．

筆者はしだいに，ひとりひとりの村人が主張する「畑に植えることでサツマイモの生産性を向上させる」樹木の種類には個人差が大きいのではないかと考えるようになった．たとえば，フビ (Ficus sp.：イチジクの仲間) はサツマイモの生産性を向上させる樹木だという男性がいるかと思えば，それはサツマイモの生産にとって最悪の樹木であると説明する男性がいる．そして，そのどちらも自分の知識の正当性を強く主張するのである．村の年長者たちが「サツマイモの生産性を低下させる」樹木としてあげたミンディリアあるいはライについて，「サツマイモの生産性を向上させる樹木である」と強く主張する男性がいたことも筆者の混乱を本格化させた．

男性が「植えるべき樹種」について語る様子は確信に満ちている．筆者の直感としては，「植えるべき樹種」にみられる個人差は，村人が自分のよく知らない事柄について無責任に回答することによって生じるようなものではなく，それぞれの個人がさまざまな経緯で獲得した「植えるべき樹木」についての「確信体系」の多様性を反映したものであるように思う．このような状況においては，素朴に年長者を「物知り」と仮定して，その人のいうことが集団の認識体系を代表するものであるという前提は成立しない．ある年長者が語る「植えるべき樹木」についての主張の背景には，集団としてある程度共有されている「サツマイモの生産性を向上させる樹種」についての一定の知識体系と，その個人が確信する「サツマイモの生産性を向上させる樹種」の認識体系が混在していると想定されるからである．

タリ盆地の人びとがサツマイモの生産性に寄与すると判断する樹木を畑に植えつけることの生態学的重要性は，それが地域に生育する樹種の構成に影響を与え，サツマイモの生産に適した自然環境をつくりだす可能性にある．1998年の調査時点でタリ盆地の大部分は耕作地と休耕地で覆われ，極相林は成人儀礼のために保全されていたものがわずかに残るのみであった．過去から現在にかけての植生攪乱のプロセスで，サツマイモの生産性を増加させることを目的とした樹木と草の選択がおこなわれてきたとすれば，結果としてのタリ盆地の植生にはサツマイモの生産性を増加させると人びとが判断するような植物が多くみられる可能性がある．別のいい方をすれば，タリ盆地の植生は，人びとがサツマイモの栽培に寄与するかどうかという視点から植物を選択し続けてきた結果として，サツマイモ栽培に適したものに改変されてきたのではないか．

1970年代の終わり頃，DPI (Department of Primary Industry：日本の農業試験場にあたる) がコーヒー栽培を推奨し，日陰をつくるためにマメ科の樹木であるモルッカネム (Albizia falcataria) をタリ盆地に導入した．その後，コーヒー栽培はタリ盆地の限定的な地域でしか成功しなかったが，導入されたマメ科の樹木は盆地全体で自然に生育するようになった．このことは，このマメ科の樹木がタリ盆地全体に拡散す

るプロセスに人為的な植樹が寄与したことを示唆している．また，考古学的証拠によれば，タリ盆地でモクマオウの仲間がひろく植樹されるようになったのは今から900年前と推測されている（Habele 1998）．現在，タリ盆地にひろくみられるモクマオウの仲間は，盆地の植生が農耕に適したものへと長い時間をかけて人為的に改変さてきたことの1つの証拠ともいえるのである．

　タリ盆地における樹木と草のコントロール，そして人為的な空間における植生との関係を検討するためには，人びとのもつ多様な知識体系を集約することで，集団としてある程度共有されている「サツマイモの生産性を向上させる樹木と草」の知識体系を明らかにし，それが実際の植樹・除草行動，そして地域の植生に影響しているかどうかを検討することが必要である．「サツマイモの生産性を向上させる樹木と草」の判断に個人間差が大きいことを認めるならば，少数の年長者への聞きとり調査では，生態学的に意味のある「サツマイモの生産性を向上させる樹木と草」の知識体系を明らかにすることはできない．有効な方法は，できるだけ多くの対象者から収集したデータの統計的集約化と分析である．

5 ● 定量的データの収集

　「樹木のコントロール」と「草のコントロール」にかかわる定量的なデータ収集を，社会・生態学的な環境の異なるヘリ，ウェナニ，キキダとよばれる3つの地域（ハメイギニ）においておこなった．

　ヘリはタリ盆地北部，標高1900mの起伏のある山地に位置している．すべての畑が斜面にあり，「斜面農耕」がおこなわれている．人口の増加によって休耕期間は短縮する傾向にあり，たとえば1995年の休耕期間は1978年の40％ほどであると推定されている（梅崎2002）．このような休耕期間の短縮によって単位面積あたりのサツマイモの生産性が低下し，それがさらに休耕期間の短縮に拍車をかけるという悪循環がみられる．

　一方，ウェナニはタガリ河沿いにある標高1600mのハイブガ湿地に位置している．ハメイギニ内のサツマイモ畑はほとんどが湿地帯につくられたもので，「湿地農耕」がおこなわれている．畑のまわりにはさまざまな深さの排水溝が縦横にはりめぐらされ，休耕期間をおくことなくサツマイモが栽培されている．単位面積あたりのサツマイモ生産性はヘリの2倍以上である．

　キキダはタリ盆地中央部の商業地域に隣接していることから，賃金労働に従事している住民が多い．人口密度は$1km^2$あたり400人をこえる．1つの世帯が耕作する畑面積は極端に小さく，そこではサツマイモに加えて，タリの市場で売ることを前提にした野菜の栽培もおこなわれている．ハメイギニの東側にある湿地帯では

「湿地農耕」が，それ以外の場所では「斜面農耕」がおこなわれている．

　対象とした3地域はそれぞれがタリ盆地における3つの代表的な社会生態学的条件をもちあわせたゾーンから選ばれている．それぞれの集団ごとの「人為的な植生への介入」の実践が異なっている可能性もあるが，本章では3地域で収集したデータをあわせて分析することによって，タリ盆地に居住する集団による選択的植樹・除草行動とその背景にある知識体系を明らかにすることをめざした．

6 ● 人為的な植生への介入の実際

　まず，ヘリ，ウェナニ，キキダにおいて，それぞれ10～12プロットのサツマイモ畑（3地域の合計で34プロット）と10プロットの休耕地／放棄された畑（合計で30プロット）を選んだ．それぞれの地域内におけるサツマイモ畑・休耕地／放棄された畑は，サツマイモの成長段階および休耕／放棄されてからの年数が異なっても，時間とともに同じような経過をたどると考えることができる．したがって，さまざまなサツマイモの成長段階および休耕／放棄の年数にあるプロットを対象とすることによって，タリ盆地全体を代表するデータを収集できると判断した．

　まず，それぞれのプロットに生育しているすべての樹木と草の名前をフリ語で記録した．この調査は系統的な植生調査ではなく，フリの成人男性のもつ植物の民俗分類にもとづく植生の把握である．それぞれのハメイギニに居住していた30歳前後の調査助手（男性）の助けを借りながら，対象プロットに存在するすべての植物を識別し，その名前を記録した．ただし，食用となる栽培作物については別にリストを作成し，コケ類，キノコ類，寄生植物は記録の対象から除外した．合計64プロットのサツマイモ畑・休耕地／放棄された畑を対象にした調査によって，84の樹木の名前と102の草の名前を記録することができた．ハバレ（Haberle 1991）を参照しながら，フリ語の植物名に該当する科名・学名を確認した．

　記録に際しては，それぞれの畑あるいは休耕地／放棄された畑ごとに，「人為的に植えられた植物」と，「自生した植物」を区別して記録した．「人為的に植えられたもの」と「自生したもの」の両方が存在した植物については，両方のリストに記録した．

　なお，「植えられた植物」と「自生した植物」の区別は，調査助手によってなされたものである．調査助手にかぎらず，タリ盆地の成人男性は，自分の居住するハメイギニに生育するほとんどの植物について，それが「植えられたものか」「自生したものか」を区別することができる．彼らの説明によると，「植えられた」と「自生した」の区別が可能なのは，それを「知っている」からだという．タリ盆地においては「植えられた樹木」は耕作権の争いにおいて自分の主張の正当性を証明する重要

な証拠となるために，人びとは自分の居住するハメイギニ内における植樹行動に大きな注意を払っている．極端なことをいえば，それぞれの畑にどのような樹木が植えられているかを把握しているので，植えられたことを知らない樹木は自然に生えたものだということになる．もし樹木が「植えられた」ものかどうかを知らない場合でも，土塁の一番高いところに等間隔に生えているなどの特徴から，経験的に「植えられた」ものか「自生した」ものかを判断できるという．調査助手の判断が正しいかどうかを確認するために，複数の畑・休耕地／放棄された畑において，調査助手による「植えられた植物」と「自生した植物」の区別を，それぞれの畑の持ち主の申告と照合したところ，ほとんどのケースで両者に差異はなかった．

6-1 どのような樹種が畑に植えつけられているのか

調査の対象とした耕作中の畑（34プロット）で観察された「植えられた」樹木は54種類にのぼった．表1は，そのなかで「植えられた」頻度の高い25種類について，フリ語の名前，和名，科名，学名，そして「植えられた」頻度と「自生した」頻度をまとめたものである．

このなかで，パジャブ（*Cordyline fruticosa*），及びアラビカコーヒー，タコノキの仲間（アバレ，アンガ，マリタ，タワ）は，必ずしもサツマイモの生産性向上とのかかわりにおいて植えられたものではない．パジャブは，日本では観葉植物としても栽培されるセンネンボクの仲間で，南太平洋ではかつて根茎部が食料として利用されていたことが知られている．畑の中の境界線に沿って植えつけられることが多く，その葉はフリの成人男性が戦争や裁判に望む際の正式な服装で腰から臀部にかけての部分を飾るための材料として重要である．

アラビカコーヒーは，1980年代に換金作物として導入された．パプアニューギニアの東部高地で大規模なコーヒー栽培が地域経済に大きな影響を与えてきたのとは対照的に，タリ盆地におけるアラビカコーヒーの栽培は小規模かつ限定的である．丁寧な管理のおこなわれているコーヒーの木は少なく，そのほとんどがサツマイモ畑の端に，ほかの樹木に埋もれるように生育している．一方，タコノキの仲間は，その実が食料として利用されるほか，腰巻きや袋をつくるための繊維をとることのできる有用樹種である．フリ語にはタコノキの仲間についての詳細な分類体系が残されており，タコノキの仲間がパプアニューギニア高地で栽培化され，タリ盆地においてもかつて重要な栽培植物であった可能性が示唆されている（Powell and Harrison 1982, Haberle 1998）．

パジャブ，アラビカコーヒー，タコノキの仲間を除くすべての樹木は，個人がサツマイモの生産性を向上させることを念頭におきながらそれぞれの畑に「植えた」ものである．対象とした34プロットのうち10プロット以上で植えられていた

ものだけを列挙すれば，フリ語でパワあるいはパルアとよばれるモクマオウの仲間（*Casuarina oligodon*），さらにミンディリア（*Casuarina papuana*：モクマオウの仲間），ポゲ（*Ficus copiosa*：イチジクの仲間），パイ（*Castanopsis acuminatissima*：スダジイの仲間），ライ（*Dodonaea viscosa*：ハウチワノキ）などがある．興味深いことに，このなかには村の「物知り」たちが，サツマイモの生産性を向上させる樹木として紹介したもの（パワ，ポゲ，パイ）がふくまれる一方で，ミンディリア，ライなどサツマイモの生産にはむしろ悪い影響を与えると説明された植物もふくまれている．

村の「物知り」たちがサツマイモの生産性を向上させる樹木であると説明したタバジャ（*Albizia falcataria*：マメ科の樹木）とフビ（*Ficus copiosa*：イチジクの仲間）は，それぞれ3プロット，5プロットに植えつけられているのが観察されたにとどまった．また，調査の対象とした34プロットの畑に植えられていた54種類の樹木の半分以上は，わずかに1～2プロットに植えられていたものである．これは，パワなどいくつかの樹木を別にすれば，それぞれの男性が「サツマイモの生産性を向上させる」ために植えた樹木の種類に多様性が大きいことを示唆している．

「サツマイモの生産性を向上させる」樹種の知識体系にかかわる個人差を検討するために，13人の成人男性と11人の成人女性に，聞きとり調査をおこなった．具体的には，1つ1つの植物の名前をあげながら，樹木については，畑の周辺に存在することでサツマイモの生産性が向上すると思うか，草の場合，マウンドにすきこむことでサツマイモの生産性が向上すると思うかという質問をおこなった．対象者には，①向上すると思う，②向上しないと思う，③わからない，のいずれかで回答してもらった．

聞きとりの結果のうち，表2には耕作中の畑（34プロット）に「植えられた」頻度の高い25種類について，それぞれの樹木が畑に存在することで「サツマイモの生産性が向上すると思う」と答えた個人の割合を男女別に示してある．植樹をする主体である成人男性の80%以上が「サツマイモの生産性が向上すると思う」と答えた樹木は，パワ，ポゲ，パイ，ムリ，フビ，ブリ，マンディ，タバジャの8種類であった．ここには，村の「物知り」たちが「植えることでサツマイモの生産性を向上させる」と説明した5種類の樹木（パワ，ポゲ，パイ，フビ，タバジャ）もふくまれている．

しかし一方で，ミンディリアについては「サツマイモの生産性が向上すると思う」と答えた成人男性はわずかに8%であり，また残りの樹種についても「サツマイモの生産性が向上するかどうか」についての個人の判断には一定の傾向がみられなかった．ミンディリアはパワとおなじ属の樹木であり，いずれも空中の窒素を固定する能力があるとされている（Wood 1985）．それにもかかわらず，この樹種について「土壌に肥沃さを改善する」と回答した個人が少なかった理由は，今のところわからない．

「サツマイモの生産性が向上すると思う」と答えた成人男性と成人女性の割合を，

表 1　耕作中の畑に植えられた頻度の高い樹木

フリ語の植物名		和名	科名	学名	3地域合計 (34プロット)		ヘリ (12プロット)		ウェナニ (12プロット)		キキタ (10プロット)	
					植えたもの	生えたもの	植えた	生えた	植えた	生えた	植えた	生えた
ペジャブ	Pagib	センネンボクの仲間	Agavaceae (リューゼツラン科)	*Cordyline fruticosa*	24	1	8	0	9	0	7	1
パウ(パルワ)	Pawa (Parwa)	モクマオウの仲間	Casuarinaceae (モクマオウ科)	*Casuarina oligodon*	19	0	4	0	7	0	8	0
ミンディリア	Mindilia	モクマオウの仲間	Casuarinaceae (モクマオウ科)	*Casuarina papuana*	18	0	6	0	3	0	9	0
ポゲ	Poge	イチジクの仲間	Moraceae (クワ科)	*Ficus copiosa*	15	1	1	0	7	1	7	0
パイ	Pai	スダジイの仲間	Fagaceae (ブナ科)	*Castanopsis acuminatissima*	14	5	2	2	5	2	7	1
ライ	Lai	ハウチワノキ	Sapindaceae (ムクロジ科)	*Dodonaea viscosa*	11	17	0	8	9	6	2	3
コーヒー	Coffee	アラビカコーヒー	Rubiaceae (アカネ科)	*Coffea arabica*	7	1	1	0	2	0	4	1
ウルルバ	Ururuha (Uruna)	アカミズキの仲間	Rubiaceae (アカネ科)	*Wendlandia* sp.	7	10	0	5	4	2	3	3
カロマ	Karoma	クロウメモドキ科の樹木	Rhamnaceae (クロウメモドキ科)	*Alphitonia incana*	6	14	0	6	2	4	4	4
ムリ	Muli	カンコノキの仲間	Euphorbiaceae (トウダイグサ科)	*Glochidion* sp.	6	2	0	0	0	0	6	2
ハロ	Haro	マテバシイの仲間	Fagaceae (ブナ科)	*Lithocarpus* sp.	5	5	0	2	4	3	1	0
フビ	Hubi	イチジクの仲間	Moraceae (クワ科)	*Ficus* sp.	5	14	1	4	3	4	1	6
タンヨ	Tanyo	?	?	?	5	5	0	3	5	1	0	1
ブリ	Buri	カンコノキの仲間	Euphorbiaceae (トウダイグサ科)	*Glochidion* sp.	5	13	1	6	4	7	0	0
ヒブルア	Hiburua (Hiliwa)	マカランガ属の樹木	Euphorbiaceae (トウダイグサ科)	*Macaranga* sp.	4	1	0	0	4	1	0	0
マンディ	Mandi	トウダイグサ科の樹木	Euphorbiaceae (トウダイグサ科)	?	4	9	1	3	1	3	2	6
アベレ	Abere	タコノキの仲間	Pandanaceae (タコノキ科)	*Pandanus conoideus*	3	0	0	0	0	0	3	0
アンガ	Anga	タコノキの仲間	Pandanaceae (タコノキ科)	*Pandanus* sp.	3	7	3	4	0	3	0	0
ナギア	Nagia	ヒサカキの仲間	Theaceae (ツバキ科)	*Eurya dichotostyla*	3	7	1	5	0	0	2	2
タバギャ	Tabayia	モルッカネム	Leguminosae (マメ科)	*Albizia falcataria*	3	12	1	9	0	0	2	3
マリタ	Maria (Habara)	タコノキの仲間	Pandanaceae (タコノキ科)	?	2	0	0	0	2	0	0	0
カスター	Caster	?	?	?	2	7	1	6	1	0	0	1
パラ	Para	エゴディア属の樹木	Rutaceae (ミカン科)	*Euodia* sp.	2	7	0	0	1	4	1	2
タワ	Tawa	タコノキの仲間	Pandanaceae (タコノキ科)	*Pandanus* sp.	2	0	0	0	2	0	0	0
テレテレ	Teletele	ブレイニア属の樹木	Euphorbiaceae (トウダイグサ科)	*Breynia* sp.	2	2	0	0	1	2	1	0

樹種ごとにプロットすると，（成人女性の回答%）＝ 0.53 ×（成人男性の回答%）＋10.2 という回帰式が得られた（回帰式の有意確率＝ 0.01）．この分析が示すのは，樹木がサツマイモの生産性を向上させるかどうかという質問に対して，成人男性と成人女性の間である程度認識が共有されているが，女性は男性よりも樹木の効果を少なく回答する傾向があるということである．

6-2　樹木・草の選択にかかわる人びとの判断と植樹行動，自然植生の関係

樹木と草がサツマイモの生産性に寄与するかどうかについての集団レベルの判断（【あ】24 人のうち，その樹木・草がサツマイモの生産性に寄与すると回答した個人の割合）と，植樹行動（【い】64 プロットのなかで，その樹木・草が植えられていたプロット数），自生した植物（【う】64 プロットのなかでその樹木・草が自生していたプロット数）の関係性を検討するために，それぞれの組みあわせについて散布図を作成し，ノンパラメトリックな相関係数（Spearman の順位相関係数）を計算した[1]．

図 1 の A は，樹木と草のそれぞれについて，【あ】を横軸に【い】を縦軸にとった散布図である．サツマイモの生産性に寄与するかどうかの集団レベルの判断と植樹行動との間には統計的に有意な関係はみられなかった（相関係数＝ 0.15, 有意確率＝ 0.17）．表 1 で検討したように，植えられた頻度の高い樹種の中には，80%以上の個人が「サツマイモの生産性に向上する」と回答したものも多くふくまれている．それにもかかわらず，全体としては「サツマイモの生産性を向上させる」と考えられている樹木が必ずしも頻繁に植えられているわけではない．これは，それぞれの個人の判断と植樹行動の多様性が大きいことを反映している．草については，「サツマイモの生産性を向上させる」とする回答の多い種類ほど，頻繁に植えられていたという結果が得られた（相関係数＝ 0.32, 有意確率＝ 0.01）．ただし，草は樹木に比較して植えつけられる頻度が極端に少ないために，キクイモの仲間など人びとが「サツマイモの生産性を向上させる」と判断する特定の草の存在によって相関係数が有意になった可能性がある．

図 1 の B は，樹木と草のそれぞれについて，【い】を横軸に，【う】を縦軸に描いた散布図である．樹木に関しては，全体として，頻繁に植樹される種類ほど自生する頻度が高い傾向がみられた（相関係数＝ 0.30, 有意確率＝ 0.02）．一方，図 1 の C は，【あ】を横軸，【う】を縦軸に描いた散布図である．樹木については，サツマイモの生産性を向上させると回答した個人の割合が高い樹種ほど，自生する頻度も高い傾向がみられた（相関係数＝ 0.19, 有意確率＝ 0.09）．草についても，サツマイモの生産性を向上させると答えた割合の高い種類ほど，自生する頻度も高い傾向がみられた（相関係数＝ 0.29, 有意確率＝ 0.02）．

これらの検討により，「サツマイモの生産性に寄与する」樹種についての集団レ

表2 耕作中の畑に植えられた頻度の高い25種類の樹木について，それがサツマイモの生産性に寄与するかどうかの判断

	トリ語の植物名	和名	科名	学名	男性 Yes (%)	女性 Yes (%)	合計 Yes (%)
パジャブ	Pajab	センネンボクの仲間	Agavaceae (リューゼツラン科)	Cordyline fruticosa	77	57	62
パワ (パルワ)	Pawa (Parua)	モクマオウの仲間	Casuarinaceae (モクマオウ科)	Casuarina oligodon	85	84	83
ミンディリア	Mindilia	モクマオウの仲間	Casuarinaceae (モクマオウ科)	Casuarina papuana	8	30	17
ポゲ	Poge	イチジクの仲間	Moraceae (クワ科)	Ficus copiosa	100	100	100
パイ	Pai	スダジイの仲間	Fagaceae (ブナ科)	Castanopsis acuminatissima	92	85	88
ライ	Lai	ハウチワノキ	Sapindaceae (ムクロジ科)	Dodonaea viscosa	31	62	42
コーヒー	Coffee	アラビカコーヒー	Rubiaceae (アカネ科)	Coffea arabica	38	57	47
ウルルバ	Ururuba (Urura)	アカミズキの仲間	Rubiaceae (アカネ科)	Wendlandia sp.	38	34	33
カロマ	Karoma	クロウメモドキ科の樹木	Rhamnaceae (クロウメモドキ科)	Alphitonia incana	54	60	54
ムリ	Muli	カンコノキの仲間	Euphorbiaceae (トウダイグサ科)	Glochidion sp.	100	0	60
ハロ	Haro	マテバシイの仲間	Fagaceae (ブナ科)	Lithocarpus sp.	54	50	50
フビ	Hubi	イチジクの仲間	Moraceae (クワ科)	Ficus sp.	92	35	67
タンヨ	Tanyo	?	?	?	31	7	21
ブリ	Buri	カンコノキの仲間	Euphorbiaceae (トウダイグサ科)	Glochidion sp.	90	28	58
ヒウマ	Hiuma (Hiiwa)	マカランガ属の樹木	Euphorbiaceae (トウダイグサ科)	Macaranga sp.	50	17	33
マンディ	Mandi (introduced)	トウダイグサ科の樹木	Euphorbiaceae (トウダイグサ科)	?	100	47	73
アバレ	Abare	タコノキの仲間	Pandanaceae (タコノキ科)	Pandanus conoideus	33	0	20
アンガ	Anga	タコノキの仲間	Pandanaceae (タコノキ科)	Pandanus sp.	60	75	67
ナギア	Nagia	ヒサカキの仲間	Theaceae (ツバキ科)	Eurya dichostyla	46	11	29
タバジャ	Tabaja	モルッカネム	Leguminosae (マメ科)	Albizia falcataria	88	100	93
マリタ	Marita (Habara)	タコノキの仲間	Pandanaceae (タコノキ科)	?	0	0	0
カスター	Caster (introduced)	?	?	?	67	50	60
パラ	Para	エボディア属の樹木	Rutaceae (ミカン科)	Euodia sp.	70	37	53
タワ	Tawa	タコノキの仲間	Pandanaceae (タコノキ科)	Pandanus sp.	40	20	30
テレテレ	Teletele	ブレイニア属の樹木	Euphorbiaceae (トウダイグサ科)	Breynia sp.	38	0	20

ベルの判断は，必ずしも全体としての植樹行動には反映されていないこと，しかしながら，植えられた頻度の高い樹種は自然に生える頻度も高く，また集団全体として「サツマイモの生産性を向上させる」と考えられている樹種は，地域の耕作地に自然に生える頻度が高いことが示唆された．注意しなければならないのは，この分析ではそれぞれのプロットに植えられた／自生した植物の有無を変数としており，何本の樹木が植えられた／自生したかについての情報が欠落していることである．それでも，統計分析の結果から判断するかぎり，植樹にかかわる集団レベルの知識体系が地域生態系の樹種構成になんらかの影響を与えてきた可能性は高い．

一方で，草についても「サツマイモの生産性を向上させる」と回答する個人の多いものほど自然に生える頻度が高いという結果が得られ，人びとの選択的な除草がサツマイモを耕作する空間における草の種類になんらかの影響を与えてきたことが示唆された．

7 ●植樹・除草行動の人類生態学的な位置づけ

タリ盆地におけるサツマイモの生産性向上を目的とした植樹・除草行動について，まず，それが形成されてきたプロセスを，いくつかの考古学的な証拠を参照しながら検討したい．パプアニューギニア高地は，地球上でいくつか報告されている農耕起源地の1つである．西部高地州クク湿原における最近の考古学的再検証によれば，およそ1万年前に人為的な森林の攪乱がはじまり，6000～7000年前にはマウンドを利用した農耕がはじまったと考えられている．これまで東南アジア起源と考えられていたバナナ (*Musa* spp.) およびタロ (*Colocasia esculenta*) は，そのころ，パプアニューギニア高地で栽培化された可能性が高い (Denham et al. 2003).

その後，ニューギニア北岸へ到達したオーストロネシア語を話す人びとのもたらした東南アジア起源の根菜農耕技術および栽培作物が，沿岸部と内陸をつなぐ交易ルートを介してパプアニューギニア高地にも伝えられた．おそらくタリ盆地では，高地に起源をもつ農耕技術と東南アジア起源の農耕技術が融合し，おそくとも1700年前にはタロイモを中心とする農耕システムが成立したであろう．ことによると湿地帯ではじまったパプアニューギニア高地起源の農耕と，斜面での焼畑を中心とする東南アジア起源の農耕が，それぞれタリ盆地のなかの湿地帯と斜面において並行して存在した可能性もある．今から900年前になると，タリ盆地のひろい範囲でモクマオウの植樹がはじめられた (Haberle 1998). そのころから，タリ盆地における植樹・除草行動が形成されてきたと考えられる．

250年ほど前には，南米原産のサツマイモが導入された．サツマイモは，タロに比べて耐寒性があるため，それまで利用されていなかった標高の高い地域にまで人

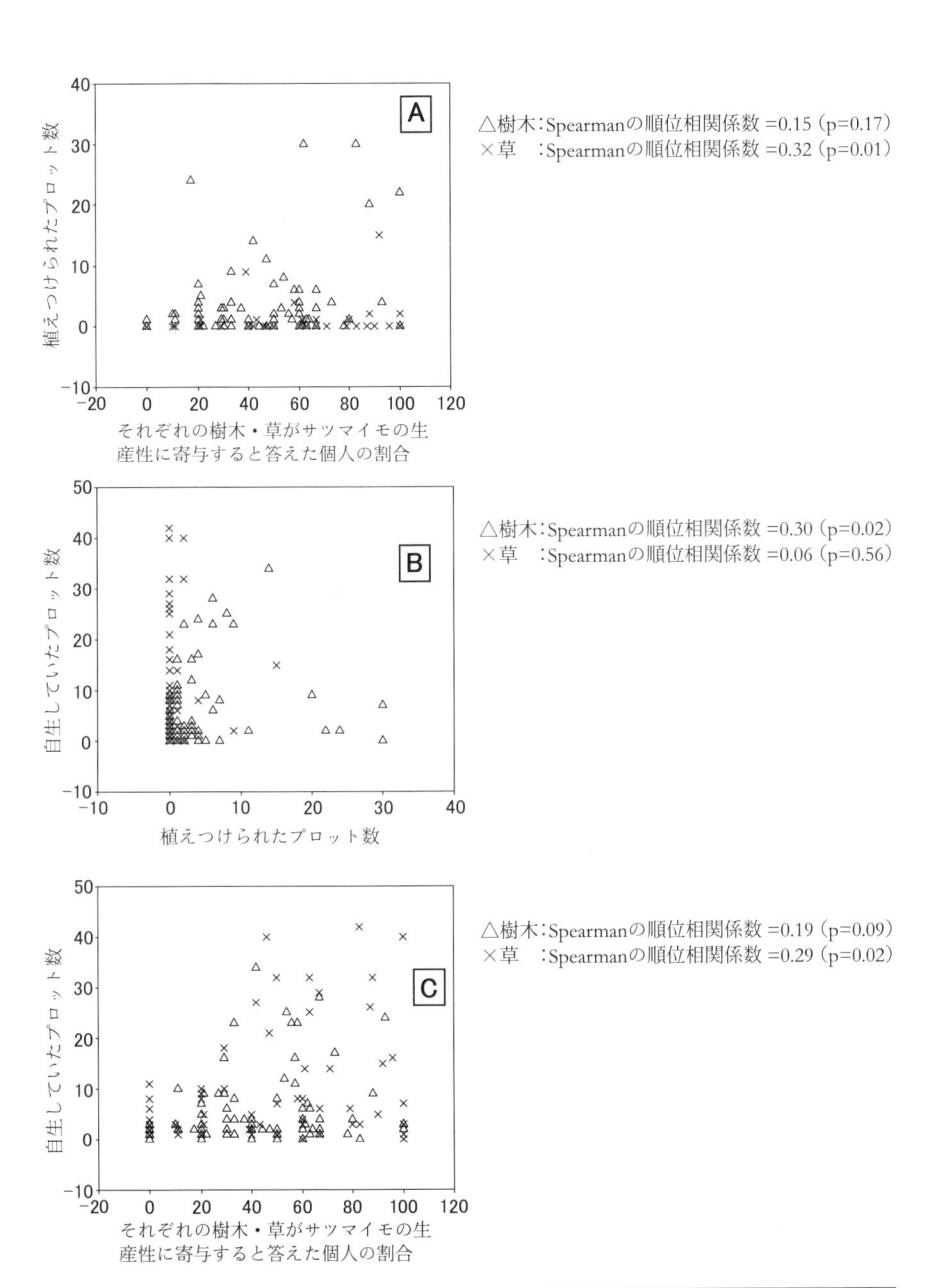

△ 樹木：Spearmanの順位相関係数 =0.15（p=0.17）
× 草　：Spearmanの順位相関係数 =0.32（p=0.01）

△ 樹木：Spearmanの順位相関係数 =0.30（p=0.02）
× 草　：Spearmanの順位相関係数 =0.06（p=0.56）

△ 樹木：Spearmanの順位相関係数 =0.19（p=0.09）
× 草　：Spearmanの順位相関係数 =0.29（p=0.02）

図1　サツマイモの生産性に寄与すると多くの個人が判断した植物が，畑に植えられ，そして畑に自然に生えるのか

びとの耕作地と居住地が拡大した．また，大量の火山灰が堆積したパプアニューギニア高地は水はけのよい土壌を好むサツマイモの栽培に適しており，サツマイモの導入によってタリ盆地の食料生産は安定し，人口が爆発的に増加した．人口が増加するプロセスで，サツマイモ耕作を集約化する必要が生じ，その1つの手段として，樹木と草のコントロールがより集約的におこなわれるようになったと考えられる．人びとがサツマイモの生産性を向上させると判断した樹木を選択的に植え，サツマイモの生産性を向上させないと判断する草を除草したことで，地域生態系に生育する樹木と草は絶え間ない人為的な選択をうけることとなり，結果的にタリ盆地の生態環境はサツマイモの生産に最適化されたものへと改変されてきた可能性がある．この点については，それぞれの樹種がサツマイモ耕作に与える影響をふくめてさらなる研究が必要である．

　タリ盆地において，植樹と除草を中心とした持続的なサツマイモ耕作技術が発達してきた背景には，フリの社会で樹木を植える行為がサツマイモの生産性向上だけでなくいくつかのほかの目的をもっていたことが重要であろう（梅崎 2000）．前述したように，樹木を植えるということは，自分の子孫が将来その畑の耕作権を主張するための根拠を与えることになる．ふだんから複数のハメイギニに畑を耕作し，一生の間にいくつものハメイギニを移動するフリの社会システムでは，土地の耕作権をめぐる争いが頻発する．その争いにおいて耕作権を獲得するためには，「畑のまわりの排水溝を掘ったのは自分の父親である」，あるいは「畑の周辺に生える樹木を植えたのは自分の父親である」ことを主張する必要がある．その際に，客観的で説得力のある情報を提示するために，フリの成人男性はつねにハメイギニの中に生育する樹木の持ち主に関心をはらい，樹木を植えるべきでない男性による植樹に目を光らせ，自分の耕作権の正当性を補強するために樹木を植えるのである．このように集団内の社会関係を維持するシステムと相互に関連している状況において，生業の持続性を支えるシステムはより効率的に機能すると考えられる．

　最後に，タリ盆地における植樹と除草にかかわる植物の知識体系のなかに，きわめて個人的で「あいまいな」領域が存在することの意味について議論したい．タリ盆地に居住するそれぞれの個人が，植えるべき樹木あるいは除くべき草について独自の「確信体系」をもっていることは，現代農業における農耕技術のありかたとは対照的な特徴である．たとえば，タリ盆地にキャベツ栽培の農業技術を導入することを考えてみよう．キャベツ栽培には農学的に確立したある技術体系が存在する．すなわち，キャベツの生産性を最大化するためには，どの肥料と農薬をどのタイミングで使うべきか，土壌のコンディションをどのように保つべきか，水やりをどうするかなどについて，農学的な回答が存在する．キャベツを生産しようとする生産者は，農業試験場などの主催する講習会で技術体系を習得する必要があり，その習得の程度がキャベツの生産性を左右するだろう．キャベツの栽培技術が地域に定着

するころには，キャベツ栽培の「上手な」生産者があらわれ，その人からほかの個人への技術移転がおこなわれるに違いない．そうなれば，若い世代は前の世代が習得した栽培技術を学ぶことによってキャベツの栽培をおこなうことができる．

　それに対して，タリ盆地でおこなわれているサツマイモ耕作では，マウンドの準備から，植えつけ，除草，収穫に至るまでのプロセスに，ある程度は確立した技術体系が存在する一方で，持続的なサツマイモの生産のために不可欠な「サツマイモの生産性を向上させる」ことを目的とした植樹と除草の実践，およびそれにかかわる知識体系には個人差が大きい．植樹と除草にかかわる確立した知識体系は存在せず，それぞれの個人が経験的に獲得した「確信体系」が存在するのみである．もちろん個人の「確信体系」を集団として要約すれば，ある傾向が存在するのは事実であり，モクマオウの仲間に代表されるように，多くの人が「サツマイモの生産性を向上させる」と判断するような樹種も存在する．タリ盆地では，そのような樹木が高い頻度で畑に植えつけられ，また高い頻度で自生している．それでも，植樹と除草の現場における植物選択の判断そのものはきわめて個人的なものであり，たとえば，村の年長者の判断とそうでない者の判断に正誤はない．

　近年，途上国におけるフードセキュリティーの問題への対応方策として，自給的な集団がもっている食料生産にかかわる経験知あるいは民俗知を活用することが議論されている．その前提となっているのは，自分たちの生存の基盤となる作物を栽培する農民は，毎日の試行錯誤でそれぞれの地域に根ざした経験知あるいは民俗知を獲得しているはずであり，その「知」を活用し強化することで，地域の特性にあった食料生産が可能となる，という考え方である．場合によっては，さまざまな「知」をデータベース化することにより，いろいろな地域における現実的な介入が可能となるとさえ考えられている（たとえば，Brookfield et al. 2003）．ただ，ここでいう経験知あるいは民俗知は，集団が伝承してきた役に立つ「知」の体系であり，現代農学における技術体系に対応するようなものが在来農耕にも存在することが想定されている．タリ盆地でいえば，農業試験場で土壌への窒素添加効果が確認されているモクマオウの植樹などは，このイメージに近い．

　しかしながら，実際には，タリ盆地における植樹と除草にかかわる経験知・民俗知の大部分を構成するのは，きわめて個人的な，共有されない知識体系である．この意味において，タリ盆地における植樹と除草に関する知識体系の全体と，「集団が伝承してきた経験知あるいは民俗知」というステレオタイプ化されたイメージとの間には大きな隔たりがある．モクマオウを畑に植えるべきでないという個人がいたとしても，その個人の主張は，フリの多様な経験知あるいは民俗知の想定する分布の範囲内である．それは，タリ盆地でキャベツを栽培する農民がキャベツに適した肥料の種類を知らないこととは本源的に異なっている．

　タリ盆地における植樹と除草にかかわる知識体系は，現在の自然社会環境に対応

し「現実的な意味をもつ」領域（多くの個人が同意する知識）と，そのまわりにひろがるきわめて「個人的で多様性の大きい」領域によって構成されていると理解することができる．これまでに述べてきたように，前者は，盆地全体の自然植生をサツマイモ栽培に適したものに改変してきた可能性がある一方で，後者は，植樹と除草における植物の選択に多様性を生みだし，結果的に耕作空間における生物学的な多様性の維持に寄与した側面をもつだろう．

　筆者は，このような経験知あるいは民俗知の構造は，自然とかかわりながら生きてきた人類集団にとってじつは普遍的なものであり，外部主導の開発に地域社会がうまく対応するための基盤として機能するのではないかと考えている．一例をあげれば，国家政策や市場経済化など外部の介入にさらされる中国海南島のリー族の社会においては，自分の生活する自然環境に対する広範な知識と生業の多様性をもつこと，すなわち「自然のジェネラリスト」であることが，地域の発展における1つの優位性を形成していた．具体的にいえば，焼畑と狩猟採集が生業の重要な基盤となっていた時代には，「個人的で多様性の大きい」領域に存在していたにすぎなかった水田周辺の雑草利用の知識が，焼畑と狩猟採集が政策的に禁止されたことによる副食獲得手段として，「現実的な意味をもつ」知識領域へと移動し，それが人びとの生存の基盤となったのである（梅崎 2004）．

　現実的に考えれば，市場の流動化がすすむなかでパプアニューギニアをふくむ南太平洋およびアジアの農村部では，外部的な介入及び地域の内部的な動きによる開発の試みがますます加速していくと考えられる．その状況において，「現実的な意味をもつ」領域とともに，「きわめて個人的で多様性の大きい」領域を包含する集団の経験知あるいは民俗知は，重要な意味をもつにちがいない．集団の生存システムが変容するプロセスでおこる「失敗」や「問題」への対応力は，集団のもつ経験知あるいは民俗知の「個人的で多様性の大きい」領域にこそ存在すると考えられるからである．その意味でいえば，経験知あるいは民俗知の研究は，人類学にとどまらず開発学，環境学の専門家にとっても重要な研究課題となりうるし，また実際に開発に携わる実務家にとっても考慮すべきことがらになる．ただ，繰り返していえば，その際にはステレオタイプ化された「意味のある」経験知あるいは民俗知にのみ注目するのではなく，いろいろな人が自分勝手に意見を述べているようにみえる「個人的で多様性の大きい」経験知あるいは民俗知についてのデータ収集が不可欠である．

注

1）相関とは，2つの変数が，一方が増加すれば他方も増加するような傾向を示す（正の相関），または反対に，一方が増加すると他方は減少する傾向を示す（負の相関）ことである．統計

手法には，母集団の分布型に対して一定の仮定をおくパラメトリックな手法と，母集団の分布型に特別な仮定をおく必要のないノンパラメトリックな方法がある．サツマイモの生産性に寄与する植物についての集団レベルの判断と植樹行動，植物の自生する頻度との間には，必ずしも直線的な相関を想定することはできないので，ここの分析ではノンパラメトリックな手法である Spearman の順位相関係数を計算するのが適当である．相関係数が1に近いほど，相関が強いと判断され，その相関係数が統計的な意味をもつかどうかの判断には有意確率が用いられる．慣習的に有意確率が 5% よりも小さい場合，2つの変数間に相関傾向を認めると判断する．

文　献

Brookfield, H., Parsons, H. and Brookfield, M.（2003）*Agrodiversity: Leaning from Farmers across the world*, United Nations University Press.

Denham, T. P.（2003）Origins of Agriculture at Kuk Swamp in the Highlands of New Guinea, *Science*, 301（No.5630）: 189-193.

Feil, D. K.（1987）*The evolution of highland Papua New Guinea Societies*, Cambridge University Press.

Haberle, S.（1991）*Ethnobotany of the Tari Basin, Biogeography and Geomorphology Department*, RSPAS, Canberra: Australian National University.

Haberle, S. G.（1998）Late Quaternary vegetation change in the Tari Basin, Papua New Guinea, *Palaeogeography Palaeoclimatology Palaeoecology*, 137: 1-24.

National Statistical Office（2002）*Papua New Guinea 2000 Census: National Report*, Port Moresby: National Statistical Office.

大塚柳太郎（1993）「人口からみた適応像」，大塚柳太郎・片山一道・印東道子編『島嶼に生きる』，東京大学出版会, 241-253.

Parfitt, R. L.（1976）Shifting cultivation: how it affects the soil environment, *Harvest*, 3: 63-66（cited in Wood（1985））.

Powell, J. and Harrison, S.（1982）*Haiyapugwa: Aspects of Huli Subsistence and Swamp Cultivation*, Department of Geography, Occasional Paper No.1, University of Papua New Guinea.

Sillitoe, P.（2002）After the 'affluent society': Cost of living in the Papua New Guinea highlands according to time and energy expenditure-income, *Journal of Biosocial Science*, 34: 433-461.

梅崎昌裕（2000）「パプアニューギニア高地におけるブタ飼養の現在的意味」，『動物考古学』, 15: 53-80.

梅崎昌裕（2002）「高地：人口稠密なフリを襲った異常な長雨」，大塚柳太郎編著『ニューギニア：錯綜する伝統と近代』，京都大学学術出版会, 167-203.

梅崎昌裕（2004）「環境保全と両立する生業」，篠原徹編著『中国・海南島：焼畑農耕の終焉』，東京大学出版会, 97-135.

Umezaki, M., Kuchikura, Y., Yamauchi, T. and Ohtsuka, R.（2000）The impact of population increase on food production: an analysis of land use change and subsistence pattern in the Tari basin in Papua New Guinea Highlands, *Human Ecology*, 28: 359-381.

Wood, A. W.（1985）The Stability and Permanence of Huli Agriculture. *Department of geography*, Occasional Paper No.5（New series）, University of Papua New Guinea.

10章

「出来事」のエスノグラフィー
―南タイにおけるエビ養殖という投機的行為の流れ―

西井涼子

● Key Word ●
エビ養殖，出来事，南タイ
マングローブ，投機的行為

1 ● はじめに

　南タイのサトゥーン県北部に位置するM村にエビ養殖がはじめてもちこまれたのは，1980年代半ばであるが，多くの村人がこれに競うように参加しはじめたのは1990年代に入ってからである．それから10年，現在ではほとんどの村人はすでにエビ養殖から手をひいている．エビ養殖は成功すれば莫大な利益を得られる反面，失敗すれば莫大な借金を抱えることになる事業である．養殖池は投下する飼料や薬剤などによって汚染され，2, 3年のうちに生産性が極端に落ちるために10年もたたないうちにその土地での養殖事業は継続できなくなることが多い．こうして村に入ってきて去っていったエビ養殖という事業にかかわった人びとにとって，エビ養殖という「出来事」はいったいなんであったのだろうか．エビ養殖は，村で生活している人びとにとって，外からやってきて人びとの人生を巻きこみ，怒涛のように去っていった出来事であったが，人びとはただその流れに翻弄されていたというわけではない．そこにはその流れをよびこみ，巻きこまれていった人びとの主体的な選択の過程も当然ふくまれていたはずである．本章では，エビ養殖という出来事を通して，人びとの生活実践の場から生き方のリアリティーを示してみたい．そこから，逆にエビ養殖という「出来事」も浮かびあがるのではないかと思われる．

　手元に二枚の写真がある．一枚は，17年ほど前に私がはじめてM村に住みこみ調査に入ったばかりの頃に撮った写真で，村の入り口にそびえるタナーン岩の前は

写真1　村の入口にあるタナーン岩

写真2　タナーン岩の前の水田

写真3　水田で死体が発見された現場

写真4　タナーン岩の前の休止中の養殖池

かつては水田だった．村に住みはじめて3か月ほど経った頃，村の助役であったトゥアンがその水田で死体で発見された．その写真は，人びとが集まって死体は誰であるかを確認しているところを撮ったものだ（写真3）．もう一枚は，同じ場所でその水田が掘り返されエビの養殖がおこなわれていたが，現在は養殖を休止中の養殖池の写真である（写真4）．この養殖池はラットが叔父のリエンの土地をかりて養殖池にしているもので，資金はだしたが当時はサトゥーン県に隣接するトラン県で菓子工場を経営していたラットに替わって養殖池の世話をしていたのはリエンであった．リエンは1998年に養殖池でモーターに巻きこまれて水死している．この二枚の写真は，私にこの2人の死と同時に17年間にわたる景観の変化を思い起こさせる．

　景観への注目は，時間的メタファーから空間的メタファーへの移行という近年の人文・社会科学における一つの潮流の中に位置づけることができるであろう[1]．『景観の人類学』においてハーシュは，景観（landscape）を，第一にマリノフスキーの古典的テキスト『西大西洋の遠洋航海者』のトロブリアンドの描写に典型的にみられるように，人類学者がみずからの研究に「眺め（view）」をもたらすようフレームで囲う慣習的なやり方であり，第二には，現地の人びとによる文化的，物理的な環境の意味づけであるとする[2]．彼は景観をプロセスとしてみる見方を提唱し，景観モデルを「前景 foreground」の日常的社会生活が「背景 background」の潜在的社会的存在へと関連づけられるプロセスとみる．ハーシュはこのプロセスがそれぞれの文化，社会において多様であることを示そうしている．こうしたハーシュの景観モデルは，一見静態的な景観という概念に，権力や歴史にかかわる動態的な側面をみるという意図をもっている点は評価できるが，そこにおいてもやはり，個人に対する文化・社会という集合表象の客観主義的モデルを暗黙の前提としているといえよう[3]．

　本章における「出来事」のエスノグラフィーの試みは，こうした客観主義的な構造やシステムを前提とした社会や文化といった集合的な単位における多様性ではなく，むしろ個々の経験そのものの多様性を描きだすことをめざす[4]．しかし，「出来事」とは，基本的に個人的経験そのものではなく，他者と共有されるものとして定義される．もっとも，それは抽象的に個の経験から独立した集合的経験としての出来事ではない．「出来事」には，個々の出来事の重なりから，共有される出来事が抽出され，固定化され，歴史化され，さらには神秘化されるプロセスがあることはつとに指摘されている（高木 1996，菅原 2004）．「出来事」のエスノグラフィーとは，その個々の経験を捨象せず，全体を把握しようする時に伴わざるをえない固定化，神秘化のプロセスの過程に目を覆うことなく，むしろそこに焦点をあわせる．それは，「過去に起こった真実を再構成することをめざすのではなく，その要約することのできない細部を全体に還元することなく，そこに巻きこまれる諸関係のずれや多元性を記述することをめざす」（西井 2006b:256）試みである．それは，別稿において，「社会空間の人類学」として試みた方法論の展開でもある．「社会空間」とは，

人間の個々の実践の場に焦点をあてることで，日常の営みの外にある客観主義的な構造やシステムといった全体を仮定することなく，その相互に異質な関係が共存する空間をとらえるという視点であると説明した．それは人びとが生活するなかで経験するアクチュアリティによりそい，あくまで実践の地平にとどまって，実践が生成する場であり資源であるマテリアリティそのものに留意しつつ社会空間を記述しようとする（西井 2006a）．しかし，「社会空間」という用語そのものが，時間に対する空間といった伝統的な対立項を想起させ，そこにおいて本来の意図とはまったく逆のある種静態的なイメージを喚起してしまうことは否めない．本章において「出来事」に注目することは，社会空間論的な視野において，時間の流れやそこにおける人びとの行為の分析に一つの係留点を導入することで，社会空間論の意図をより明確にするという目的をもっている．出来事も，ある自然的・物理的場において起こっていることは確かである．しかし，そこでの場は，景観論における景観のようなたんなるエスノグラフィーのフレーム化の装置でも，現地の人びとによる意味づけでもなく，人びとの日常的実践において，身体が行為することで生成・変化する関係性を表しているとみる．

　まず次節においては，エビ養殖という出来事のマテリアリティの側面ともいえる，モノとしてのエビをめぐる養殖事業およびそれをめぐる議論の特徴について述べる．続く3節では，南タイの村におけるエビ養殖の実態について導入の経緯や従事した人の背景などの考察をおこない，さらに4節においてエビ養殖事業をめぐる幾人かのライフヒストリーを追うことで，彼らの生のあり方そのものへと考察を進めたい．

2 ●エビ養殖概況

2-1　モノとしてのエビ

　タイでおもに養殖されているのは，ブラックタイガーというクルマエビ属で，大陸や島の沿岸の陸棚に生活する．卵からかえるとヌプリアス，プロトゾエア，ミシスと成長，脱皮の段階に応じて名づけられているプランクトン生活を約1か月送り，稚エビとなり，熱帯水域では10数か月の寿命だという．「マングローブなくしてエビなし」といわれるほど，エビにとってマングローブ林は重要な役割をはたす（村井 1988:58）．マングローブは，熱帯，亜熱帯の陸と海の境界域に発達する塩生植物で，海面から上に突き出している気根とよばれるタコの足のような支柱根が特徴的である．マングローブ林は，落葉の腐食による有機質の発生や河川や海から運ばれてくる養分で栄養に富んだ泥沼となっており，さまざまな漁業資源の宝庫となって陸上

写真5　若い海岸沿いのマングローブ林．マングローブの芽がたくさんのびている

の森とはかなり異なった生態系をもつミクロコスモスとしてみることもできる（宮城・安食・藤本 2003，中村 2002）．このマングローブ林で，エビは多くの敵から身を守り，栄養たっぷりの環境を得て生育する．このマングローブ林の減少と養殖池の拡大が反比例するとして，1980年代にはエビ養殖池の建設がマングローブ林の消失の最大の原因とされてきた（川辺 2003:10，安食 2003:91-122，末廣 1993:166-170）．しかし，エビの養殖技術の変化により問題の所在が変化してきているという指摘もある．かつてのエビ養殖の主流をなした粗放型養殖は，水辺のマングローブ林を養殖池に転換することが不可避であったが，今日の集約型養殖では，マングローブ林はその土質がエビ養殖には好ましくないと避ける傾向がある．さらにタイではマングローブ林は原則的に伐採禁止なのでエビ養殖によるマングローブ林破壊の問題は過去のものとなっているという（馬場 2003:92）．アジアでマングローブ林であった場所につくられたエビ養殖池は，準集約池，粗放池，集約池の順にそれぞれ45％，43％，31％という報告もある一方で（川辺 2003:10），現在エビ養殖池として使用されている8万ヘクタールのうち，12.5％のみが以前マングローブ林であり，50％は水田であるという見積もりや，1961年以前に存在したマングローブ林の17％のみ

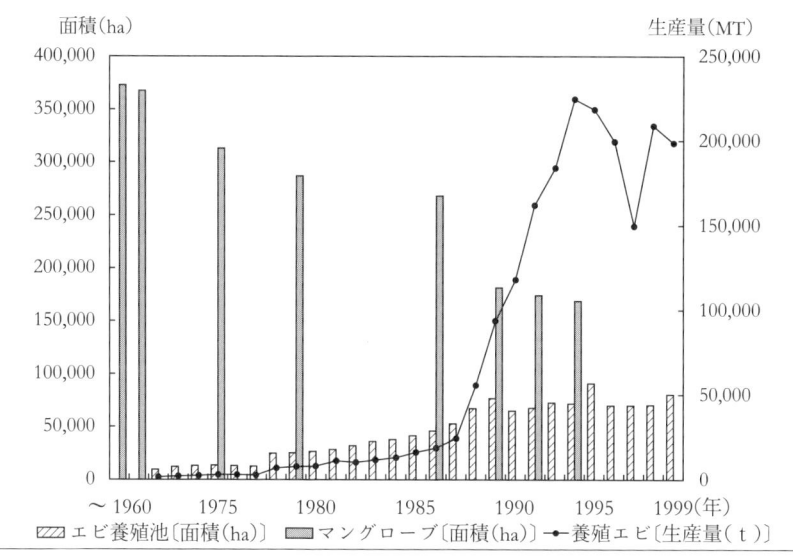

図1 タイ国のエビ養殖場面積・生産量とマングローブ面積の変遷（川辺2003:10）

がエビ養殖に使用されているという報告もある（Patmasiriwat et al. 1999:134）．

　タイにおいては，1980年代前半まではエビの生産高は大きく漁船による漁獲に依存し，養殖は粗放型のホワイトという品種主体の生産であったが，1986年以降急速に集約型が普及した．1985年から1995の10年間で，経営体数は4500から2万5000にと5倍以上の増加を示し，生産量は17倍にもなっている．その一方で養殖面積は2倍程度のとどまっている．つまりこの10年間で，集約型の養殖が急速に発展したといえる（馬場 2003:86）[5]．タイでは，かつて台湾の生産が衰えるとともに華人資本がバンコク近辺の中部タイ沿岸部にまず入り，エビ養殖が開始された．その後1980年代後半にはタイ湾東部地域に移り，さらに1990年代には急速に南タイ沿岸部に移っていった．エビ養殖が最初に発展したタイ湾中東部では粗放型あるいは半集約型が多かったのに対し，南タイでは集約型が中心である（馬場 2003:86-87）．さらに1990年代半ばに南タイの生産も下降してくるといったんはタイ全体のエビ養殖の総生産量も落ちこみはじめたが，1997年後半から，今度は沿岸部から遠く離れた内陸部において塩分濃度をさげた新しい養殖方法が導入された．これは水田を養殖池に転換するため，塩分が近隣の稲作や果樹園に塩害を引き起こしたり，大量の地下水をくみあげるため地盤沈下が懸念される．タイ政府はこれに対し1998年禁止措置をとったが，馬場はその背景を今まで進めてきた工業，サービス業を中心とする経済成長が減速し，農業生産の見直しがされるようになったことをあげる．農業重視勢力はまた環境擁護の勢力とも結びつき，外貨獲得のための

エビ養殖推進勢力をおさえて結果的に禁止措置という政策に反映されたとみている（馬場 2003:84-85）．

本章のはじめに，エビ養殖は 2, 3 年のうちに極端に生産性が落ちると述べたが，日本や東南アジアにおいてみずからエビ養殖経営に携わり研究を続けている藤本は，エビ養殖は，集約養殖池では，年 2 回作として 2 年 4 回作までが利益をあげ，生産性を維持できる最大限度であるとする．5 回作以降，作を重ねるに従い，連作障害の発生に加速がつき，経営を致命的なレベルまで悪化させるという（藤本 2004:254）．それは，養殖池に大量の栄養剤をふくむ飼料や病気を防ぐための薬を投与するため，土地が汚染され池の底にヘドロ状の泥が堆積し，エビがウィルス感染することで大量死するためである．1988 年に台湾では MBV（モノドンバキュロウィルス）感染症のため壊滅的な打撃をうけ，生産量は前年度の 61％減となり，その後も回復しないまま 2000 年にはピーク時の約 5％の生産量となった．これは，養殖池が一度汚染されるとなかなか回復しないことを示している．1990 年代初期にはタイで YHD（イエローヘッド病）が発生して大きな被害を与えている（藤本 2004:13-20）．ここでは持続可能なエビ養殖ということがエビ養殖の大きな目標となっているが，現在のところ実現はなかなか困難な状況にあるといえよう．

エビはグローバルな商品であるため，その消費によっても価格は大きく変動する．日本は世界最大のエビの輸入国であり，2000 年では，31 万 t の総需要のうち 28 万 t を輸入している（多屋 2003:162）．1980 年に円は 1 ドル 227 円であったが，95 年には 94 円となり，かつては高級品であったエビが外食産業の発達とともに一般化し，家庭の需要も増えたと考えられる（多屋 2003:158，村井 1988:1-5）．こうした国際的な需要と供給のバランスの上にたったエビ養殖は，供給過剰による価格暴落も免れえない[6]．このような市場原理に加えて，東南アジアにおける急速なエビ養殖の普及は，華人資本の動きとの関連も指摘されている．華人資本の特徴は，土地収奪型のエビ養殖産業にみられるように，短期的な利益を重視し，土地にねざした長期的投資をおこなう在住型資本とは異なる行動様式をとるところにある．国際市場における華人資本が，華人ネットワークを使って他所に転移し，各国でのエビ養殖の急成長と交代劇の特徴をつくりだしているという（多屋 2003:161-162）．

2-2　エビ養殖をめぐる議論の特徴

ここではエビ養殖をめぐる議論を，中心的な 2 つの論点に絞ってみてみたい．第一点は，エビ養殖と環境破壊の問題である．第二点は，エビ養殖事業の極端な高収益性についてである．

第一点については，エビ養殖池の排水による汚染でマングローブ林を破壊し，周辺の漁獲にも影響をあたえ，さらには内陸部の場合は周囲の水田や果樹園に塩害を

与えるというものである．そこでは環境破壊をおこなう巨大なエビ産業と地域の被害を蒙る零細な農民や漁民という構図が前提とされていることが多い．そこからは，日本人をはじめとする消費の中心である先進国の側が消費のあり方を考えるべきであるという提言にいきつく．現実のエビ養殖をめぐる構図の多様性や変化は考察の対象にならず，構図そのものは不変なまま維持されることになる．

　第二点はそれとはまったく逆に，エビ養殖はほかに現金収入の道があまりない貧しい地域においてほかの業種に比べ，極端な高収入をあげるということである．貧しさゆえに高収入のエビ養殖に参与するという．その収入は通常の農民と比べて15倍に相当する（Flaherty et al. 2002:217）という見積もりや，通常10年働いた公務員の月給が1万バーツくらいのところで数万バーツから40万バーツの収入があるとの報告がみられる（安食 2003:113）．ここではエビ養殖をおこなうのは大資本のみではなく，一般の民衆であるということも視野に入っている．こちらの見方では，対立の構図は，エビ養殖業者とほかの漁民，農民の争いということになる．しかし，一般の民衆を考慮に入れたとしても，現地の人びとのエビ養殖による莫大な利益，収入の増加という側面のみに焦点があてられ，エビ養殖による莫大な借金というリスク，それによる人びとの生活の激変は視野に入らない[7]．

　つまり，エビ養殖をめぐる議論は，エビ養殖がもたらす欠点は環境破壊であり，利点は現地の所得向上という軸を中心に展開されているとみることができよう．本稿では，こうした議論から抜け落ちる，エビ養殖に賭け，出来事の流れに翻弄された人びとの生を，むしろその賭けに失敗した人びとを中心に描いてみたい．それは，後述するように村在住の中小規模のエビ養殖に従事した人びとの大半が失敗している（15ケース中12ケース）という理由のみならず，失敗した人びとの懸命なよりよい生を求める志向性とは別に，行為そのものに，ある抜き差しならぬ流れを見出すからである．そうした行為の軌跡こそが，個々の経験の多様なリアリティーに通底して浮かびあがる「出来事」の生成されるプロセスを如実に示していると思われる．

3 ● 南タイの村におけるエビ養殖

3-1　M村の概況 ── マングローブ林の中の村

　M村は，南タイの西海岸アンダマン海の海岸沿いに位置するムスリムと仏教徒がほぼ半々で混住する約600人，130世帯ほどの村である．1988年の調査時の主な生業は仕掛け網や底引き網でおこなうエビ漁を中心とする漁業とマングローブからつくる炭焼き工場の日雇い労働であった．もともと村は，120年ほど前に魚網を染めるためのマングローブの皮を採取するために，マングローブ森を切り開いて住み

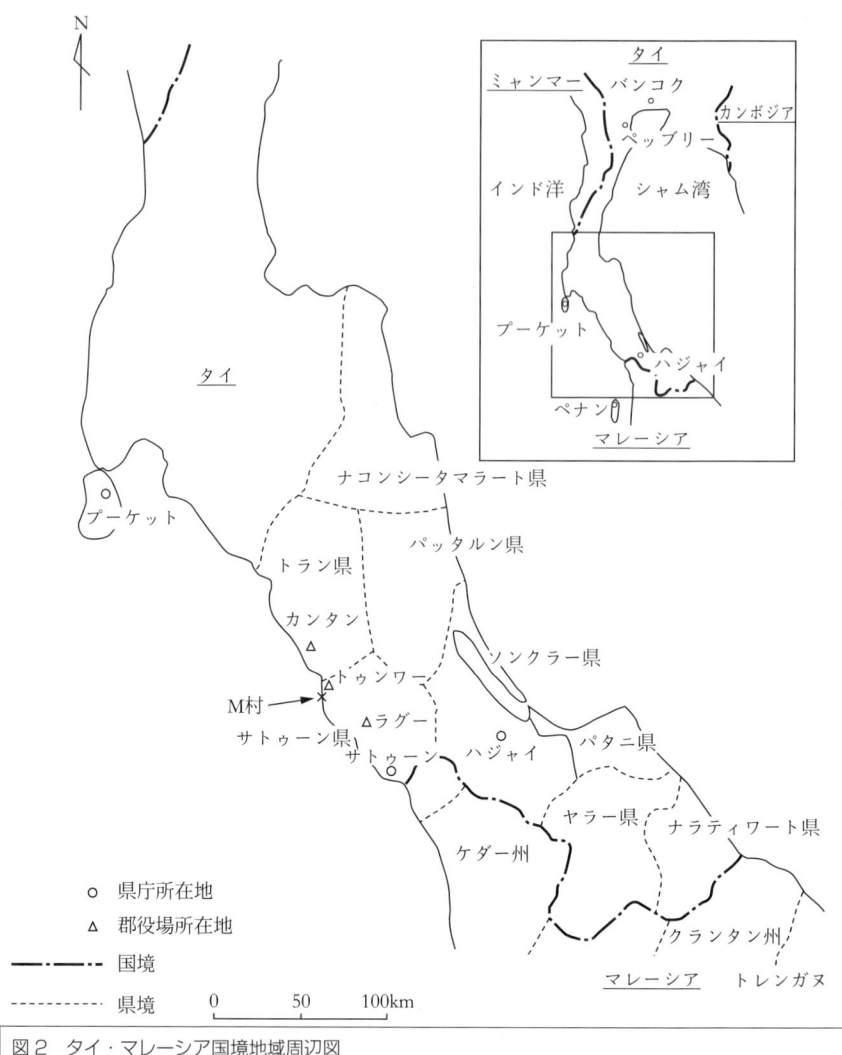

図2 タイ・マレーシア国境地域周辺図

はじめたことをその成立の嚆矢とする．入植当初の職業は，マングローブの木材をペナンに輸出することだったという．それから100年，マングローブ森は全面的に伐採禁止となり，炭焼き工場も1990年代後半には閉鎖された[8]．かつてはマングローブ森のただ中にあって，交通手段は舟のみであったというが，やがて1982年に陸路で外部と結ぶ道が開通し，数年前には雨が降る度にぬかるんで滑っていた道も舗装された．現在でも村の対岸にマングローブ林がひろがっているが，よくみると大

写真6　水路のむかいのマングローブ林

木はほとんどすべて伐採され，全面伐採禁止になる以前に商業伐採権の持ち主に義務づけられていた植林による若いマングローブが植生している．しかし，今や伐採することは公にはできないせいか，アンダマン海側では，17年前の調査時当初はほとんどなにもなかった海岸がマングローブの森と化しつつあり，私の下宿していた家からの景観もかつては遮るものもなく海がひろがっていたが，現在では多くの面積がマングローブ林に覆われた海岸へと大きく変わってしまっている．村の生活は，過去100年以上にわたって木材や炭焼きでは直接的，エビ漁では間接的にマングローブ林に依存して成り立ってきたということができよう．

以下では，これまで村でエビ養殖に従事したことのある人19人のうち，2004年8月の時点でインタビューが可能であった15人についての調査結果から，村におけるエビ養殖のあり方をまとめてみたい[9]．

3-2　エビ養殖導入の経緯

M村にはじめてエビ養殖がもちこまれたのは，かなり早く1980年くらいにさか

のぼる．しかしこの時はいわゆる粗放型の養殖であって，巨大な池を掘り，水門をもうけて潮の干満に応じて自然に入ってくるエビを育てるのみで，稚エビを放したり，エサを投与することもしない．はじめは村長とその弟の2人が行っていた．やがて1985年ラットがはじめて集約型のエビ養殖をはじめ，その後は1986年に村長，1987年にチュ，88年に村長の息子のシア，89年に村長の弟ピットと続く．1990年になると，5人の村人がはじめ，さらに92年には4人が参入している．92年にはじめた人はいずれも2年ほどで損失をだしたためやめ，休止をはさみながら断続的に続けていた人もさらに数人がやめ，2004年3月もしくは8月にインタビューした時点で継続中，または様子をみてまたはじめると答えた人は4人であった[10]．しかし，このうち2005年8月の時点で実際に継続していたのはこのうち1人のみであった．それは，村で唯一利益をあげているピットであるが，このほかに村周辺では，このあたりのみならず広範囲に大規模なエビ養殖をおこなっていたハジャイ（南タイ一の大都市）の資本家もエビ養殖を継続していた．つまり，小規模の経営体はすべて中止し，養殖池を50以上もっている大規模養殖のみが生き残っている形になっている．

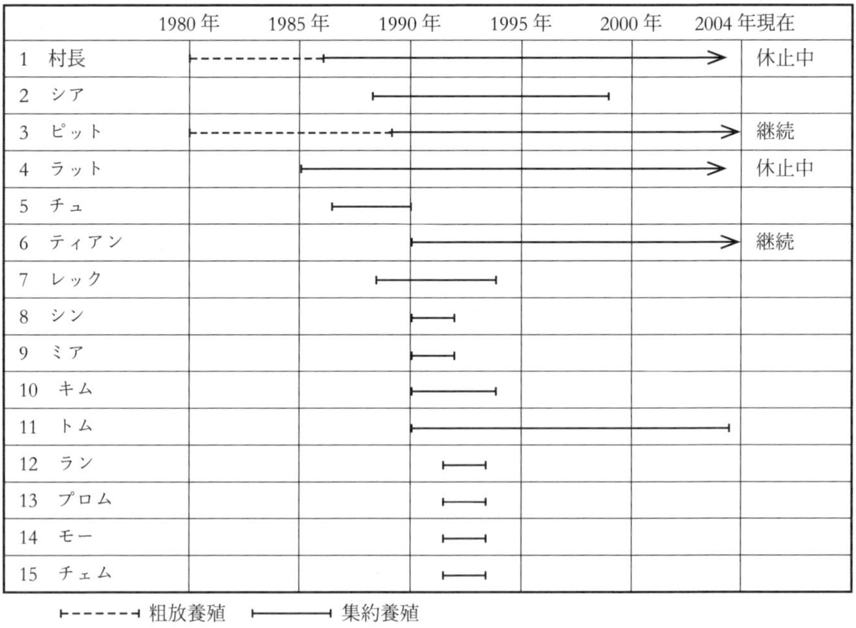

		1980年	1985年	1990年	1995年	2000年	2004年現在
1	村長	┣------┫	┣━━━┫			→	休止中
2	シア			┣━━━━━━━━┫			
3	ピット	┣------┫	┣━━━┫			→	継続
4	ラット		┣━━━━━━━━━━━━━━━━━┫			→	休止中
5	チュ		┣━━┫				
6	ティアン			┣━━━━━━━━━━━━━┫		→	継続
7	レック			┣━━━━━━┫			
8	シン			┣━┫			
9	ミア			┣━┫			
10	キム			┣━┫			
11	トム			┣━━━━━━━━━━━━┫			
12	ラン			┣━┫			
13	プロム			┣━┫			
14	モー			┣━┫			
15	チェム			┣━┫			

┣------┫ 粗放養殖　　┣━━━┫ 集約養殖

図3　M村のエビ養殖期間

写真7　養殖池からのエビの水揚げ

写真8　養殖池でとれたエビ

写真9　養殖池から水揚げされたエビを運ぶトラック

3-3　エビ養殖にかかわった人びと

　どのような人が，どのようにしてエビ養殖をはじめることになったのかをみてみたい．図4からもわかるように，15人は3つの親族関係にわけて把握することができる．養殖をはじめるきっかけは，はじめて村に養殖をもちこんだ人は他地域の友人，知人から情報を得ているが，後には親族の誰かが行っていたことから参与し，90年代に入ってからはじめた後発組の人びとは，じつは影響力のある仲間からの情報ではじめている．誰から情報を得たかと訊ねた時に，次節のライフヒストリーでも扱うトムの名をあげた人はじつに15人中5人にものぼった．いずれにしても，村で一端エビ漁をはじめる人がいると，親族や仲間など身近な人びととの関係からエビ漁に参入するケースが多い．

　ではどのような人がエビ漁をおこなったのかをみると，大きく3つのグループにわけることができるであろう．第一グループは，大土地所有者および資本を所有している人で表1の1から6の6人がこのグループに入る．このグループの人びとが

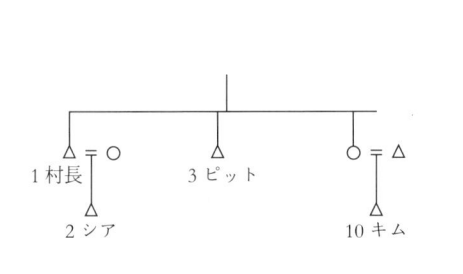

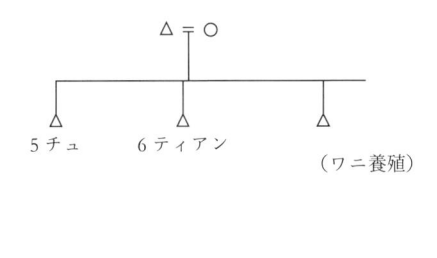

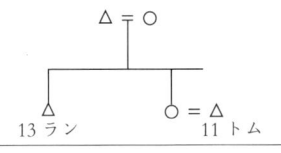

図4 エビ養殖者の親族関係

利益の大きなエビ養殖というグローバル経済の動きに敏感に反応してまずエビ養殖に参入している．第二グループが，資金を借り入れることが可能である定職についている人びとで，これに相当するのは村では公務員である学校の先生で，7から11までの5人がこれに入る．そして第3グループが，中，小規模の土地を所有し，多少の資金の融通もつく90年代に入って村では最後にエビ養殖に参入して人びとで4人を数える．これらの人びとは一様に2, 3回の試みで損失をだすとすぐにエビ養殖から手をひいているため，損失も大きくなく，手持ちの土地を売るなどして借金をしのいでいる．

こうしてみると，村では貧しい人びと，つまり土地や資金のない人はエビ養殖には参入できなかったことがわかる．集約型のエビ養殖は土地を必要とするのみならず，養殖池を掘削したり，水の表面を攪拌して空気を入れるモーターなどの機械類をふくむ初期投資の額もかなり大きい．しかし，エビ養殖における借金は初期投資よりはむしろ，その後の飼料代や燃料代などによるものがかなりの額を占める（馬場 2003，藤本 2004 など）．

もっとも，村でのエビ養殖へのかかわりは，経営者としてのみでなく，その雇用人として職を得る可能性も拓いた．村では，1991年には8人，1994人には14人が，いずれかのエビの養殖池で雇用されている．これは，通常，4か月ほどの養殖期間について月給で雇いあげる形をとり，1つの養殖池あたり3000バーツ[11]ほどで雇用される．エビの水揚げがよければ，それにボーナスがつく．ただ，こうした雇用は，必ずしも地元に還元されるとはかぎらず，村周辺で大規模エビ養殖をおこなっているハジャイ出身の資本家は，東北タイや北タイから雇用人を連れてきていた．彼らの方がコントロールしやすいという理由からであると，ある村人は説明してい

表1　M村のエビ養殖従事者

		エビ養殖前の職業	はじめの情報	期間
グループ1	1　村長（仏教徒男性，67）	請負工事	粗放養殖：サトゥーンの友人	(1980) 1986-2004 現止
	2　シア(仏男，40)	ゴム園（妻）大学生	集約養殖：土地を借りたペップリの会社	1988-1998 休止
	3　ピット(仏男，61)	稲作，ゴム園		(1980) 1989-2004 現続
	4　ラット(仏男，56)	菓子工場経営	サムットサプラカーン（中部タイ），ナコンシータマラート（南タイ）	1985-2004 現在休止
	5　チュ（仏男，50)	炭焼き工場経営	サムットサ-コーン(中部タイ)通りかかったとき尋ねた．	1987-1990
	6　ティアン（仏男，47)	漁商　炭焼き工場経営		1990-2004 現在継続
グループ2	7　レック(仏男，50)	運河内の生簀で養魚　小学校教員（クラビー）		1989-1994
	タート(仏男，44)			
	8　シン(仏男，48)	小学校教員	友人がやってるのを見る，本から	1990-1992, 2001-2004
	9　ミア（ムスリム女性，49)	小学校教員	トム	1990-1992
	10　キム(仏男，46)	小学校教員		1990-1994
	ペン(仏女，47)	小学校教員		
	11　トム(仏男，45)	小学校教員	すでにやってる人にきく（当時シア郡長，バー先生），本から	1990-2004
グループ3	12　ラン（ム男，44)	エビ漁（*phongphang*)	トム	1992-1993
	13　プロム（ム男，46)	エビ漁（*phongphang*)	これまで養殖した経験のある人（トム）	1992-1993
	14　モー（ム男，49)	エビ漁（*phongphang*)	トム	1992-1993
	15　チェム（ム男，65)	ゴム園　エビ漁（*phongphang*)	トム	1992-1993

＊1ライ＝1600㎡，1ライ＝4ガーン，ボーは池のことで養殖池を数える単位

規模	土地所有状況	その後の職業	エビ養殖の成敗
養殖1（100ライ），集約養殖 各4ライ），20ボー以上（計 ライ）ペッブリーの会社に貸 水揚げの2%）	自己所有＋買い上げ （30数ライ）	牛を5か月前から6頭	銀行に200万バーツの借金
ライ）→5ボー	父の土地	養魚	120万バーツの損，100万 バーツで3ボーをハジャイ の人に売る．その人はその 後損
養殖2（60ライ），集約養殖 ライ）→M村32（400ライ）， 7，W村25ボー	自己所有＋買い上げ＆ 借り上げ	ゴム園も買い足す．	利益大
985）→7（1995）	叔父の土地	菓子づくり	千数百万バーツの損
ライ）6回， 5ライ）3回	1つめは自己所有，4つ は買い，その後30ライ を100万バーツで売っ た．	島の観光業	千数百万バーツの利益
年から毎年1つずつ増え4	兄，父の土地	2000年に炭焼き中止， 魚の養殖	大損
ライ）6回，1（ライ）2回	母の土地，クラビー		50万バーツの損，車40万 バーツ
		郵便配達	
3（3ライ），次回3→1ボー		クラビーで商売希望	損
ー	父の土地	養魚（自家用）	損
ライ）→2ボー	学校の土地借りる，1 年5000バーツ．後にキ ムの母の土地		100万バーツの損
		クン・ケップ（しゃこの ようなエビ）等買付	
ライ），R村で2ボー， で止める	はじめの2年，義父の 土地，村を移ってから 借り上げ	タイ料理屋	500万バーツの損
ライ）	賃借，トムからひきつ いだ	エビ漁，ゴム園（20数 ライ）を11年前に4万 4500バーツで購入．	1回目損得なし．2回目10 万バーツ近い損．
ガーン）	父親の土地	エビ漁	5・6万バーツの利益
ー	自己所有	エビ漁	20万バーツの損でゴム園20 ライを26万バーツで売って 借金払う．
ー	賃借	定置網（laat uan）	20万バーツの損．8ライの ゴム園を45万バーツで売 り，残りでゴム園の買いか え．

教を，ムはムスリム教徒を指す

た．こうした雇用は，土地や資金がなくても現金収入の機会を与えるという側面もあるが，本章ではおもに生の運－不運をかけてエビ養殖経営に携わった人たちの決断とその後の軌跡を追ってみたい．

3-4 損失をだした人，利益を得た人

　エビ養殖をはじめてやめるまで，もしくは継続中で2004年現在までの収支決算がマイナスの人は，15人中じつに12人にのぼる．プラスであったのは3人にすぎない．利益をあげている3人のうち2人は1000万バーツ以上の莫大な利益があり，あと1人は，3回やったうち最後に損失をだしたが，合計では数万バーツの利益があったというものだ．損失も最大ではやはり1000万バーツをこえており，つぎは500万バーツ，200万バーツとかなりの額となっている．2, 3回の失敗でやめた人は損失の額も10万バーツ，20万バーツ程度にとどまっているが，エビ養殖を長く何度も継続した人ほど莫大な損失をだしている．2004年に継続と答えた4人のうち，3人までが莫大な損失をだしている．トム（表1の11）はM村からエビ養殖をおこなうために別の村に移ったが，そこでは50～60人がエビ養殖をおこない，そのうちでも利益のある人は3人くらいにすぎない．残りの人は損をしている．トムは「エビ養殖をしている100人中90人が借金をしている．利益のある人は1％にすぎない」と感想を述べる．実際に村でエビ養殖をおこなった人びとの実態からも，トムの観測があながち大きくまちがっているとはいえないと思われるのである．

　では，どのような人が損をし，どのような人が利益をあげることができたのだろうか．数少ない利益をあげた人の中にいち早くはじめ，いち早く莫大な利益をあげてエビ養殖を止めたチュがいる．彼は1987年から1990年にかけて1つの養殖池で6回，別の4つの養殖池で3回おこない，エビ養殖が連作することで急激に損失の危険があがることを本で知っており，一度のわずかな損失で養殖池を売って養殖をやめている．彼の弟のティエンがその後延々と続けて損失を増大させていったのとは対照的に，経済合理的な判断をおこない，冷静に対処している．もう1人大きく利益をあげ，唯一現在もエビ養殖を続けているピットはエビの養殖池を各地に分散させて土地を買いあげ，さらにエビ養殖のみならずゴム園経営へと多角化された企業家手腕をみせている[12]．これは，彼の兄である村長がすべて地続きの場所にエビの養殖池のみを拡張して大きく損失をだしていることとは対照的である．最後に収支決算が数万バーツの利益超過であったプロムは，3回おこない損失が出たところで素早く止めている．こうしたプロムの態度と一度の損失で切りあげたほかの12, 14, 15の3人は同様の態度であるが，プロムの場合は，その損失がたまたまこれまで2回の利益より少なかったということであろう．

　このように損失をださない，もしくは損失を最小限に食い止めることができた人

とは，ビジネスとしてかかわることのできた人，のめりこまないで経済合理的判断ができた人ということができよう．このことを，大きな損失をだしたトムの養殖池と隣接する場所で養殖をおこないながら，損失をだすことなくエビ養殖を続けているマノについてのペン（表1の10）の言葉がよくあらわしている．なぜトムは大損してるのに，マノは損していないのかという私の問いかけへの答えである．

「なんでか．マノはもしエビが病気であればやらない．彼は金がある．ゴム園がある．急いで着手しない．先にみる．もし育てられないと止める．今ごろは止めている，しばらく．彼は困っていない．ゴム園もあり朝1日だけで60枚以上[13]．彼は困ってない．損する時は止める．病気が発生すれば止める．食べることができる．トムのようだと戦わなければならない（*torng tor su*）．ゴム園もない．……なぜなら借金も多い．準備ができてなくてもはじめてしまう．別の話だ．トムを罰することはできない．経済的地位（*tana*）がこんなふうだと急がないといけない．なぜなら借金があるから．マノは急がない．借金がない．義父も金持ちだ．別の話だ．マノは経済的に楽だ（*sabai*）」．

つまり，やはり余裕をもって冷静なビジネスとしての判断をすることができる経済的な立場が重要だという指摘である．

4 ●出来事としてのエビ養殖

ここでは，エビ養殖に失敗した3人のライフヒストリーから，出来事としてのエビ養殖からなにがみえてくるのかを考察してみたい．

4-1　エビ養殖をめぐるライフヒストリー

① ラット（56歳，仏教徒男性）

ラットは，本章のはじめに言及した，私にこの17年にわたる村の景観の変化を思いこさせたタナーン岩の前の養殖池の持ち主である．彼自身は私に1000万バーツ以上の借金があるといい，村人は彼が千数百バーツの借金を背負っていると噂している．かつては菓子工場を経営し羽振りがよかっただけに，休止中の養殖池の横で，すでに閉鎖してしまった工場からもちだしたいくつかの機械を使ってみずから菓子をつくっている姿を，村人は気の毒がる．

ラットの華人系仏教徒の父は9歳で死んでいる．小学校4年をでてしばらく村でぶらぶらして17歳の時に隣のトラン県へ働きにいった．5，6年菓子工場で働いて結婚を機に，1975年に自分で菓子工場を開いた．そこでは20数人が働いていた．

「昔は1か月休みなし．あとでは日曜日1日休みにした．そうしないと子どもは

働かない．昔自分が雇われていた時は休みがなかった．体調が悪いと半日休んだりするくらい．月給もとても安かった．4000-5000 バーツでも多かった．米が1kg1バーツ少しだった．1バーツ，1バーツ50（サタン[14]）．今は10数バーツ．家を借りるのも1か月100バーツ少し．今は1000-2000だ」．

　1985年に，村では集約型のエビの養殖を最初にはじめる．エビ養殖は父の弟のリエンの土地でおこない，リエンに養殖池の管理を任せる．いつも上半身裸で日焼けした赤銅色の肌をみせ，暗色のすそのひろがったズボンをはき，腰に赤い腰布をまいて養殖池のまわりを歩き回ってエビの世話をしているリエンの姿がみられるようになる．ところが，1998年に，リエンが養殖池のモーターに巻きこまれて死亡する．いつも腰にまいていた布がモーターに絡まって，水の中に引きこまれて水死したというのだ．その後，ラットは自分で養殖池の世話するために，車で1時間半から2時間かかるトランの菓子工場と養殖池の村の間を行ったり来たりする生活がはじまる．菓子工場は妻におもに任せるが，やがて行き詰まり，2001年から2002年にかけて徐々にトランの工場を閉め，養殖池のそばに住み，その脇で細々とみずから菓子をつくりはじめる．「はじめは2, 3種類を少しつくっていただけだったが，今は機械をもってきて10数種類をつくっている．暇な時はなにをしていいかわからないので」という．みずから菓子工場を立ちあげ，それが大きくなってからは彼自身は現場から離れ，もっぱら市場開拓に回っていた．しかし菓子づくりは何年もおこなってきたので忘れないという．「体の中にすでにある（*yu tua leao*）」という．子ども3人のうち，一番下の男の子がいっしょに住み，土曜日と日曜日にはトランの大学に行きながら菓子づくりを手伝っている．

　「菓子は損はしない．こうして菓子をつくるのは少しは使うお金が入るから．でも大きな利益をあげることはできない．エビ養殖は，借金を返すことができる」．エビ養殖は，利益があればもっとほしくなってまたやりたくなるという．ほかでは借金を返すあてがないので，エビ養殖をあきらめる気持ちは2004年の時点ではまだなかった．休止中で様子をみているという．しかし，1年後の2005年8月になってもエビの価格が低く，彼はエビ養殖を再開することはできていない．

② 　ペン（47歳，仏教徒女性）とキム（46歳，仏教徒男性）

　ペンは，M村の小学校の教員で，夫のキムはこれまでもいろいろと商売をしてきたが長続きはしなかった．妻のペンが年上で，また学歴も上，生計もおもに妻が支えているという状態で，キムは妻に頭があがらない．2人の息子はすでに大学生と高校生で下宿して家を離れている．

　ペンたちがエビ養殖に参入したのは1990年である．すでに数人がエビ養殖をはじめており，大きな利益をあげつつあった．彼らは，学校の土地を年5000バーツで借りてエビの養殖をはじめた．はじめは10万バーツの利益があった．2, 3回目

も何十万も利益があったが，利益はだんだん少なくなってきた．6回やったところで，1993年に損をしはじめた．そこで使用料を払わなくてよい母の土地で2つの養殖池をはじめたが損が続く．そこはすでにいとこが何年もやっていたので土地の状態が悪くなっていたのだ．稚エビもよくなかった．

　そうした中1993年にペンが病気になる．薬があわず，風邪のような症状だったという．病気の発端は，M村の小学校の用務員が事故で死亡し，その葬式で雨にあたったことだという．熱がでて10日も直らず，医者が薬を変えた．その薬が強すぎたのか，薬を飲んだ後病状が急変し，病院へ担ぎこまれた．体が冷たくなっていたという．トランの医者は緊張が原因の病という．しかし原因もはっきりせずさまざまな医者を訪ねた．僧も，占い師もなんでも訪ねたが，どこでもなににもとり憑かれて(*thuk*)いないという．その頃，人に紹介されてプーケットのチューサック医師を訪ねるようになる．すると体が軽くなった．それから，車で数時間かかるプーケットまで15日に一度医者通いをするようになった．

　1994年についにエビ養殖を止める．エビ養殖をやめる決断をしたのは，ペンだった．「男性は事業(*thurakit*)をしたがる．でも女性は同意しない」という．100万バーツの借金があった．それは，銀行や公務員共済，民間の金貸しから借りていた．銀行の30万バーツ少しの借金は，キムが相続する土地を担保に入れていたので，キムの弟がその土地と引き換えに払ってくれたという．民間の金貸しは月に100に対して3の利子がつくが，1人の金貸しから30万バーツ借りて，毎月利子を3000バーツ払っていたが，エビで損がかさみはじめてからは利子もまったく払えなくなった．彼はずっとなにもいわず，やがてペンの家にやってきて，元本を返してくれ，利子はとらないからといった．それで月に2000バーツずつ返している．まだ20万バーツ残っていて返し続けているという．ペンはいう．「彼はいった．運がいい．いい貸主にあった．もしいい貸主でないと訴えていた．それで決心した．もう養殖はしないと．人生がよくない」．「もうやってられない．損ばかりして．エビ養殖をするのは緊張する．もし金持ちだったら大丈夫．経済状態(ターナ)があまりよくないのにエビ養殖をするのは緊張する．借金してやらなくてはならない．池の中のエビもみえない．いくらいるのか」．

　ペンはその頃のことを次のようにいう．

「1994年は1年中健康状態が悪かった．100万バーツの借金．誰も利益がなかった．闘わない方がいい．それで後ろに退いた．なにをやってもよくなかった．車を買っても(月賦が払えず)もっていかれた．土地も借金がかえせなくてもっていかれた．仕掛け網漁をやってもだめ．できない．10万バーツ投資してだまされた．プーケットから船を買ってチン(M村村民)がもってきてくれた．でも船がぶつかって沈没した．なに1つよくならない．1994,1995年ずっと悪かった．少し資金があってなにかするたびになくなった」．あの頃はお金がなくて，寺の僧もお金をくれた

10章　「出来事」のエスノグラフィー ── 南タイにおけるエビ養殖という投機的行為の流れ　317

という．1回に1000バーツ使うようにくれた．彼は「もっていって使えばいい」といってキムにくれた．後にキムはお金に不自由しなくなると，寺へ寄進をたくさんするようになったという．

その後すこしずつ商売をはじめる．ペンは「100万にいかない．1万にもいかない．その方が気が楽だ（*sabaicai kwa*）」という．今では車も所有することができるようになった．車は2年と1か月で，月に6000バーツずつ月賦で払っている．よくなりはじめた．今では車の月賦のお金をどこからもってくるか心配しなくていいという．なぜならキムの収入もよくなりはじめたからである．

キムは，家にコンクリートで生簀をつくりシャコのようなエビの一種（*kung takhep*; *Pen aeopsis indicus*）を買いとり，車で近くの町の市場に送る商売をはじめる．やがて自分で直接バンコクにもっていって売る方が儲かると助言する人と知りあい，2004年3月にはバンコクまで月二回キムが運んでいた．その人が輸送方法や取引先など全部教えてくれたという．さらに8月には，それを空輸した方が安くなることがわかり，トランから空輸するようになっていた．キムは「台湾への輸出も考えている．日本ではどうか」と，私にも尋ねてきた[15]．

エビの養殖は，彼らにとっては，人生のどん底の経験であったという．キムはエビ養殖をはじめる前は黒かった髪が真っ白になった．彼らは，生活が楽で豊かになる（*sabai*）ために，エビ養殖をはじめたが，やがて常に緊張をしいられる借金生活へと追いやられた．最悪の状態から脱出した現在は，人生はそんなに金持ちにならなくても心がゆったりとくらせる（*sabai cai*）方がいいという．

③ トム（45歳，仏教徒男性）とピン（39歳，元ムスリム女性で通婚により仏教に改宗）

トムは，M村の小学校の教員だったが，1987年に私がはじめて村に入った日に，小学校の教室からもちだした机と椅子を校庭にならべ，手料理とビールで歓迎会を開いてくれた．彼は村のムスリム女性だったピンと結婚しており，歓迎会の翌日にピンは産気づいて病院に運ばれ次女・三女となる双子の女の子を出産した．彼はとても器用で，料理もうまく，村人の結婚式に料理人を頼まれたり，仏教徒の葬式には棺桶に達筆で名前を書いたり飾りつけを担当したりしていた．それから1年4か月後に長期調査を終えて帰国した後，1990年に村を再訪した時に，トムの様子がおかしかった．いつもは話し好きでいろいろと興味をもって私と話をしてくれるのに，その時は少し話すとすぐに落ち着かない様子でどこかへ行ってしまう．驚いたことにトムは村人相手にカードの賭け事に夢中になり，借金が10万バーツ以上になっているという．トムは自分ではどうしようもなくなり，とうとう親が生計をたてていたゴム園を抵当に入れて借金を肩代わりしてくれてはじめて，賭け事をやめることができた．それまでは妻が泣いて頼んでも，誰がなにをいっても聞き入れる

ことができなかったのだ．借金を返すために，トム一家は，小学校からはバイクで2時間かかる隣の県に住む親元に引越し，朝3時に起きてゴムのタッピングを済ませてから出勤し，ピンは菓子をつくっては1つ1バーツで近所に天秤棒でかごをかついで売り歩いた．長女にもその菓子を学校にもって行かせて売らせたりした．その後，借金を返し終えた一家は再び，村に帰ってきた．トムは賭け事はもうこりごり，絶対にしないといっていた．

　それから，まもなくエビの養殖をはじめたのである．村では妻の父の土地に小さな養殖池をほり，2回行った．初回は損得なく，2回目は10万バーツ少しの利益をあげた．その頃エビは1kg40匹のサイズで160バーツだったという．まもなく，よりひろい土地を求めて村から10kmほど離れたところに土地を借りて養殖をはじめた．1991年のことである．夜も養殖池の管理や飼育をおこなう必要があるので，養殖池のそばに小屋を建てて妻子ともども移り住んだ．はじめは20万バーツ以上の利益があり，その儲けで2つ目の養殖池に資本投下した．2つ目で利益が50万バーツあり，3つ目を掘る．1992年には異動願いをだして勤務先を養殖池のある村の小学校に移した．1993年には100万バーツ以上の利益があがったという．

　ところが，利益があがったのはここまでで，やがて1994年の終わりから損失が出はじめた．ちょうどこの頃，私は養殖池を訪ねた．この時2回の水揚げとも赤字で借金はすでに100万バーツをこえているといっていた．それでも，かつて賭け事で10万バーツの借金をした時のようにこわくはないという．うまくいけば1回の水揚げで借金を返済できるという希望がある．その後も損失が続いた．トムはいう．「はじめのうちはみんなもうけがよかった．どの店に座っても，エビ養殖の大金持ち (*sia bor kung*) が来たといっていた．後ではどの店に座っても避けられた．」

　1997年に，これまで1kg 200バーツほどだったエビの値段が一時的に一気に500バーツになった．180万バーツの利益をあげ，これまでかさんでいた借金はほとんどすべて返すことができた．そして，さらに別の場所で友人と共同出資をして2つの池で養殖をおこなった．ところがこの高値は何か月も続かなかった．病気も多くなった．あちらでもこちらでも損失をだした．その後はずっとほとんど損得なしか，損ばかりが続き，ついに2004年には借金は500万バーツにまで上る[16]．この何年も損ばかり続き，私が会うたびに借金が増え続けていた．いったいいつまで続けるのだろうと私をふくめ，彼の友人，知人はみんな心配していた．「エビで借金をつくるとほかの職業はできない．なぜならほかの職業だと借金を返す道がないから」と本人はいっていた．その状態を後 (2004年8月) には次のように振り返る．「止めようと思っても止めることができない．その世界にはまりこむ (*yu nai wongkan*)．……止めることはできない．利益があるとやりたい．やりたいと，続けてまたやる．損すると，借金を返したい．損すると，ちょうど賭け事をするのと同じ (*mwan len kanpanang*)」．

2003年の12月に会った時には，エビの価格が1kg120バーツになり，コストはkgあたり140バーツかかるので，たとえエビが病気で死ななくても確実に赤字になるという状況であった．そこではじめてエビ養殖を続けることはできないという認識をトム本人がもつことになる．つまりここがエビ養殖を続ける意欲の限界点であった．彼は「もう未来は尽きてしまった（*mot anakhot laeo*）」と，私をいつものように空港まで送ってくれる車の中でつぶやいた．彼自身の車は，借金の担保に没収されており，わざわざ友人から車を借りて送ってくれたのだ．自分の車はエビの養殖池に沈んでしまったと自嘲気味にいう．しかし，この時はまだ完全にエビ養殖によって借金を返す望みを断ち切っていたわけではなかった．価格が上昇すれば再開する可能性もわずかに残ってはいたのだ．

　2004年6月11日，ついにトムはエビの養殖から完全に足を洗う．この日，同じ村でエビ養殖をやっていたハジャイの資本家に誘われ，彼がもっている市中の場所をかりてタイ料理屋をはじめたのである．エビ養殖をやめたらどうするのかときかれ，なにも考えてないと答えたら，自分のもってる土地を見にこないかと誘われたのだという．その場所をみてトムもピンもすっかり気に入り，料理屋をはじめることにした．料理屋の名前は「田舎キッチン：郷土料理（*khrua ban ban:ahan luk thung*）」という．店を開くのに，机，椅子，コンロなど約7万バーツの投資をした．トムは，店をはじめて2か月後の8月に会った時に，次のように語った．

　「若者はあまり来ない．公務員だ．先生だったり，森林局だったり，郡役所の公務員だったり．仲間だ．店を開いたはじめての夜，6月11日，まだ2か月たってない，1か月ちょっと．この11日で2か月だ．100人に（来てくれるよう）言った．100人をおごった．100人分の招待状を印刷した．でも約130人が来た．言ってない人も来た，手伝いに来た人もいた．……約2万5000バーツ使って，4万ちょっとを得た．利益があった．夕方6時から一晩中，あまり帰らない，翌日のお昼になってようやく解散した」．みんな友人たちはついにトムがエビ養殖から足を洗ったことを喜んだという．

　そして今やトムは，かつて二度と賭け事をしないと言った時のように，エビ養殖を二度としないという．「僕は決心した，やめると．そして大嫌いになった．エビ養殖をやめたとたん，今は人生の中でもっともきらいになった，エビ養殖という職業を．そして誰とも話したくない．仮に友人とでもエビ養殖については話したくない」．

　そして料理屋という商売は，金持ちになるのは遅いが確実だという．トムはいう．「商売（*khaa khaai*）は，危険ではない．あまり損はしない．利益はだいたい30％．はじめあまり残らない．月賦（ポン）を払わなければなければならないから，よりいいと思う」．そして「エビ養殖なら，結果がよければ一気に金持ちになる．でも落ちると落ちる」とその特質を総括する．トムは「もし僕があの頃にはじめていたら，

エビと迷って10年たつ前だったら，今よりよかった．10数年エビにかかわって時間を無駄にした．もし10数年前に店を開いていたら，今ごろ金持ちになっていた」と，ようやくエビ養殖を止めた後に，述懐するのである．

表2　トムの借金の内訳

農民銀国	120万
教員共済	100万
クルン・タイ銀行	70万
エビの飼料会社（T郡）	67万
エビの飼料会社（L郡）	40万
親戚・友人	30万
友人の車の保証金	24万
村の資金	2～3万
その他（忘れた）	?
合計	約500万

トムの500万バーツの借金の内訳は表2の通りである．彼にとって一番気の重い借金は，親や兄弟がそれで生計をたてているゴム園を抵当にいれて借りている農民銀行の借金であるという．これだけは返していかなければならないという．それ以外の借金については次のようにいう．

「エビの飼料会社が67万バーツで訴えている．2, 3回裁判所に行った．彼は僕になにもできない．なぜならなにも没収するものがないから」．それにしてもこの内訳をみて驚くのは，そこに友人の車の保証人としての24万バーツの借金があることである．その友人は女性で，夫と別れたが，その夫が車をもって逃げてしまったという．そこで保証人のトムが訴えられた．自分自身がすでに莫大な借金を抱えている時に，なぜさらに人の保証人になったのかという私の問いに対して，「その女性は友人だ．パッタルンの友人とはいい関係だ．僕は友人を切ることはできない．いい関係にあって，彼らが尋ねてきたら断ることはできない」とトムは答えた．

農民銀行の借金も，親やキョウダイとの関係性ゆえに重要であり，友人との関係が重要だからこそ，さらに借金を背負いこむことになる保証人にもなる．新たに開いたタイ料理屋は，トムがエビ養殖をやめたことを喜んだ友人たちが最大限の応援をしており，今は月に10万バーツの売りあげがあるという．こうした関係性の保ち方こそがトムの生のあり方であるといえよう．

4-2　投機的行為の流れへののめりこみと脱出

ここでとりあげたエビ養殖をめぐる人びとのライフヒストリーは，いずれもエビ

養殖で失敗した人びとの体験である．彼らは通常のたとえば公務員の収入では一生かかっても返しきれないほどの莫大な借金という負荷を背負ってしまった人びとである．そうしたどん底の状態においてどのように行為するのか，そこからいかに抜けだすのか，どのように人生を立て直すのか，ここにこそ彼らの人生におけるぎりぎりの状態ではじめてみえてくる生き方の志向性があらわれるように思われる．

まずはエビ養殖という出来事が，彼らの人生にとっていかなるものであったのかということからみてみたい．それは，ほかの漁業や商売に比べて，より損失と利益の浮き沈みが激しく，しかも村人にとっては，科学的根拠よりも運・不運といったみずからがコントロールすることが不可能な性質をもっているということがあげられる．すなわち，トムのいうようにビジネスとしてよりも「投機＝賭け事」として彼らに経験されるということを意味する[17]．

そこにおいては，賭け事と同じくのめりこみ，みずからをコントロールすることが難しくなる．つまりその投機という行為の流れから抜けだすことが困難な状況が生じる．そのことは，ラットやトムもいうように，エビ養殖は，利益があればもっとほしくなってまたやりたくなる，失敗すれば今度はほかの職業だと借金を返す道がないから，借金を返すためにさらに借金を重ねることになる．そうした状態は，「止めようと思っても止めることができない．その世界にはまりこむ」（トム）ということになる．

そこからいかに抜けだすのか，キムとペンの場合は，夫のキムよりもこの世界にはまりこむ度合いの少なかった妻が，借金の貸主が穏やかに催促することで，エビ養殖を抜けだして生活を立て直す方向へと冷静な判断を下した．たとえば表１−12のランの場合も，２回目に10万バーツの損失が出たところで，もしエビ養殖を続けるなら離婚すると妻にいい渡され，１人でいるのも困難だとやめることができた．その時は，妻の圧力で仕方なくやめたランであるが，後には振り返ってエビ養殖はほんとうに危険だ，すべてなくなってしまうと述懐している．このように，のめりこんでいない妻の助言で止めることができたのは，夫婦関係において妻の影響力が強いケースである．しかし，ラットやトムの場合のように，夫がのめりこんでいると，妻はどうしようもなく引きずられてしまうことも多い．

トムが止めることができたのは，エビの価格が投資を下まわり，これ以上エビ養殖を続けても借金を返すどころかさらに損失が増えることが明らかな状況になった時である．しかし，たんにこの状況だとラットのようにしばらく様子をみてまた再開するという姿勢を維持する，つまりエビ養殖へののめりこみからはまだ抜けでない，という選択肢もありうる．しかし，この状態の時に，トムがもらした「未来が尽きてしまった」という言葉は，エビ養殖に託していた人生の志向性を維持する限界点に達したということができよう．この言葉は心理的にエビ養殖へののめりこみから外れたということを示していると私には思われた．しかし，依然として，では

エビ養殖によって背負った莫大な借金をどうするのかといった将来のビジョンは開けていない．しかし，それまで誰がなにをいっても止めることができなかった状態から，次の行為に向けて他者の助言をききいれることのできる白紙の状態にもどっている．そこに，料理屋をするという選択肢がさしだされ，トムは別の事業に方向転換することができたのである[18]．

ペンは，借金を返そうと果敢にエビ養殖を続けることを，「戦う（*tor su*）」と表現した．人生において正面から行為の流れにのって努力すること，エビ養殖という行為の流れの中で前に進むことをいう．そしてそこから外れて別の軌道にのることを，「退く（*tor-i lang*）」という．エビ養殖後の軌道はいまだみえていない．なにをして借金を返せばいいのかいまだ定かではない．ゆえになかなか次の行為に移ることができない．しかし，とりあえず現在の行為の流れから外れることを「退く」という．エビ養殖に失敗した人びとのライフヒストリーからみえてきたのは，条件さえ整っていれば新たな事業に参入することの容易さに比べ，そこから抜けだすことの困難さである．これは，人が条件を冷静に判断していつでも行為の選択ができるのではなく，ある出来事には人がコントロールすることが難しい行為の志向性の流れがあるということを意味する．それは「のめりこみ」という状態となって，次の行為の選択肢を縛ることになる．もちろん，すべての人がそこまでのめりこむという状態になるわけではなく，そこには経済状態や家族関係といったさまざまな条件の違いによって異なる経路をとることになる．

しかし，いずれにしても，皆，よりよい生活を求めて行為している．たとえどんなに困難にみえても，当人がよりよい生活を求める志向性を維持しているかぎり，別の軌道にそって人生をふたたび前にむけて歩むことができる．そうした中でペンは，楽に生きる「サバーイ（*sabai*）」を経済的に安楽という意味から，精神的に楽な状態「サバーイチャイ（*sabai* ＝ 楽な，*cai* ＝心）」へと目標を変更する．そのことでより現状のなかで安定した充足感をもって生活することができる．エビ養殖をおこなっていた時の常に借金の心配をする緊張した状態から抜けだすことで，サバーイチャイの状態を得ることができるのである．

5 ●おわりに

村の入り口に位置するタナーン岩の前のかつての水田は，今は，ラットの休止中の養殖池である．17年前にトゥアンがここで殺された時には，夜は蛍光灯もなく真っ暗だった．そして，まもなくはじまったエビ養殖ブームにより，養殖池は夜も煌々と明かりがともり，モーターの音が響きわたり，夜でも村の入り口にあるタナーン岩までも懐中電灯なしで歩けるようになった．そして今また，村に夜のとばりと

写真 10 村の神ト・ナーンの像

静けさが戻ってきている．この 17 年間の景観の変化は村の人びとにいかなる意味をもつのだろうか．エビの養殖は村人にどのように経験されたのだろうか．

　出来事の起こった場としての村を顕すエビ養殖にまつわるエピソードがある．タナーン岩には，村の守護神であり，ムスリムと仏教徒がもっとも日常的に願掛けをする対象であるト・ナーンの像がある（写真10）．村の民はムスリムも仏教徒もト・ナーンの子孫であるというが，ト・ナーン自身はムスリムであると信じられている．1994 年 11 月，村でエビ養殖がもっともさかんだった時期の直後に，村の神が宿るとされるタナーン岩で，中部タイの会社の経営する養殖池の雇い人である北タイからきたシャン人の若者が行方不明になった．彼は，ろくにタイ語も話せなかったという．会社のみんなでタナーン岩に遊びに行った時に行方不明になったのである．3 日たっても 4 日たってもでてこないので，もう殺されているのではないかともっぱらの噂であった．ところが，5 日目になってその若者はふらりと帰ってきた．彼は，老人に洞窟の中に連れていかれて帰って来ることができなかったのだという．洞窟の中ではムスリムが用いる数珠をわたされ「善いことをすれば善い報いがある」と数珠の粒を一粒数えるごとに唱えさせられたという．そして老人に送られて，洞窟

から養殖池のそばの宿舎まで帰ってきたという．でてきたのが金曜日だったので，それはト・ナーンが礼拝に行くために帰したのだと村人に解釈された．彼は5日間の間，老人に渡されたという木の根だけを食べていたというのに比較的元気で生きていたので，「ト・ナーンはほんとうにいるんだよ」と村人は噂しあった．村に景観の変化をもたらした養殖池は，逆説的にここでは外からの視線によって，村の神の存在を確証することになったのである．「出来事」としての養殖は，養殖をおこなう場を必要とする．それは，もちろん村の範囲をこえて郡，県，タイ国全土そして世界へとひろがる出来事であって，村の境界を軽々とこえ，境界そのものの意味を無効化する側面をもつ．しかし，その一方で身体をもつ人間がかかわる行為の連鎖である出来事は，特定の土地において，特定の自然環境の中で起こる．ト・ナーンは，そうした身体の行為する場の存在を，目にみえるかたちで日常的に顕示し，個々に異なって経験される出来事が，共有されるものとして想像されるよりどころを提供しているといえるかもしれない．

　そうした場において，人びとは個々の手持ちの資源をせいいっぱい活用することで，よりよい生活をめざす．個々の利用できる資源は異なり，彼らの行為に影響を与える社会関係も異なるため，出来事へのかかわり方も異なってくる．エビ養殖を出来事としてみた時に，村の景観を変え，怒濤のように外からグローバル経済の波が押し寄せ，人びとを飲みこんだという見方はあまりに一面的すぎるであろう．たしかにグローバル経済の影響は，村の隅々まで及び人びとの行為に影響を与える．しかし，人びとはそれに一様に対処するのではない．そこでは出来事にかかわっていく諸関係のずれや多元性が明らかになる．それによってエビ養殖に成功する人もいれば，失敗する人もいる．村人にとってのエビ養殖とは，景観の変化といった想像され共有された経験ではあるが，それは個々のかかわり方により差異化され，1つに収斂することのない出来事でもあったということができるであろう．

　本章のはじめに，エビ養殖にかかわる景観の変化を死にまつわる私の想起から説き起こした．出来事としてのエビ養殖は，私にとってはもう1つの死に言及することなしには語り終えることができない．それは，村で唯一エビ養殖の失敗が原因で死に至ったメイのことである．メイは，かつてはなんの資産もなく，炭焼き工場の日雇い労働者であった．勤勉に働きやがて舟を購入してエビ漁をおこなうことで資金をため，多くのキョウダイの中でただ1人男性であったという責任感もあってか，母親を引きとり献身的に世話をしていた．村人は，メイをみてみろ，なにもなくても勤勉に働き親を大切にしているので，今は資産を築くことができた，と成功者の典型として語っていた．エビ養殖が村に入ってきた頃には，すでにある程度の資産があり進取の気性にとんだメイもすぐに参入した．しかし，彼はほかの多くの村人と同様にエビ養殖によって莫大な借金を抱えることになってしまった．そんな時，偶然にも彼は宝くじがあたり大金を手にすることになった．ところが，その幸運が

皮肉にもメイの死を招くことになってしまったのだ．メイに大金を融資した貸主は，その宝くじの配当金で借金を返すように要求した．しかし，メイはこれを拒否したという．それからまもなく，エビ養殖のために買った赤いピックアップトラックで妻とともに外出した時に，メイは道で待ち伏せしていた殺し屋に頭を撃ち抜かれて死んだ．横に乗っていた妻は無事であった．メイの血を吸いこんで座席に大きなしみをつけた赤いピックアップトラックはしばらく村の小学校の校庭に放置してあったという．メイはなぜ借金を返すことを拒んだのだろうか．彼はきっと，そのお金を元手にエビ養殖をさらに続けることで，より大きな儲けを得ようとしたのだろうと私は想像する．メイはエビ養殖という投機的行為の流れにのめりこみ，その流れをみずから断ち切る時点に至る前に，その前向きの志向性ゆえに，彼の生を断ち切られることになってしまった．宝くじにさえあたらなければメイも殺されることはなかったであろうに．彼もまたほかの人と同様，前向きによりよい生を求めていたのだという思いにかられる．エビ養殖は，それにかかわった人びとに大きな人生の軌跡の変更をもたらした出来事であったことは確かである．

注

＊タイ語のローマ字表記については西井（2001:8-9）による．
1）人類学における空間論については西井（2006a）参照．
2）景観（landscape）という語が英語にもたらされたのは，16世紀の後半に画家の専門用語としてオランダ語の landschap からであるという．18世紀には理想化された絵画的イメージと農村の景色が結びつけられ，さらに19世紀には庭園都市おいて都市と農村の理想像が結びつけられた．それは，1つの場所において互いに排他的なものを結びつけようとする志向で，19世紀の担い手は郊外の中産階級であり，20世紀にはそれが労働者階級にとって替わられたという．ハーシュはそこには日常的な生活と理想化された想像の存在との関係がみられるという（Hirsh 1995:2-3）．
3）しかし，論集の各論においては，ハーシュも序文で述べているように，環境のマテリアリティや身体に焦点をあわせたダイナミックな分析もみられる（Gell の視覚によらない聴覚マップなど）．
4）本章の草稿を書きあげた時点で，清水展氏の『出来事の民族誌』と期せずしてタイトルをほとんど同じくしているとの指摘を編者の河合氏からうけた．本章と清水氏の「出来事」の異同をここで指摘しておく必要があろう．清水氏は出来事を日常を動揺させる契機とみなし，出来事が受容される過程を通して「社会固有の存在様式」を明らかにしようとしている．その方向性は，出来事そのものから人間の個々の経験を描こうとする本章とは異なっているが，そこにおける動態的な経験のプロセスに着目する視点は共有されていると考える．
5）エビ養殖の集約化は，台湾での人工孵化・種苗生産の成功（1968年）と人口飼料の大量生産（1977年）の開始をきっかけとする（川辺 2003:4，村井 1988:132-135）．
6）たとえばインドネシア産ホワイトは82年に最高値で16〜20サイズ4ポンドが，8800〜9000円，89年には2700円までさがり，90年には4100円まで値をもどした（村井 1992:34）．

7）わずかだが，多くの小規模なエビ養殖農民は長期的には経済的に失敗するという予測もみられるが（Flaherty, Vandergeest, and Miller 2002:230），エビ養殖の問題点としてとりあげられることはあまりない．
8）国有地における天然林の商業伐採は，1988 年に南部で起こった大洪水の原因が森林の乱伐を黙認してきた政府にあるとする非難を受けて，1989 年初頭に全面禁止になっている（佐藤 2002:46）．しかし実際に，炭焼きに用いる村周辺のマングローブ森が全面伐採禁止となるまでには数年の時間差がある．
9）インタビューできなかった 4 人のうち 3 人は村外に移住，1 人は死亡（本章の 5 節で言及）している．
10）このうち 2 人は 2006 年 8 月に補足調査した時点でもまだ休止中で，実際に継続していたのは 2 人のみであった．
11）1 バーツは約 3 円弱（2005 年 10 月）である．
12）ところが，2005 年 10 月にはピットもまた損失に転じて借金が増えているとトムはいう（2005 年 10 月 20 日）．とすると，エビ養殖を数年以上の長期に継続した人はすべて損失に終わるということになる．
13）ゴムの樹液を固めて板状にして出荷する．1 枚がだいたい 1〜1.2kg で，ゴム 1 kg が 2005 年現在は 50〜60 バーツとあがっているので，60 枚だと 3000 バーツ以上が 1 日で得られることになる．雇用してタッピングをしてもらった場合，折半というケースが多いので，半分だとしても 1500 バーツの収入となる．最近は板状にせずに樹液のまま出荷するケースが増えている．
14）1 バーツ＝ 100 サタン．
15）2006 年 8 月にはキムはバンコクへの空輸を止め，ハジャイへ車で運ぶようになっていた．
16）小学校教員のトムの月給は 1 万バーツ少しなので，じつに 40 年以上の給料にあたる借金である．
17）それゆえ，ほとんどのエビ養殖経営者は養殖池の土地神を拝み，成功すれば供えものを約束する願掛けをおこなっている［付表］．こうした願掛けは，天候などによる不安的要因がある漁業や農業においても，舟や仕掛けや土地に願掛けして拝むなど同様の行為がみられる．このあたりの特徴は，ここがムスリムによって先に居住されていたという認識があるため，イマームなどをよんでイスラーム式に儀礼をおこなうことが多いことであろう．ここにはムスリムと仏教徒が混住しているという地域の手持ちの儀礼方法のブリコラージュがみられる（西井 2001）．
18）タイの公務員は給料が低いので本職以外にアルバイトをすることは当然視されている．

文　献

安食和宏（2003）「マングローブ林の破壊と養殖池への転用」，宮城豊彦・安食和宏・藤本潔『マングローブ：なりたち・人びと・みらい』，古今書院，91-122.

馬場治（2003）「タイ国のエビ養殖業」，多屋勝雄編『アジアのエビ養殖と貿易』，成山堂書店，78-94.

Flaherty, M., P.Vandergeest. and P.Miller. (2002) Rice Paddy or Shrimp Pond Trough Decisions in Rural Thailand, In: P.Dearden. (ed.), *Environmental Protection and Rural Development in Thailand-*

Challenges and Opportunities, Bangkok: White Lotus, pp.207-240.
藤本岩夫(2004)『えび養殖読本　改訂版』,水産社.
川辺みどり(2003)「アジアのエビ養殖」,多屋勝雄編『アジアのエビ養殖と貿易』,成山堂書店, 1-18.
宮城豊彦・安食和宏・藤本潔(2003)『マングローブ:なりたち・人びと・みらい』,古今書院.
宮内泰介(1989)『エビと食卓の現代史』,同文館.
村井吉敬(1988)『エビと日本人』,岩波新書.
村井吉敬(1992)「養殖エビの時代:最新エビ事情」,村井吉敬・鶴見良行編著『エビの向こうにアジアが見える』,学陽書房,19-39.
村井吉敬・鶴見良行編著(1992)『エビの向こうにアジアが見える』,学陽書房.
中村武久監修(2002)『ハンドブック　海の森・マングローブ』,信山社.
西井凉子(1995)「村の企業化(投機家):プラノーム先生」,『通信』,85: 34-35.
西井凉子(2001)『死をめぐる実践宗教:南タイのムスリム・仏教徒関係へのパースペクティヴ』,世界思想社.
西井凉子(2006a)「序章　社会空間の人類学:マテリアリティ・主体・モダニティ」『社会空間の人類学:マテリアリティ・主体・モダニティ』,世界思想社,1-29.
西井凉子(2006b)「マングローブ林漁村の社会空間:出来事としてのある「姦通殺人事件」を通して」,『社会空間の人類学:マテリアリティ・主体・モダニティ』世界思想社,255-285.
Patmasiriwat, D, M.Bennis. and S.Pednekar. (1999) International Trade, Environmental Issues and the Impact on Sustainability of Shrimp Culture in Thailand, In: P.T.Smith (ed.), *Towards Sustainable Shrimp Culture in Thailand and the Region: Proceedings of a workshop held at Hat Yai, Songkhla, Thailand, 28 October-1 November 1996,* Canberra: Australian Centre for International Agricultural Research, 132-141.
酒向昇(1979)『えび:知識とノウハウ』,水産社.
酒向昇(1985)『海老』,法政大学出版会.
佐藤仁(2002)『稀少資源のポリティクス:タイ農村にみる開発と環境のはざま』,東京大学出版会.
清水展(1990)『出来事の民族誌:フィリピン・ネグリート社会の変化と持続』,九州大学出版会.
Smith, P. T. (ed.) (1999a) *Towards Sustainable Shrimp Culture in Thailand and the Region: Proceedings of a workshop held at Hat Yai, Songkhla, Thailand, 28 October-1 November 1996,* Canberra: Australian Centre for International Agricultural Research.
Smith, P. T. (ed.) (1999b) *Coastal Shrimp Aquaculture in Thailand: Key Issues for Research,* Canberra: Australian Centre for International Agricultural Research.
末廣昭(1993)『タイ:開発と民主主義』(岩波新書),岩波書店.
菅原和孝(2002)『感情の猿=人』,弘文堂.
菅原和孝(2004)『ブッシュマンとして生きる:原野で考えることばと身体』(中公新書),中央公論新社.
高木光太郎(1996)「身構えの回復」,佐々木正人編『想起のフィールド:現在のなかの過去』,新曜社,219-240.

高谷好一（1988）『マングローブに生きる：熱帯多雨林の生態史』（NHK ブックス），日本放送出版協会．

田辺繁治（2002）「再帰的人類学における実践の概念：ブルデューのハビトゥスをめぐり，その彼方へ」，『国立民族学博物館研究報告』，26 (4): 533-573.

田辺繁治・松田素二編（2002）『日常的実践のエスノグラフィ：語り・コミュニティ・アイデンティティ』，世界思想社．

多屋勝雄（2003）「日本のエビの流通と消費」，多屋勝雄編『アジアのエビ養殖と貿易』成山堂書店，143-165．

やまだようこ（2000）『人生を物語る：生成のライフヒストリー』，ミネルヴァ書房．

付表　エビ養殖と土地神のかかわり

グループ			土地神
グループ1	1	村長（仏教徒男性，67）	隣村のT僧に家の土地神（cao thii baan），菓子やお茶．エビの水揚げをするとき，たくさんとれるようにムスリムの土地神にヤギカレー，系譜（chua）がイスラームからきている．
	2	シア（仏男，40）	池を掘るときに土地神はイスラームか仏教か知らない．T僧にやってもらった．鶏，ビンロウジュ，ろうそく．もし水揚げがよかったらヤギカレー．働く人もイスラームで一緒に食べる．
	3	ピット（仏男，61）	イマムを呼んでヤギを殺す．
	4	ラット（仏男，56）	池を掘るときに土地神を拝む．タイ暦6月にヤギカレー．土地神はイスラームか仏教か知らない．昔は毎年拝んでいたけれど，後になると拝まなくなった．
	5	チュ（仏男，50）	拝まない．
	6	ティアン（仏男，47）	ドゥアン10（タイ暦10月の仏教徒の祭り）と中国正月にイスラームの土地神，果物，鶏，お茶，菓子．
グループ2	7	レック（仏男，50）	クラビーで1回イスラームの土地神を拝む．ヤギカレー．あっちはムスリムばかり．
		タート（仏男，44）	
	8	シン（仏男，48）	イスラーム式に拝む．
	9	ミア（ムスリム女性，49）	拝まない．
	10	キム（仏男，46）	僕はあまりできない．線香や花，ビンロウジュ．
		ペン（仏女，47）	イスラームの土地神かどうか知らないが，たくさんとれればヤギカレー．中間の食事（ahaan klaang）だ．仏教徒でもムスリムでも食べることができる．
	11	トム（仏男，45）	ムスリムから土地を借りている．イスラームの土地神なのでムスリムに土地神への儀礼をしてもらった．その人は死んでだいぶになる．
グループ3	12	ラン（ム男，44）	拝まない．
	13	プロム（ム男，46）	池の持ち主がムスリム．損しないよう，儲かるように願掛け．鶏，もち米，うるち米，爆竹を水門でならしてお礼をする．
	14	モー（ム男，49）	稚魚を入れる前に鶏カレーでムスリムの共食儀礼（nuurii），もし水揚げがよければまた共食儀礼をする．
	15	チェム（ム男，65）	イマムがエビ水揚げしたときヤギをイスラーム式に殺して儀礼をしてくれる．よく知ってる人たちだ．ラットはワーコーン（ムスリム）に土地神への儀礼をしてもらった．ビンロウジュ，鶏，もち米など供え，エビの面倒をみるのを助けてくれるよう，慣習（phrapheenii）に従ってやった．ムスリム，仏教徒同じ．ワーコーンがトレー（海の神）のをやってくれる．家をたてるときもやってくれる．仕損じることはできない．気にしない人はどこでもいられる．

11章

ケニア・ルオの生活居住空間（ダラ）
—その形成と象徴的意味の変化—

椎 野 若 菜

●Key Word●
ケニア・ルオ，生活居住空間，慣習的規範
代替性，アイデンティティ

1 ●はじめに

　東アフリカ，ケニア西部に居住するルオ（Luo）人は，ヴィクトリア湖の周辺や，湖に続く川沿いに暮らしている（図1）．人びとは1人の既婚男性を長とする複婚の拡大家族によって「ダラ *dala*（sing.）」とよばれる生活居住空間を築いている．ダラは，家族の成員が暮らす小屋がいくつか集まり，特定の土地を占有するコンパウンド（屋敷地）である[1]．

　ルオの居住地は，小川によって隣村との境界が示されていることが多く，コンパウンドはそうした川をはさんだなだらかな坂の斜面に点在している．ダラの近くには，建材のために植えられたユーカリやブルーガムといった外来種の木々がところどころに連立し，またダラとダラの合間にはトウモロコシやモロコシ，野菜やサツマイモ，キャッサバなどの畑がつくられている．休閑地はグアヴァの藪が茂っているか，放牧のための牧草地となっている．ダラとダラをむすぶのはそうした藪のなかや畑沿いにつくられた細い小道であり，土地の持ち主が畑を耕す所を季節によって変えると，小道も同時に変更される．藪は時に人の背丈ほどもあるので，隣のダラまでの視界が必ずしも開けているわけではない．小道をたどって歩くと，不意にダラの屋敷群に遭遇することがある．川の流れに向かって傾斜するなだらかな丘，その斜面に分散して位置するダラ，そして畑．これが現在のルオの村落の風景を形成する大きな要素である．

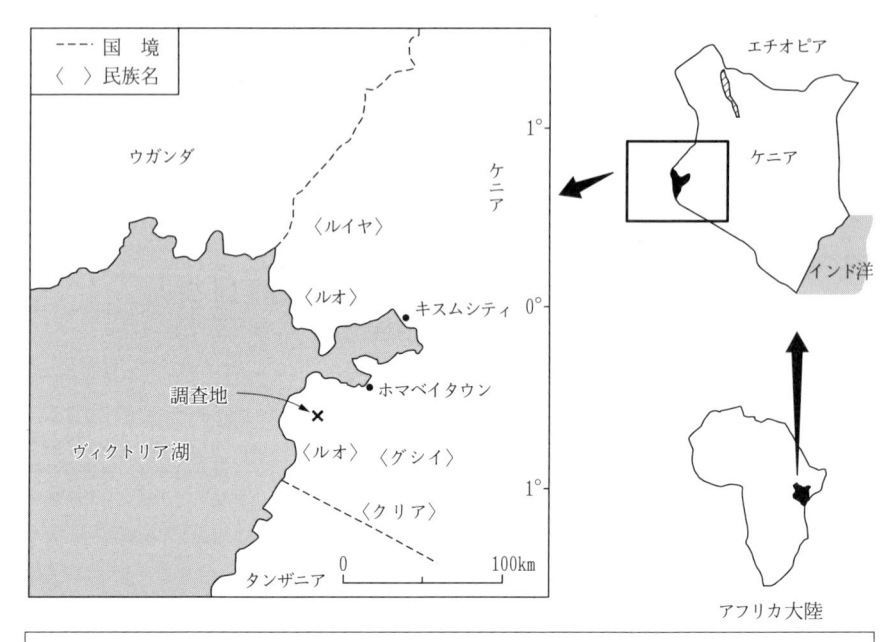

図1 調査地の位置

　ルオ人の主食であるトウモロコシが収穫される12月や1月にルオランドを訪れると，多くの男たちが集い，あちらこちらで新しいダラの建設がおこなわれている光景に出会う．ある男は家屋の骨組みの屋根にのぼり，ほかの男は材木を切ったり壁の骨組みを編んだりする．女たちも働く男たちのために水汲みや料理に励む．彼女たちが炊きだしをする，その焚き火の煙は遠くからもみえるものである．
　ルオ社会では，男性として生まれたならば結婚し，息子をもち，そしてみずからのダラを築いてこそ，一人前と考えられている．いったんダラをもった男性も，その後さまざまな理由で生涯に何度か場所を変えてダラを建てるが，とりわけ男が生まれてはじめて独立したダラを建設する時は，親族の多くが集まり，その建設に加勢する．祝いごとでもあるので，建設現場に居あわせる人びとはみな，楽しげな雰囲気である．
　本章では，ルオ社会に生まれた人間が，死ぬまでかかわる，ダラという生活居住空間をとりあげる．人びとはダラにおいてどのような役割と社会的位置をしめ，どのような思いをもってそれを築き，その意味づけをして生きているのかを，具体的事例から明らかにしていきたい．
　居住空間にはしばしば，男女という性別に基づく父母，夫妻というジェンダー役割，またアフリカ研究ではしばしばシニオリティと言及される長幼の順，婚入順位

などによって，そこに住まう個々人の存在を表象することが多い．これまでのアフリカにおける人間と土地にかんする認識や居住空間の構成についての研究では，さまざまなアフリカン・フォークモデルを探求する象徴的な空間分析方法が試みられてきた．たとえば1987年のシンポジウムをもとに編まれたヤコブソン－ウィディングらの論集のタイトルは『身体と空間：アフリカの世界観と経験のなかにみる統一と分割の象徴モデル』（Jacobson-Widding 1991）とあり，アフリカ諸社会を舞台とした象徴分析の試みがみられる．

　ブルデュによるベルベル人の居住空間の分析（ブルデュ 2001）や，それにおったヘンリアッタ・ムーア（Moore 1986）の居住空間に関する仕事は，ジェンダーと人間のライフサイクルを念頭に，人間が年齢や社会的条件などの時期に応じてつくる生活空間の変遷について分析をした，興味深い研究である．また日本では小馬（1987）や日野（1990）が，象徴論にもとづいた詳細な民族誌データからアフリカの対象社会の空間認識を分析している．最近では西井が日常実践の現場から「社会空間」を抽出する試みをしている（西井・田辺 2006）[2]．

　ルオ社会においても，居住空間の建設には象徴的意味のこだわり，ジェンダーなどに関する多くの規範が備わっている．ダラという生活居住空間を建設する場所と方向，またその空間を構成する内部の居住空間の配置，埋葬地の配置などにさまざまな慣習的規範が定められている．ここでは，ルオの人びとの「ダラ」という生活居住空間について，これを象徴的分析にとどめるのではなく，人びとの独特な倫理的文脈において，あるいは「安全な」，「よりよい」生活の場としての空間を維持するために，どのようにダラを築き秩序立て，そこに意味づけをしているのか，その動態をみていきたい．

　ルオ社会の個人個人は伝統的な「ルオのやり方」をふまえながら，みずからの生活の場をどのように築くのだろうか．まず，その伝統的な建設の方法をおさえる必要がある．聞きとりによってその方法を確認したのち，実際に人びとが居住空間の秩序を維持していくにあたり，ダラ内でおこる出来事をどう解釈し，その出来事にいかに対処し，「よりよく」生きる環境を得るために尽力するのかについて，具体的な事例からみていきたい．人間は，どんなに小さなコミュニティで暮らす時にも，そのメンバー間に多少なりともトラブルや不幸がおこるものである．そうした日常に付随した問題の解決，不幸の解釈の方法と対処，といった実践の積み重ねをみていくことで，ルオ人が生まれてから死ぬまで，土地へ働きかける思考を明らかにすることをめざす．私が村落で観察するかぎり，ダラは村人にとってはたんなる居住空間ではなく，1人ひとりのルオ人自身の身体と心情の拠点ともいえる存在である．そうした空間を築くため，ダラをダラたらしめるため，ルオは多くの規範と制裁を備え，そのはざまで生きていると私はみている．しかし，その「ダラ」のありかたも19世紀末にイギリス人が到来して以来，西欧近代化，そしてグローバル化とい

う大きな流れのなかに否応なくまきこまれ，大きく変わりつつある．さまざまな変化に対応しながら，ルオ人はみずからの生活居住空間をどのように象徴的に意味づけ形成しているのかをさいごに考察したいと思う．

それでは次節から，ルオの居住集団はどのような成員からなっており，その成員はどのように居住空間をつくっているのか，みていこう．

2 ● ルオの社会組織

私が調査対象にしているケニア・ルオの人びとの人口は約265万人で，ケニア共和国のなかでも三番目に大きなエスニックグループである（Kenya Government 1994）．言語系統でいうと，西ナイロート諸語のルオー系に属す．かつては農耕，漁撈，牧畜を営み暮らす人びとであったが，今は既婚男性1人あたり，数頭から数十頭のウシやヤギ，ヒツジなどの家畜を飼う程度で，主食であるトウモロコシをおもに栽培する農耕中心の生活をおくっている．

調査村はヴィクトリア湖畔より20～30km内陸にはいった農牧村であり[3]，ニャンザ州ホマベイ県，ンディワ郡のクワンディク亜郡に位置している．湖畔に比べ降水量もあり，比較的緑も豊かで，主食のトウモロコシを年に2回，耕作することが可能な地域である[4]．

ルオ人の居住する生活空間「ダラ」とは，もう1つの意味をもっている．その居住空間に暮らす人びとで構成される居住集団，の意である．したがってルオの人びとは1人の既婚男性を長とする，「ダラ」とよばれる居住集団が暮らす空間をダラとよぶ，ともいえる．ルオ社会は一夫多妻で夫方居住の父系社会なので，ダラの成員は長である男性，彼の妻たちとその子どもたち，長の息子の妻たちとその子どもたち，と2世代から3世代にわたる．ルオの村落とは，居住集団であるダラの人びとが構成するダラの集合体だといえる．調査村M村では，1人の既婚男性を1世帯とした場合，その世帯数は103で村内のダラ数は81であった（2000年現在）．複婚率をみると，既婚男性1人あたり妻の数は1.5人で，44％の既婚男性が2人以上の妻をもっていた．

ルオ社会の構成は，次のようになっている．居住集団としてのダラが父系の特定の共通の祖先のつながりによって集まり上位集団になるとアニュオラ（*anyuola*）とよばれ，いわゆるリネージになる．ルオの村落は基本的に，このアニュオラ数個からなるリネージ村である．複数のアニュオラが共通の祖先をたどって上位集団になるとドート（*dhoot*）とよばれ，いわゆるクランを形成する[5]．ルオ人の結婚は，この異なる祖先をもつクラン出身の女性が男性のもとに婚入するクラン外婚であり，クランの創始者どうしが兄弟だと伝えられる場合，その集団間の通婚は許されない．

前述に加え，もう1つグエン (*gweng*) という語がある．これはリネージに相当するアニュオラがいくつか集まった一帯をさす，地理的側面に着目したルオ語である．グエン内には必ずしもアニュオラ（リネージ）の成員だけが居住しているわけではなく，他クラン，あるいは別の民族からの移住者 (*jadak*) も少数，存在することがある．移住時期や集団の規模もさまざまであるが，たとえばカニャムワクランに属す私の調査村には，数十年前に何かしらのつてで移住してきたインボ，カガン，カルングという別クランに属す世帯が約1割（十数戸）存在した．

3 ● ルオ人のライフサイクルと「ダラ」の空間構成

　村落地域のルオ人は，両親が居住していたダラで生まれ，乳幼児の頃は両親の家屋で寝食をともにして育つ．やがて十数歳の年頃になると，息子たちはシンバ (*simba*) とよばれる自分自身の小屋を父のダラ内に建て，その小屋で眠るようになる．まだ自分のシンバをもたない10歳前後の男子は，未婚の兄のシンバに寝泊まりするのである．このシンバは青年がガールフレンドを連れこむ場としても用いられるが，やがて妻としてのパートナーを決めて結婚すると，シンバをひき続き婚舎として利用する．そうなると，もう弟たちは兄の婚舎へ眠りにやってくることもなくなる．次に年長の弟が新しいシンバを建て，ほかの幼い弟たちもそこで眠るようになるのである．

　結婚し子どもが2人くらいできると，男性は父のダラから独立しみずからの生活居住空間であるダラを建てることが期待される．自分自身のダラを建ててこそ，一人前の男として認められるようになるからである．したがってまだ父のダラで暮らす男たちは，将来独立して築く自分のダラについて情熱をもって話をし，やがて父のダラから独立し自分のダラを建てると，自分のダラに強い愛着心をもつ．たとえば人びとは，隣接民族であるグシイが独身でも独立コンパウンドを建てること，そしてその独身男性がコンパウンドを建てたあとですら母の家へ食事をとりにいくことを，しばしば「信じがたいこと」としてあざ笑う．自分のダラを築くこととは，ルオ男性にとって，親から独立し一人前になるための必須事項なのである．

　近頃はあまりみられなくなったが，そのダラ成員には長の弟や長の兄弟の息子をふくむ場合もある．こうしたダラ成員である長の弟，兄弟の息子，息子らも年頃になるとおのおのの家屋をもち，やがて結婚する．したがってもっともダラが小規模な場合は長の妻の小屋が1軒，多い場合は各男子成員の妻の家屋をふくめ10軒ほどの家屋が1つのダラ内に林立することになる．

　男性が父のダラから独立してダラを建てる時の位置は，ダラの長となる男性の出生順位や，父をはじめ隣人のダラとの位置関係に大きくかかわる．ダラ内の家屋の

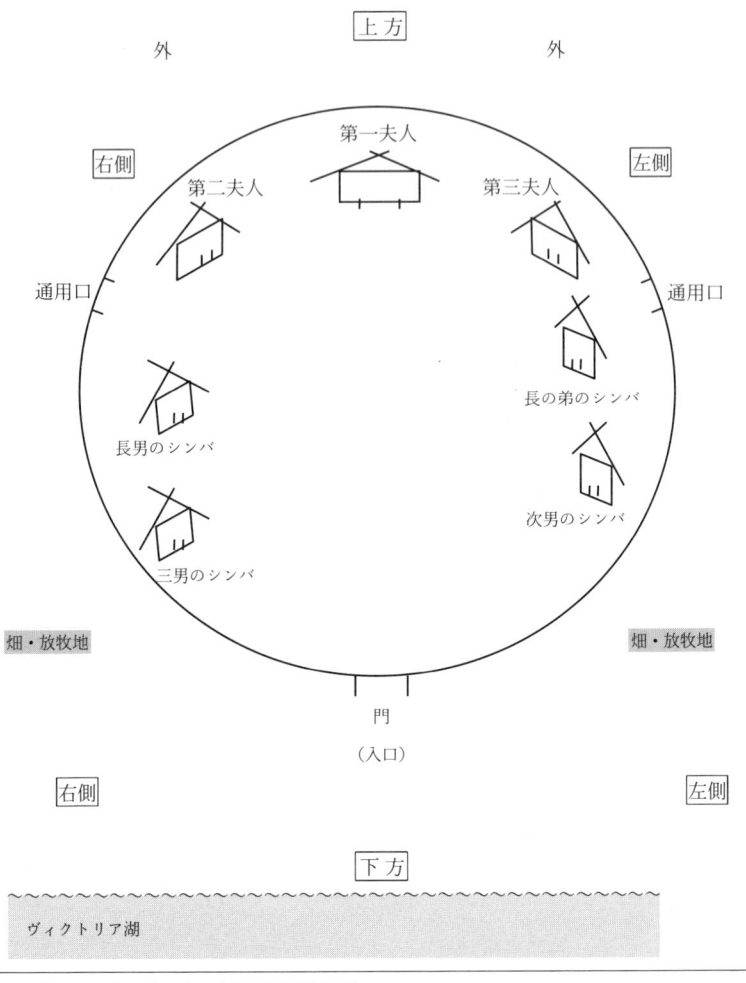

図中ラベル:
- 上方
- 外　外
- 右側　左側
- 第一夫人
- 第二夫人　第三夫人
- 通用口　通用口
- 長の弟のシンバ
- 長男のシンバ
- 次男のシンバ
- 三男のシンバ
- 畑・放牧地　畑・放牧地
- 門（入口）
- 右側　左側
- 下方
- ヴィクトリア湖

図2　エゼキエル氏のダラ内の家屋配置（概念図）

配置も，ダラ成員の社会的属性による空間利用の慣習的規範をもとに構成されている．つまり，ダラ内における男女というジェンダーと，それに付帯した順位にもとづく社会的地位が家屋の配置に表象されているといってよい．

　私が滞在した老年男性エゼキエル氏のダラ内の家屋の配置を示した配置図（図2）を用いて，具体的に説明しよう．

　このエゼキエル氏のダラの場合は，下方にヴィクトリア湖をのぞむ位置に建てられている．トウダイグサやアカシアなどの木で囲まれたダラの門を入ると，正面の

上方には第一夫人の家屋がみえる．第一夫人は，ダラ内で長の次に中心的存在であるため，ダラを訪れたならばはじめに，彼女の家屋に入らねばならない．第一夫人の家屋は，門より中心点を通り上方に 30m ほど引いた直線上に位置する．ダラ内の左右の方向は，つねに第一夫人の戸口に背をむけ門に向かって判断する．右側上方のやや下方には第二夫人の家屋が，左側上方のやや下方には第三夫人の家屋が位置している．もしエゼキエル氏が第四夫人を新たに迎えたならば，彼女の家屋は第二夫人の家屋のやや下方に，第五夫人を迎えたならば彼女の家屋は第三夫人のやや下方に，といった具合で婚入期の順位が偶数の妻の家屋は右側，奇数の妻の家屋は左側に家屋の配置を決めている．どの家屋の入口もダラの中心に向かっており，そのうち第一夫人の家屋はダラの門に面している．こうしてすべての家屋が中心に向いているのはダラの中心部に，かつては長の家屋（アビラ *abila*）があったからと推察される．現在は建てられなくなり，長は妻たちの家屋を泊まり歩く形態だが，死ぬと中心部に長は埋葬されるのである．こうした家屋建設の場所を実際に指定するのは，夫の役割の１つである．

　図２の第三夫人のすぐ下に，長の弟の家屋が配置されている．これは，弟や父方の甥たちがしばしば，長を頼ってダラ内に小屋を建たせてくれるよう求めてくる場合があるからだ．そうした場合，彼らの家屋はかならず左側に建てられる．長の弟は長の妻たちの家屋の下方で左側，兄弟の息子はその時点での息子たちの小屋の下方で左側に建てることになっている．ダラの長が死亡した兄弟の妻を引き継ぐ，社会人類学でレヴィレート的結合と称されてきたテール関係（*ter*）を結んだ場合[6]，近年ではほとんどみられなくなったが，夫を亡くし寡婦になった女性を引き継ぎ自分のダラに住まわせることがある．この場合も寡婦の位置は左側である[7]．左というのは，ダラ内の順位においては，劣位にある者が位置づけられるように観察される．

　次に息子たちの家屋をみてみよう．ルオ社会の男子は 14, 15歳という年頃になると，父にシンバを建てる場所を指定される．それは出生順位によっており，第一夫人の家屋を基点に，ダラの門の方向を見て右側から長男，左側に次男，三男はまた右側，というように母たちの家屋よりもさらに下方の門に近いところに交互に配置があてがわれていく．もし四男がシンバを建てようとした場合，彼の家屋の配置は門に近い次男の家屋の下方である．

　一方，女性は，結婚してはじめて夫が家屋を建ててくれ，自分自身の家屋をもつことができる．厳密にいうと，夫が父親のダラから独立して自分自身のダラを築いた時に，妻のための家屋が建てられるのである．そうしてはじめて，妻としての場を得る．したがって結婚してみずからの家屋を得るまでの女性の寝る場所は次のように変わる．幼少期は実母の家屋で，また少女になると未婚の兄のシンバでほかの兄弟姉妹たちと眠り，結婚する年ごろになると祖母の家屋で眠るようになり，やがて夫のもとに嫁ぐ．ルオの女性は結婚し子どもをもち，夫がダラを建てることで自

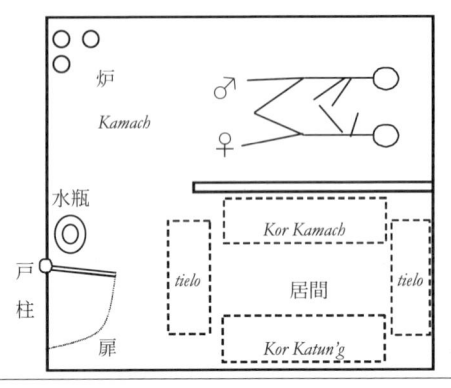

図3 ルオの家屋の見取り図

分自身の家屋を建ててもらい，その空間内の管理をおこなってこそ，一人前となるのである．

ルオの家屋は伝統的に，木の柱と，木の枝，植物の茎（紐）などをもちいて枠組みをつくり，そこに牛糞と土を練り混ぜてつくった土を埋めこんで壁をつくり，屋根には川辺で刈ってきて乾燥させた草を葺く．かつては円形の家屋が主流であったが，1950年代ごろから方形が流行りだし，現在ではほとんどが方形の家屋である[8]．建設に適した原生樹は今やすっかり姿を消し，ユーカリやブルーガム，サイザルといった外来種の木材しか使われなくなっている．近年は，雨水を採取しやすく，屋根の葺き替えが不必要なトタンを使った屋根をもつことが，さらには床の掃除がしやすいセメントの床にすることが，村人の憧れになっている．しかしトタンやセメントを買うことは，農耕に頼る家計ではたやすいことではなく，村内ではトタン屋根の家屋は全体の3割ほどで，セメントの床をもった家屋はそれにも満たない．トタン屋根をもつ家屋はスワヒリ語でトタンを意味する「マバティ」とよばれ，トタンとセメントの床をもつ家屋は「セミ・パーマネント」とよばれる．壁もセメントや日干し煉瓦でつくられた家屋は，「パーマネント」とよばれている．

このように建材に変化はみられるものの，家屋内の間取りは大きくは変わっていないようだ．現在の典型的な方形家屋内の広さは奥行き，幅がそれぞれ3mから大きなもので5mくらいである．家屋内はさらに寝室と居間を仕切る1つの仕切壁がつくられている．戸は1つであり，戸を開けて家屋にはいったところが居間であり，椅子や机，角には水瓶がある．その左手に寝室と炉があるように設計されている（図3）．

居間の炉と寝室側は火の場所の意であるカマッチ（*kamach*）とよばれ，その家の主が座る場所である．その対面はカトゥン（*katun'g*）とよばれ，よそからの訪問者や姻

族が座る．その中間に位置するティエロ（tielo）とよばれる場所はその家主の息子や近しい親族が座るものとされる．なお寝室のあるカマッチには，年頃の息子や娘は入ることはできない．

　ダラの立地条件について，ルオ人はまず，「上方」と「下方」に言及する．前述のように，ルオはなだらかな丘になっている地域に居住していることが多いので，水場の川や湖が下方であり，内陸や丘の方向は上方とみなされる．そして，ダラ内においては左右どちらに位置するかが，さらに重要となる．ダラ内におけるこうした家屋の配置，家屋内の使用空間などに関してはさまざまな慣習的規範があり，さらに属性によって，異なる埋葬場所に関する規定もこまかく定められているのである[9]．

　これらに加え，彼らがダラという生活居住空間におけるふるまいや，さらにこのダラ建設の際におもに意識するのは，順位に関する「ドゥオン duong'」という考え方による．これは，おもに婚入順位，出生順位にしたがい物事をおこなうよう規定されるものである．また彼らは性別やダラの長との系譜的関係など，それぞれのダラ成員の属性に応じた方角・位置にも気を使うのである．

　具体的には，①父のダラとの位置関係，②家屋を建てる斜面の上方か川に近い下方か，③門から下方をみた時左手に相当するか，右手か，そして④門の向きがとくに考慮される．それでは，建設の方法について次節からみていこう．

4 ●伝統的なダラ建設（goyo dala）の方法

4-1　建設に際し準備するもの

　ダラを建てるにあたって準備するものを長老に聞くと，息子がはじめて父のダラから独立する場合，伝統的にはいくつかの品々を新しく自分でそろえることになっていた，という．それは①ルオの三脚椅子（kom nya luo），②槍（tong'），③研ぎ石（rapogi あるいは seru），④斧（le），⑤火種（mach），⑥臼（panya），⑦オンドリ（thuon gweno），⑧ウシの糞（wuoyo），⑨4種類の特別な植物，である．近年はこのうちの多くが省略されるようになってきているものの，少なくとも②，⑤，⑦は必須のものとして準備される．これらは新しいダラ建設の当日，その日まで暮らしていた父のダラから抱えていくことになっており，おのおのには次のようにこめられた意味や用途がある．

①ルオの三脚の椅子（kom nyaluo）

　　男のための椅子で，この場合はダラの長のための椅子．家主が座る，「火の側」の意のカマッチとよばれる居間の寝室側におく．

②槍（*tong'*）

　　防衛と葬送などの儀礼時に使用するため，ドア側の家の中の角においておく．

③研ぎ石（*rapogi*）と④斧（*le*）

　　ダラを建設したあと，はじめての男子誕生の時に使う．研ぎ石の上に斧をおき，その上で赤ん坊に初湯を浴びさせる．そうすれば，石はとても滑りやすいので呪術がかけられることを避けてくれ，かつ斧のように強い男の子になると考えられている．また，実際に斧はダラを美しく保つために低木を切るため，研ぎ石は斧を鋭くするのに使うものである．斧は，家屋や穀物倉などの建築物の建材づくりのためだけでなく，薪を切ったり，畑を開墾したりする際に木株を切るなど，ダラを基盤にした日常生活における必需品である．

⑤火種（*mach*）

　　この火種は父のダラ内の，実母（実母がいなければ僚母，できれば父の第一夫人）の炉からのものでなければならない．火をおこすのは野生動物を追い払うための火（*madala*）であり，新しいダラのための火（*mach mar marigara*）である．「藪にいる悪霊（*jachieng*）が新しいダラを建てる人に迷惑をかけないよう，追い払うためだ」という人もいる．また火からでる煙は，村の人びとにダラ建設を知らせる役割もはたし，人びとの協力を請うのに役立つ．

⑥臼（*panya*）

　　主食の練り粥（スワヒリ語でウガリ ugari，ルオ語でクオン *kuon*）をつくるためにシコクビエやトウモロコシを突いて粉にする木製の臼．近年は発電機で動かす製粉機が村に1台，またマーケットのたつセンターにあり，臼の使用度が低くなってきているが，一昔前は毎日使われる重要な生活必需品であった．

⑦オンドリ（*thuon gweno*）

　　オンドリには a) 時刻を知らせてくれる，b) 儀礼に使う，という用途のほか，c) 勇敢な動物であるのでダラの長もそのように強くあるべき，という願いがこめられている．

⑧ウシの糞（*wuoyo*）

　　ウシ，ヤギ，鶏などの家畜が新しく建てるダラにいつも豊かに居る状態であるように，という願いによる．

⑨特別な植物

　　特別な植物とは，儀礼的に用いられる a) *okwero*，b) *pou*，c) *modhouno*，d) *otangre* とよばれるものである．

　　ダラの建立者は a), b), c), d) の四種の植物それぞれに託された効果を願いながら小さな籠の中に入れ，ダラの中央に位置する場所に立てられた支柱にくくりつける．

　　それぞれにこめられた願いとは，次のようである．

a) *okwero/okworo*：別名 *kurgweno* ともいい，学名は *Clerodendrum myricoides*（*Verbenaceae*）．クマツヅラ科の植物．*okwero* の '*kwero*' は 'say no' という意味である．呪術をかけるなど悪いおこないを拒否するように，と願いがこめられている．慣習的規範を破った場合にその制裁としてしばしば病の形態でもたらされる，チラとよばれる不幸を治療するため，この葉をつけた水は水浴び用に用いられる（Kokwaro and Timoty 1998:47）．

b) *pou/powo*：学名は *Grewia trichocarpa*（*Tiliaceae*）．シナノキ科の植物．葉の表面がつるつるしてすべりやすい植物なので，ダラ内で呪術をおこなわれぬよう，ダラ内がすべすべであるように，という願いがこめられる．

c) *modhno*：学名 *Cynodon dactylon*（*Gramineae*）．イネ科の植物．芝の一種で地にはうように速く繁殖する植物．よい収穫が得られるよう，ダラや家族が発展し拡張するよう，子どもがよく育ち，またその子どもたちもダラがもてるよう，といった願いがこめられる．

d) *otangre/anjago*：学名 *Lagenaria sphaerica*（*Cucurbitaceae*）．ウリ科の植物．カボチャのような植物で，小さな実をつける．それは容器として用いられる（Kokwaro and Timoty 1998）．呪術をかけられないように，という願いがこめられるという．

4-2　ダラ建設の手順

独立するためのダラ建設は当日，次のような順序でなされる．

夜明け前に新たな長になる男はみずからが先頭たち，おって妻，長男（あるいは長女），長の父，父の兄弟，といった重要人物とともに父のダラをでる．

新しい長は，先にあげたダラを建てるために必要なものを息子とともに担いでゆく．①〜③，⑤はダラを建てる長となる男が，④，⑦はその男の長男がもっていく．もし長男がまだ幼くてそれらをもてない時は，手にもたせて支えてやる．妻は料理道具，寝具などを運ぶ．

一同がダラ建設地に到着すると，まずはじめに家屋の正面になるところに，抱えてきた⑤の火を用いて火をおこす．

そののち家屋のドアをつけるところに2つの穴をあけ，それぞれに柱を立てる作業がはじめられる．その穴はダラの長になる男が掘り，柱を建てることになっている．続いて手伝いの男たちが作業をはじめ，家屋の柱，壁，屋根の骨組みを木材を組みあわせて建てていく．骨組みができると屋根葺きやドアのとりつけをおこなう．残る土壁，床づくりの作業は女性たちの仕事である．

早朝より数十人の人手で建築作業をおこなえば，一軒の伝統的方形家屋はほぼその日の夕方には完成する．援助に来てくれた人びとには，新しいダラの長の妻をは

じめ，長の兄弟の妻たちが食事をふるまうことになっている．遠くからも料理の火からでる煙はみえるので，この火もまた，新しいいダラにもちこまれた火種と同様に，それを頼りにやってくる人も作業を手伝うことになるという．こうした作業は村内で互助的におこなわれるのである．

5 ●ダラ建設の実践

5-1　はじめての独立ダラ建設

　それでは現在，人びとは実際にどのような機会に，どのようにダラを築いているのかをみてみよう．なかでも，男性が父のダラから独立してはじめてのダラを築くさまをみてみたい．

　村にある家屋は土壁，土の床，そして屋根は草葺きの方型のものが主流である．年々，屋根にトタンを張る人は増えてはきている．とり壊しが困難で，高価なセメントを用いて壁や床をつくり建設した，人びとが「パーマネント」とよぶ家屋は，私の住んだ村内には二軒あった．そのうちの一軒は土地を買ってダラだけを建てて，本人は町で働き村では暮らしたことのないよそ者の所有物である（2000年当時）．したがって村内の99％の家屋がとり壊しの容易な牛糞と土を混ぜてつくった土壁の家屋であった．

　ここでとりあげるジュリアスは，1961年生まれの，現在は公立小学校の校長を勤めている男性である．彼は長い間，少年時代に父のダラ内に建てた伝統的な造りの方形の小屋に暮らしていた．だが，新たな自分の家を建てるにあたって，自分の設計した間取りのパーマネントタイプの家屋にしたいという夢をもっていた．彼によると，まずは土壁にトタン屋根の家屋を建て，のちに資金が集まれば土壁を日干し煉瓦の壁におき換える計画だという．ダラを建てる前から彼は長年にわたり，自分の家の夢を思い描き，ほかの地域に行くことがあると，最近の家屋の流行りや合理的な設計を参考にしてメモしてきた．そして，自分の家の設計図をつくったのだった．村内のほとんどの家は単純な方形であるので，ジュリアスのような複雑な設計の家を建てる人は，村でも2人目だった．

（事例1）パーマネントタイプのダラ
　トウモロコシの収穫の終わった12月初旬に，ジュリアスのはじめてのダラ建設の日は定められた．畑の耕作から播種，収穫と農暦の周期も区切りがつき，作業をしてくれる人びとをもてなす収穫物もそろった時期だからである．また，当日には重要な家族成員が集わねばならないので，村内に暮らす父と母，実兄や弟をはじ

写真1　父のダラから独立しダラ建設をおこなう朝の家族

ナイロビで働いている実の弟もすでによび寄せていた．

　建設当日の朝は，6時ごろから準備がはじまった．実際に作業をはじめる前にまず，今回ダラを新しく建てるジュリアスと父のオムシが建設場所を最終的に決定しにいった．

　ジュリアスは父のダラの右側にシンバを建てたので，独立ダラも父のダラからみて右側の，そして下方に位置しなければならない．さらに父オムシは，ジュリアスのダラの門は自分の門から川の下方の方向に向かって線を引いた場合，その同一線上ではなく，多少ずらさねばならないといった．また，以前にダラが築かれていた場所には建てないほうがよい，といった．

　午前7時半になり，ジュリアスの長男フレッドが長刀をもって先頭にたち，次にジュリアスが火をおこすためのマッチ，乾いた草，薪，オンドリを抱えて続き，その次に妻のリネット，父オムシ，兄サカ，母，弟，と続いて父オムシのダラを出発し新しいダラを建設する地点へと列をなして下っていった．

　父のダラから50mほど下った目的地につくと，ジュリアスはまず小さな枝にオンドリをむすびつけた．そしてその横に火をおこした．その時，父オムシはいった．「こうやって一度火をおこしたら，もう父のダラには戻れないのだよ」と．この火は新しいダラのための火という．なんのための火か，とジュリアスに聞くと「新し

写真2　建設をはじめるまえに儀礼的に火をつける

いダラを建てる人に迷惑をかけないよう，藪にいる悪霊を追い払うためだ」といった．

　火をつけたあと，ジュリアスたちは建築材 ―― 柱になる太い木材，細い木材，壁をつくる細い木材，サイザルの縄 ―― 等の運搬をはじめた．

　並行してトタン屋根をつけるためによんだ大工が，メジャーを使って地面の寸法を測り，小さな木の枝の杭で印をつけはじめた．ダラの長がはじめに掘るべきとされる，小屋の戸の蝶番になる柱穴をジュリアスが掘り，追って手伝いに来た若者たちが少しずつやってきては作業に加わり，柱穴を掘りだした．作業に集まったのはジュリアスが系譜上のつながりで「兄弟」とよぶ間柄の男性たち（類別的兄弟）や友人たち，20人だった．こうした作業をすべて，ジュリアスの実父や類別的「父」たちはみな，集ってすわりながら見守っていた．ジュリアスが類別的に「母」とよぶ年老いた女性たちもまた，少し離れた木陰に集って作業の進行を見守っていた．

　男たちが家屋建築の作業をしている間，新しくダラの長になるジュリアスの妻リネットと彼の兄の妻たちは新しくダラとなる敷地内で炉をつくり，料理をし，働く男たちをもてなした．建築作業は夕暮れ時まで続けられた．男性による家屋の枠組みと家屋内の壁の枠組みづくりが終わり，残った作業は大工によるトタン屋根のとりつけと，女性の仕事である壁づくりだった．壁は，土と牛糞を混ぜたものを木の

写真3　家屋の骨組みを男性がつくる

写真4　新たに竈づくりをする女性たち

写真5　もてなしの料理をつくる僚妻たち

枠組みに埋めてつくるものである．埋めては乾かす，という作業を数回繰り返し，そのあと細かな土で表面をなめらかにし，仕あげをおこなう．家屋が完成するまで，ジュリアス一家は新しいダラ内に建てた臨時小屋で寝泊りをすることになった．

　以上が，2000年現在で観察されたダラ建設の様子である．建てられた家屋の設計が現代風になり，またダラ建設にあたって携える品々に関して簡略化はされているものの，ダラ建設は村内における特別な儀礼的行事として認識されており，建設当日までの建材や食材，人材の準備，また当日の朝も，ある緊張感をもってむかえられることが観察された．

　長になる男の父，そして兄は必ず証人として立ち会わねばならない．さもなければ，ダラを建てたあとも，その人たちはダラに入ることができないといわれている．順位が上位の人の立会いのもとで築かれないダラは，独立した生活世界とはみなされないのである．したがって，ジュリアスの場合もナイロビにいる兄弟をこの建築の日のためによび寄せたのであった．さらに建築作業に必要な人材がどれだけ集まるかどうかは，村内での一男性としての人徳の表れでもある．

5-2 ダラ建設にともなう儀礼的機会

ダラを建設したあと，伝統的におこなわねばならないとされている儀礼的事柄がいくつかある．代表的なものは，次のとおりである．

1) ダラ建設のための特別な性交 (*tieko kwer dala*)

ダラ建設をはじめた初夜，そのダラの長である夫は，新しく建てた小屋で，新しいダラのための特別な性交を第一夫人とおこなわねばならない．これをおこなわねば，ダラの長であると認められないという．したがって，建設作業でどんなに疲れていても，また家屋が未完成で雨風が吹いていたとしても，必ずおこなう．

建築にかかわる特別な性交については，ほかにもいくつか存在する．前述の，ダラに入る門やダラを囲むフェンスづくりの開始と完成時に，第一夫人と性交しなければならないことに加え，穀物庫を新たにつくった時におこなわねばならない特別な性交もある．ルオの穀物庫は本体がパピルスで編まれた縦長の大きな籠になっており，その屋根は家屋と同様の萱である．今日ではこの穀物庫のための特別な性交はあまり気にされなくなったが，穀物庫の屋根部分をつける前の晩に，その持ち主になる妻と夫は特別な性交をおこない，その次の日に穀物庫の屋根をとりつけることになっていた．

2) ダラ転居のための共食 (*chiemo ligala*)

ダラの建設が完了し数週間から数か月経ったのち，父，母，僚母，父の兄弟，その妻たちたちなど，建設にかかわってくれた人びとを招待して宴を催す．この宴をチェモ・リガラという．その日はダラ建設の日に抱えてきたオンドリのみを屠り，みなで食べる．またその日のために醸造しておいたビール，最近ではチャイ (ミルク紅茶) も人びとにふるまわれる．これを催すまでは，それまでにどのような客がきても，ダラ建設時に携えてきたオンドリをさばいてはならず，父親はこの宴に招待されるまで，息子のダラには入ることができない．

3) ダラ外での外泊 (*nindo oko ni dala*)

ダラを建てたあとしばらくすると，ダラを建てた長は母方オジ (*nera*) を訪ね，オンドリをもらって帰り，それを屠って食す．これは独立ダラを建てたのちはじめてダラの長が外泊しておこなう行事で，ニンド・オコ・ニ・ダラという．訪ねるオジは実母よりも年長でなければならない．またダラの長に兄弟がたくさんいる場合，兄弟のそれぞれが独立のダラをはじめて建てる際には別々のオジのところに行く．1人のオジは多くの甥にオンドリを与えることはできないという．

オジのところで泊まって帰ってきたダラの長は，その晩に第一夫人と性交しなければならない (「第一夫人との"決まり"を終える」(*tieko kwer gi dako maduong*))．こうして，長である夫がダラを建ててからはじめての外泊をすると，続いて妻が実家に帰り外泊する．それ以降，ダラの成員が外泊した際にもダラの出入りをすることが自由に

なる.

　ルオ社会では，儀礼的にオンドリを使う機会はしばしばあり，ほかに主な機会としては葬礼，結婚の際などにみられる．しかしダラ建設のように何度も起こりうる儀礼的機会の場合，二回目以降のダラ建設ではメンドリを携えていくか，あるいはなにも携えない．同じ目的の儀礼的機会に二度もオンドリを使ってはならないという．前述したダラ建設に必要な品目のうちルオの三脚の椅子，斧などは一度使ったものでよく，とくに新しく用意をする必要はない．しかし，新しいダラのための特別な性交は建設したその晩におこなわねばならない．そうしなければ，そのダラの長とみなされないからである．また建設をしはじめたなら，新しいダラが完成するまで，前のダラに戻らないほうがよいという．

　ジュリアスの父のオムシは，彼がダラを建てて以来，1年以上，新しい家に訪ねて来なかった．というのも，ジュリアスが2)の，ダラ建設の時に父のダラからもってきたオンドリを屠って共に食べる行事（*chiemo ligala*）を早く終えなかったため，父オムシは訪ねられなかったという．この行事はダラを建ててから数か月後におこなうことが多いのに，1年以上たってからおこなわれた．そこでオンドリが大きくなりすぎている，と父オムシに怒られたという．

6 ●ダラ建設をめぐる環境条件と契機

6-1　門の位置

　新しくダラを築く際に人びとがもっとも気を使うのは，門（*rangach*）の位置である．ダラ建設の日が決まったら，独立ダラを立てる息子は当日までに父と相談し，建設する場所の見当をつけておく．新たなダラを建てる際に考慮するべき重要な条件とは，ダラの門の方向である．ダラの門は斜面の下方に向かっていなければならず，また父と息子のダラの門は決して対面してはならない，と人びとは強調していう．その理由の1つは，オウラ（*oula*）のためだという．オウラとは，雨が降った時に雨水が集まり，小さな小川のようになって門をとおって下方へ流れていく水のことである．父のダラから息子のダラへ流れてくるオウラは祝福（*gwedho*）を与えると考えられている．これは息子が父に反抗して悪態をつく行為（*kuong'*）と対置して考えられており，祝福は父から息子に与えられるものである．したがって父のダラから独立する時は，息子は父のダラの上方に建設してはならず，必ずその下方に建てる．雨が降った時に息子のダラ内での汚物を集めた水が，父のダラに流れこんでしまうと考えられるからだ．父のダラからの水は祝福であっても，その逆はあってはなら

ないと考えられている．

くわえて，もし慣習上「まちがった」側に家屋を建てると，それは門を横切る（*kodho rangach*）行為であると表現され，それはよくないことであり，不幸が生じる原因とみなされているのである．

以上のような，家屋や門の配置に関する規範を破った場合，当事者やダラ内の成員は不幸にみまわれると強く信じられている．したがって人びとは，門の位置にはとりわけ神経を使っている．世帯調査の項目にこの質問を入れていたところ，ほとんどの人がダラ建設の際に気をつけることとして「門の向き（位置）」に言及した．

6-2　ダラ建設の動機

　ダラの建設，とくに父のダラから息子が独立する時期は，ある特定の年齢と定まっているわけではない．ルオ社会には年齢階梯がないので階梯で決まるわけでもないし，だからといって漠然と「年頃になったから」という漠然とした理由だけで決められるわけでもない．また，新たな場所にダラを建設し移動する場合，マラリア蚊が多い，水はけが悪い，といった生態的環境の条件が要因となるほか，さまざまなルオの慣習的規範に関連した理由が，その契機となる場合が多い．たとえば規範の違反がもたらす不幸が重なり，それらを回避するために移動・独立することもある．しかしきちんとダラを建設するまでに，場合によっていくつかのプロセスを経なければならないことが多い．ここでは，その理由の多様性とその対処の経験を，聞きとりによる事例からみてみたい．

（事例2）不幸や病気を逃れるためのダラ建設

　さきにダラ建設の様子を紹介したジュリアスの場合，彼の独立の大きなきっかけとなったのは，子どもを数人もった成人男性になったから，という社会的条件を彼が満たすようになったからである．しかしそれだけではない．次のような決定的な事件が，独立してダラを築く直接的な契機になったのだった．

　ジュリアスの息子，ダディは健康的な太った赤ん坊だった．しかしこのところ病気で痩せてきてしまった．ダディが病気になったのは，ジュリアスが今暮らしている父のダラ内で起こっているなにか悪いことが原因だろう，だから自分のダラをはやく建てたいと彼はいった．父と同じダラで結婚生活をしている場合，ダラ内でなにがおきているのか，ダラ成員がどのように行動しているのかを常にチェックしておかなければならない．というのも，1つのダラ内にいくつもの結婚カップルがいると，両親，兄夫婦などドゥオン（順序）にしたがいおこなうべき事柄が多くなるからである．もし注意しなければ自分の知らないうちにダラ成員の誰かがドゥオンなどの慣習的規範を犯し，そのために不幸が生じ，不幸は病という形でか弱い子ど

もに影響し,その子が死んでしまうかもしれないのだ,とジュリアスはいった.

妻のリネットは,赤ん坊のダディをクリニックに連れていっても治らないので,今度は施薬師(*nyamrerwa*)[10]のところに連れていき,診てもらった.そこで施薬師からの質問に応じて最近の出来事に関して答えるうち,赤ん坊の病因が指摘された.リネットがすでに亡くなった義母の家屋の壁を塗ったせいにちがいない,というのだった.彼女は義父に頼まれて,夫ジュリアスの実母の朽ちかけた家屋の壁塗りをしたのだった.前述のように,壁づくりは家屋建築のなかでも女性の仕事である.それは,男たちによって木の骨組みがなされたところに,女性が牛糞を混ぜた土を上のせし,壁ぬりをしていく作業である.この作業は慣習的な規範として,家主が死亡している義母の家屋の場合,その義理の娘に相当するジュリアスの妻がおこなってはならない作業だった.女性は結婚してはじめて夫に自分自身の家屋を建ててもらうのであり,その自分の家屋に関する壁づくり,床づくりといった「女の仕事」を,自分以外の,ましてや緊張関係にある義理の娘にやってもらってはならないのである.

施薬師によると,「娘」に相当するリネットが作業をしてしまったという違反が,ジュリアスの父のダラに不幸をもたらし,彼の乳飲み子に病となって現れていたのだという.

こうした指摘をうけ,ジュリアスはさっそく自分のダラ建設の準備をはじめた.父のダラで生じた不幸をとりはらい,新たな自分のダラでの生活をはじめることにしたのだった.

この事例は,赤ん坊の病が治らないという不幸が生じたことから,その原因追求と,不幸から脱するためにダラを移動したという典型的なケースである.「チラ *chira*」とよばれる不幸は,同一ダラ内に暮らす既婚の息子夫婦と,両親の間に定められた慣習的規範を破ってしまった時に生じることが多い.さらにこのエピソードからは,子どもに不幸をもたらしたダラを去り,独立して新たなダラを築くことで不幸からも逃れ,新たな生活世界を築くことができるという考え方をみることができる.つまり,新しい空間への移動は不幸(チラ)への決別を可能にすると,ルオ人は考えているのである.

7 ●ダラ内の秩序

さきに述べたように,家屋の配置や独立する際のダラの建設位置は,それぞれの小屋の家主のもつ出生順位や婚入順位などの社会的属性によっている.そしてダラのなかでは,長に続き第一夫人が特徴的な役割を担っている.というのも,第一夫

人は第二，第三夫人など他の妻にとっては「母のようである」としばしばルオ人が語ることに表われている．第一夫人は他の妻たちに対し指示を出し，息子たちが小さければ長に続きダラ内の事柄を決定する．ダラを訪問した際にまず第一夫人の家屋に入らねばならないという決まりも，彼女のダラ内での重要性を反映していると考えられる．

そしてそのダラ内は先述のように，とりわけドゥオンという順位に関する考え方によって秩序づけられている．くわえて生活の場としてのダラは，「○○しなければならない」，といったチック（chik）という慣習的規範，「○○してはならない」，といったクエル（kwer）とよばれる禁止事項があり，こうした規範を破ることで生じるチラという不幸に関する信念によって秩序を保持しつつ，その成員たちによって編成され運営されている．

たびたび言及してきたドゥオンという順位に従いおこなわねばならない代表的な行為をあげると，①特別な性交（耕作，播種，雑草とり，収穫，といった農耕作業を，おのおののシーズンにはじめる前におこなうべき性交，息子の結婚の際におこなうべき性交，近親の死のためにおこなうべき性交，ダラを建てた初夜におこなうべき性交，門や塀を築く際におこなうべき性交），②父のダラから独立ダラの建設，③婚出・結婚，などである．以上のような規範の存在の裏側には，不幸の存在がひかえている場合が多い．順位に関するドゥオン，そしてチック，クエルという慣習的な規範を守り成員のふるまいや行動を秩序づけねば，平穏であるはずのダラ内に不幸が訪れてしまうと考えられている．とくにダラの長は，こうしたダラ内における規範や禁止事項をつねに気にかけ，違反がなくダラがうまく運営されるように秩序を保つべく心がけているのである．一方，違反をしてしまった場合，その対処策などを懸命に探る．このような，ダラという最小の居住集団内の秩序を保てればこそ，村落の秩序も保たれるのである．それゆえ，このダラという小世界はルオ社会の縮図，ともいえる．

このように，ダラ内はジェンダーと出生や婚入の順位によって個人が居るべき場所や行動する場が位置づけられている．そしてそのダラ内は，慣習的な規範と制裁によって秩序づけられ，ある意味で，完結したルオの生活世界を構成しているのだといえる．

それでは，こうしたダラにまつわる出生や婚入の順位についての規範とその違反とは，どのように現れ，問題となるのだろうか．また具体的事例からおってみていきたい．独立したダラを築く大きな契機となったチラという不幸の原因が，より複雑な背景にある場合である．

(事例3) 重なる過ちとダラ建設による解決

オディンゴは1961年生まれの男性で，ごくふつうに農業を営む合間に，頼まれ

たらどこへでもスピーカーとカーバッテリーを携えて野外ディスコをおこなう商売をしている．彼の父は6人の妻をもっていたが1974年に死亡．それ以前に死亡した妻もいたが，夫に続いて79年に第三夫人，86年に第二夫人が死亡した．数年後，残ったオディンゴの母である第四夫人とその息子のオディンゴたちは新たなダラを建てることにした．

父の死と新たなダラの必要性

　1974年に父が死んだあと，その当時残された父の妻たち（第二夫人，第三夫人，第四夫人）は，ルオの慣習によってそれぞれ別の代理夫とレヴィレート的関係を結んだ．やがてオディンゴの母ははじめの代理夫と別れたのち，ほかの妻たちのダラと離れた肥沃な亡夫の土地に新しいダラを建てたい，といいだした．

　寡婦が新たにダラを建てようとする場合，そのダラの長としての「夫」の存在が必要である．女性は1人で家屋やダラを建てることができないのである．オディンゴの母の独立したダラを建てる際に「夫」の役をするためにきたのは，まえに別れた代理夫だった．彼は早朝にダラにやってきて先頭に立ち，おって母，息子たち（長男オグタ，次男オディンゴ，三男オグウェラ）とその妻たち（第一，第二夫人）はダラを建てるところへ向かった．オンドリは元代理夫が抱え，ほかの槍，斧，臼などは長男をはじめ息子たちが担いだ．

　まず建設地に着いて，家を建てる場所の前方に火をつくり，オンドリをしばりつけ，祈り，地面の寸法を測り，家を建てはじめた．はじめの作業はドアの右側の穴を掘ることで，次の穴を掘り，柱をいれる．これらはダラの長がおこなうものであるが，この場合は元代理夫がおこなった．

　夕方になって，母屋は屋根，壁がまだ完成しなかったがほぼできた．母の元代理夫であった男はそのまま，晩になるまえに自分のダラに戻った．しかし，新しい母のダラ内に建てるべき長男のオグタの家屋はまだできなかった．オディンゴも小屋をつくれず，もとのダラの自分のシンバに戻って眠った．それを1週間続けた．三男のオグウェラは当時，まだシンバも建てていない未婚の青年だった．

　ルオの慣習一般に，長男オグダのような，既婚であるが親のダラに暮らす息子は，親が新しいダラを建てる時にはそのダラのなかに新たに，婚舎であるシンバを建てることになっている．すぐに建てることが困難な場合は臨時小屋を建て，しばらくの期間をしのがなければならない．しかし彼の場合，臨時小屋を建てることなく，しかも母の新しい家屋で妻と夜を明かしてしまったのだった．やがてオグダは病気になり死んでしまった．1992年のことだった．さらにオグダの死後，彼の妻の代理夫になった男はまだダラをもたずシンバ住まいの怠け者だった．慣習的規範では，代理夫は寡婦のために新しい家屋を建てるべきところ，キバガ（*kibaga*）とよばれる夫が死んだ家屋を使い続けたのだった．

重なる死の理由

　長男オグダの死，それにひき続き病が絶えないのでそれを恐れたオディンゴは，呪術師のところに相談に行った．すると呪術師は，父の死後に新たに建てた彼の母のダラでは重なった慣習的規範の違反がなされていると，次のようにあげていったという．

　①長男オグダによる違反行為：ダラ建設の当日，臨時小屋を建てず母の家屋で妻と眠った．

　②母の代理夫による違反行為：ダラ建設をはじめたその夜に，新しいダラのためにそのダラの持ち主がおこなわねばならない特別な性交を，代理夫と母はおこなわなかった．

　③長男オグダの寡婦の代理夫による違反行為：彼は，亡夫のあとに建てるべき新しい家屋を建てなかった．

　このような，ルオの慣習に反した重なる過ちが，オディンゴの母のダラにチラ（不幸）をもたらしているのだという．呪術師によれば，そうした不幸を避けたいのであれば，オディンゴはそのダラからでて自分のダラをもつべきだ，といった．しかしそのダラには寡婦となった長男オグダの妻がいた．順位の規範（ドゥオン）からすると，兄の妻である彼女が弟のオディンゴよりも先に自分のダラを建てて義母の暮らすダラをでなければならない．オディンゴはまずその寡婦が先にダラをでていく準備の時間をあたえ，自分もチラから逃げるために，不幸がもたらされたダラをでて青空マーケットの立つ広場にある借間に住むことにした．1996年の暮れに近いころのことだった．

さらなる違反行為と死

　その3年後の1999年，今度は長男オグダの寡婦が亡くなった．彼女の死もさらなる違反行為から生じたものだと，次のように呪術師によって説明された．

　オグダの寡婦のために新しい家屋を建てなかった，怠け者の男の次に代理夫として来たのは，ある村内の老人だった．その彼も，ひき続き過ちを犯してしまった．長兄オグダの寡婦は，弟のオディンゴより先に独立ダラを建てるべきであるが，まずその前に亡夫のダラ内に亡夫の死後の新しい家屋を建てねばならなかった．しかし新しい代理夫はいきなり，寡婦のためのダラを建ててしまったのである．これはルオの慣習では禁止事項（クエル）といわれる事柄なので[11]不幸（チラ）をもたらし，そのせいで長男オグダの寡婦は死んでしまった，という説明であった．

ダラ建設の順位

　オディンゴは，呪術師に指摘されたように度重なって生じたチラを避け，借間で暮らしはじめたのち，一月もたたないうちに1996年末に自分のシンバに戻った．しかしその翌月にまた，弟オグウェラが亡くなった．オディンゴはますますはやく，チラから逃れ新しい生活をせねばならなかった．ひととおり葬送行事も終えた翌年

8月，オディンゴは母のダラをでて彼自身のダラをつくった．やっと彼の番になったのだという．

1997年8月．オディンゴが自分のダラを建てるために，類別的父に相当する男性に「父」役を頼み，彼は早朝にやってきた．オディンゴを先頭にオブンガ，オディンゴの妻，友人，という顔ぶれで新しくダラを建てる場所に向かった．ダラ建設をおこなう男性の長男が斧，槍，臼，オンドリを抱えて新たなダラ建設予定地に向かうことになっているが，オディンゴの長男はまだ乳飲み子だったので，オディンゴがもった．

予定地につくと「父」役がまず祈り，そのあとオディンゴはオンドリの足に紐をつけて逃げないように低木に固定し，火をつくり，はじめの柱穴をつくった．オディンゴは，「もしおまえに敵がいるのなら，その夜は性交をしないように」と「父」にいわれた．その言に従い，オディンゴは一週間後にダラ建設に伴う特別な性交をおこなった．その性交は，ダラ内のタブーに終止符をうつとよばれる．

その4か月後，彼は「父」役をつとめてくれた男性，兄弟たち3人を招き，12月にささやかなダラ完成の宴を催した．

この事例からは，ダラ成員の死という事件が起こったあと，残された成員が死因を追求することで新たな生活の場を再構築していくさまが観察された．そしてダラ成員の死因の説明に，家屋建設に関する性や順位，場所についての慣習的な規範違反がとりだされること，度重なるダラ内の不幸の連続が，不幸を回避する方法としてダラをでて独立する直接的な契機になることがみてとれた．独立にさいしては順位（ドゥオン）に従うことが考慮され，彼ら自身はしばしば言及するものの，よく間違いを犯し，そのために生じてしまったとされる不幸の解決に奔走しているようにみえる．日常生活のなかで，うっかり，もしくはうすうすわかりつつ破ってしまうルオ社会の多くの慣習的規範．それらは，何か不幸が生じたとき，その原因として具現化する．そして，視覚的にわかりやすい生活居住空間の移動もしくは新設という方法で，ルオ人たちは不幸の解決をしようとしているのである．一時的に逃げたり，新たなダラを建てるという対処に走ることによって，ダラという空間が再び秩序づけられて「元の」問題のない生活の場に戻されているのがわかる．

8 ●代替の論理

さきの事例でも，一時的に不幸が蔓延するダラから「逃げる」という行為がおこなわれていた．本来は慣習で定められた，ダラ内の自分の属性にあった然るべき場所で暮らすべきところ，不幸から早く「逃げる」ために，代わりに兄やオジのダラ

写真6　死んだ第一夫人のための家屋

に一時的に住まわせてもらうという手段をとる．近年では兄やオジのダラの代わりに，町の貸間などを利用するようになっている．ダラで不幸が生じた原因が，兄弟間や親族内のトラブルである場合も多いからだ．最近は，どうも個人主義になって兄弟もオジたちも協力的でなくなった，という意見もしばしば聞かれる．いずれにせよ，代わりの場所をつくって一時的に暮らす，という手立てが考えられている．

　こうした代替の論理は，場所に関してのみにみられるのではない．ルオ社会には，ほかのアフリカ諸社会と同様，代替物や代理人を立てる，ということもしばしばおこなわれる．代表的であるのが，事例でもしばしば登場した代理夫，すなわち亡くなった夫の代わりにある男性を代理の夫とみたてることである．夫を亡くした妻は，夫の類別的兄弟を代理夫とし，夫の代わりとして彼に儀礼的役割や経済的庇護を期待する．場合によって亡夫の名のもとに子どもをもうける，いわゆるレヴィレート的結合をおこなうのである（椎野 2001）．

　ルオは，死者を弔う葬送儀礼をいくつもおこなう人びとであるが，亡くなってから数年たっておこなう最後の儀礼に「思いだす儀礼（*rapar*）」がある．そこでは，死者の生前の家に親族が集まり，死者を「思いだし」，慰め，また喜ばせるために宴をもち，音楽の催しをする．死者が亡くなってから年月が経ったために，死者の家屋がすでに崩されているか朽ちてしまっている場合，この儀礼に際し，人が1人腰をかがめて入れるくらいの小さな小屋を死者の小屋の代わりに建てる．婚家より儀

11章　ケニア・ルオの生活居住空間（ダラ）——その形成と象徴的意味の変化　355

礼のために戻ってきた娘たちは，真っ先にその小さな小屋に向かい，そこに死者がいるかのように「ただいま」と話しかける．そして自分の荷物や服をその中におき，料理をはじめる．死者の配偶者はその小屋を建ててから数日はそのなかで眠り，儀礼が終わると自分で小屋を壊すのである（椎野 2004）．

さらに，ダラ建設の時にみられた興味深い行動は，亡くなった人をいることと見立ててその人のために家屋を立てる，ということであった．

写真6は，父のダラから独立し，はじめて自分のダラを築いた男性とその妻である．建設後間もないダラ内には中央上方に家屋があり，またその隣にも建てはじめの家屋の骨組みがあるのがわかる．彼によると，完成している家屋は死んだ第一夫人のものであり，建設中の家屋は現在ともにいる第二夫人のためだという．彼がもし死んだなら，第一夫人の家屋の前に葬られねばならないので，彼女の家屋が必要だという．また，第一夫人は死んだとしても，「ダラに居る」ので，死んだ彼女の家屋を建てなければ，嫉妬するかもしれないという．こうした行為と言説からは，たとえダラを建立する地理的な場所が移動したとしても，ルオの死生観を反映し，と同時に視覚的にダラのあるべき姿を追求するルオ人の姿勢がみてとれる[12]．ダラ成員の死という事件が起こった場合，その死者を基点にダラの秩序が再編されるのである．ルオの死者の考え方は，人間は死んだ後もいつもその「辺り」に魂として浮遊しつねに生者を見張っている，というものである．したがって死者はしばしば生者のおこないをみて嫉妬したり怒ったりするのである．ダラという生活居住空間の平穏は，死者を怒らせないことがなによりも重要なのである．

9 ●おわりに ── ダラの象徴的意味づけの変容

いつ，どの方向に，どの地点にダラを建てるか．建設にさいし，順序にそったしかるべき手続きとダラ内の家屋の視覚的ないし空間的配置，つまり誰がどこにいるべきかという秩序が，ルオ人の生活世界の形成，もしくは運営という点において重要である．それはこれまでとりあげてきたいくつかの事例から，異なった角度でみてきたとおりである．こうしたダラ建設の場所への固執や，その内部の視覚的，空間的配置へのこだわりが連綿と昔から続いてきたのか，といえばそれは不明である．

実際のところ，歴史的背景として現在のケニア・ルオの暮らすケニア共和国は，1889年以来イギリスによる植民地経験をし，1963年に独立した国である．イギリスがやってくるまで，ルオの人びとはツェツェバエを避け，肥沃な土地を求め，スーダン南部からいくつかのグループかにわかれて現在のケニア西部，ヴィクトリア湖方面に徐々に南下し，自由に移動をくりかえしていた．しかしルオの人びとは，イギリスがやってくることで移動を禁止され定住化を余儀なくされた．もともと牧畜

にもたけていた人びとは，定住化に伴い，農耕に比重をおくように生業形態を変えていった．それと同時に，居住空間のつくりかたも大きく変化したと考えられる（椎野 2000c, 2006a）．1957 年には植民地行政のもと，イギリス人ウィルソンによってルオの慣習法が成文化された．その際，長老に聞きとりをおこない記載された土地相続のルールは，長方形に区切られた土地を細分化していくという図をともなっている（Wilson 1957）．植民地政府は定住化政策，おって独立後の政府も近代化をすすめる過程で土地区画制度を布いた．人びとがすでに建てていた家屋をもとに，土地の持ち主を確定し登録していくシステムである．私の調査村では第一回目が 1956 年，おって二回目が 1972 年で，村人を巻きこんで登録のための計測がはじまった．それとともに，土地所有の概念が生じ，さらに相続の方法にもルールが生じたと思われる．

　こうして土地相続についてのルールが成文化され，土地が区切られることでコンパクトな空間の秩序が重んじられるようになったのだろうか．あるいはその強調は，土地を区画され個人の名前で登録されることで生じた「個人所有」という概念が生んだ新たな土地の価値が，土地にたいする人びとの働きかけの仕方を変化させたのか．つまりは植民地化と独立後の近代化政策による所産かと推測できる．

　ルオランドに貨幣経済が浸透するにつれ，土地の価値は徐々に数字で具体化することになる．土地の売買という行為が，植民地勢力との接触が多かったキスムタウンの周辺の北部をはじめ，とりわけ 1980 年代に入ってからは南部においても，少しずつみられるようになっている．今までなかった土地の売買という行為と，それに付随する諸問題にとまどう人びとの様子が報告されている（Shipton 1984, 1995）．土地を貨幣で買うという行為がいちはやくおこなわれたのは，もちろん首都ナイロビ近郊である．植民地化による都市の建設，それにともなう強制労働，また独立後の出稼ぎラッシュにより，故郷を離れナイロビに行く人も増加した．

　ナイロビで成功した人びとのなかには，町の近くに居を構える人もでてきた．そこで問題になったのが，死んだ時に遺体をどこに埋葬するか，という問題であった．1986 年の「オティエノ事件」は，その問題が表面化した代表ともいえる有名な事件である．これは，オティエノというルオ人がナイロビで亡くなり，彼の埋葬場所はナイロビに建てたコンパウンドの中だと主張する彼のキクユ人妻と，オティエノはルオの故郷で埋葬されるべきだというルオ親族たちの主張が対立し，大きな裁判沙汰になったケースである．この事件の背景には民族文化の違い，トライバリズム（部族闘争），女性差別，近代と伝統の葛藤など，いくつかの要素が絡みあい現代アフリカの社会問題を表出した興味深いものとなり，海外のメディアも注目した．日本では松園と松田がこの事件をとりあげている（松園 1992, 松田 1994, 1996）．ここで言及したいのは，大きな争点になった，ナイロビに建てられた婚舎はホームかハウスか，というホームとハウス論争である．この論争が新聞やラジオでケニアじゅう

に大きく報じられた過程で，ルオの「ダラ」の意味づけは，「ルオ人たるもの，最期は父祖の地に建てたダラに帰り葬られるべきである」とされ，出稼ぎ民の間でこの言説は強化されていくことになった．「ルオであること」を多民族が混淆する都市で確認し主張するための手立てにもなったのかもしれない．この事件以来，「ダラ」とは帰るべき場所，という故郷の意であるホーム像がより脚色されてつくりあげられたといっても過言ではない．この言説はまた，逆に農村部に逆輸入されたようにみえる．出稼ぎの増加といった現象によって，さらに「ダラ」像はつくられていくことになる．

たしかに，ダラ内の然るべき場所に埋葬されなければならない，という埋葬の位置の詳細な規定はいつごろからみられるようになったか，推測は難しい．そもそも「ダラ(dala)」という語自体，本来のルオ語ではなく，バンツー系起源の言葉だと考えられるという[13]．埋葬についてはもっとも古いもので1906年に「ルオの人びとは，家屋のなかに遺体を埋葬する」という報告があることからも(Millkin 1906)，現在みられる埋葬の位置にかんする規範は新しいものであることはまちがいない．ダラに埋葬しなければならないという「決まり」とそれを守ろうと親族が一体となって手をつくすプロセスは，死者とその家族が同じダラもしくは同じ(リネージ)村の成員であることの象徴的行為であり，アイデンティティ再確認の行為なのである[14]．

これまでみてきたように，ルオ人の「ダラ」という生活居住空間は，ダラの長とその複数の妻たちと子どもたち，さらに息子の妻や子どもたち，といった拡大家族が暮らす場である．さまざまな属性をもった成員が日々の葛藤や争いを解消し，「うまく」暮らしながらダラを発展させていくため，ルオ人は社会的属性や順位を土地の空間配置に可視的に象徴化し組みあわせるという土地への働きかけをおこなっている．こうして秩序づけられた生活世界は，ルオ独特の「チラ」に代表される特有の観念と絡みあって維持されているといってよい．それでも成員間で生じてしまった争いごとや，規範を犯したために不幸が起きてしまった場合，その状態から脱するために「代わり」の場所を探し，新たな場所に移ってダラを築き，ダラの生成は続いていく．あるいはダラ成員が死んだのちも，ダラ内の秩序を保つべく死者は「居る」ものとして彼／彼女の名のもとで，誰それの家屋が建つダラを生成する．つまりジェンダーや順位に関する規範にもとづきながら代替性の論理を使い，ある個人が，その場所に居る，居た，という記憶を土地に刻みこんでいく．死しても代わりの人が別の場所にダラや家屋を建てることで少しずつ地理的に移動しながらも，ダラという生活居住空間の存在は継続し，ルオ社会は存続していく．

1986年のオティエノ事件から10年ほどたった頃までは，「ダラとは父祖の土地に建てねばダラとはよべない，買った土地に建てたのは仮のダラだ，そこで埋葬はできない」といったいい回しがよく聞かれた．しかし事件から15年ほどたった2000年には，「ルオランド内ならば買った土地でもダラを建てることができる」と

解釈を拡張するかのような発言がでてきた．そして事件から20年たった今，「よその（民族の）土地であっても長になる男の父や兄が証人となり儀礼的手続きをとれば，ダラである」といういい方をし，実践する人も徐々にではあるが出現しつつある．1986年のオティエノ事件であれだけこだわって論議された，「父祖の地」に建てられてこそダラである，というこだわりが変化してきているのだ．埋葬場所については自分の土地に埋葬されるのを嫌がる売り手と買い手の間で問題になることがあるものの，ダラをどこに建てるか，という場所をめぐり人びとの感覚が変わってきているのは事実である．2006年9月に訪ねると，土地を買って移住してきた北方の異なるクラン出身のルオ人のダラが，なんと7つも増えていた．村人の間で土地を「売る」および「買う」ことが，少しずつ珍しくなくなっているようである．本章（事例1）のジュリアスも，2006年1月に彼を訪ねると，勤務先の小学校に近いマーケットのたつセンター近くに土地を買い，新たに家を建てはじめていた．それも「ダラ」だという．建立に際しては父と兄が来て，証人になったという．あれほど楽しみにし計画的に建てはじめてのダラへの執着はいまはあまりないようで，私はたいそう驚いた．

　政治経済，文化をはじめとする近代化，グローバル化という大きな流れのなかで，ルオ人は日常生活における貨幣経済の浸透，人口増加による土地不足といった目の前の現実，そして多くの民族文化が交差するケニアという国家のなかに生きている．今後も「ダラ」にこだわるさまざまな行為が，村落の，あるいは村落を出た人ですら「ルオ」という個々人のアイデンティティのよりどころであり続けるであろうことは考えられる．が，そのダラ空間の建築方法も，自分が「居る」，「居た」もしくは「帰る」場所としてのダラの意味づけも，今後さらに激化すると思われる社会文化の変化の流れのなかで，可変性に富んでいると思われる．ルオ人はそうした流れに適応するためさまざまなやり方で代替性の論理を駆使し，土地への働きかけを変えながら，ダラの形成の仕方，象徴的な意味づけをその時々に変えていくのだろう．

注

1）「コンパウンド」という語はアフリカ大陸でみられる居住形態をしめすのにしばしば用いられてきた．探検家リヴィングストーンの用例が初出で，土塀や石垣，生垣で居住空間を囲って暮らす形態を表現している．日本の神社の境内もコンパウンドと訳されることが多いことからも，イメージしやすいだろう．「ホームステッド」も居住形態をしめす際にほぼ同様に用いられることが多いが，語義として前者は囲まれた空間，という地理的な要素が大きい．「ホームステッド」は故郷，帰る場所，といった意の「ホーム」という語にひっぱられることも多い．ここでは地理的側面と象徴的な意味づけという面をわけて論ずるため，「ダラ」をしめすにはコンパウンドという語を用いる．居住空間をしめす諸用語については拙稿でまとめたことがある（椎野 2000b）．

2）本章は西井・田辺（2006）の出版前に執筆を終えていたため，残念ながら成果を反映できなかった．

3）本章で使用する民族誌的データは，この調査村で私が1996年より2006年に至るまでのべ約24か月間，民族誌的調査をおこない収集したものである．

4）この三地域の人びとは，それぞれの生活形態の違いからお互いを位置づけている．①の人びとは②，③の内陸部に住む人びとを「魚をきれいに食べられない人たち」，「農業ばかりしている」という．他方で②，③の人びとは①の人びとを「湖の人びと」，「魚とシコクビエの赤い練粥ばかりを食べる人たち（湖畔は乾燥地帯で年に一度しか播種できず，トウモロコシだけでなくヒエもよく植える）」という．

5）今や古典的なエヴァンズ＝プリチャードやサウゾールをはじめとするルオの社会組織の研究は，父系リネージという要素を強調しすぎる嫌いがあったことも事実である（Cohen and Atieno 1989:13-15）．現在のルオ社会には，世帯をはじめとする父系の血縁を基盤とする地縁集団が分節的に形成されている様子が観察される（Evans-Pritchard 1965, Southall 1952, Goldenberg 1982）．植民地化以前は，父系の人びとだけでなく，母系，あるいは友人らも包含するような，よりゆるやかな社会組織をもち，居住集団を構成していたと推測される．この点については追って植民地前後のルオの居住形態の変遷を考察した拙稿を参考願いたい（椎野 2004c）．

6）「レヴィレート」とは，既婚男性が死んだ場合，その残された妻を死んだ男性の兄弟がひきつぎ，夫としての社会的地位を代理としてひきつぐ社会的制度である．代理の夫として寡婦になった女性をひきついだ男は，彼女の生活の保障，残された子どもたちの面倒をみることが期待される．また寡婦がまだ若い場合は死んだ男の名のもとに彼女との間に子どもをつくり，系譜上の死んだ男性の子どもを増やすことが期待された．この社会的制度は出自論がさかんだった1920年代以降にも注目されたが，研究者の視線はもっぱら出自集団の存続の方法にあり，寡婦となった女性自身がどのようにその制度と対しているのか，という当事者に注目した研究はほとんどなされてこなかった（椎野 2006b）．この制度に関連する用語については拙稿（2004c）を参照願いたい．

7）亡夫に代わって夫の役割をする男，「代理夫」にふさわしいかどうか検討する条件として，その候補者の家屋の位置を考慮するのは重要なことである．すなわち，亡夫と同じ側に家屋を建てていることが，代理夫になれる条件の1つである．シンバが反対側に位置している場合は，門を横切る（*kodho rangach*）といい，よくないことである．また，男の妻が妊娠していたら，亡夫の霊が悪さを犯し，流産させてしまうかもしれないと人びとはいう．夫の死後，寡婦がどのように代理夫を選び生活しているのか，という報告は拙稿（椎野 2001）を参照願いたい．

8）家屋が円形から方形に変化したことについて，調査村の人びとの説明はさまざまである．植民地化以降，白人がやってきて建てた教会の建物を真似て建てだした，であるとか町に行ってみた時に見た建物を真似て建てだした人がいた，などといわれ，やがてそれをまわりの人びとが追従しはじめたという．

9）性別や年齢，出生順位，婚入順位，既婚未婚などの死者の属性によってダラ内あるいはダラ外に埋葬される位置が詳細に定められている（椎野 2000a）．ダラの長は第一夫人の家屋の前の，ダラの中央に頭部を上にして埋葬される．妻は自分の小屋の左側に，頭部は下にして埋葬される．息子は実母の小屋の右側に頭部を下に，幼い娘が死んだ場合は実母の小屋の左側に頭部を下にして埋葬される．息子の妻は，シンバの左側に埋葬される．成長した娘が死んだ場合は，ダラの外に埋葬される．

ナイロビなどの都市に出稼ぎに行った人びとは，都心で死んだ場合に遺体をルオランドのダラに埋葬するため，輸送資金を調達する互助グループをクラン（氏族）ごとに組織している．近年では都市でさかんになった互助組織というアイディアを村落に導入し，村においても葬式のための互助組織が形成されている（椎野 1998）．
10）ニャンムレルワ（*naymrerwa*）はおもに産婆の役割をはたす老女．しかし彼女はハーブを使ったさまざまな治療の知識をもっている場合が多い．
11）亡夫の家はキバガ（*kibaga*）とよばれ，それを建て直すのが夫の死後，代理夫になった男の重要なはじめの役割である（椎野 2001）．代理夫は亡夫の時代の終わりを意味するために新しい家を建てる．もしそうしなければ寡婦の子孫は誰も新しく家を建てられない．息子はシンバもたてられない．また寡婦が代理夫に新たな家屋を建ててもらう前に，同じダラ内の誰であれ，新たな独立したダラを建てられない．もし建てたらそれはチラを招くという．これは順序の規範（ドゥオン）による．妻が死んだ場合も，夫は新しい妻を迎えるまえに新たな家屋をたてるべきだともいわれる．最近はそのまま使う人もいるが，そうすると亡妻からの悪い夢をみる可能性があるという．もし同じ家屋を使うのであれば，寝台の位置をかえ，家のなかの調度品の並べ方をかえるべきである，といわれる．
12）第二夫人のために別のダラを建てる時は「なにも儀礼的な行為はおこなわない，生活に必要なもののみをもっていく」という人，「第一夫人の時と同様におこなう」という人など，さまざまである．これは，それぞれの妻のために単独のダラを建てるという，近年みられるようになった分離型居住形態がかつてはなかったからだと思われる．
13）ルオー系の言語研究に詳しい言語学者の稗田乃氏にご教示いただいた．
14）埋葬場所に関しては 8）と（椎野 2000a）を参照願いたい．

文　献

ブルデュ，ピエール（2001）『実践感覚 2』（今村仁司・塚原史・福井憲彦・港道隆訳），みすず書房．
Cohen, D. and Odhiambo, E. S. Atieno (1989) *Siaya-The historical Anthropology of African Landscape*, Nairobi: Heinemann Kenya Limited.
Evans-Pritchard, E. E. (1940) *The Nuer*, Oxford: Clarendon Press（エヴァンズ＝プリチャード（1997）『ヌアー族：ナイル系一民族の生業形態と政治制度の調査記録』（向井元子訳），平凡社）．
Evans-Pritchard, E. E. (1951) *Kinship and Marriage among the Nuer*, London: Clarendon（エヴァンズ＝プリチャード（1985）『ヌアーの親族と結婚』（長島信弘・向井元子訳），岩波書店）．
Evans-Pritchard, E. E. (1965 (1949)) Luo Tribes and Clans, In: *The Position of Women in Primitive Societies and Other Essays in Social Anthropology.* London: Faber and Faber LTD.
Goldenberg, D. A. (1982) *We All Brothers: The Suppression of Consciousness of Socio Economic Differentiation in a Kenya Luo Lineage,* Ph.D. dissertation, Brown University, US: UMI.
日野瞬也（1990）「北カメルーン・ブーム社会の空間構造」，『国立民族学博物館研究報告別冊』，12: 305-376.
Jacobson-Widding, A. (1991) Subjective Body, Objective Space - an Introduction, In: Jacobson-Widding, A. (ed.), *Body and Space,* Uppsala: Acta Universitatis Upsaliensis.

Kenya Government (1994) *Kenya Population Census 1989* Volume I, Nairobi: The Government Printer.
Kenya Government (1996) *Homa Bay district Development Plan 1997-2001,* Nairobi: Kenya Government Printer.
Kokwaro, J. O. (1972) *Luo-English Botanical Dictionary,* Nairobi: East African Publishing House.
Kokwaro, J. O. and Johns T. (1998) *Luo Biological Dictionary,* Nairobi: East African Educational Publishers.
小馬徹 (1987)「キプシギスの「火」のシンボリズム」，和田正平編『アフリカ：民族学的研究』，同朋舎出版，3-48.
松田素二 (1994)「意味化の権力，範型化の抵抗：ケニア・オティエノ裁判のもう一つの構図」，『法社会学』，46: 79-85.
松田素二 (1996)『都市を飼い慣らす：アフリカの都市人類学』，筑摩書房新社.
松園万亀雄 (1992)「S・Mオティエノ事件：ケニアにおける法の抵触をめぐって」，『現代法社会学の諸問題 (下)』，民事法研究会，534-556.
Millikin, A. S. (1906) Burial Customs of the Wa-Kavirondo of the Kisumu Province, Man 6 (35): 54-55.
Moore, Henriatta (1994) Space, Text and Gender, Cambridge: Cambridge University Press.
西井凉子・田辺繁治編 (2006)『社会空間の人類学：マテリアリティ・主体・モダニティ』，世界思想社.
中林伸浩 (2003)「アフリカの家族研究における家父長制モデル」，永原慶二・住谷一彦・鎌田浩編『家と家父長制 (新装版)』，早稲田大学出版部，233-266.
椎野若菜 (1998)「女性の処遇に奔走する社会：ケニア・ルオ社会の死者儀礼の分析」，東京都立大学社会科学研究科修士学位論文 (未刊).
椎野若菜 (2000a)「「ルオ人」として死ぬということ：ケニア・ルオ社会における死者の範疇化と葬送方法について」，『比較家族史研究』，14: 69-91.
椎野若菜 (2000b)「「コンパウンド」と「カンボン」：居住に関する人類学用語の歴史的考察」，『社会人類学年報』，26: 71-96.
椎野若菜 (2000c)「ケニア・ルオの居住形態の変遷」，『アフリカレポート』，31: 41-45.
椎野若菜 (2001)「寡婦が男を選ぶとき：ケニア・ルオ村落における代理夫選択の実践」，『アフリカ研究』，59: 71-84.
椎野若菜 (2003)「「寡婦相続」再考：寡婦をめぐる諸制度の人類学的用語」，『社会人類学年報』，29: 107-134.
椎野若菜 (2004)「葬礼の宴がとりもつ生者の絆：東アフリカ・ヴィクトリア湖岸，ケニア・ルオ社会から」，渡邊欣雄編『世界の宴会』，勉誠社，161-173.
椎野若菜 (2006a)「ルオの王宮」，『エコソフィア』，17: 62-63.
椎野若菜 (2006b)「リーディングガイド」，『民博通信』，113: 16-17.
Shipton, P. (1984) Lineage and Locality as Antithetical Principles in East African Systems of Land Tenure, *Ethnology,* XXIII: 117-132.
Shipton, P. (1995) Luo Entrustment: Foreign Finance and the Soil of the Spirits in Kenya, *Africa,* 65: 165-195.
Southall, A. (1952) *Lineage Formation among the Luo, International African Institute Memorandum* XXVI, London: Oxford University Press (International African Institute).
Wilson, G. (1968 (1954)) *Luo Customary Law,* Nairobi: Kenya Government Printer.

第4部

時空を越えゆくモノたち

12章

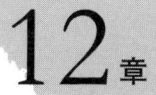

在来家畜の商品化
―沖縄在来豚「アグー」の復活―

小松かおり

● Key Word ●
沖縄, シマ, ブタ, 在来家畜
商品化, 在来性, 生活文化

1● 在来豚アグーのブーム

　沖縄では現在,「幻の豚」であった「アグー」の復活が話題をよび, アグー関連のブランド豚がつぎつぎと誕生している. 沖縄では, 14世紀末に中国から導入されたといわれるブタによって, 日本ではめずらしい豚肉食文化を発達させてきた. 初期の導入品種は, 20世紀初頭に西欧の品種が導入されるまでほぼ純粋品種として飼育され, その品種に明治以降に導入された西欧品種をかけあわせた交配種が「島豚」「シマウヮー」または「アグー」「アーグ」「アーガー」などとよばれる豚となる.「アグー」は戦後, 産子数の少なさ, 肥育日数の長さ, 小柄な体躯, 脂身の多さなどから経済性がないとして敬遠され, 絶滅寸前になったが, 少数の篤農家によって趣味的に飼育されていた数頭を1981年ごろ名護博物館準備室の室長が保護し, それを引きとった北部農林高校の教諭によって「昔ながらの」豚をめざして戻し交配がおこなわれた. このような動きは最初, 酔狂なものとして養豚業界から相手にされなかったが, 1998年ごろ, テレビで紹介されたのをきっかけに, この島豚が幻の在来種として注目を浴び, 現在, さまざまな品種をかけあわせた「アグー」が商品化されている.

　商品化にあたり, 新たな「アグー」がいつの時代の在来豚をモデルとしているのか, 在来していた地理的範囲はどこなのか, 交配種をどこまで「アグー」と認めるのか,「アグー」を認定する主体は誰なのか, といった課題が現れてきた.

これらの課題は，在来品種が商品化されることによって，在来性についての語りがつくりあげられていく過程であり，在来性の帰属が決定されていく過程である．農作物の在来品種については，ヴァンダナ・シヴァが述べたように，その経済的価値の高まりとアメリカを中心とする多国籍企業による権利の囲いこみが問題となっている（シヴァ 2003）．「アグー」という家畜と人間のかかわりの変化を追うことで，一見，在来家畜を共有している集団の中における，在来性の発見と再興，認定がどのように進んでいくかを考える．「アグー」をめぐる動きは，2006 年現在も活発に動いており，本章は在来家畜の商品化の一例としてその途中経過を報告しつつ課題を整理することと，「在来性」について検討することを目的とする．
　在来品種の表記は「島豚」「シマウゥー」「アグー」「アーグ」「アーグー」「あぐー」などさまざまであるが，これ以降，個別名がある場合を除いて，14 世紀以降の在来品種の血統を引くと考えられるブタを「島豚」と表記し，1980 年代以降戻し交配によって創りだされた「島豚」の血統を引くブタを「アグー」と表記する．「島豚」，「アグー」が，遺伝的または形質的に 1 つの品種とみなされるべきかということは本章では問わず，「在来品種」を文化的な意味で用いる．在来性については，最終節で考察する．沖縄におけるブタの飼養に関する文献の記述は，沖縄本島に関するものが多く，宮古・八重山をはじめ本島以外の記述は少ない．そのため，以降の記述は沖縄本島周辺が中心となる．

2 ●ブタの品種

　ブタ（$Sus\ scrofa\ var.\ domesticus$）は，イノシシ属イノシシ（$Sus\ scrofa$）が家畜化した動物であり，その祖先であるイノシシは，ヨーロッパからアジアにかけてひろく分布している．ブタとイノシシの間には正常な繁殖能力をもつ雑種が生まれる．イノシシの分類は，ブタの再野生化の可能性などから非常に複雑であるが，ヨーロッパイノシシ系，アジアイノシシ系，その中間型であるインドイノシシ系に大別される．ブタも，ヨーロッパからアジアまで各地でそれぞれの系統のイノシシから多系的に家畜化されたことから，おもにヨーロッパ型とアジア型の系統がある．ブタの品種は現在 400～500 と見積もられているが，これは，多系的に飼育されたことと，環境適応と求められる特質が地域で異なることによって分化が進んだためと考えられる（田中 2001）．ヨーロッパ系の品種の多くは，18 世紀末以降にヨーロッパに導入されたアジア系の品種と交配され（クラットン＝ブロック 1989），19 世紀からは体系的な血統登録制度も整えられ，現在改良種としてそのうち 30 品種程度が世界的に普及している（田中 2001）．一方，アジア系の品種は，体系的につくられたというより，地理的・社会的に孤立した集団であるにすぎないことが多く，在来種（indigenous breed)などとよばれる(小宮山ほか編 1997).

　品種は,以前は目的別に,ラードタイプ,ポークタイプ,ベーコンタイプに大別されることが多かった.ラードタイプは早熟・早肥で脂肪を蓄積させるタイプ,ベーコンタイプは晩熟で加工用の赤肉を増やすタイプ,中間的なのが精肉用のポークタイプである.西ヨーロッパではベーコンタイプ,東欧,南欧,中国ではラードタイプ,アメリカではポークタイプが多くつくられてきたが,現在では,ラードやベーコンを目的とした豚肉の生産は少なくなり,それらの品種も精肉生産用に改良されている.現在,商品として流通するのは,複数の品種をかけあわせた雑種が一般的である.その際,種雄に産肉能力,種雌には繁殖能力が求められる(田中 2001).

　主な改良品種は,大ヨークシャー,中ヨークシャー,バークシャーなどの英国系の品種,デンマークのランドレース,米国のハンプシャー,デュロックなどである.アジア系の品種では,中国の金華豚,梅山豚(メイシャントン),桃園種など数十品種があるが,世界的に品種として確立しているものは少ない.中国種は,ヨーロッパ種に比べて,脂肪が多く,産子数が多いという特徴をもつ.

3 ● 沖縄のブタ飼育史と豚肉食文化

　沖縄ではブタはウヮー(ウワー,ゥヮーなどと記述されることもある)と音声的に類似した用語でよばれる(平川 2005).沖縄におけるブタの飼養の歴史のはじまりについては,リュウキュウイノシシからの家畜化説と中国からの導入説があるが,島豚の起源については,14世紀後半に中国より導入されたという説がもっとも受け入れられている[1].1385年頃,明に朝貢していた琉球国王察度の使者が明から種豚をもち帰って繁殖させ,さらに,1392年に福建省から帰化した閩人三六姓がブタを連れてきたという(伊波 1979,島袋 1989など).これらの中国系のブタは,琉球王の交代の度に中国から訪れる冊封使の接待のために飼育が奨励された.ブタの飼育が一般庶民にひろがったのは,1605年に野国総官が鉢植えでもち帰ったイモ[2]を儀間真常が普及させたためといわれている.このブタは,体毛が黒く,背が湾曲し,小柄であるなどの特徴をもっていた.

　新たな系統のブタが沖縄に現れるのは,1844年に,前年難破したところを救助されたイギリス船が謝礼に寄贈した雌ブタ2頭,雄ブタ1頭である.このブタの子孫は「唐豚(トウブタ)」とよばれたが,アジア系であったかヨーロッパ系であったかははっきりしない.従来の豚よりも背の湾曲が少なく,黒白斑だったといわれている.「唐豚」に対して,それまで飼育されていた豚を「島豚(シマウヮー)」と称するようになる(渡嘉敷 1988,平川 2005).

　1904年には,産肉性をあげるため,黒色で顔の先と足先が白い六白のバーク

シャー，白色のヨークシャーなどが県外から導入されたが，ヨークシャーは白色が好まれず，バークシャーと在来品種の交配が進められ，発育が早く大きいことから，雑種が広まり，それまでの品種は20年程度でほとんど雑種化した（渡嘉敷1988）．雑種化した豚は戦前まで沖縄養豚の主流となる．

　沖縄戦のため，1945年にはブタは激減した．戦後，宮古諸島，奄美諸島，本島周辺の離島などから本島にブタが移入され，アメリカや日本本土からもバークシャー，ハンプシャーが導入された．1948年には，ハワイの沖縄移民によって，アメリカからチェスターホワイトとハンプシャーを中心に7，8品種のブタが導入された（下嶋1997，渡嘉敷1996，平川2005）[3]．ラード型のチェスターホワイトを中心に，白い豚の飼育が急激に広まった．わずかに残っていた島豚は，新たな品種とかけあわされて雑種化するか，淘汰されていった．1963年には，ベーコンタイプのランドレースが導入され，脂身の少なさが時代にあって主流となった（渡嘉敷1988）．現在の沖縄の養豚は，他県と同じで，ランドレースと大ヨークシャーの雑種雌にデュロック雄をかけた雑種が中心になっている．

　沖縄のブタの飼育は，屋敷地で1頭から数頭の少数頭を飼育する形式であった．那覇市内でも大正の初期まで屋敷地内で豚を飼っていたという（那覇市1979）．戦前の屋敷には，田舎であれば母屋の他に必ず豚小屋，牛小屋，山羊小屋などがあった．また，多くの地域では昭和の初期まで，遅い地域では戦後まで，豚小屋はトイレを兼ねたフール（またはウゥーフール，豚便所）であることが多かった（島袋1989）．豚便所には，フール神とよばれる神がいると考えられた．夜に出歩いた時は，豚小屋で寝ているブタをつついて声をださせ，ついてきたかもしれない魔物を追い払うという慣習もひろくあった．

　ブタのエサは主食であったイモの屑を中心とする残飯で，豚小屋の敷き藁は肥料になり，ブタは食生活と生業に完全に組みこまれていたのである．豚の種つけ（ウゥーチキャー），去勢（フグイトゥヤー），売買（ウゥーバクョウ）などの商売もあり，風物詩として記録されている．

　このころの日常食はイモ，雑穀，魚であり，豚肉は，日常食というより行事食の色あいが濃かった．正月前になると，育ったブタは売られて正月の費用になるか，正月のごちそうとしてつぶされた（ソーガチゥゥー）．正月前にブタをつぶすことをウゥークルシといい，1軒から数軒が単位となって，正月のごちそうと数か月間の食糧とし，ラードは抽出されて甕に保存され，日々の調理に用いられた．このような習慣が，ブタのすべてを利用して食べる食文化につながったと考えられる．当時は，豚を食べることは脂（アンダ）を食べることを意味し，重要な油脂の供給源であった．ウゥークルシは地域にもよるが1965年頃まで一般的だった（島袋1989）．

　家庭でブタをつぶさなくなった現在でも，沖縄では豚肉は特別な食材である．行事の料理，とくに正月儀礼や死者儀礼に際して豚肉は不可欠である（萩原1995）．重

箱にも必ず豚肉の煮しめがふくまれる．また，沖縄では，食べ物は体を補うと考えられ，とくに滋養となり身体の特定の症状に有効であると考えられるものは「クスイムン」とよばれる．豚足（アシテビチ）と肝（チム）は代表的なクスイムンであり，豚足はとくに老化防止と動脈硬化に，肝は貧血や滋養強壮によいと考えられ，現在も年配者が好んで食べる．豚肉の調理法は数多いが，サンマイニク（皮つきバラ肉）を角切りにして醤油と黒砂糖，泡盛で煮込んだラフティー，豚足を昆布などととろとろに煮込んだアシテビチ，腸と胃をゆがいてからすましに仕立てたナカミの吸物などが代表的である．

　市場をはじめとする精肉店では，内臓，足，耳など豚のほとんどの部位が手に入り，料理法も発達している．豚肉の解体法と部位名称は地方によって多少の差があるが，大分類としては，シシ（肉），フニ（骨），アンダ（脂），チー（血），ウチミ（内臓），カー（皮）などに分類される．蹄と毛以外のほとんどの部分が食用とされ，詳細な部位名称が与えられている．那覇の台所とよばれてきた那覇市の第一牧志公設市場には，1990年の調査当時，豚肉をおもに商う精肉店だけで22店舗あり，ブタの31の部位が商われていた（小松2002）．

4 ● 幻の島豚，アグーの復元

　前述したように，沖縄の戦前の島豚は，14世紀後半に導入された品種に，おそらく19世紀半ばの「唐豚」もある程度交配し，そこに，20世紀に導入されたバークシャーを交配した雑種のブタで，何代も交配するうちに形質が固定されたものと考えられる．島豚の体型や特性といわれているものは，沖縄県で畜産行政に携わってきた宮城吉通によると次のようにまとめられる（宮城1998）．

①皮毛は全身黒色で固く長い
②顔鼻は長く目は小さい
③顔には深い八字型の皺がある
④耳は大きく厚く垂れ，顔を覆っている
⑤背は凹み短く，腹は垂れ地面に接触しがちである．とくに授乳母豚はそれが著しく，乳房を地面に引きずって歩いた
⑥後躯の発達がきわめて悪く前勝ちであり，肋張りは悪い
⑦四肢は粗大，繋ぎがゆるいため，副蹄は地面に触れるほどである
⑧尾は太い
⑨体質強健で病気に強く，粗食に耐え，保育能力が優れている
⑩発育は遅いが，肉質は良好である

これらの特徴の中で，島豚をほかの品種から識別する際にまず言及されるのは，毛が黒いこと，背が湾曲して腹が垂れていることである．また，経済動物としての効率の悪さを説明する際は，産子数の少なさ，肥育日数の長いこと，体が小さいことが指摘される．そして，「肉質の良好さ」が，現在のブームの元となっており，この肉質のよさは脂のおいしさであるという．

　島豚は戦争で激減した上に，戦後アメリカや本土からのヨーロッパ系品種の導入によって駆逐された．ほそぼそと生き残っていたのは，昔を懐かしむ気持ちなどから経済効率を考えずに趣味的に飼育を続けてきた好事家がいたからである．おからでアグーを飼っていた豆腐屋，私設資料館をもつコレクターなどの趣味人が島豚を飼育していた．

　1981年から1982年にかけて，名護博物館準備室の島袋正敏氏によって，在来家畜が収集された．1971年から，名護博物館の創立に向けて資料を集めはじめた島袋氏は，博物館を過去の殿堂としてではなく，現在と未来のための存在にしたいと考えた．沖縄の文化として，遺伝資源を守ることが大切だと考え，生きた家畜を展示する「在来家畜飼育センター」を構想した．復帰前後は畜産専業農家が分離して家畜が農村生活から消えた時期でもある．旧羽地村（現在は名護市に合併）で出会った琉球犬トゥラーを入手したのを皮切りに，宮古馬，在来山羊も収集した．1981年から1982年にかけて島豚の全島調査をおこなった結果，中部から北部にかけて30頭がいることを確認し，島豚の血が濃いと島袋氏が判断した18頭のブタが集められた．他品種との交雑の程度もさまざまであった．それらのアグーは理解のある農家に預けられたり，博物館に引きとられたりしたが，その後，名護市の方針の転換で「在来家畜飼育センター」の創立が難しい状況となった．与那国馬や宮古馬，トゥラーは愛玩動物として保存会が結成され，絶滅のおそれがなくなったが，島豚は，経済動物であり，趣味で飼うのにも手間がかかりすぎることが災いして，なかなか組織的な保存には至らなかった．1983年には沖縄県畜産試験場に将来性の調査を依頼したが，「経済性」の観点からは，産子数の少なさ，肥育の遅さ，産肉性の低さなど，通常の基準では失格という結果が出た．

　博物館で扱うことが限界を迎えた1984年，同じ名護市にある北部農林高校の太田朝憲教諭が，沖縄のブランド豚創出の教材につかうためにアグーの引きとりを申し出て，6頭を引きとった．太田教諭は，戦前の在来品種を復活させるべく，集まったアグーの中で近親交配を続け，黒色を選別基準として戻し交配をはじめた．手間と経費がかかるアグーの飼育と戻し交配に対しては県内の畜産業界からは「古いことをやってなんになる」といわれ，評価が低かったという．また，近親交配が続いたため，産子数が減ったり奇形が生まれるなどの弊害も現れた．しかし，太田教諭は，沖縄独自のブランド豚の素材として在来豚の復活をあきらめず，在来品種の血が濃いと思われるブタをさらに数頭引きとって交配し，約10年かけて，戦前の形

質と資質に近いアグーがつくりだされた．この系統は「北農系」とよばれ，現在の「アグー」の基礎となっている．戻し交配は太田教諭が転任する1992年まで続けられた[4]．

5 アグーの商品化と状況の変化

1993年頃，JA沖縄経済連（以後，経済連）は，バブル期のブランド豚のブームに乗って独自性のあるブランドをつくろうと北農系のアグーを譲り受け，ブランド化を試みた．アグーの商品化の問題点は，産子数が少ないこと，肥育期間が長いこと，小柄であること，背脂肪が厚いことである．経済連はそれらをヨーロッパ系の品種の中でも平均産子数が11.2頭と高く背脂肪の薄いランドレースに求めた．1998年にはアグー雄とランドレース雌の雑種を「あぐー」という商標で売りだす．その後，ランドレースにはない足腰の頑健さをもつ大ヨークシャー雄とランドレース雌の雑種に母豚を変更した．白色のランドレースを母豚に用いたことで，「あぐー」は白色に黒いぶちの入った風貌をしている．現在，「あぐー」の出荷量は年間約6000頭であるが，目標は10,000頭である．小売りの値段は，通常の豚肉の2.5倍程度である．

1995年には，鹿児島放送で「幻の黒を求めて：鹿児島黒豚のルーツを探る」という番組で，そのころブームになっていたかごしま黒豚のルーツとして北部農林高校のアグーが紹介された．経済連のブランド化にめどがついた1997年には，全国放送の人気動物番組「動物奇想天外」でアグーがとりあげられ，アグーの知名度が高まった．その後，テレビのニュースや情報番組，沖縄紹介雑誌などでしばしばアグーが紹介されるようになる．北部農林高校には，アグーを譲ってほしいという要望が多く寄せられるようになった．

2001年には，アグーの保存と普及をめざして有志の「アグー保存会」が設立され，島袋氏が会長に就任し，沖縄県畜産課，沖縄県畜産試験場などの行政担当者，北部農林高校，アグーの保存にかかわってきた畜産家数軒が加わり，これと前後して，北部農林高校のアグーをすべて登録し，保存会のメンバーとなる畜産試験場と畜産家に譲られた．それを元に，「やんばる島豚」，「チャーグー」，「今帰仁アグー」などがつぎつぎと商品化された．

経済連についでアグーを商品化したのは保存会メンバーの1人である我那覇畜産の我那覇明氏である．全国養豚経営者会議副会長，沖縄県養豚経営者協会会長などの肩書きをもつ我那覇氏は，沖縄の養豚業の生き残りのための養豚業全体の底あげと，その中での商品の差異化をめざしてきた．それまでに複数のブランド豚を商品化した我那覇氏が最初にアグーの商品利用を考えるようになったのは，種雄としての脚力に注目したからであるという．その後，アグー自体の商品価値に気づき，ア

写真1　北農系のアグー（我那覇畜産にて）

グーの黒色を活かすために黒色のバークシャーと茶色のデュロックを用い，バークシャーかバークシャー雄とデュロック雌の交雑種である母豚にアグー雄をかけて黒色の交雑種をつくり，「やんばる島豚」と名づけて2001年頃から販売をはじめた．「やんばる」で自然の豊富さを，「島豚」で琉球在来種であることを示そうとしたという．「やんばる島豚」の売りは，脂のおいしさと安全性である．アグーとの交雑種は，脂が多すぎて通常ルートで出荷すると格付で等外になってしまうため，脂の厚さをむしろ売りどころにし，通常の肉では1cm程度の背脂を3cmの厚さのまま独自のルートで販売している．生産の3分の1が流通する県内では，大手スーパー以外に実弟が経営する精肉店で販売し，3分の2は県内の商事会社を通じて関東の高級飲食店に販売している．小売りの値段は，通常の豚肉の2.5倍程度で，経済連の「あぐー」と同程度である．

アグーをはじめて交雑せずに商品化したのは，「今帰仁アグー」の高田勝氏である．高田氏は，黒毛和牛の種牛と母牛の全国販売の傍ら，アグー保存会を通じて北部農林高校から譲り受けたアグーを繁殖させ，アグーを飼育する人びとの中でもっとも高い繁殖性を実現させた．2003年には「農業生産法人有限会社，今帰仁アグー」を立ちあげ，北農系アグーどうしをかけあわせた北農系純粋種と，19世紀にイギリスによってもちこまれた「唐豚」の血を引くといわれる「アヨー」とアグーの交雑種の2種類を，「今帰仁アグー」として販売している．高田氏の信念は，「アグーは

写真2　やんばる島豚（我那覇畜産にて）

アグーという生き物である」ということである．アジア系の血が濃くヨーロッパ系に比べて生長が遅いアグーは，残飯などの薄い飼料に適応してきたため体長に対して腸が長い．そのようなアグーに，現在の商業用の品種と同じようなエサを与えても，脂肪が多く過剰栄養で繁殖性が低くなるだけだと考え，薄いエサを制限給餌する．繁殖性をあげているのは，このような給餌と母豚の選抜によるものだという．また，このような給餌によって，昔のような体型を維持し，背脂肪の厚さを2cmまで落とすことができた．高田氏は，アグーの純系を維持しつつ，奄美の島豚をかけあわせて，数を生産できる「新・島豚」を創るという構想をもっている．

　北部農林高校では，太田教諭の転任後，太田教諭の教え子であった伊野波彰教諭など数名の教諭がこの仕事を引き継ぎ，新たなブランド創出に向けた研究を重ねた．ランドレース，ハンプシャーとの交配を試みたのち，2002年からデュロックとの交配をはじめ，「チャーグー」として売りだした．「アグー」は経済連がすでに商標登録していたため，方言で「いつも」の意味をもつ「チャー」とgoodのかけ言葉として「チャーグー」とした．かけあわせる相手としてデュロックを選んだのは，色が黒に近い茶色であることと，産子数がよかったためであると現在アグー担当の東江直樹教諭はいう．アグーの旨味は脂であり，ロースが霜降りであることが望ましいが，県内では脂の多い肉は売れにくいため，グルメ，スローフードなどの動きがある県外が主なターゲットである．北部農林高校では現在アグーを30頭程度飼育

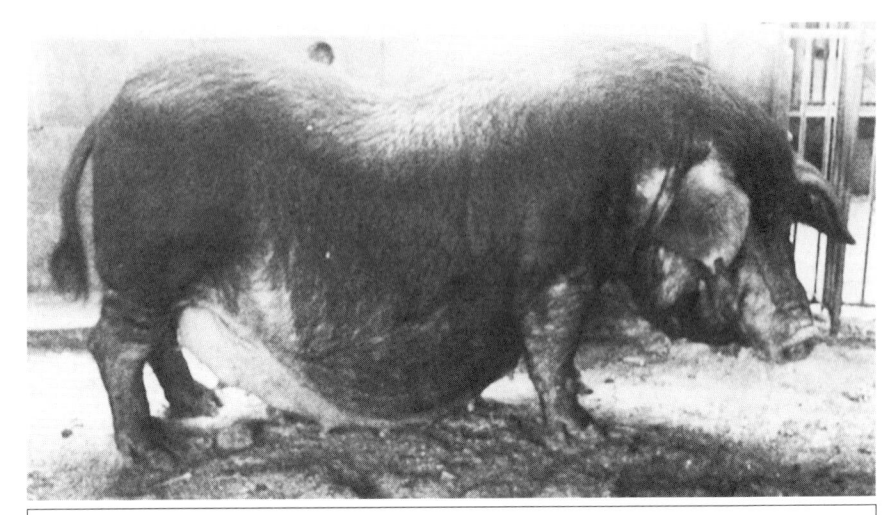

写真3　アヨーの血が少し入った今帰仁アグー（高田勝氏提供）

写真4　アヨー（高田勝氏提供）

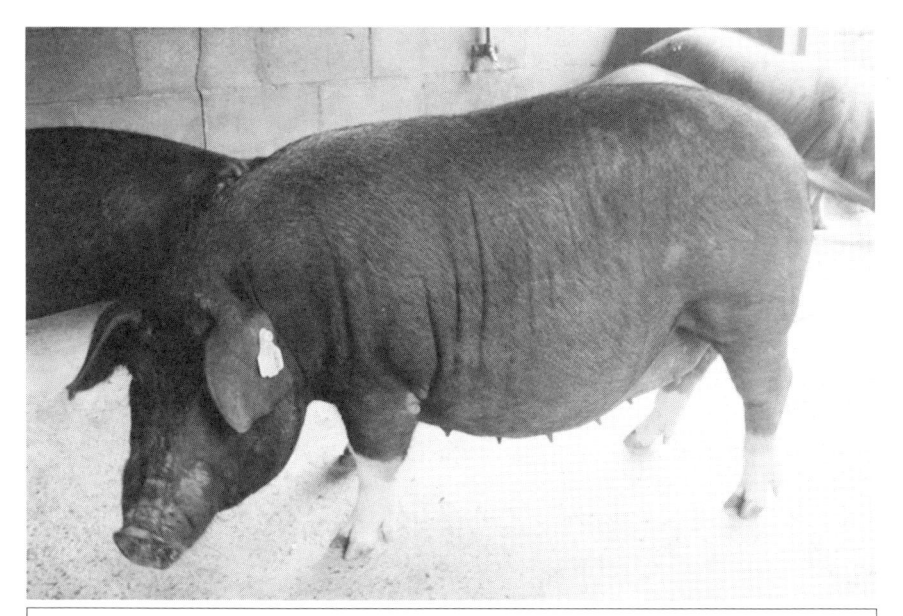

写真5 アグーとアヨーの雑種（高田勝氏提供）

しており，ブランド豚チャーグーは，高校の商品のホープとなっている．

　この間，アグーの「おいしさ」を科学的に証明するために，各種の調査がおこなわれた．畜産試験場では，現在市場で主流の三元交配の豚肉とアグーを同じ条件で飼育した後に，成分分析と試食による官能評価で比較した．その結果，アグーは，筋肉内脂肪の割合が三元交配に比べて有意に高いいわゆる霜降り状態であり，内臓脂肪融点が低いために脂が溶けだしやすく脂の旨味を感じやすいという．この実験では，グルタミン酸の含有量はアグーが高いものの有意さは認められず，イノシン酸は三元交配の方が有意に高いという結果で，ロース全体のコレステロールはアグーの方が多いという結果になった．脂の流出が少ない焼肉で官能検査をしたところ，脂のうまみ，甘み，柔らかさ，総合評価は有意ではないがアグーの評価が高いという結果であった．ただし，脂の溶出の多いしゃぶしゃぶでは，ロースで比較した場合，三元交配の方が総合的においしいと評価された（大城ほか 2003）．経済連も「あぐー」を成分分析し，全脂質の含有量とコレステロールが非銘柄豚と比較してそれぞれ約3分の1，4分の1であり，バラ肉の遊離アミノ酸含有量（主要な旨味成分）は，16種の遊離アミノ酸のうち13種類が「あぐー」の方が多いという結果を発表した（宮城 1998）．また，北部農林高校が沖縄県教育センターに依頼した「チャーグー」の成分分析では，必須アミノ酸の総量が，北農系アグーよりも「チャーグー」の方が多く，グルタミン酸などがとくに多い，という結果をだしている（北部農林

高校未発表).これらの結果のよい部分は宣伝に用いられ,雑誌にも引用されて,「おいしくて健康によい豚肉」イメージに貢献している.

商品化と平行して,アグーが雑誌にとりあげられる頻度が増え,『うるま』2005年8月号では,「琉球在来豚アグー」特集24頁を組み,島袋正敏氏からアグーを扱う料理店までを紹介した.また,アグーはほかのブランド豚とともに雑誌でとりあげられることも増え,『サライ』2005年2月3日号では,「銘柄豚料理に舌鼓」として全国16種の銘柄豚の中で「今帰仁アグー」と「やんばる島豚」を紹介した.テレビと雑誌に呼応して,県外での「アグー」の知名度はあがり,注文は増え続けている.

アグーとその交雑種の商品化は,これまで,各生産者の独自の技術とルートで成り立っていたのであるが,北農系のアグーが150頭程度からなかなか増えず,研究機関や生産者どうしの協力が必要になってきたこと,知名度があがるにつれて名称などの情報を整理することが必要になってきたことなどから,平成17年度から3年間の予定で,沖縄県が沖縄特別振興対策調整費を受けて「琉球在来豚『アグー』の遺伝的資源の確保・安定供給体制支援事業」を立ちあげた.事業の目的は「戦前から沖縄県だけで飼養されてきた,琉球在来豚「アグー」を原種とする「おきなわブランド豚」の生産供給体制を支援する」ことである.そのために,まず,生産・流通・研究施設・行政機関・有識者の関係者を集めておきなわブランド豚推進協議会を立ちあげ,アグーに関する協議・意志決定機関とした.17年度に協議会が立ちあがり,3回の会合がもたれ,平行して沖縄県による全県のアグーの飼育状況が調査された.在来豚の自己申請を県内の畜産家に求めたところ,27戸からおよそ600頭の申請があった.そのうち,両親が生存している子豚を除く約半数のDNAを調査した.沖縄県の畜産試験場が担当したDNAの調査結果は,申請されたブタが7つのまとまりとなったが,すべてのまとまりが西欧由来の品種とは異なるDNA配列をもっているとの結果であったという.協議会の登録部会における外貌,由来とDNAの総合評価では,調査対象の個体のうちオス・メス半々の70頭弱が基調系統と指定された.18年度以降は,指定生産農場制度による遺伝資源の保護,アグーの増殖,商品の開発,ブランド豚の基準と定義の整備,などが主な事業となる.県の事業とは別に,畜産試験場は,琉球大学農学部と独立行政法人農業・生物系特定産業技術研究機構畜産草地研究所,同法人農業生物資源研究所と共同で,農林水産省が公募した農林水産研究高度化事業に「琉球在来豚アグーの近交退化の緩和および増殖手法の確立」をテーマとして採択され,2005年度から5年間のプロジェクトが開始された.アグーは今後,認定,増殖などさまざまな側面で科学技術の力を借りることになる.

現在,沖縄の農業粗生産額の中で畜産は約40%を占め,さとうきび(18%),野菜(13%)を大きく上回っている.その畜産の中でブタは34%を占めているが,平成12年に肉牛(35%)に抜かれ,昭和62年頃をピークとして(昭和60年で195億円)

じりじりと減って平成12年には122億円である（沖縄県農林水産部畜産課 2002）．また，環境問題と豚値の低迷から従事者が急激に減っており，昭和47年には15,693戸だった養豚従事者が，平成14年には407戸と，30年間で97％が廃業した（沖縄県農林水産部 2004）．このような中で，アグーは，沖縄の地域固有性をアピールできる手堅い地域ブランドであり，沖縄県の畜産の安定に役立つと考えられ，県の重点施策となっている．沖縄で生産するブタ（平成12年のと畜頭数が約42万頭）の1％を占めることが当面の目標だという．

6 ●捨てられた島豚とアグーブーム

　戦前のブタは，屋敷地で飼育されることが多く，残飯や芋くずを煮たものがエサとして与えられた．この頃には，エサや労働力がコストであるという概念はなく，手間がかかっても時間がかかっても確実に育つ丈夫なブタがよいブタだったのである．

　明治時代に導入されたヨークシャーなどの品種が嫌われたのは白かったからであり，沖縄の人の「ブタは黒い」という思い入れはかなり強かったのであるが，戦争による豚の激減と戦後の混乱と食糧難が，「白いブタ」に対する拒否感をあっけなく覆した．とにかく食料の増産が至上命題である時代に，産子数が少なく肥育日数がかかり小柄な島豚はどんどん追いやられ，エサを与えれば与えるほどどんどん大きくなるヨーロッパ系の品種が主流となった．病気は薬で抑えればよくなり，島豚の特質である頑健さも必要なくなった．1972年の復帰前後から，それまで兼業だった養豚は専業化し，大規模経営になり，その後，残飯などに替わって，乾燥配合飼料を与えるようになる．1980年の雑誌の豚の特集号に「"ドブ飼い"は古いですよ」と題して，乾燥配合飼料による養豚に対する抱負を語る記事がある（『青い海』94号）．また，復帰によって，日本食肉格付協会による格付が適用されたことが，島豚の商業生産にとどめを刺した．格付は，枝肉重量や背脂肪の厚さで豚肉を評価する制度である．枝肉重量が小さく，背脂肪が厚い島豚の評価は等外扱いであった．また，この頃から，栄養が足りてきたばかりか成人病が心配されるようになった．この時代の，専業化，格付制度の導入，エサの変化の中で経済動物として島豚を飼うことはほとんど不可能だったのである．

　島豚に対する評価が一変したのは，バブルのおかげである．沖縄の養豚の中でもっとも大規模な農場と組織をもつ沖縄経済連が，他地域に真似のできないブランドとしてアグーの商品化を試みた．その頃テレビや雑誌でとりあげられたことが追い風となり，経済連をはじめ，いくつかのブランドが売りだされた．アグーをブランド化できたのは，経営に余力のある畜産家である．アグーは現在の飼い方ではほかの

豚よりコストがかかる．通常の流通ルートでは格付が低いため，独自の流通ルートをもつ必要もある．アグーの多くは県外の消費者が購買するので，流通ルートも県外向け，県内の高級飲食店向けである．アグーは現在，ほかの豚肉より小売りで2倍以上の値がつき，しかも供給量が少ないため，一般の消費者の口には入らない．バブルのあとも生き残ったグルメとそれを支えるマスメディアが忘れずにアグーをとりあげてくれることが，アグーを支えている．琉球鶏チャーン，宮古馬，在来山羊，在来犬トゥラーなど，もともとは実用動物であった家畜が愛玩動物として生き残ったほかの在来家畜と異なり，経済性で絶滅しかけたアグーを拾ったのは，メディアと結びついた経済性であった．

7 ● 在来家畜の商業化

7-1 在来性の基準と権利

アグーの価値は，在来家畜であることなのだが，在来の家畜や作物が，商業化の対象となる時，いくつかの課題がある．

まず，その正当性，指標，帰属などが問題となる．戦前を基準に考えると，島豚は中国系の黒色の品種がベースになっているのだが，中国系か西欧系の白色の「唐豚」やバークシャーなどがかけあわされたことは前述のとおりである．これまで，「アグーらしさ」の一番の判別基準は色であった．黒色＝在来種，白色＝新品種として語られ，これまで商品化してきた人びとの多くは，商品が「黒い」ことにこだわってきたのである．「黒くなくてはアグーでない」という黒への強い指向性は，戦前に品種改良用にもちこまれた白い豚が排除されたことにもつながるものである．「かごしま黒豚」も，その名が体を表すように，「黒」が品質の象徴なのであるが，アグーにかかわる人びとの黒さそのものに対するこだわりには，「黒」が在来性の象徴であることを感じさせる．協議会がおこなった審査では，外貌とDNAによって総合評価がおこなわれた．DNAでは全体にまとまりがみられたが，外貌では，大きさや色などに変異がみられたという．総合評価の基準と評価結果が今後も共有されるかどうかが1つの課題となるだろう．

アクセス権の確保と統制も課題である．理念的には，在来品種はその土地に住む人びとにすべてに利用する権利があるのだが，それを制限する事情もある．1つには，消滅しかけたアグーを守って商品化にこぎつけた人びとが払ってきたコストの問題であり，もう1つは，アグーがあまりに稀少で増えないために，望む人すべてに行き渡らせるだけのアグーがいない，という問題である．また，「アグー」という名の商品価値を守るためには，アグーのあり方についてある程度の規制はやむをえな

い．現在，ブランド豚のトップを走るかごしま黒豚は，薩摩の琉球侵攻時期に沖縄から導入された在来品種にバークシャーをかけあわせて「鹿児島バークシャー」という独自の系統をつくったと考えられているのだが，「かごしま黒豚」ブランドを守るためには，県黒豚生産者協議会が，県内で生産，肥育，出荷した六白（4つ足の先端と顔の白さ）のバークシャー種だけをかごしま黒豚として認定し，鹿児島県自身が，「鹿児島黒豚」「かごしま黒豚」とその証明書とシールを登録商標とし，さらに販売指定店制度も整備しようとしている．そこまでしないと，偽物から身を守れずに信用を失墜するという危機感があり，実際，出荷量の数倍の「かごしま黒豚」が店頭に並んでいるという（宮路，1999）．統一銘柄として知名度をあげたい，という生産者の希望もあり，沖縄県が考えるアグーの供給体制の1つのモデルが鹿児島県なのであるが，鹿児島バークシャーよりさらに在来性がつよいアグーに，そのような体制が組めるかどうかは未知数である．

7–2 アグーをめぐる言説の変化

沖縄の在来豚は，文献資料の多くでは「ウゥー」「シマウゥー」「島豚」と表現されている（金城 1987，萩原 1995，渡嘉敷 1988, 1996，川島 1984）．島袋氏が「沖縄の豚と山羊」の中で写真の説明として「沖縄在来豚の形質を残す黒豚（アーグー）」と記述し，名護博物館が剥製を「沖縄在来の豚アーグ」として記述しているが，雑誌やテレビが「アグー」としてとりあげるまで，「アグー」というよび方が沖縄全体で一般的ではなかった可能性が高い．島袋氏にアグーを譲った1人である名護宏明氏が1980年に雑誌のインタビューに答えた記事でも，「島豚」と表現している（『青い海』94号）．県内で大正から平成にかけて出版された市史，町史，村史，字史の中では，「島豚」，「シマウゥー」，「在来種」などの記述が多く，畜産に関してまとまった記述のある42冊のうち，在来種が「アグー」「アーグ」「アーグー」とよばれることを記述した文献は，名護市史，宜野座村史，漢那誌（宜野座村），粟国村史，読谷村史，宜野湾市史の6冊にとどまった．また，読谷村史には，「豚にはシマウゥー（島豚）と，アグー（粟国産）とよばれた黒豚と，白い色の入ったアヨー（綾もよう）があった．その中でもアグーは強健で多産系であった．」とあり（読谷村史編集委員会 1995），島豚（もしくはシマウゥー）とアグー（もしくはアーグ，アーグー）は，地域によっては必ずしも同一のものを表すとはいえなかった可能性もある．しかし，北部農林高校のアグーがマスコミにとりあげられ，沖縄経済連が商品化したのちは，島豚（シマウゥー）よりアグーの名称がよく使われるようになる（宮城 1998，平川 2005）．また，「アグー」「アーグ」「アーグー」などのさまざまな発音の表記が，「アグー」に収斂しつつある．沖縄県の今年度からの事業の名称も，「琉球在来豚『アグー』の遺伝的資源の確保・安定供給体制支援事業」であり，調査票の名称も「琉球在来豚「ア

グー」飼養状況調査票」である．そもそも，「島豚」，「シマウヮー」という呼称は，1844年に「唐豚（トウブタ）」が導入されてから，それまでたんなる「ブタ」もしくは「ウヮー」だったものが差異化されたものであるが，「アグー」はここ10年ほどで「島豚」，「シマウヮー」に代わって在来品種を表す名称として定着したといえるだろう．

　また，おいしさについての言説も変化している．アグーの一番の宣伝文句は「おいしい」ことである．そもそもは，高齢者が「昔の島豚はおいしかった，今の豚肉はおいしくない」といったことが発端である．筆者の沖縄の調査でも，しばしばそのような言説が聞かれた．その後，経済連が成分分析を発表し，旨味成分である各種のアミノ酸の含有量が高いことを発表して以来，その数値がアグーのおいしさの裏づけとして雑誌などでしばしば引用されるようになった．また，雑誌で「一流レストラン」のシェフが語るアグーのおいしさが，品質保証となっている．このように，アグーのおいしさの基準は，昔の豚肉の味を知る高齢者から成分分析とシェフの語りへと移行している．

　戦前と現在では「おいしさ」の意味も変わっている．アグーのおいしさは脂である，と生産者も昔の島豚を知る年配者もいうのであるが，現在の食生活の中では脂が敬遠されている．例外は筋肉に脂肪が入りこんだいわゆる「霜降り」であるが，アグーの場合はどちらかというと背脂肪が厚いのである．そもそも，沖縄の豚肉食文化は「肉の文化」であるとともに「脂の文化」でもあった[5]（萩原1991）．アカニクに対する嗜好と脂肪に対する嗜好のバランスの上に豚肉食が成り立っていたのである．脂肪だけが敬遠される現在，脂をどう扱うかは，生産者と料理人の双方が工夫をこらす余地があり，現在のところ，高田氏や経済連のように，できるだけ背脂肪を薄くする方法を考える方向と，我那覇氏のように，厚い脂肪をおいしさの象徴であると宣伝する方向がみられる．

7-3　在来性の地理的範囲

　島豚もしくはアグーが「在来」していたと考えられる地理的範囲はどこまでなのだろうか．戦前の食生活を地域別に詳細に記述した「聞き書き沖縄の食事」（「日本食生活全集　沖縄」編集委員会編1988）には，現在の沖縄県の範囲では，本島から与那国にいたるまですべての地域で，ブタが食用に飼育されていたという記述がある．1935年に八重山の竹富島でみられたブタについては，本島の島豚に類似した形質が記録されている（古堅1935）．また，1963年と1964年に沖縄本島から与那国島まで沖縄の在来家畜の調査をおこなった田中らは，離島（宮古・八重山をふくむ）において在来豚はみられなかったが，本島の中部と南部で「所謂琉球豚」33頭の調査をおこなったと述べている（田中1967）．先述したように，かごしま黒豚のルーツは琉球からもち帰った豚の可能性が高いのであるが，そもそも琉球王朝の領土であった

奄美諸島では, 生業や風俗が非常に沖縄に似ており, 奄美にも正月に豚を殺してごちそうにする習慣(ウゥークッシー)があったという. 奄美が日本に復帰した頃から, それまでの島豚に代わってバークシャーが主流になり, それ以前の島豚は, 沖縄の島豚とルーツを共有していると考えられるのだが, 奄美の島豚の血を引くと考えられる豚の中にも地域差があり, 歴史的にさまざまな交配があったと考えられる(宮路, 1999). このように考えると, 島豚もしくはアグーと近い豚のいた範囲は, 少なくとも八重山から鹿児島に至る[6].

沖縄の在来文化としてのアグーの価値について発信し続けてきた島袋氏は, 「島豚」もしくは「アグー」の地理的範囲は, 奄美諸島から与那国までであろうと考えている. 「新・島豚」をめざす高田氏も同じ範囲を想定している. 鹿児島にはすでに島豚の色を濃く残すブタがいないためでもあるのだが, 島豚の表す「シマ」の範囲は, どうも, 昔の琉球王朝の勢力範囲, つまり琉球弧であるようだ. これは, いいかえれば, 本土に対する「シマ」であり, 鹿児島に対する「シマ」である.

沖縄には琉球処分以降, 歴史的に鹿児島に対する対抗意識が強い. 自然環境も似ているため, 産物も競合状態にある. 沖縄から鹿児島に渡ったイモは「サツマイモ」として全国に流通したが, 沖縄の人びとはいまだにイモの本家は沖縄であると考えている. アグーも, その独自性, 歴史性, 品質において, かごしま黒豚と張りあう気持ちは強いと考えられる.

ただし, その中では, 沖縄文化の中の差異は隠蔽されてしまう. とくに八重山では, 生業としては豚より牧場(マキィ)における牛馬の飼育がはるかに重要であり, 儀礼食においても豚以外の牛馬の肉も用いられていた(石垣市史編集委員会 1994). また, 豚より牛の方が食料としても儀礼食としても重要だったという報告もあり(金城 1987), 「沖縄における伝統的な豚肉文化」内部には差異が見出せるのである.

7-4 在来性の商品価値

戦後のアメリカ統治を経て日本に復帰して以来, 本土からの商品と沖縄産の商品が並ぶ那覇第一牧志公設市場では, 本土産の「ヤマトモノ」に対して沖縄産の商品が「シマーグワー」とよばれ, 軽視される傾向があった(沖縄大学沖縄学生文化協会 1982). しかし, ここ10年ほどで状況は逆転した. 少なくとも牧志の市場では, シマーグワーはシマーグワーであるからこそ高値がつく状況になっている. 沖縄が観光, 精神文化, 沖縄産品などさまざまな面でブームになっている現在, アグーもまた本土に対するシマーグワーの1つであり, 「沖縄文化」自身が現在もっている商業的価値を内包している. 沖縄産品の県外での販売拡大に成功した「わしたショップ」の分析の中に, 沖縄産品の売りだしのコンセプトがある. すなわち, トロピカル, 長寿・健康, 自然と地理・風土, 王朝の歴史と庶民生活, アメリカン・ドリー

ムなどであるという（宮城 2003）．アグーはこの中で，「長寿・健康」，「自然と地理・風土」，「王朝の歴史と庶民生活」という売れる要素を複数もつ商品なのである．これらの要素はすべて，アグーの在来性にその基盤をもっていて，アグーの商品としての価値は「在来性」に多くを依存している．

このように在来家畜は，「伝統性」，「農村生活の価値」が商品価値になりうるのであるが，その商品化には普遍的な問題もある．アグーが西欧種に駆逐されていったように，産子数，肥育期間，小柄な体軀，生産効率のよい濃い配合飼料に向かないといった経済性以外にも，そもそも，在来品種は品種内多様性が大きいのである．現在の流通制度の中であらゆる商品に求められるのは，品質の一定さである．アグーの場合，さまざまな品種がかけあわされて現在に至った経緯もあり，近親交配による系統造成をしても，まったく同じ品質をつくりだすことは難しい．高田氏によると，アヨーと交配した第一世代（F1）でもなかなか品質がそろわないという．また，品質をそろえるために近親交配を続けすぎると，産子数が少なくなるなどの弊害がある．このため，アグーそのものを商品化するためには，在来家畜の特徴として品質が不揃いであることを，消費者に理解してもらう必要がある．

7-5 「在来性」は復活するか

アグーはたしかに，在来家畜の末裔である．その形質にはさまざまな変異があるが，DNA 分析でも集団としての独自性が確認されたと協議会では考えている．では，在来家畜の血を引く家畜を飼うことはすなわち「在来性」の復活となるであろうか．

ここで今一度，家畜と作物に関する在来性について考えてみよう．ここでは，ある地域で，特定の種，もしくは品種の家畜や作物と関係を持ち続けることを在来性と考えよう．特定の，と表現したが，その家畜や作物は不変ではなく，突然変異などによって多様性を増したり，反対に淘汰されて多様性が減ったり，外から来た品種と交雑したり，といった変化を続ける．しかし，それでもその種，もしくは品種が在来性をもつ，ということには，それが，その地域の生活文化全般と深くかかわっていることに根拠をもつと考えられる．このような在来性を食文化や生活文化をふくんだあり方としての広義の在来性と考えるならば，狭義の在来性は，広義の在来性を凝縮して象徴する作物・家畜の連続性であるといえる．つまり，「在来品種」は，ある地域の中で「自分たちの固有の」と認識される程度の期間，文化的に共有されてきた家畜，もしくは作物種の一部であるといえるだろう．多くの場合，在来品種は，より近年に他地域からもたらされたほかの品種によって「在来」と意識され，それを示す名称を与えられるが，とくに家畜の場合，交配によって速やかに在来と外来の遺伝的，形質的な境界は曖昧になる傾向が強い．

沖縄の島豚の在来性は，仔豚を購買し，飼育し，必要であれば去勢し，自分の手

で屠殺・解体し，解体したブタを近所や親戚に分配し，暑さの中で腐らないように保存し，好みの味覚に調理する，そのような具体的かかわりの総体によって保証されていた．また，豚小屋にフール神がいるという信仰や，ブタのいる屋敷の光景，正月豚（ソーガチウゥー）の声と正月の興奮，といったものも，生活文化の要素である．それらの生活文化の継続のためには，その対象である島豚の継続性（狭義の在来性）が意識されている必要があるだろう．

家畜や作物の広義の在来性の特徴は，空間的には，ある地域に限定的で，ほかの地域にそのままの形で移動することができないこと（非転移性）である．また，時間的には，少なくとも当事者たちにとって「ずっと」と意識される程度の人間と対象家畜・作物との関係した時間の継続性と，それが一度失われたら同じ形では生活文化の中に埋めこみ直すことはできない，という非可逆性がもう1つの特徴である．いいかえれば，「在来性」は，人間と対象の関係性の主観的な長さと深さによって定義される．

一般に，畜産や農耕の文化は，狩猟採集の文化に比較すると，自然に対する人間の能動性と管理が非常に強くなった文化だと考えられている．動植物の生殖をコントロールし，遺伝的に変化を導くことをドメスティケーション（栽培化・家畜化）とよぶのであるから，これは当然のことである．しかし，家畜や作物が生活文化に根づいている場合，それは一方的なものではありえない．在来性の強い作物や家畜は，経済的な利用だけではなく，生活文化全体に深く浸透しており，その関係の長さと深さによって，人間に対して強い影響力をもっている．そのような家畜や作物は，第1部1章で寺嶋が野生の動植物を対象にして考えたように「ともに生きられるもの」なのではないだろうか．島豚でいえば，ブタの声，ブタの存在，ブタにまつわる物語が「食べられる」存在であることをこえて人間に働きかけていたと考えられるのである．それは，狩猟採集民と関係をもつ野生動植物のように人間から完全に独立した存在ではないという違いはあるのであるが．それは，管理しているはずの自然の一部から管理の及ばない力を受け，それを受け入れる人間の姿であろう．

これらの生活文化は沖縄全体で一度は失われたものである．そうであるとすると，現在商品として復活した「アグー」は，かつてあった形での広義の在来性の多くを一度失ったのかもしれない．食料の自給と，屋敷地における少数飼育を背景とした生活文化を失った「アグー」の価値は，どのように再編されるのであろうか．アグーが，長く沖縄の自然環境の中で培われてきたことは現在でも通用する価値の重要な部分であるが，現在の沖縄の食文化と生活文化にアグーを再び組みこむことはできるだろうか．それとも，遺伝資源としての価値，もしくは歴史的な「遺産価値」を体現することになるのだろうか．歴史，文化，経済を結んで，アグーが新たな「在来性」を獲得するのか，「在来性」を価値とした商品として特化していくのか，在来家畜アグーの行方は未知数である．

注

1) 7000年前の縄文前期に嘉手納町の野国遺跡から家畜化されたイノシシの骨が出土したという報告もあるが、島豚に関係があるか否かは不明である。
2) 沖縄ではウム、鹿児島では琉球イモ、それ以外の日本ではサツマイモとよばれる。
3) 下鴨 (1997) にはニューハンプシャーとなっているが、渡嘉敷 (1996)、平川 (2005) ではハンプシャーとあり、おそらくハンプシャーである。
4) 太田教諭は、転任後3年で北部農林高校にもどって間もなく、1996年に急逝された。
5) 萩原は「脂の文化」を「油の文化」と記述している。
6) 台湾の豚と沖縄の島豚はどうやら遺伝的に異なる系統である可能性が高い (Ozawa 2000) のであるが、与那国は歴史的に台湾との関係が深いため、与那国の豚がどちらの系統だったかは不明である。同じ報告によると、北農系のアグーは、ミトコンドリアDNAで分析した場合、中国系品種の金華豚、梅山豚などと遺伝系統が非常に近く、西欧系の特徴は見出されなかった (Ozawa 2000)。

文献

クラットン＝ブロック, J. (1989)『図説動物文化史事典』, 原書房.
古堅宗昌 (1935)「琉球在来種豚の形態と性能」,『沖縄博物学会会報』, 1-1: 23-25.
萩原左人 (1995)「豚肉の分類・料理・儀礼 (上)」,『歴史人類』, 23: 162-139.
萩原左人 (1991)「肉の文化・油の文化」,『比較民俗研究』, 4: 28-44.
平川宗隆 (2005)『豚国・おきなわ』, 那覇出版社.
伊波盛誠 (1979)『琉球動物史』, ひるぎ書房.
石垣市史編集委員会 (1994)『石垣市史 各論編 民俗 上』, 石垣市.
川島由次 (1984)「肉食の風土」, 木崎甲子郎・目崎茂和編『琉球の風水土』, 築地書館, 169-178.
金城須美子 (1987)「沖縄の肉食文化に関する一考察」,『生活文化史』, 11: 14-30.
小松かおり (2002)「シシマチの技法」, 松井健編『講座・生態人類学 第6巻 核としての周辺』, 京都大学学術出版会.
小宮山鐵朗ほか編 (1997)『畜産総合事典』, 朝倉書店.
宮城弘岩 (2003)『沖縄の物産革命』, ボーダーインク.
宮城吉道 (1998)「沖縄在来豚「アグー」の復元と沖縄の食文化 (1)」,『畜産コンサルタント』, 407: 46-50.
宮路直人 (1999)『かごしま黒豚物語』, 南日本新聞社.
名護市史編さん委員会 (2001)『名護市史 本編9 民俗2 自然の文化史』, 名護市.
那覇市 (1979)『那覇市史 資料篇 第2巻中の7 那覇の民俗』, 那覇市.
「日本の食生活全集 沖縄」編集委員会編 (1988)『聞き書沖縄の食事』, 農山漁村文化協会.
大城まどか・中村敏・鈴木直人・太田克之・渡久地政康 (2003)「琉球在来豚 (アグー) を活用した銘柄豚の確立 (3) アグーの肥育試験および肉質評価」,『沖縄県畜産試験場試験研究報告』, 41: 71-77.
沖縄大学沖縄学生文化協会 (1982)「那覇市第一牧志公設市場調査報告」,『郷土』, 20: 5-86.

沖縄県農林水産部（2004）『沖縄の農林水産業』，沖縄県．
沖縄県農林水産部畜産課（2002）『おきなわの畜産』，沖縄県．
Ozawa, T. (2000) Origin of Ryukyuan Native Pigs Inferred from Mitochondorial DNA Sequences, *Report of the Society for Researches on Native Livestock,* 18: 209-216.
島袋正敏（1989）『沖縄の豚と山羊』，ひるぎ社．
下嶋哲朗（1997）『豚と沖縄独立』，未来社．
シヴァ，V.（2003）『生物多様性の危機』，明石書店．
田中一栄（1967）「琉球諸島における豚」，『日本在来家畜調査団報告』，2: 55-57.
田中智夫（2001）『ブタの動物学』，東京大学出版会．
渡嘉敷綏宝（1988）『家畜百話』，月刊沖縄社．
渡嘉敷綏宝（1996）『豚・この有用な動物』，那覇出版社．
読谷村史編集委員会（1995）『読谷村史　第4巻　資料編3　読谷の民俗　上』，読谷村役場．

13章

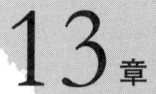

座敷箒は消え行くものなのか
―手技という資源の見直し―

小川　了

● Key Word ●
座敷箒，手技，二極化

1 ●はじめに ── 箒のつまらなさ

　箒とは誠につまらないものである．いつも人目に立たぬ隅っこにおいやられ，時に主役になるかと思えば，その役割たるや汚辱の中に身を沈めることだというのである．それがみずからに課せられた基本的な役割なのだ．そのつまらなさゆえであろう，人びとの耳目を集めることもないようだ．

　「財団法人　伝統的工芸品産業振興協会」が指定する日本の伝統的な工芸品の中に箒がふくまれていないのはひとまず承服するとして，『民俗学辞典』や『日本民俗事典』が掃除という項目を設けておらず（大島 1984:5），したがって箒についてもとくにそれを目的とした記述をしていないという事実を知る時，誰しも箒のつまらなさを改めて実感せざるをえないだろう．せいぜいのところ，日用品，日用雑貨，あるいは荒物という部類におさめられることになる．ちなみに荒物を広辞苑で調べると，「ざる・ほうき・ちりとりなどの雑貨類」と記されている．箒や笊は民俗学が学問の対象としてとりあげるほどの価値を見出すのは難しい生活雑貨ということになるのだろうか．ついでながら，日用品という言葉自体，明治期における「文明開化」以降，舶来の「洋物」から，大正期において国産モダンなものが「文化何々」（たとえば文化鍋）と称され，その流れを受けて荒物も日用品という新語におきかえられたことが指摘されている（近藤 2003:57-58 での山口昌伴の発言）．荒物という言葉は死語ではないが，たしかにあまり目にすることもなくなった．箒は荒物・雑貨，

少しモダンないい方をしたところで，ただの日用品なのである．

しかし，いったん象徴思考の世界に目を向けてみると，箒はやや意外なほどに活躍している．箒の日常生活におけるつまらなさと，象徴世界での位置どりの確かさとはいささか不均衡な印象さえ与えるものになっている．本章は日本の座敷箒を材料に，現代日本人の外部世界とのつながりかた，生活一般のありようなどを考えることを目論見としているが，本論に入る前に箒が表象するシンボル，イメージについて一通り見ておきたい．

2●表象の世界での箒

アレックス・ヘイリーによる『ルーツ』は，アフリカからアメリカに強制移送された黒人奴隷家族の数世代に渡る生活を描いた「大河小説」であるが，奴隷である黒人男女の結婚を描く時，必ず「こうして2人は箒を跳びこえた」という表現が用いられている．地面においた箒の上を2人の男女が跳びこえる，これが2人の結婚を象徴する印になったというのである．結婚する男女が箒を跳びこえる儀式は，アフリカからもたらされたものであったのか，あるいは当時のアメリカ白人の風習であったものを黒人奴隷もするようになったのか，まずはそこから出発しなければならない．

箒を跳び越すのが結婚を象徴するというのは，アフリカ起源ではなく，西洋世界の思考であったようだ．アト・ド・フリースの『イメージ・シンボル事典』は，その序文に述べられているように西洋世界，西欧文明でのイメージ・シンボルについて記述するものであるが，箒の項には民間伝承として花嫁の家，または嫁ぎ先の家の開いた戸にカバ（樺）の木の庭箒を立てかけ，公式の立会人の出席のもとに，花嫁と花婿がこれを跳びこえてはじめてこの結婚式は教会での挙式と同等の効力をもった，と記されている．つまり，箒跳びの儀式は，教会での挙式に代わりうる力をもつものであった．いうなれば，箒は司祭の役目をはたしたのだ．宗教権威を代理する力をもっていたといえよう．この記述を頭におくと，17世紀，18世紀のアメリカにおける黒人奴隷たちが結婚に際して「箒を跳びこえた」のは，よく納得できる．奴隷としての黒人たちは，結婚に際して教会で挙式することなどできないのがふつうであっただろうと思われる．箒を跳び越すこと，それが儀式の核心部分であったのだ．

箒が宗教権威を代理し得たのはなぜか，その点については不明である．しかし，ヨーロッパにおいて箒が宗教世界と無縁ではなかったことは，15世紀から17世紀にかけてヨーロッパ各地でおこなわれたという「魔女狩り」を想起すれば簡単に理解される．ただし，宗教との直接のかかわりというよりも，いわば宗教の裏世界と

のかかわりではあるが．魔女は箒にまたがり空を飛んで魔女集会に向かい，そこで悪魔と性交していたというのだが，空を飛ぶ魔女を表す絵図をみると，箒の穂の部分が魔女の身体の前に突きでていながら，またがっているのなら身体の後ろにでているはずの柄の部分が描かれていないものがある．箒の柄と男根との直接的な連関を思わせる．実際のところ，『イメージ・シンボル事典』においても，少女が不用意に箒の柄をまたぐと結婚より先に母になるといわれたと記されており，箒の柄と男根とのつながりを証明している．

さて，日本において箒はどのような象徴思考と結びあっているのか．箒にまつわる日本での俗信といえば，長居の客に「退散」願うものが代表的といえるだろう．長居の客に早く帰ってほしいと思う時，箒に手ぬぐいをかぶせ，逆さに立てるというものである．なぜ，箒に客を帰らせる力があるのか，それは箒にまつわる次のような信仰，俗信とどこかでつながっていよう．箒はまず掃くものであり，掃くことによって塵やほこりを「移動」させ，とり払うことを基本的な機能とする．俗信はこの基本機能とかかわっている．

埼玉県，皆野の藤原地区には安産堂があり，4月22日の縁日には安産祈願として箒が奉納されるという．箒だけではなく柄杓や旗なども奉納されるのだが，現在でもこれらの品が安産堂の壁面に飾られているという．また，神戸市灘区の徳井神社は「箒の宮」ともよばれ，安産の神様として信仰を集めるという．箒の「掃きだす」という機能と，安産とがかかわっていると考えられる．また，箒をまたぐと難産するという俗信は各地にみられるようだ．同様に，女性が産気づくといそいで箒を立てて，安産を祈ったともいう．

花嫁が生家をでて，婿の家に向かう時，再び箒が登場する．掃きだすことで，「戻ってこぬように」という意味が付与されている．他方，こちらは不祝儀に関してだが，葬式に際して棺をだした直後に，儀礼的に箒で掃く所作をするところもあるし，死者の上に刃物とならんで箒をおくところがある．猫が死者の上を跳びこえると死者は蘇生するといわれ，その際，死者を箒でたたき，生き返らないようにするためという（俗信に関する記述はいずれも大島・御巫1984，小林1992:32による）．このように，日本での箒に関する信仰，俗信は基本的には箒の「掃きだす」機能と直結しているように思える．

こうして見てくると，箒は結婚にかかわり，子どもの出産に役目をはたし，さらに人の死に際しても登場している．具体的な，あるいは象徴的な「場の移動」ということにかかわっている観が強いのである．「掃きだす」という直接的な運動のあり方が1つの象徴として働いているのだろう．箒はたしかに汚辱の世界に身をおくものではあるが，その役割は汚辱を掃きだすことにあり，掃きだすという動き，運動の方向性が箒の表象とかかわっているようだ．いずれにせよ，箒という日常用具はその内に霊力の強さを秘めていることを感じさせる．つまらない日用品として，

簡単に見過ごしてしまうわけにはいかない物品であることがわかるのである．

3 ● 昭和30年代日本の「生活革命」

　本章は，箒ととくに昭和30年代以降の日本の社会環境とのかかわりについて論じようとするものであって，箒の製法や機能，あるいは世界各地の箒の分類といった箒全般にかかわる記述を目的とするわけではない．主たる対象は日本の箒，それも関東以北で多く使われている座敷箒である．つまり，戸外で用いる竹箒や玄関先などの掃除に使うものは最初から除外されている．さらに，関東以北では座敷箒としてホウキモロコシという箒製作のためだけに栽培される植物を材料にしているのに対し，関西から四国などでは屋内用の箒としてはシュロを材料にしたものが主であるが，このシュロ箒についても本論での考察の対象にはしない．ホウキモロコシを材料にした座敷箒は関東以北のいろいろな場所でつくられており，主な生産地の名を冠して，たとえば関東箒とよばれたり，江戸箒，鹿沼箒などとよばれている．以降は，ここで示したおもに関東以北でつくられ，用いられている座敷箒について論ずることになる．

　日本での屋内用の座敷箒は一般人の生活に畳がとりいれられ，普及していく過程と並行して発展，普及したと考えるのが常道であろう．屋内清掃用具としての箒そのものが古くから存在したのは当然として，モロコシを材料にした箒の歴史は意外なほどに新しく，一説によると江戸時代の末期からであるという．その説によると，もともと畳は置敷きのもの，つまり高貴な人が一般人との差を示すかのように板の間の一部に数枚の畳を敷き，その上に座るものであった．縁の華美さが見せどころであり，それは平安時代の宮廷生活を模すとされる雛祭り人形の最上段，内裏雛が座す，厚いがゆえに尊しとされる置敷き畳が今でも華麗な縁を見せている事実にうかがうことができる．この縁の最上級のものを高麗縁といっており，そのことからもわかるように畳は朝鮮から伝来したのである．韓国李朝の貴人の座具ポリョーが置敷き畳の原型であるという．その畳を部屋中に敷き詰めるようにしたのは日本での発明であり，置敷きを旨とする畳という観点からすれば，部屋中に敷き詰めるのは畳の「誤用」ということになるが，この誤用が明治末に本格的に普及し，それに伴って座敷箒の需要はこの時期に急激に伸びたという (cf. 山口昌伴「新和風とは何か」http://plaza8.mbn.or.jp/~owc/kmt/kmt-33.html)．

　山口説によると，当初，少数の貴人が置敷きとして用いていた畳が明治末になってやっと庶民にも手が届くようになり，置敷きではなく，「誤用」されて部屋中に敷き詰められるようになったという．座敷箒の普及はこの畳の一般化にともなうものであった．

畳が当初，貴人のものであったのはまちがいのないところであろう．古い昔には土間，あるいは板の間に薦や莚を敷くのがせいぜいであったはずだ．そして，この薦や莚は一般の農民にあっては明治時代以降にいたるまでふつうに使われていたものであった（宮崎 1985:120）．宮崎によると，畳の基本が生成されたのは500年から700年にいたる頃，つまり大和時代から飛鳥時代という．基本自体は早い時代から存在したことになる．板敷きの床におかれ，敷物あるいは寝具として用いられた．この点は山口説と同じで，畳はもともと置敷きであったことになる．後，住宅の間取りと畳の寸法との間に相関関係が生まれ，畳の大きさが規格化されるようになる．宮崎説では，もともと置敷きであった畳が部屋中に敷き詰められるようになるのは，鎌倉時代末期ごろという．ただし，貴人の屋敷についての話である．宮崎説の根拠としては『春日権現霊験記』にみられる絵において，ひろい部屋一面に畳が敷かれている図があることなどがあげられている．そのうえで，宮崎は「畳の敷詰めは室町時代から桃山時代初期にかけて，ひろく一般化していく」（宮崎 1985:124）と述べている．山口説よりはかなり早い時期に畳の一般化があったことになる．ただし，農民は明治末にいたるまで莚敷きで暮らしていたわけだから，ここでの「一般化」は町衆の間でのことである．この頃から，畳の寸法が基礎になって住宅が建てられるようになった．おもしろいのは，畳職人が一人前の親方になるまでにはおよそ1000畳作成の経験をつむ必要があったと記されていることである（宮崎 1985:126）．これは後に触れることになるが，箒職人についても，一人前になるまでにはざっと1000本の箒をつくる必要があるといわれていることに符合する．

さて，宮崎氏の著によると，昭和に入っても昭和25年（1950年）ころに至るまで畳をもたない家が多数あったという．農地解放（1947年から1950年にかけて）以前にあっては，自作農以上でないと畳は用いられていなかった（宮崎 1985:135）．これも後に触れることになるが，日本で座敷箒が「全盛」であったのは昭和30年代のことである．つまり，畳がやっとほんとうに日本中の家庭でふつうに用いられるようになってはじめて箒も全盛時代に入ったわけである．

昭和30年代は1955年以降の10年ということになるが，この時期は第二次大戦の敗戦（昭和20年）から10年を経，正確には昭和35年（1960年）を境としていわゆる高度経済成長が本格化し，昭和30年から40年代末にかけての20年ほどは一般の日本人にとって「生活革命」といってよいほどの空前の大変化が生活の諸次元で起こった時期である．この大変革，急激な経済成長は戦後日本の民主改革という基礎があってはじめて達成できたことであるが，一般人の日常生活のあり様，社会全体の風潮・世相に目にみえる変化が観察されるようになった．食生活や衣生活の変化に比べて住生活の変化は遅いとはいえ，昭和30年代のはじめから公団住宅のダイニング・キッチン・システムは当時の機能主義偏重の洋風スタイルと女性の地位向上という時流のなかでたちまち一般に普及していった（色川 1990:9,46）．板敷きの，

いわゆる洋風の間が増え，畳の間は減少していった．さらに，畳の間ではあるものの，畳の上にカーペットを敷くことも多くなった．和風の上に洋風が同居するようになったのである．

並行して，家庭電化製品の普及もめざましく，衣の領域での電気洗濯機，食の領域での電気釜，トースターと並んで，住の領域では電気掃除機が一般の家庭に急速に普及していった．こうした生活様式の全般的な変化の中で座敷箒の需要は急減少することになるのだが，一方において1950年ごろまでは畳さえ敷かずに板の間に筵敷きで暮らしていた多くの農民がいたことを思うと，それから20年かそこらの短い期間に起こった変化は文字通り「激変」であったというほかない．まさに生活上の「革命」であったのだ．

4●日本産の箒

ところで，筆者が日本の座敷箒に興味をもつようになったのは，2003年春に放送されたあるテレビ番組（NHK　生活ほっとモーニング）で座敷箒がとりあげられていたことによる．その番組において，昭和30年代には箒職人は全国に600人以上を数えたが，今やほとんどいない状況であることが強調されていた．ますます進む生活の「洋風化」の中で，座敷箒はこのまま消え去っていくのか，というのが当初の筆者の印象であった．となると，調べてみなければならない．

筆者の調査はまず，先の番組に登場した箒職人N氏にお話をうかがうことからはじまった．埼玉県在住のN氏は素人の質問に丁寧に答える労を惜しまれなかった．その時，ご教示いただいたことを整理してみると主な点としておよそ次の事項をあげることができる．

①まず，たしかに箒職人の数は全国的に見てもごく少なく，現在，日本で使われている座敷箒のほとんどがタイ，およびインドネシアなどから輸入されている．
②（日本向け）座敷箒の海外生産は最初に台湾からはじまり，その後インドネシア，タイに移ったこと．いずれの場合も，材料であるホウキモロコシの種を日本から送り，また日本風の座敷箒製作技術を教えるため日本人職人が現地に赴いた．
③外国産の箒は，材料となるホウキモロコシ栽培の土壌の質の違いゆえか，ホウキモロコシの色が「冴えた緑」にならずよくない．また，穂先がすぐ抜けたり，折れやすいなどの欠点がある．ただし，安価である．
④ホウキモロコシはモロコシの一種であるが，実を食用にすることはなく，箒の材料にするためだけに栽培する．現在，日本でも茨城県などの農家に依頼して栽培してもらっているが，絶対量は少なく，材料の多くはインドネシアなどか

写真1　箒づくりに適したホウキモロコシの穂．穂先が一束にまとまったものがよい
　　　　（インドネシアで撮影）

　ら輸入されている．
⑤ホウキモロコシの収穫は箒材としてふさわしい穂を選んで，穂の下部を切りとる穂刈りであり，機械化できず，人手に頼る．そのため人件費がかかりすぎ，栽培は外国に移った（写真1を参照）．
⑥かつては箒の需用は大きく，箒製作業者の組合もあったが，今はなくなった．もともとは，関東地域の農家の副業として箒製作はなされていた．今いる数少ない職人はほとんどが父親の代から箒づくりをしていた人の後を継いだものである．
⑦現在，箒の販売先を確保するのが難しい．学校や寺，自衛隊宿舎などが買ってくれる．日本でつくられる箒の中には非常に高価なものもあり，1本数万円するものもある．
⑧関東で座敷箒といえばホウキモロコシを材料にしたものだが，関西や四国ではシュロ箒の方が一般的である．
⑨デパートなどでおこなわれる物産展などの催しで実演販売することがよくあり，全国各地に出かけることが多い．

およそ上記の通りの諸事実を学んだ後，筆者は東京都内で箒販売の老舗として知られるS店で話をうかがい，そこからさらに別の職人への聞きとりをした．こうして知り得た諸事実をまとめてみると，概略は次の通りである．

S店は株式会社組織であり，荒物・雑貨など日用品をおもに販売している．一般事務を執る社員のほかに，現在，4人の箒職人が社員の身分をもって勤務している．最年長の職人は69歳（年齢はいずれも2005年時）であり，ほかに30歳代の男性職人2人と19歳の女性職人がいる．S店内に箒製作の実演コーナーが設けられているが，職人達は日常的には別の場所にある工房で箒をつくっている．店の実演コーナーはいわば宣伝用に設けられたものである．

S店に勤務する女性の職人は職業訓練学校で木工を学んだ後，箒製作の道に入門して3年になるという．本人の話によると，自分は会社勤めには向いていない性格であるとわかっていて，職探しをしている折に知人から箒づくりの職場の求人票をもらい，この仕事に入ったという．あえていえば「偶然」に近い．しかし，訓練校で2年間木工技術を学んだという基礎があり，それを充分に生かす職場であって，かつ「会社勤め」ではなく，より職人的な仕事の道を自分の意志で選んだことへの誇りが感じられる．

職人の専用仕事場で製作された箒は当然，S店を通して販売される．S店では材料として必要なホウキモロコシを茨城県の農家に生産委託しており，年間300kgほどを買いとる．しかし，当然ながらこれでは足りず，それより多くの量をインドネシア，タイなどから輸入している．輸入材を用いた箒は日本産の材料を用いたものより安く仕上がる．販売量についてみると，S店の店頭で年に1000〜1200本ほどを販売し，通信販売ではその4倍ほどの量を販売しているという．箒は半柄とよばれ，全体の長さが70〜80cm程度のものと，長柄で全体の長さが1m50cmほどのものがある．S店で売られている箒の値段をみると，安い半柄には2000円程度のものもあるが，多くは8000円前後であり，値の張るものには1万5000円を超すものもある．長柄の箒についてみると値はもっと高くなり，1万8000円以上のものが多い．一般に箒がどの程度の価格なのかまったく知らない人にとっては，相当高額という印象を与えるのではないだろうか．半柄の箒で2000円という安値のものは，材料にインドネシアなど外国産のものを用いているからだという．

箒は一度買えば，ふつうに使って2〜5年ぐらいはもつ．上等なものは10年以上もつという．つまり，箒は日用品であるが，しょっちゅう買い換えるものではない．それを考えると，S店での販売数が通信販売をふくめて年間5000本超というのは相当なものというべきであろう．さらに，職人達は日本全国のデパートなどで催される「伝統工芸品実演即売会」とか「江戸職人実演即売会」などと銘打った会場で実演・販売することが多い．こういった実演・即売会においては箒も「伝統工芸品」として認められているようだ．これら実演・即売会のためにS店の社員である

4人の職人が手わけして全国をまわり，その総計で年に55〜60週ぐらいはデパート等に出張しているというのである．単純計算すれば職人それぞれが年間15週ほども日本全国での実演販売に出張していることになる．これらの実演即売会は，江戸箒の良さを多くの人に知ってもらううえで重要な意味をもっているという．上に述べた女性職人の場合，箒職人としての入門間もないことであり，技術の上達のために製作現場での時間をより多くもちたいところだが，実演販売からのおよびが多く，そこでは製作実演もするが，むしろ販売員としての仕事の方が忙しくなることさえあるという．

S店という1軒の店の店頭，および通信販売によって年間5000本をこえる座敷箒が販売され，そのうえに全国各地のデパートなどでおこなわれる実演販売で箒は売られている．各年，各年に箒を購入するのが別の人だと仮定すると購入者数のひろがりはずいぶん大きいものであることがわかる．

座敷箒を購入するのは，昔の清掃方法を懐かしむ年輩の女性が多いのだろうか．この問いに対しても，S店で得る回答はとても異なっている．年輩女性の中にはたしかに昔を懐かしんで座敷箒を購入する人が多い．しかし，購入者の数からすれば若い女性の方がはるかに多いというのである．現今，生活の「洋風化」はさらに進み，いわゆるマンションやアパートに暮らす若い主婦の数は膨大である．マンション・アパート暮らしの場合，電気掃除機を使うと隣近所への騒音が気になる．とくに，勤めにでる前の早朝や，仕事から帰っての夜に電気掃除機を使うのははばかれる．赤ん坊がいる家庭の場合，赤ん坊が寝ている間に掃除をしようと思えばなおさら電気掃除機では騒音が障害になる．あるいは，今，汚れが目立つ部屋，ないしは部屋の一部をさっと掃除しようと思う場合，電気掃除機をもちだすのは面倒だが，箒なら気軽に必要な場所だけを掃除できる．こうして座敷箒を使うことに慣れた若い女性は，箒は畳を痛めないということに気づくという．実際のところ，畳の間が減少したとはいえ，日本のマンション・アパートにはたいていの場合，1つ，2つは畳の間がある．箒の使用は畳に「やさしく」，しかもよい箒を使っていると，畳にある種の艶がでるというのである．もちろん電気掃除機も所有するが，それと同時に座敷箒ももっており，時と場合に応じて適宜使いわけているという女性が増えていることがわかる．

ここで目を転じて，箒の生産現場から眺めてみよう．職人の話によると，箒職人として身を立ててから，ざっと1000本ぐらいの箒をつくり，材質の良し悪しについての選択眼がつくようになってはじめて「一人前」として認められるようになるという．材質，つまりホウキモロコシには箒用として使うのに適した穂先の形状はもとより，腰の強さや見た目の美しさにかかわる色あいまで，当然ながら良し悪しがある．よい材料をきちんと識別できるようになるためには，いろいろな質の材料

を使い，実際に自分で箸に仕あげてみなければできることではない．それに時間がかかるというのである．箸をつくることを職人は「（箸を）組む」という表現を使うが，入門した当初の3年間ぐらいは親方から「まず，1日に5本を組みあげる」ことをめざせといわれるという．実際，先にあげた女性職人（19歳）は箸職人に入門して3年目になるが，現在やっと1日に4本組みあげられるようになった．とりあえずは1日に5本の箸を組みあげられるようになること，それが当面の目標だという．

「一人前」になるのに，「まず10年はかかる」と職人たちはいう．筆者は現在70歳前後の職人3人に別々の機会に直接うかがったのだが，3人の職人すべてが同様に「10年かかる」と答えた．ここでの「10年」が，職人たちの「慣用表現」としての期間なのか，実際に10年程度かかるのか，すぐには判断しにくい．しかし，いずれにしても現実に入門して3年になる新人職人に，その親方は常日頃から一人前に至る道の長さを述べ，当人自身も「一人前」への道はまだかなり先のことだと認識しておられることを知れば，あながち慣用表現とだけいえるものではないだろう．

ところで，「一人前」という言葉は日本語の慣用表現として日常的に誰でもが用いるものになっているが，「平均的」ということではない．新渡戸稲造の言によれば「ノルムで測って不足なき人」を指していうのである．ノルム，つまり定規で測って，10人が10人，これならよいということであって，その領域の人びとが暗黙のうちに理想とする域に達していること，これが一人前である（cf. 新渡戸 1970 第七巻:434）．高い完成度ということが意識されている．ここには，日本の職人たちに共通してうかがえる「職人道」とでもいう修行精神が感じられるのである．

この節では，日本産の座敷箸，一般に2000円程度の半柄の箸から2万円内外の長柄の箸について，生産者の側と消費者の側の両方から読みとれることについて述べてきた．しかし，街中の雑貨品店やスーパーの雑貨部門においてある座敷箸をみると，ここで述べてきた箸よりもずっと安価なものがふつうである．わたしたちがふつうに目にする箸は500〜1000円程度のものが多く，場合によっては100円のものさえある．数万円もする箸があることに驚く一方で，これまた驚くほどに安い値段の箸が大量に売られているのである．これら安価な箸がタイ，インドネシアで生産され，日本に輸入されている．それを次の節で検討しよう．

5 ●外国産の箒 —— タイ，インドネシア

ここでいう外国産の箒とは，いうまでもなく日本向けの商品として外国で生産されているもののことである．タイやインドネシア，それぞれの国において国内需要向けの箒ももちろん生産されているが，それらは日本向け箒とは材料も形状も異な

り，本章では扱わない．先に述べた職人N氏のお話ではもともとは台湾で日本向け箒の生産がはじまったということであった．日本占領時代の台湾でのことであろう．しかし，その後，台湾での人件費の高騰にともなって，日本向け箒の生産はタイ，インドネシアに移った．そこでこの章では，まずタイでの日本向け箒の生産について述べ，次にインドネシアでの箒生産について述べる．

(事例1) タイ

　タイ最北部の町チェン・ラーイからさらに北へ，ラオス国境を間近に控えたW村は1997年にタイ政府の正式な行政区分上での村になったところである．過去数十年来，中国（雲南）や旧ビルマからの移住民が多く居住し，1976年にタイ政府が移住民センターを設立したのが契機になって村へと発展したという．2004年の住民台帳によると人口は1736人，306戸から成っている．雲南出身者が約50%，そのほかにアカ族，モン族，ラフ族の人びとが住む．村の中には仏教寺院，キリスト教会，そしてイスラームのモスクがある．住民の多くは農業を主としており，米（陸稲と水田あり）のほか，トウモロコシ，それに果物のライチー，ロンガン，マンゴーなどをつくっている．若者の多くが都市での労働に従事し，常時村にいるわけではないという．

　このW村に日本向けの箒生産工場が2つある．そのうち，大きい方の会社は今から10年ほど前（1995年前後）に台湾から来た人によって設立された．現在は設立者の弟が社長になっている．現社長も台湾から来た人であり，W村には中国系の人が多いこともあり，日常的には中国語を用いることが多く，タイ語は不得意であり，またタイ国籍ももっていない（そのために税金は高くとられるという）．

　この会社では約80人の従業員が箒生産に携わっている．ただし，中国系の人はごく少数で，ほとんどがアカ族，モン族，ラフ族の人びとであるという．しかも男性はごく小数（10人ほど）しかおらず，ほとんどは女性であることが注目される．従業員数としては約80人であるが，全員が常時仕事をしているわけではない．村での人びとの主生業は農業である．箒づくりの仕事は人びとの主生業のかたわらにおこなわれている．したがって6, 7月の田づくり時期，12, 1月の収穫時などの農繁期には箒工場に出勤する人は少なくなる．筆者がここを訪れた時（2004年7月末），工場で働いていたのは40〜50歳代の女性を主として約25人ほどであった．少ない時には10人以下のこともあるという．その反面，工場は1年中営業している．日曜だからといって工場が休業するわけではない．キリスト教徒（おもにアカ族）もいるから，その人びとは日曜は休むが，工場としては日曜も開けている．要するに，手が空いている人は一年中いつでも働ける状態にあるということだ．材料となるホウキモロコシが不足した時だけ，会社として休業状態になる．逆に繁忙期，80人の人がいっせいに工場に出勤してきても全員が働けるだけのスペースがある．大

写真2　玉入りの箒．左端をハジ玉，中二つをナカ玉，右端をオヤ玉という

工場といってよい．

　従業員は昼休みになると持参の弁当を食べたり，自宅に帰って食事をとる．工場で食事をだすことはない．上に述べたとおり，従業員の勤務はまちまちであり，したがって日給制である．箒を編む（日本の職人さんがいうところの組みの工程をする）人は仕あげた箒の本数をもとにした歩合制で，材料をそろえたり，荷運びをする人より高給になるため，夜遅くまで仕事をする人もいる．

　この会社でつくられる箒はすべて日本向けであるが，座敷箒として玉があるもの（写真2を参照），玉がなく日本では鹿沼を主産地とするため鹿沼箒，あるいはその形状からハマグリボウキとよばれるものもつくる（写真3を参照）．さらに，組みを入れず，プラスチック・カバーをかぶせる形で穂先を束ねた箒，いわば複雑な工程を簡略化した簡易型箒も生産されている．さまざまな形状の箒を総計すれば，全部で10種ほどの箒を生産している．すべて日本向けである．

　編みを入れた箒について，1人の従業員が1日に20本ほどつくれるという．また，この工場ではさまざまな種類の箒をつくっているが，それらを総計すると1日あたり500本から600本ほどもつくっているというのである．

　日本の会社2社と取引しており，毎月1回から多い時には2回，大型のトラックが受けとりに来る（写真4）．バンコクから船で日本向けにコンテナ出荷される．日本の会社の人は荷受けにくるだけでなく，製品のチェックもする．

写真3 いわゆる「ハマグリボウキ」．組み部分がハマグリ型になっている

写真4 タイ北部の箒会社から大型トラックで出荷される

写真5　タイ北部の箒生産会社の工房．女性が多い

　W村にあるもう1つの箒工場は従業員数からすると先の会社の半分ほどの規模であり，約40人が仕事をしている．経営者は雲南出身の中国系人であるが，タイ国籍をもち，会社はやはり今から10年ほど前，先の会社より少し後に設立されている．ただ，この会社の経営者によると，会社として営業するようになったのはたしかに今から10年ほど前からであるが，この村で日本向けの箒づくりがはじまったのはもっと古く，今から20年ぐらい前，つまり1980年代からおこなわれていたという．

　この工場では組みを入れた箒だけを生産している(写真5)．簡易型箒はつくっていないが，W村から少し離れた別の村にもう1つの工場があり，そこでは簡易型箒のみをつくっている．いずれも日本向けの箒である．

　この会社も一年中開けており，従業員はそれぞれの都合にあわせていつでも仕事ができるが，日曜日はキリスト教徒は教会に行くので仕事にでてくるのは10人ぐらいである．1日あたりの箒生産量は約150本である．月に4000本から5000本を出荷するという．繰り返すが，組みの入った箒だけがここでつくられている．日本の会社4社と取引しているという．毎月，少なくとも1回，大型トラックでバンコクに向けて運びだされる．ここでつくられる箒の値段について，参考になるので記しておくと，13玉の長柄の「最高級品」が130バーツであるという．日本円にすると約390円ということになる．この経営者からは箒づくりに携わる従業員たちの給

料についても教示していただいたのだが，それについてここでは記すべきではないであろう．

　ここでは組み入りの箒だけを生産しており，組みにかかわる従業員は1人が1日に15本ぐらいをつくれる．朝8時に仕事をはじめ，組みをする人には歩合制で支払うので，夜遅くまで仕事をする人が多い．ついでながら，この村（人口は1736人）で箒をつくれる人は200人ぐらいいるだろうとのことであった．

　これまでに記してきた2つの箒工場での生産量をあわせると総計で1日あたり600〜700本ぐらいの日本向け箒がつくられていることになる．ただし，この中には組みが入っておらず，穂先部分をプラスチック・カバーで束ねた形の簡易型箒もふくまれている．生産量を単純に月当たりになおしてみると，約1万8000〜2万本以上ということになるが，これは月30日，毎日すべて同量を生産したとしての仮定であり，実際にはこれより少し少ないのではないかと推定される．それでも月当たり1万5000本程度は日本向けに生産されているのである．

　さらに，この経営者によると，チェン・ラーイに近いM村に1つと，チェン・マイ近郊の2つの村で日本向けの箒が生産されているほか，バンコクにも小さいながら日本向け箒の生産会社があるという．

　箒づくりの材料となるホウキモロコシはいずれもこのW村から30kmほど離れた村周辺で栽培されている．栽培農家で聞きとりをしたところでは，播種はだいたい5月で，その後45日ほどで1回目の収穫（穂刈り）ができるという．その後，さらに1か月すると2回目の穂刈りが可能になるという．日本人職人N氏にうかがったところでは，日本では播種から収穫まで約3か月ほどかかるということであったが，タイでは気候の違いゆえであろうか収穫までの期間は短く，その上1回の播種で2回，3回の穂刈りが可能という．1回目はよい穂のみを刈りとり，その後，再度できてくる穂を2回目に刈りとるということのようだ．最終的には1年に3回の穂刈りができるという．ただし，1回目の穂がもっとも高価で売れ，2回目，3回目と穂の価格は下がっていく．畑によって播種の時期を少しずつずらすことによって，だいたい1年を通して収穫ができるように工夫しているという．播種後，ふつうは3回の施肥をする．ホウキモロコシ栽培のほかに米，野菜をつくっており，単純に利益を考えるなら野菜栽培の方がふつうは利益が多い．しかし，野菜の場合，年によって価格の変動がたいへん大きいという．野菜栽培での利益は一定しない．その点，ホウキモロコシは安定した値段で買ってもらえるので，村の人びとの半分ほどがホウキモロコシ栽培にかかわっているという．

　この村の人びとがホウキモロコシの生産をはじめたのは今から約15年ほど前からであるといい，これはW村の1人の経営者がW村での日本向け箒の生産は今から約20年ぐらい前にさかのぼるといっていたことと少しずれるが，ともかくこの地域での箒生産は1980年代の末ぐらいにははじまっていたと考えてよいだろう．

（事例 2）インドネシア

インドネシアの首都ジャカルタからジャワ島北岸沿いにおよそ 200km ほど行ったところにある T 市に，インドネシアで最初に日本向けの箒を生産しはじめたという工場がある．この工場が設立されたのは現在の経営者の父親の時であり，1974 年ごろだという．タイで日本向けの箒が生産されるようになるより 15 年ほども前のことである．創設者は中国系の人で，シンガポール生まれだという．その息子である現在の経営者はこの T 市で生まれ，現在（2005 年）44 歳である．姉，妹とともに 5 年間，日本に留学経験があり，日本語を話す．中国系人ではあるが，インドネシア生まれであり中国語はできず，台湾との取引もあるが，商売の交渉は台湾人とも中国語ではなく日本語ですることが多い．

大工場である．工場は 3 か所に別れており，それら総計で 400 人ほども働いている．工場の入り口にはタイムカード機が設置してある．箒づくりは手作業による工程が多いのだが，近代工場の側面を見せてもいる．さらに，工場の外で，つまり個人の家で箒づくりに従事する人を相当数雇っているという．これらの人は，かつて工場で従事していたのだが，結婚などを機に工場での仕事をやめたものの，収入減少を避けるために家で仕事をしているという人びとである．これらの人びとには毎朝，材料を配送し，夕方，できあがった製品を回収するようになっている．工場でつくられる箒の大半は日本向け，および台湾向けであるが，同時にインドネシア国内向けの箒も生産しており，それら全部を総計すると箒の種類としてはおよそ 300 種にもなろうかという．まさに，大工場なのである（写真 6）．

工場は近代的な会社組織として営業しており，朝 8 時から昼 1 時間の休憩を挟んで，午後 4 時まで，土曜は午後 3 時で終わる．しかし，仕事は忙しく，残業してもらうことが多い上，日曜出勤をしてもらうことも多い．ただし，残業代はもちろん，日曜出勤の場合は通常日の 2 倍の給料をだすという．

この工場だけから，日本向けに毎月コンテナー 6 個から 7 個分の箒を輸出しているという．箒の本数で何本になるか，正確にはわからないが，年にすれば 100 万本は日本に送っているはずだという．この数には，組みの入った箒として半柄箒，長柄の箒，鹿沼箒（ハマグリボウキ）のほか，組みのない簡易型のものも多くふくまれている．そして，柄がなく箒の穂先と組み部分だけの，箒というよりむしろブラシに近い形のものもふくまれているようだ．しかし，ともかくも驚くべき大量の箒が日本に向けて出荷されているのである．

玉なしで組みあげるハマグリボウキとよばれるものだけでも，ここで 6 種類をつくっている．ハマグリボウキができるようになるには，2 年ほどかかる．現在，きちんとしたハマグリボウキをつくれる職人（すべて男性）が 5 人おり，これらの職人の父親，そして兄もこの工場で働いていた（か，現在も働いている）．これらの職人は 1 人が 1 日に 5 本から 6 本のハマグリボウキをつくっている．これら職人には「一

写真6 インドネシアの箒生産会社．日本向け箒の生産が主だが，若い女性従業員たちがインドネシア国内向けの箒もつくっている

人前」になるまでに2年もの時間をかけて養成してきたのだから，よその会社に引き抜かれないよう，いわば終身契約をしているという（写真7）．

インドネシア国内向けの箒づくりには若い女性が従事している．材料も形状も日本向け箒とは大きく異なっている．また，日本向けではあるが，組みの入っていない簡易型のものもあり，穂先を束ねるのに熱で溶かしたプラスチックを用いる．この工程は機械を使う．

材料であるホウキモロコシには，最上のものから不良までいくつかのカテゴリーがあり，それぞれに買いとり価格は異なるのだが，Cカテゴリー（使用材料として最低のもの）を使ったものでも結構大量につくっており，これらは日本の小・中学校が主な買い手になっている．小・中学校向けとして年間20〜30万本を輸出するという．材料が悪いものであるから，できあがった箒の値段も安く，儲けは少ないが，自分はこのCカテゴリーのホウキモロコシも買い，製品にする．つくれば売れるし，また自分としては材料生産農家との永いつきあいをするうえで，Cカテゴリーの材料でも買いとるのは大事なことだと思うからだという．

さて，インドネシアではホウキモロコシは一般に「ハルマダ」とよばれている．もともとは「ハマダ」というのが正確らしいのだが，「インドネシア語化」したのだという．インドネシアに最初にホウキモロコシが導入された時の日本人職人の名（浜田さん？）が起源になっているようだ．また，「ショーグン」というよび名もあり，

写真7 「ハマグリボウキ」を編む職人

これは「将軍」を起源としているのだろう．いずれにしてもホウキモロコシが日本からもたらされたことを物語っている名である．

　これらのハルマダはT市からジャワ島北岸をさらに東に230kmほど行ったD市のK村周辺で栽培されている．村の人びとは米，豆，トウモロコシ，トウガラシ，バナナなどを栽培しているが，ハルマダ栽培は非常に重要である．K村には約450戸の農家があるが，そのうち75％の農家はハルマダ栽培に従事しているという．K村以外にも周辺の村々でハルマダは栽培され，その総量は年に250tほどになると推定されている．すでに述べたように，ハルマダ（ホウキモロコシ）は穂のすぐ下の部分で穂刈りをするわけで，すべて人手でなされる．刈りとりは短い期間のうちにいっせいにやる必要があり，多くの人手を要する．穂刈りをした後，脱粒し，天日で乾燥させ，束にする．一束は約5kgの重さがあり，この一束が3万ルピア（約350円）内外で箒製造業者に買いとられる．

　インドネシアにはここで述べたT市の箒工場のほか，別の2か所に日本向け箒の製造所があり，これら2か所は日本人が経営している．T市の工場に比べると小規模であるが，いずれも日本向けの箒をつくっているのである．

この節での記述を簡単にまとめてみよう．

　日本向けのホウキモロコシを材料にした座敷箒は，まず日本統治時代の台湾で海外生産がはじまり，その後，台湾での人件費の高騰に伴い，1974年ごろ，生産はインドネシアに移転した．その後，1980年代末ごろ，タイ北部の村でも生産されるようになって現在に至っている．インドネシア，そしてタイでも最初に日本向け箒の生産を開始したのは，いずれも現地人ではなく，中国系，台湾，雲南の人であった．1974年ごろといえば座敷箒の需要がもっとも大きかった昭和30年代はすでに遠い昔であり，日本人の生活の洋風化が激しく進行し，箒を使用する人，箒づくりをする人も激減していたであろう頃である．まさにその頃，逆説的にみえるがすでにインドネシアでの生産が開始されていたのである．現在，タイでもインドネシアでも，驚くほど大量の箒が日本市場向けに生産され，輸出されている．これらが日本の雑貨店の店頭で500円程度の価格で売られているのである．いうまでもないが，毎月，これだけ多くの箒が日本向けに輸出されているということは，それだけの需要があるということだ．座敷箒は売れているのである．

　タイの場合，箒製作に携わるのは女性が多く，しかも農業をかたわらの副業としてなされている．組みを入れた箒を1人でできるようになるまで，どのくらいの期間がかかるかを聞くと，数週間もすればできるようになるとのことであった．日本の箒職人が一人前になるのに「10年はかかる」といっているのとは大きな違いである．副業としての箒づくりということもあり，彼女らに専門の「職人」という意識はないと思われる．そのことは，人口1700人ほどの村に箒づくりができる人が「200人はいる」という表現からもうかがえよう．

　「職人意識」が薄いことはインドネシアの箒づくりについても観察されるが，ただ，インドネシアの工場でハマグリボウキをつくっている人については，経営者は養成に「2年もかけた」といっており，専門職として重視していることがうかがわれる．

6 ● おわりに

　本章では，関東以北の地域で生産され，かつ使われているホウキモロコシを材料にした座敷箒について，その起源から昭和30年代の隆盛，そしてその後の急激な衰退について見てきた．日本人の生活の一般的な「洋風化」の中で，座敷箒はたしかに衰退した．しかし，消滅したわけではない．それどころか，現代の若い主婦らの居住様式，生活様式，つまりマンション住まいで，かつ勤めにでる人も多いといった状況の中で，座敷箒に利便性を見出す人が増えているらしいという状況があることがわかった．

生産する側からみると，日本での箒職人は現在70歳前後の人が数人という状況があるのは事実であるが，同時に若い人びとの中に箒づくり職人をめざす人がいないわけではないことがわかった．日本の職人がつくる箒は，タイ，インドネシアといった外国産のものに比べると格段に値が張るが，デパートなどでの物産展，実演販売を通して，またインターネットを介した通信販売などによってもかなりの量が売れている．

　まず1ついえること，それは座敷箒の「二極化」である．日本で栽培された材料を使って，日本人職人の手になるものは，ふつう，箒の値段というものについて考えたことのない大方の人を驚かすほどに高額である．手ぼうきでも1万円近くするし，長柄の座敷箒は2万円内外で売られている．5万円以上のものもある（普及型の電気掃除機よりもはるかに高額である）．他方，タイ，インドネシアから大量に輸入されている箒は逆の意味で驚くほどに安い．この値段の差は日本と東南アジアの国々との間でのおもに人件費の違いにもとづいているが，同時に質の差につながっていることも否定できないであろう．そのことは実際に日々，使ってみなければわからないことである．ただ，箒は安いものであれ，高額のものであれ，しょっちゅう買い換えるという性質のものではなく，ふつうは一度買えば数年はもつ．その場合，安い箒を2，3年ごとに買い換える方を選ぶのか，高額のものを購入してもっと長期間使うようにするのか，ここら辺は個々人の生活哲学にかかわるのだろう．いずれにせよ，安いものであれ，高額のものであれ，日常生活における電化が進んだ現代の日本においてはやや意外なというほどに箒の需要は大きいことがわかった．箒は売れているのである．

　本章ではあえて触れなかったのだが，日本には1本100万円（プラス消費税）という箒が実在する．東北のある県の職人がつくっているものである．話によると，2004年，大阪のデパートでの実演販売において，この100万円の箒が売れたという．筆者は40万円（プラス消費税）の箒を見せていただいたが，穂先に特殊な縮れがあり，畳の隅っこのほこりなどを掃きだすのに優れていることがわかる．いうまでもなく，組みの部分の糸の編み入れは誠に美しい．また，編みの糸も絹糸が使われている．材料のホウキモロコシも自家で全量を栽培しているとのことであった．完全国産で，かつ特殊な加工と，細心の注意のもとに特別な仕上げがなされているのである．いうまでもなく，全工程が人手によってなされている．こういった破格の値段の箒は，ある意味では「宣伝用」に製作されているのではないかとも思われる．実際，これら超高額の箒は常に数本は用意しておくものの，あくまで特別であり，ふつうの販売用には数万円のものを多数製作しているのである．

　箒の「二極化」は，日本での生活一般における二極化に並行している．そこに「グローバル化」もかかわっている．しかし，日本人の生活が表面的にはとめどなく「洋風化」し，「コンビニ化」しているなかで，機械化しえず，手技でしかできないもの

への需要はたしかに存在する．手技という資源が見直されているのである．

　この二極化現象をもう少し敷衍して考えると，20世紀が終わって新しい世紀に入ってからとくに耳目を集めるようになった社会現象としての「本物志向」，「地産地消」，「スローライフ運動」，そしてそれらの社会現象の中で見直されるようになってきた「民芸」への新しい視線がかかわっているように思う．ちなみにスローライフ運動はもともと日本発のものではなく，イタリア発である．このことの背景にはファストフードが世界を席巻しているという事実がある．生活の「コンビニ化」は日本だけにみられる現象ではなく，世界の多くの地で観察されることなのだ．わたしたちの日常生活はこの種の便利さ，手軽さなしではもはや成り立たないほどに感じるという状況があるのは事実である．その現実を認めた上で，他方で多くの人がこの安易さに満たされぬ思いを抱き，時にはそこから脱したいと思っているのも事実なのである．それが本物志向，地産地消，スローライフにつながっている．民芸に集約される手技という資源が重要になっている．鹿野政直はこの種の民俗への回帰を「日常性からはみでた贅沢品」として再発見されたものとしているが（鹿野 1995:28），それはまさに1960年代以降の大量消費社会のなかでの無骨な日用性ゆえの美の認識のあり方にかかわっている．箒はそのつまらぬ，無骨さのゆえに再評価されているのである．

文　献

アト・ド・フリース（1984）『イメージ・シンボル事典』，大修館書店．
色川大吉（1990）『昭和史　世相篇』，小学館．
小林久美（1992）「ほうきの儀礼」，『ほうきの文化　序章（第9回特別展図録）』，上福岡市立歴史民俗資料館，32．
近藤雅樹編（2003）『日用品の二〇世紀』（二〇世紀における諸民族文化の伝統と変容8），ドメス出版．
宮崎清（1985）『藁II』（ものと人間の文化史），法政大学出版局．
新渡戸稲造（1970）『新渡戸稲造全集　第7巻』，教文館．
大島建彦（1984）「掃除の民俗おぼえがき」，大島建彦・御巫理花共編『掃除の民俗』，三弥井書店，5-25．
鹿野政直（1995）「一九七〇―九〇年代の日本：経済大国」，『岩波講座日本通史　第21巻　現代2』，岩波書店，1-74．

あとがき

　本書は，東京外国語大学アジア・アフリカ言語文化研究所（以下 AA 研）における共同研究プロジェクトとして 2002〜2004 年度におこなわれたプロジェクト名「土地・自然資源をめぐる認識・実践・表象過程」の研究成果である．

　このプロジェクトの目的は，一部は序に記していることであるが，アジア・アフリカ・オセアニアの諸社会において土地や自然資源をめぐって現在進行しつつある状況を，さまざまな生活の文脈において生起する人びとの具体的な実践から，その生活世界を統合的に把握することによって解析することにあった．土地，そしてこれに付随する自然資源は，外在的な認識の対象にとどまらず，身体性とも深くかかわりながら人びとにとって「生きられる世界の全体」としてあつかいうる．このような視点を採用することによって，「生」の全体を包括した文化・社会理論を構築するための方法論と解析手法を提示することを目指してきた．いいかえれば，土地や自然資源をめぐる人びとの多彩な実践を，具体的な「生」の場としての土地をめぐる自然観・環境認識の問題系として再考察してきたのである．

　だが，われわれ人間と環境との実質的で具体的な相互関係のありように焦点を絞った本研究プロジェクトは，回を重ねるにつれて，「人間にとっての価値を問う」といったより限定的な関係を前提とする「資源」概念がいつしか後方へ退き，「生きる場」においてより対等で直接的な関わり合いが展開される場として土地と自然そのものに論点をスライドさせてきた．そのようにして進められてきた研究会において，各報告と，とりわけ多くの時間を割いてきた討論を経たひとつの到達点として，本書を世に問いたいと思う．

　上記，研究プロジェクトの記録として，本書に寄稿されなかったものを含め，2002〜2004 年度の 3 年間に開催された研究会のリストを以下に記す．

■第 1 回：2002 年 6 月 22 日（土）
　報告者：河合香吏（AA 研）
　①本研究プロジェクトの趣旨説明，および今後の予定・計画に関する打ち合わせ
　②「生活世界という磁場 —— 土地・自然資源と身体性」
■第 2 回：2002 年 10 月 5 日（土）
　報告者：梶茂樹（AA 研，現京都大学）
　「テンボ語の植物名について」

■第 3 回：2002 年 12 月 7 日（土）
報告者：梅崎昌裕（東京医科歯科大学，現東京大学）
「行動および認識における個人間差の人類学的考察 —— パプアニューギニア高地・フリの事例をてがかりに」
■第 4 回：2003 年：3 月 15 日（土）
報告者：小松かおり（静岡大学）
「バナナの品種の認知と移動 —— インドネシア・スラウェシ島南部を事例として」
■第 5 回：2003 年 4 月 26 日（土）
報告者：杉山祐子（弘前大学）「ミオンボ林と焼畑に関する知識の体系化と『知っていること』の意味 —— ザンビア，ベンバの事例から」
■第 6 回：2003 年 7 月 26 日（土）
①報告者：河合香吏（AA 研）「昨年度の討論のまとめと今後の指針」
②報告者：北村光二（岡山大学）「東アフリカ牧畜民トゥルカナの認識論（エピステモロジー）—— コミュニケーション（＝『社会的なこと』を生成するプロセス）の観点から」
■第 7 回：2003 年 10 月 18 日（土）
①報告者：寺嶋秀明（神戸学院大学）
「人と自然との相互交渉 —— イトゥリの鳥から見た世界」
②報告者：津村宏臣（国立歴史民俗博物館，現同志社大学）
「空間認知のアウトプット—ドドスの認知地図の GIS による幾何解析—」
■第 8 回：2003 年 11 月 29 日（土）
①報告者：吉村郊子（国立歴史民俗博物館）
「土地と人をつなぐもの —— ナミビアの牧畜民ヒンバにとっての『墓』」
②報告者：小川了（AA 研）
「箒譚（ほうき）—— 小生産物の流通と消費」
■第 9 回：2004 年 2 月 28 日（土）
報告者：内堀基光（AA 研）
「イバンの自然環境認識にどう迫るか」
■第 10 回：2004 年 5 月 22 日（土）
①報告者：河合香吏（AA 研）
「研究会の展望と指針」
②報告者：椎野若菜（東京都立大学，現 AA 研）
「ケニア・ルオの生活空間『ダラ（*dala*）』の概念と居住形態の変化」
■第 11 回：2004 年 7 月 3 日（土）
①報告者：河合香吏

「プロジェクト成果のとりまとめに向けた連絡・打ち合わせ」
②報告者：高田明（京都大学）
「砂漠のトポグラフィ —— セントラルカラハリブッシュマンのナヴィゲーション実践」
■第12回：2004年10月14日（土）
①報告者：卯田宗平（国立歴史民俗博物館，現中国留学中）
「移入生物は資源か？ —— 逆コモンズの悲劇を越えて」
②報告者：西井凉子（AA研）
「投機と決断のエスノグラフィー 南タイにおけるエビの養殖から」
■第13回：2005年3月24日（木）
①報告者：辛嶋博善（東京外国語大学大学院）
「遊牧民の空間の認識と利用 —— モンゴル国ヘンティー県ムルン郡の事例」
②全員「本プロジェクト研究の総括および成果出版に関する打ち合わせ」

本書の出版を可能ならしめた各所の方々と諸機関に，以下，感謝の意を表したい．

おのおののフィールドにおいて，ともに暮らし，さまざまなことを学ばせていただいた調査地のみなさんにまずはお礼が言いたい．ここにおひとりおひとりのお名前を挙げることができないことをお詫びするとともに，衷心より感謝いたします．

フィールド調査をおこない，それを民族誌としてまとめ上げてゆく際には，以下の諸経費に支えられてきた．文部科学省科学研究費補助金（領域：#606-#14083101，#606-#14083203，#606-#14083204，#606-#14083205）および日本学術振興会科学研究費補助金（#00754，#9614，#02J03582，#07301072，#08041059，#08041080，#10041070，#11691186，#12371003，#1237100#13610357，#15401013，#15520513，#17520258，#17700635，#17720227，#18200020，#50187077，#98J06416），平和中島財団，静岡大学人文学部若手研究者奨励費，京都大学教育研究振興財団事業フィールドワーク派遣助成，財団法人国土地理協会学術研究助成．記して感謝の意を表したい．

また，以下の諸機関からは直接的なご厚意により，研究を進めるにあたって多くを与えていただいた．ユニバーシティ・カレッジ・ロンドン考古研究所，イタリア・ボローニャ大学文学部，フランス・パリ大学考古学科，ウガンダ・マケレレ大学社会学部，ウガンダ国立科学技術委員会（NCST），ボツワナ共和国，モンゴル国立大学大学院地理学研究科，モンゴル科学アカデミー地理学研究所．記して謝意を表したい．

本書を刊行するにあたって，京都大学学術出版会の鈴木哲也さん，桃夭舎の高瀬桃子さんには，編集計画の立ち上げから最終的な念校に至るまで各段階において，たいへんお世話になった．はじめてお会いしたときに鈴木さんから「贅沢な本を作

りましょう」と言っていただいた．その結果，われわれ執筆陣は質量ともにまったくの制限なしといったこれ以上ないほど自由に論を展開，呈示することができたのだと思う．いっぽう高瀬さんはわれわれの原稿をていねいに読み，煩雑な作業に努めてくださった．お二人の熱意なくして本書がこのような形で世に出ることはなかったと思う．著者を代表して心より感謝いたします．ありがとうございました．

　最後になったが，本書の刊行は東京外国語大学アジア・アフリカ言語文化研究所の共同研究プロジェクト出版経費によって可能になったものである．また，本書のもととなった共同研究会の開催においては，同所全国共同利用係のみなさまにご協力をいただいた．

　以上の方々と諸機関に対して，心より感謝の意を表したい．

2007年2月19日，　ナイロビにて　　　　　　　　　　　　　　　　　　河合香吏

[執筆者紹介]

内堀基光(うちぼり　もとみつ)

　放送大学教授.
　1948年生まれ．東京大学大学院社会学研究科博士課程単位取得退学，Ph.D.(オーストラリア国立大学).
　主な著書に『森の食べ方』(東京大学出版会),『死の人類学』(弘文堂／講談社, 共著),『岩波講座・文化人類学』(全13巻, 岩波書店, 共編) など.

梅崎昌裕(うめざき　まさひろ)

　東京大学大学院医学系研究科助教授.
　1968年生まれ．東京大学大学院医学系研究科博士課程修了, 保健学博士.
　主な著書に『パプアニューギニア：交錯する伝統と近代』(京都大学学術出版会, 共著),『中国・海南島：焼畑農耕の終焉』(東京大学出版会, 共著),『生活世界からみる新たな人間─環境系』(東京大学出版会, 共著) など.

小川　了(おがわ　りょう)

　東京外国語大学アジア・アフリカ言語文化研究所教授.
　1944年生まれ．パリ大学第5人文社会系民族学科博士課程単位取得, 文学博士.
　主な著書に『トリックスター：演技としての悪の構造』(海鳴社),『サヘルに暮らす：西アフリカ・フルベ民族誌』(日本放送出版協会),『可能性としての国家誌：現代アフリカ国家の人と宗教』(世界思想社),『奴隷商人ソニエ：18世紀フランスの奴隷交易とアフリカ社会』(山川出版),『世界の食文化⑪：アフリカ』(農山漁村文化協会) など.

梶　茂樹(かじ　しげき)

　京都大学大学院アジア・アフリカ地域研究研究科教授.
　1951年生まれ．京都大学大学院文学研究科博士課程修了, 文学博士.
　主な著書に『アフリカをフィールドワークする』(大修館書店) など.

辛嶋博善(からしま　ひろよし)

　東京外国語大学大学院地域文化研究科博士後期課程在籍.
　1974年生まれ.
　主な著書に「社会主義体制の崩壊と脅かされる年長者の権威：モンゴル国遊牧社会にお

ける陰暦二日の月を見ることを事例に」(慶應義塾大学文学部民族学考古学研究室編『時空をこえた対話：三田の考古学』六一書房).

河合香吏（かわい　かおり）

東京外国語大学アジア・アフリカ言語文化研究所助教授.
1961年生まれ．京都大学大学院理学研究科博士課程修了，理学博士.
主な著書に『野の医療』(東京大学出版会)，『社会空間の人類学：マテリアリティ・主体・モダニティ』(世界思想社，共著)など.

北村光二（きたむら　こうじ）

岡山大学大学院社会文化科学研究科教授.
1949年生まれ．京都大学大学院理学研究科博士課程修了，理学博士.
主な著書に『人間性の起源と進化』(昭和堂，共編著)，『遊動民（ノマッド）：アフリカの原野に生きる』(昭和堂，共著)など.

小松かおり（こまつ　かおり）

静岡大学人文学部助教授.
1966年生まれ．京都大学大学院理学研究科博士課程修了，理学博士.
主な著書に，『講座生態人類学　第6巻　核としての周辺』(京都大学出版会，共著)，『開発と環境の文化学』(榕樹書林，共著)など.

椎野若菜（しいの　わかな）

東京外国語大学アジア・アフリカ言語文化研究所助手.
1972年生まれ．東京都立大学大学院社会科学研究科単位取得退学，社会人類学博士.
主な著書に『性の文脈』(雄山閣，共著)，『文化人類学のレッスン』(学陽書房，共著)など.

杉山祐子（すぎやま　ゆうこ）

弘前大学人文学部教授.
1958年生まれ．筑波大学歴史人類学研究科修了，文学修士.
主な著書に，『アフリカ女性の民族誌：伝統と近代化のはざまで』(明石書店，共著)，『平等と不平等をめぐる人類学的研究』(ナカニシヤ出版，共著)など.

高田　明（たかだ　あきら）

京都大学大学院アジア・アフリカ地域研究研究科助手．
1971 年生まれ．京都大学大学院人間・環境学研究科博士課程修了，人間・環境学博士．
主な著書に『Explaining pathways in the Central Kalahari』(SenriEthnological Studies, 70, 101-127)，『アフリカ自然学』（古今書院，共著），『野生のナヴィゲーション：民族誌から空間認知の科学へ』（古今書院，共著）など．

津村宏臣（つむら　ひろおみ）

同志社大学文化情報学部専任講師．
東京文化財研究所文化遺産国際協力センター客員研究員．
1973 年生まれ．総合研究大学院大学文化科学研究科博士課程修了，文学博士．
主な著書に『考古学のための GIS 入門』（古今書院，共著），『GIS-Based Studiesin the Humanities and Social Sciences』(Taylor & Francis, 共著)，『文科情報学入門』（強誠出版，共著），『実践考古学 GIS』（NTT 出版，共著）など．

寺嶋秀明（てらしま　ひであき）

神戸学院大学人文学部教授．
1951 年生まれ．京都大学大学院理学研究科博士課程修了，理学博士．
主な著書に『共生の森』（東京大学出版会），『平等と不平等をめぐる人類学的研究』（ナカニシヤ出版，編著），『エスノ・サイエンス』（京都大学学術出版会，共編著）．

西井涼子（にしい　りょうこ）

東京外国語大学アジア・アフリカ言語文化研究所助教授．
1959 年生まれ．京都大学大学院文学研究科博士課程単位取得退学．総合研究大学院大学文化科学研究科博士課程中途退学．文学博士．
主な著書に『死をめぐる実践宗教：南タイのムスリム・仏教徒関係へのパースペクティヴ』（世界思想社），『社会空間の人類学：マテリアリティ・主体・モダニティ』（世界思想社，共編著）など．

索　引

★アルファベット

Casuarina oligodon　274, 281, 286, 287, 289
CKGR　145, 147, 157, 159, 165, 166, 168, 169, 179
DEM　72, 77, 175-178, 181
GIS　61-63, 72-74, 77, 82, 83, 115, 117, 132, 140, 410
SRTM3　72

★ア行

アイデンティティ　72, 81, 179, 329, 331, 358, 359
アイヌ　18, 22
アエ　163-166, 169, 176
アグー　365, 366, 369-384
アフォーダンス　23, 36-41, 43, 45, 55, 57, 109, 121, 139, 140, 197, 198, 235, 237
アフリカ　9-13, 23, 25-29, 37, 46, 47, 51, 53-55, 57, 63, 83, 85, 98, 113, 116, 117, 129, 130, 133, 140-143, 174, 181-183, 185, 193, 194, 231, 237, 239, 240, 265, 268, 269, 331-333, 355, 357, 359, 362, 388, 409, 410, 412
アリストテレス　3
アルタミラ洞窟　64
アレナイト　62, 69
生きられる空間　86, 91, 114
位相　66, 100, 288, 291, 295
一次元　95, 96, 119, 122, 134, 265
位置ベクトル　75
一夫多妻　334
移動性　91, 239-241
イトゥリ　11, 12, 22, 23, 410
イバン（族）　11, 22, 106, 119-137, 139, 140, 264, 265, 410
インドネシア　130, 139, 274, 326, 392-394, 396, 397, 402-406, 410
ヴァルカモニカ　61, 62, 67, 68, 72-74, 78, 81, 82
ヴィテ　62
植えるべき樹種　282
ウガンダ　83, 85, 87, 114, 116, 185, 186, 188, 189, 193, 332, 411
エヴァンズ＝プリチャード　9, 23, 360, 361
エージェント　32, 35, 46-48, 56
エケ　13, 14, 22
エスノグラフィー　297, 300, 301, 329, 411
エビ養殖　297, 301-305, 307, 308, 310-330
エフェ　13, 22
円環集落　129, 130, 139
遠近法　66
王国　82, 185, 188, 190, 191, 241, 242, 255, 258, 259, 261, 267
陸稲　119, 134, 397
沖縄　365-371, 375-377, 379-385
オクワ川　149, 165, 169
オジブウェ　138
オティエノ事件　357-359, 362
鳥喰神事　8
尾根　73, 119, 123-127, 129, 132-136, 139, 143
オブジェクト　62-67, 69-72, 74-81, 83, 87, 93, 96, 115
オルテガ　18-20, 23

★カ行

カー　163, 165-169, 171, 174
可能世界　262-265, 268
可視領域　77
河川　72, 81, 87, 96, 122-124, 127, 131, 134, 139, 208, 272, 301
家畜　10, 16, 51, 53, 81, 85, 87, 91, 92, 96, 97, 99-109, 112-116, 179, 200, 202-204, 207, 208, 210, 212, 214, 216-225, 227-233, 235, 236, 271, 334, 340, 365-367, 370, 378, 380, 382-385
カッコウ　5-7, 9, 21
ガナ　141-143, 145-160, 162-166, 168-171, 173-175, 179-181, 234, 235
鹿沼箒（ハマグリボウキ）　390, 398, 399, 402, 404, 405
カバロレ州　186, 187, 189, 190, 192
寡婦　337, 352, 353, 360-362
カボ・ディ・ポンテ　67, 68, 79
カムノのバラ　68, 72, 81
カムノ文化　68
鳥勧請　8
カラハリ砂漠　141, 143-145, 147, 155, 158, 165, 169, 173, 183
カルクリート　143, 150, 159, 165
涸れ川　143-145, 158, 165, 169, 180
慣習的規範　331, 333, 336, 339, 341, 349-354

417

乾燥疎開林帯（ミオンボ林帯）　239, 268
関東箒　390
記憶　29, 31, 82, 86, 97, 123, 125, 141, 142, 151, 153, 156, 157, 159, 162, 169, 182, 213, 220, 232, 233, 267, 358
幾何情報　61
幾何的表現　62
聞きなし　3, 5, 10
軌跡　87, 91, 96, 305, 314, 326
季節的移動　197, 207, 208, 210, 212-214
帰属　72, 81, 277, 366, 378
共同的（対処）　36, 38, 46-48, 50-53
居住空間　93, 115, 121, 127, 128, 140, 331-335, 339, 354, 356-359
居住適性　74, 78-80
キリスト教　3, 16, 186, 397, 400
近代的自然観　3, 4, 12, 19, 20
グイ　141-143, 145-160, 162-166, 168-171, 173-176, 179-182
クー　157, 159, 163, 169
空間認識　83, 117, 119-121, 135, 137-142, 159, 174, 264, 333
空間配置　74, 75, 80, 139, 358
クエリ　22
供犠　100-103, 105, 108, 109, 112, 113, 115
グシイ（民族）　332, 335
口蔵幸雄　140
倉田勇　139, 140
景観　74, 85, 86, 96, 97, 109, 114, 120, 121, 144, 147, 153, 171, 173-175, 179, 300, 301, 307, 315, 324-326
傾斜量　73, 74
系譜　188, 255, 257, 259-263, 267, 268, 330, 339, 344, 360
経由地点　74, 147, 157-159
外界認識　85, 86, 91
権威　237, 253, 254, 269, 388
現場　12, 16, 18, 19, 28, 36-38, 40, 44, 46, 57, 85, 86, 91, 98, 107-109, 112, 113, 136, 293, 299, 316, 332, 333, 395
行為選択　99, 100, 232
行動環境　119-121, 130, 135, 137, 138, 140
合目的性　65, 66, 76-78, 80, 81
コエンシャケネ　145, 149, 154, 155, 169, 170, 172, 178, 179
コミュニケーション　9, 19, 20, 35, 36, 49, 57, 139, 179, 197, 256, 268, 410
コンパウンド　331, 335, 357, 359, 362

★サ行

在来家畜　365, 366, 370, 378, 380, 382, 383, 385
在来性　365, 366, 378-383
在来農耕　271, 293
在来品種　366, 368, 370, 378-380, 382
座敷箒　387, 388, 390-393, 395, 396, 398, 405, 406
サツマイモ　186, 271-286, 288-295, 331, 381, 384
座標系　65, 66, 78, 114
サラワク　22, 123, 124, 126, 127, 131, 134, 137, 139, 140
サン　141-143, 145, 152, 153, 160, 169, 179-180
三次元　95, 96, 119, 120, 133, 135
ザンビア　239, 241, 260, 266, 410
ジェスチャー　151, 163, 167, 168, 171-175, 180, 182
ジェンダー　332, 333, 336, 351, 358
視覚　11, 86, 137, 142, 173, 220, 237, 326, 354, 356
時空間構造　67
時空間情報　61
次元還元　76, 78
次元転回図像　65
資源へのアクセス　240, 255, 260
自然のジェネラリスト　294
自然への回路　3, 19, 20
自然利用のジェネラリスト　240
実演販売　393, 395, 406
実践　5, 16, 19, 31, 42, 45-47, 54, 55, 57, 66, 85, 123, 141-143, 145-147, 150, 151, 168-170, 173, 240, 249, 263-265, 281, 284, 293, 297, 301, 328, 329, 333, 342, 359, 361, 362, 409, 410
実体　28, 31, 63, 102, 103, 108, 116, 263
指標　378
シマ　365-367, 379-381, 384
島豚　365-373, 376-384
シャーマン　106, 129, 137, 140
社会的ネットワーク　240
受苦的（な経験）　12, 20, 21, 25, 29-37, 39-42, 54
呪術　18, 19, 109, 340, 341, 353
呪術師　353
呪物　108-110, 112
狩猟採集（民）　5, 10-13, 16, 21, 23, 26, 56, 139, 140, 143, 147, 150, 169, 179, 181, 182, 294, 383
シュロ箒　390, 393
順位（シニオリティ）　288, 291, 295, 332, 335-

　　　　337, 339, 346, 350, 351, 353, 354, 358, 360
春営地　206-208, 210, 213, 214, 224, 225, 227, 228, 235
巡回空間　95, 97, 98
商品化　365, 366, 371, 372, 376-379, 382
商品価値　371, 378, 381, 382
情報　10, 11, 34, 56, 61-63, 65-67, 70, 72, 74, 75, 77, 80, 82-84, 99, 100, 116, 117, 121, 122, 134, 138, 140, 152, 153, 162, 198, 213, 215-217, 250, 264, 265, 290, 292, 310, 312, 371, 376
ショーヴェ洞窟　64
植樹　271-274, 281, 283-286, 288, 290, 292-295
職人　391-398, 401-406
食文化　365, 367, 368, 382-384
食物規制　3, 12-16, 19, 22, 23
叙事図　61, 81
除草　244, 248, 271-274, 283, 284, 290, 292-294
身体化　91, 96, 97
遂行　15, 18, 25, 26, 29, 38-45, 47-53, 102, 106-108, 112, 113, 173, 217, 232, 233
遂行的（活動）　25, 38-45, 47-53, 112, 232, 233
ステルニ　138
スプリングヘアー　166
スローライフ　407
生活革命　390, 391
生活居住空間　331-335, 339, 354, 356, 358
生活世界　107, 113, 135, 153, 156, 169, 174, 175, 182, 262-264, 266, 346, 350, 351, 356, 358, 409
生活の場　113, 246, 248, 333, 351, 354
生活文化　365, 382-384
生活様式　5, 85, 86, 91, 109, 239, 240, 392, 405
生態学的アプローチ　37-39, 46
生態学的適合牧地　207, 208, 236
正当性　248, 249, 254, 265, 266, 269, 282, 284, 292, 378
線形　119, 120, 122, 127, 129-131, 135-137
相関行列　75, 76
相関係数　75, 76, 288, 291, 295
草原地帯　197, 200
相互行為　21, 27, 35, 42, 49, 50, 53, 56, 57, 141, 162, 163, 168, 170, 173, 174, 409
相互交渉　3, 4, 12, 18-21, 246, 410
相互反映性　168
想像力　4, 8
疎林　144-147, 149, 150, 155-157, 159, 163, 165
祖霊信仰　239, 241, 248, 249, 254, 262, 263
存在の多重性　16
存在のネットワーク　21, 22
存在論的両義性　17

★タ行

タイ　297, 301-306, 308, 311-313, 320, 321, 324-327, 330, 392, 394, 396, 397, 399-402, 405, 406, 411
体験　28, 39, 42, 45, 47, 50, 52, 54-56, 127, 136, 265, 266, 322
対症療法的（な行為）　25, 34, 35, 37, 39, 42-46, 48, 51, 199
代替性　331, 358, 359
多次元情報　62, 66, 82
多視点画法　66, 83
ダラ　331-337, 339-344, 346-356, 358-361, 410
ダラの長　335, 337, 339-341, 344, 347, 348, 351, 352, 358, 360
ダラの門　336, 337, 343, 348
ダラ建設　339-343, 346-351, 353, 354, 356
タリ盆地　271-278, 280-285, 290, 292, 293
探索　25, 38-45, 47, 48, 50, 51, 53, 102, 107-109, 113, 137, 152, 198, 199, 232, 233
探索的（活動）　25, 38-45, 47, 48, 50, 51, 53, 109, 232
地形量　73, 74
知識　3, 15-18, 20, 21, 30, 31, 33, 52, 56, 85, 86, 91, 98, 99, 106, 108, 109, 115, 116, 121, 122, 130, 139, 141, 143, 146, 147, 153, 155, 157, 162, 168-170, 172, 173, 194, 216, 233, 248, 249, 261, 262, 271, 274, 277, 281-284, 286, 290, 292-294, 328, 361, 410
地図　61-72, 74-87, 89-91, 93, 95-97, 109, 113-115, 117, 126, 132-135, 137, 138, 140, 180, 236, 410
チテメネ・システム　241, 242, 244, 246, 248
地名　86, 87, 91, 97, 104-108, 113, 114, 116, 149, 157-165, 169, 174, 179, 180, 185, 187, 189-194, 210, 276
チャムス　31-33, 36, 41, 56
腸占い　51, 52, 56, 97-103, 106-109, 112, 113, 115, 116
鳥瞰　93, 96-98, 115, 131
直示的ジェスチャー　151, 167, 172, 173, 180
直接性　239, 241, 249, 262, 264-266
地理空間　83, 85, 86, 95, 108, 109, 117, 140
地理情報システム　62, 83, 84, 117, 140
定量評価　66, 72
ディンカ　28-30, 32-34, 47, 54, 56
出来事　9, 19, 29, 30, 32, 33, 50, 85, 86, 91, 100, 102, 103, 106-109, 113, 152, 162, 192, 297, 300, 301, 305, 315, 322-326, 328, 333, 350
手技　387, 406, 407
電気掃除機　392, 395, 406

索引　419

同一化　15, 18
冬営地　197, 206-210, 213-217, 220-225, 227-231, 233, 235
投機　297, 321, 322, 326, 328, 411
動線　114, 115, 119-123, 128, 130, 134-137, 265
東南アジア　119, 131, 139, 264, 290, 304, 406
トゥルカナ（族）　10, 23, 35, 47, 49, 51-53, 57, 101, 102, 108, 114-116, 410
トーロ族　185-188, 190, 191, 193, 194
土画　65, 82
土地区画制度　357
ドドス　56, 83, 85-88, 91, 93, 95-104, 107-109, 113-116, 132-134, 265, 410
トポロジー　62, 65, 66, 69, 71, 76, 78, 114
ドロネー分割図　65

★ナ行

ナヴィゲーション　121, 123, 140-143, 145-147, 151, 168, 169, 180, 182, 410
ナレ　174
二極化　387, 406, 407
二次元　62, 66, 87, 93, 95-97, 109, 113, 119, 120, 122, 134, 135, 265
二次元平面　93, 96
二次林　133, 135, 137, 272
日用雑貨　387
人間中心主義　22
認識　4, 10, 12, 14, 16, 17, 21, 26, 33, 34, 40-43, 56, 57, 66, 83, 85, 86, 91, 95, 98, 113, 116, 117, 119-121, 123, 132, 134-142, 159, 165, 174, 179, 192, 197-199, 213, 230, 232, 234, 249, 262, 264-266, 282, 288, 320, 327, 333, 346, 382, 396, 407, 409-411
認知空間　86, 87, 96, 98, 114
認知地図　62, 63, 82-87, 89-91, 95-97, 109, 113-115, 117, 140, 410
ヌアー族　9, 23, 361
妬み　257, 268
熱帯雨林　12, 119, 127, 133, 137
農耕の持続性　271, 272
ノー　87, 93, 152, 157, 164, 169, 170, 174, 178, 181, 206, 212, 234, 328
呪い　256, 257, 267-269

★ハ行

ハウ　3, 11, 124-130, 132, 133, 137, 139, 140, 157, 159, 163, 166, 169, 265, 281, 286, 287, 289, 328, 357
場所の特定／同定　102, 103, 109, 113

初音　6
場の移動　389
バビロニアの世界図　64
パプアニューギニア（高地）　271, 274, 275, 278, 285, 290, 292, 294, 295, 409
ハメイギニ　276, 277, 283-285, 292
ハロウェル　120, 138
パン　143-145, 148, 149, 152, 158, 159, 163, 165, 166, 169, 170, 180
反証可能性　66, 81
汎用性　27, 239, 261-263, 266
凡例　61, 65-67, 76-78, 80
ピアソン　75
非可逆性　383
東アフリカ牧畜民　25-28, 37, 46, 47, 51, 54, 55, 83, 85, 113, 117, 129, 130, 140, 174, 240, 265, 410
ピグミー　11-14, 22, 23
非時空間属性　67
比定　65, 68, 76-81
非転移性　383
非等質な空間　61, 83
表現技法　66, 83
標高行列　72
描写的ジェスチャー　167, 180
表象　5, 6, 37-39, 65-67, 69-72, 74, 76, 77, 80, 81, 83, 85-87, 95-97, 107-109, 113, 114, 116, 117, 119-123, 127-131, 135-138, 140, 268, 300, 333, 336, 388, 389, 409
表象空間　66, 67, 69-72, 74, 76, 80, 96, 113
フォンタナルバ　62
文化の多様性（独自性）　26, 29, 57
不幸（チラ）　341, 349-351, 353-355, 358, 361
ブジャライ　122, 123, 125, 139, 264, 265
ブタ　277, 278, 295, 365-370, 376, 377, 380, 381, 383, 385
双子　9, 318
豚肉食文化　365, 367
物質的痕跡　61, 81
物質文化　63, 80
ブッシュ　10, 13, 15-18, 23, 141, 142, 144, 146, 147, 150, 151, 153, 168-171, 180-182, 328, 410
ブッシュマン　10, 13, 15-18, 23, 141, 142, 181, 182, 328, 410
ブランド　365, 370, 371, 373, 375-377, 379
ブロンボス洞窟　63, 82
文化財　61, 67, 81
分布密度曲線　69, 75, 76
ベクトル　66, 74, 75, 78, 119, 122, 131
ベドリナ　61-63, 66-72, 74-81

ベドリナ岩画群　62, 68, 72
ベンバ　97, 152, 153, 169, 239, 241-243, 246, 248, 249, 251, 254-269, 410
方位　74, 100, 119, 129-131, 139, 140
箒　387-407, 410
ホウキモロコシ　390, 392-395, 397, 401, 403-406
放射空間　97, 98
法線ベクトル　74
補完点　157
母系制　241
ボツワナ共和国　141, 142, 411
ホトトギス　5-7, 9, 21
ボルネオ島　123, 127, 139
ボルノ　62

★マ行

埋葬場所　339, 357, 359, 361
マウンド　273, 274, 277, 279-281, 286, 290, 293
魔女　388, 389
マテリアリティ　116, 140, 173, 301, 326, 328, 362
マングローブ　297, 301-307, 327-329
水たまり　143, 144, 146-149, 152, 157, 159-161, 163, 165, 166, 170
南タイ　297, 301, 303, 305, 308, 312, 328, 411
身をおく　19, 20, 91, 97, 98, 107, 128, 131, 137, 389
民芸　407
民族誌的自然観　3, 4, 20, 147
民俗知識　141, 143, 146, 147, 153, 168-170, 173
ムブティ　13, 22
名称　115, 210, 369, 376, 379, 380, 382
メディア　357, 378
メルロ＝ポンティ　137, 140
面相関分析　74, 75
モクマオウの仲間　274, 281, 283, 286, 287, 289, 293
モチーフ　7, 62, 63, 65, 66, 68, 69, 71, 72, 75-77, 80, 81
物語　6-8, 21, 81, 113, 157, 162, 163, 169, 174, 231, 263, 265, 268, 329, 383, 384, 404
物知り　282, 286
モンゴル　197-200, 203, 207, 208, 210, 213, 216, 218, 228, 230-235, 237, 411
モンテ・ベゴ　62, 68

★ヤ行

焼畑　11, 119, 125, 132-135, 137, 139, 186, 239-243, 249, 257, 264, 266, 268, 271, 272, 274, 278, 290, 294, 295, 410
焼畑農耕民　239, 241, 257, 264, 266, 268
柳田國男　24
山下晋司　140
ユークリッド平面　78
遊牧民　10, 23, 57, 63, 116, 197-199, 207, 213, 214, 230-233, 237, 411
夢見　103, 106, 107, 112, 259
預言者　99, 101, 103-108, 112, 113, 115, 116
予測　70, 197-199, 213, 216, 217, 220, 222, 224, 228, 230-234, 327
予兆　11
予言　10, 52

★ラ行

ライフヒストリー　301, 310, 315, 321, 323, 329
ラスコー洞窟　64
ランドマーク　66, 87, 114, 132, 137, 146, 153-157, 167-170
リアリティ　116, 140, 141, 162, 163, 168, 173, 241, 257, 263-265, 297, 301, 305, 326, 328, 362
リード　23, 38, 57, 139, 140, 198, 230, 237
リーンハート　28-32, 35, 39, 40, 47, 54, 57
立地　77, 80, 81, 339
リニア　83, 95, 96, 119, 120, 132, 134
琉球　367, 370, 372, 376, 378-381, 384, 385
ルオ　331-335, 337-340, 347-362, 410
レイヤー　75, 76, 96
霊力　249, 251-254, 256, 257, 262, 267, 389
レヴィ＝ストロース　21-23, 129, 130, 140
レヴィレート的結合　337, 355
列状集落　129
レンディーレ　129, 139
ロングハウス　11, 124-130, 132, 133, 137, 139, 140, 265

生きる場の人類学		ⓒ Kaori Kawai 2007
——土地と自然の認識・実践・表象過程		

2007年3月30日　初版第一刷発行

編　著	河　合　香　吏	
発行人	本　山　美　彦	
発行所	**京都大学学術出版会**	
	京都市左京区吉田河原町15-9	
	京大会館内（〒606-8305）	
	電　話（075）761-6182	
	Ｆ Ａ Ｘ（075）761-6190	
	Ｕ Ｒ Ｌ　http://www.kyoto-up.or.jp	
	振　替　01000-8-64677	

ISBN 978-4-87698-713-9　　　印刷・製本　㈱クイックス東京
Printed in Japan　　　　　　　定価はカバーに表示してあります